MANUAL DE ASTROLOGÍA HORARIA

Versión extendida

MANUAL DE ASTROLOGÍA HORARIA

Versión extendida

Por John Frawley

Traducido por Leah Cuperman y Javier Güelfi

APPRENTICE BOOKS

Copyright © John Frawley 2005, 2014, 2015

Primera edición publicada en 2005 por Apprentice Books

Reimpreso en 2006

Versión en tapa dura publicada en 2011 por Apprentice Books

Esta versión publicada en 2014 por Apprentice Books

www.johnfrawley.com

ISBN 978-83-940003-1-8

Todos los derechos reservados. Ninguna parte de este libro puede ser reproducida, almacenada o introducida en un sistema de almacenamiento, o transmitida de ninguna forma, ni por ningún medio (electrónico, mecánico, de grabación o de otro tipo) sin el permiso previo y por escrito del propietario de los derechos de autor.

Imagen de la portada de Sergio Bondioni, Yellow Brick Studios

Composición tipográfica por Beata Kibil de Digebooks.com

Diseño y composición tipográfica del libro original por John Saunders Design & Production

Contenido

Introducción a la edición revisada	ix
Introducción	xi
Agradecimientos	xiii
Clave	xv

PARTE 1

Carta: ¿Dónde está el gato?	xvi
1. Introducción a la astrología horaria	1
2. Comenzando	8
3. Las casas	17
4. Los planetas	37
5. Los signos	51
6. Dignidad esencial	56
7. Dignidad accidental	68
8. Recepciones	91
Carta: ¿Él realmente me amó?	100
9. Aspectos	107
10. Antiscias	128
Carta: ¿Por qué no me llama?	134
11. Las estrellas fijas	137
12. Partes árabes	144
13. Medida del tiempo	159
14. ¿Cuál es la pregunta y quién la está formulando?	171

PARTE 2

15. Preguntas de la primera casa	177
El barco en el que navego	177
Apariencia física	178

16. Preguntas de la segunda casa — 182
    Perdido, robado y extraviado — 182
    Carta: ¿Dónde está mi chal? — 194
    Dinero — 195
    Carta: ¿Debería comprar plata? — 202
17. Preguntas de la tercera casa — 204
    ¿Verdadero o falso? — 204
    Cartas, llamadas telefónicas, visitantes — 206
18. Preguntas de la cuarta casa — 208
    Negocios inmobiliarios — 208
    Otras preguntas sobre ventas — 216
19. Preguntas de la quinta casa — 218
    Embarazo — 218
    Adopción — 226
20. Preguntas de la sexta y octava casa — 227
    Preguntas médicas — 227
    Preguntas sobre la muerte — 231
    Carta: ¿Mi amiga vivirá? — 238
    Doctores, medicina y cirugía — 239
    Contratando personal — 241
21. Preguntas de la séptima casa — 243
    Amor y matrimonio — 243
    ¿Debería quedarme o irme? — 256
    Deportes y competencias — 259
    Juicios — 266
    Carta: ¿Ganaremos? — 270
    Política — 272
    Carta: ¿Cuándo caerá? — 274
22. Preguntas de la novena casa — 276
    Conocimiento, viajes y sueños — 276
23. Preguntas de la décima casa — 284
    Preguntas sobre empleo — 284

24. Preguntas de la undécima casa	296
¿Obtendré lo que deseo?	296
¿Cuánto deberé pagar de impuestos?	296
Visas y permisos	297
25. Preguntas de la duodécima casa	299
Brujería y encarcelamiento	299
Carta: ¿Deirdre será encarcelada?	303
26. El clima	305
Carta: ¿Cómo estará el clima durante mi fiesta?	307
27. Eligiendo con astrología horaria	309

PARTE 3

28. Astrólogo y cliente	311

APÉNDICES

1. Calculando la carta	317
2. Significados de las casas	319
3. Cómo detectar un aspecto	324
4. Cómo leer la carta cuadrada	329
Índice	333

Introducción a la edición revisada

He aprendido mucho en los años que pasaron desde que escribí este libro. Es hora de incorporar lo que aprendí en una segunda edición, ampliada y corregida. Hay pasajes que mis estudiantes me han demostrado que necesitan aclararse. Hay temas que omití que resulta útil incluir, y otros que deberían tener un tratamiento más extenso. Hay pasajes en los que lo que escribí es erróneo y necesita ser corregido.

En lugar de reescribir el libro para incorporar correcciones y agregados, pensé que lo mejor sería dejar intacto el texto original, y dar las actualizaciones por separado. Tomé esta decisión por dos razones. En primer lugar, el libro en inglés y en sus varias traducciones se utiliza como una herramienta de aprendizaje. Es importante que los estudiantes puedan encontrar fácilmente los pasajes que su maestro les indica. Para este fin, en los márgenes se muestran los números de página de la primera edición. En segundo lugar, generalmente es más educativo resaltar los puntos erróneos y discutirlos, que borrarlos silenciosamente, como si fuesen políticos estalinistas que se alejaron de la línea del partido. No hay nada malo en mostrar el desarrollo de la comprensión. Este conocimiento no es algo que cae en en nuestros hombros, hecho a medida y listo para ser usado, es algo que se compra pieza por pieza, con tiempo y esfuerzo.

Siendo esto así, seguramente pronto encontraré causas suficientes para corregir y ampliar el contenido de esta nueva edición. Estas correcciones aparecerán en mi sitio web conforme vayan surgiendo. En la astrología, así como en cualquier rama del conocimiento más complicada que las tablas de multiplicación, siempre hay más para aprender. ¡Y qué bueno que así sea! ¿Dónde estaría la diversión si pudiésemos saberlo todo?

Al leer los agregados y correcciones, notarás que mi enfoque es cada vez más simple. En astrología horaria, y de hecho en todo juicio astrológico, menos, realmente, es casi siempre más. Las cosas que aprendo rara vez se tratan de complejos detalles arcanos, sino cosas tan obvias en su simplicidad que sencillamente las pasé por alto. La concisión y la economía son el corazón de la astrología horaria.

Notarás también que muchos de los errores que identifiqué, provienen de una reverencia excesiva a los escritos de nuestros ilustres antepasados. Debemos relacionarnos con estas autoridades a través de un diálogo crítico, no con una obediencia irreflexiva. Desafortunadamente, en el mundo de la astrología tradicional es común pensar que citar a una autoridad concluye cualquier discusión.

Más a menudo, es un indicio de que quien hace la cita no comprende lo que se está discutiendo. La única afirmación que puede citarse con seguridad es el sabio consejo de Nicolás Culpeper de que mantengamos nuestros cerebros en la cabeza, no en nuestros libros, ya que ése es el lugar que Dios dispuso para ellos.

El volumen que acompaña a este libro, Astrology Practice (*Práctica de astrología horaria*), y que fue promocionado en la publicación del *Manual de astrología horaria* en 2005, probablemente le seguirá a este libro. Mientras tanto, quienes deseen aprender más pueden acudir a mi libro *Sports Astrology* (*Astrología deportiva*). Dos de los cuatro capítulos principales están dedicados a la astrología horaria, y llevan al lector paso a paso a lo largo de una larga serie de juicios. Mi objetivo en ese libro fue responder todas las preguntas que un estudiante le haría a un maestro, pero que habitualmente no puede hacerle a un libro. Más allá del éxito que pude haber tenido al hacer esto, el libro es una herramienta útil, ya sea que el lector se interese por el deporte o no.

Los agregados fueron leídos y cuidadosamente comentados por Fotini Christodoulou, Anne Coralie, Gabrielle Dunn y Kathryn Silvestre. Los errores y desaciertos restantes me pertenecen sólo a mí.

Los nuevos agregados están ubicados entre ◆ ◇. Las referencias internas del texto original fueron cambiadas silenciosamente para ajustarse a la nueva numeración de páginas. El tema de la tradición y la autoridad de los libros, que toqué brevemente más arriba, se trata con más detalle en mi sitio web: www.johnfrawley.com.

Las cartas de esta edición se elaboraron utilizando el software Mercurius, escrito por Bernhard Bergbauer.

Estoy muy agradecido con mis traductores, Leah Cuperman y Javier Güelfi, por hacer que esta edición en español fuera posible, y con Patricia Parise por su ayuda en la revisión del texto.

Introducción

Mi objetivo con el *Manual de astrología horaria* es presentar una guía clara y exhaustiva acerca del arte de la astrología horaria. La parte 1 enseña las técnicas que se utilizan. La parte 2 muestra cómo aplicar estas técnicas para responder las preguntas más comunes que se le hacen al astrólogo.

La variedad infinita de preguntas hace imposible dar un método para resolver cada una de ellas. Si alguna vez te preguntas qué tan rico es el tejido de la vida, ¡hazte astrólogo horario! Cada vez que pienso que ya escuché absolutamente todo, puedo estar seguro de que algo aún más extraño me está esperando a la vuelta de la esquina. Sin embargo, el estudio cuidadoso de lo que se da aquí te permitirá realizar un juicio sólido sobre cualquier cosa que no esté.

Astrology Practice (*Práctica de astrología horaria*), que acompañará a este libro, será publicado en el otoño de 2005. Presentará una larga serie de cartas sobre preguntas de todo tipo, conduciendo al alumno a través del proceso de juicio, paso a paso – lo más cerca posible a la experiencia de sentarse codo a codo con un maestro de astrología mientras hace su trabajo. Estos volúmenes guiarán a cualquier lector que esté preparado en hacer los esfuerzos necesarios para dominar ésta, la más gratificante de las artes.

Agradecimientos

Mi deuda más grande al escribir el *Manual de astrología horaria* es a William Lilly, maestro astrólogo, *magister meo*, quien tanto me ha enseñado y aún me enseña.

Todo el que estudie astrología tradicional está en deuda con Olivia Barclay, quien ha trabajado mucho en lograr que la *Astrología cristiana* de Lilly recupere su lugar en el corazón del canon astrológico. Tuve la suerte de estudiar astrología horaria con Olivia, y fue ella quien me alentó a que escriba, hable y enseñe sobre el tema.

Enseñando a otros aprendí mucho más que por mí mismo. Cuán cierto es que uno no enseña un tema, sino que enseña a la gente. Los años utilizados en enmarcar el conocimiento con el fin de hacerlo inteligible para las mentes deseosas de cada una de estas personas, son los que le dan a este libro cualquier virtud que pueda tener. A mis estudiantes, mi agradecimiento.

Como siempre, mi gratitud hacia Victor Laude y Despina Giannokopulou, sin ellos el camino se habría agotado mucho antes de llegar a este punto.

Branka Stamenkovic y Tijana Marinkovic fueron las animadoras más efectivas, alentándome para avanzar cuando la tarea parecía demasiado abrumadora.

Branka, Yasmin Bolland, Nina Holly, Dolores Quiddington, Richard Redmond y Carol Walsh leyeron el manuscrito y aportaron sugerencias y correcciones invaluables. Cualquier error que haya quedado es exclusivamente mío.

Muchas veces se me ha hecho la pregunta horaria, "¿Podré ganarme la vida como astrólogo horario?", y que la respuesta sea habitualmente "No" no se debe a las habilidades involucradas, que pueden aprenderse, sino a los sacrificios que se deben hacer. En mi caso, la mayor parte de estos sacrificios los ha hecho mi esposa, Anna, quien se ha mantenido firme a mi lado, sin flaquear en su apoyo y comprensión mientras he construido mi carrera. Si ella hubiese sido menos extraordinaria, yo no estaría en la posición de escribir este libro. Mis agradecimientos a ella son infinitos.

Clave

♈	Aries	Regido por Marte
♉	Tauro	Regido por Venus
♊	Géminis	Regido por Mercurio
♋	Cáncer	Regido por la Luna
♌	Leo	Regido por el Sol
♍	Virgo	Regido por Mercurio
♎	Libra	Regido por Venus
♏	Escorpio	Regido por Marte
♐	Sagitario	Regido por Júpiter
♑	Capricornio	Regido por Saturno
♒	Acuario	Regido por Saturno
♓	Piscis	Regido por Júpiter

♄	Saturno
♃	Júpiter
♂	Marte
☉	Sol
♀	Venus
☿	Mercurio
☽	Luna

☊	Nodo Norte de la Luna
☋	Nodo Sur de la Luna
⊗	Parte de la Fortuna / Fortuna

☌	Conjunción	Mismo grado, mismo signo
☍	Oposición	Mismo grado, signo opuesto
△	Trígono – 120 grados	Mismo grado, a 4 signos de distancia
□	Cuadratura – 90 grados	Mismo grado, a 3 signos de distancia
✶	Sextil – 60 grados	Mismo grado, a 2 signos de distancia
℞	Retrógrado	Parece ir hacia atrás

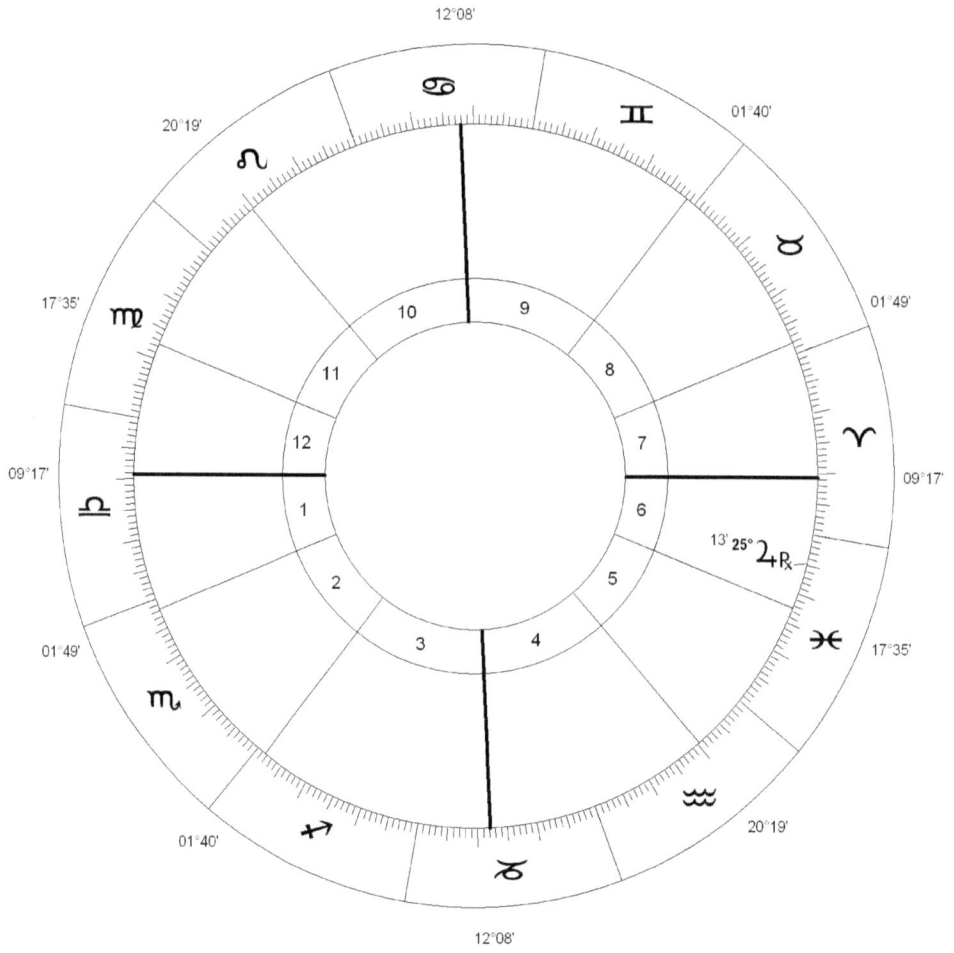

¿Dónde está el gato? Agosto 30 de 1998, 9:20 a.m. BST, Londres

1

Introducción a la astrología horaria

La astrología horaria es el arte de proveer respuestas específicas a preguntas específicas, a través de una carta astrológica calculada para el momento en que se hace la pregunta. Es un método rápido, simple y efectivo, que provee respuestas concretas y verificables.

¿Qué tan rápido? ¿Qué tan simple?

Sigue este ejemplo. Es posible que no entiendas muchos de los términos astrológicos que uso, pero el principio sobre cómo se juzga te será claro. El gato de los vecinos de a poco había empezado a quedarse en mi casa. Al no verlo por un par de días, empecé a preocuparme, por lo que pregunté "¿Dónde está el gato?".

Levanté una carta horaria usando la hora y el lugar en el que hice la pregunta. Al imprimir esta carta, dejé de lado todo lo que no se necesita para juzgarla.

Estoy preguntando acerca de un gato. Éste es un animal pequeño, por lo cual está representado por la casa seis de la carta. El planeta que rige el signo en la cúspide de esa casa representa al gato. El signo de Piscis está en la cúspide de la 6.ª casa, por lo que Júpiter, su regente, representa al gato.

¿Dónde está Júpiter? En la 6.ª casa: la casa del gato. Entonces, ¿dónde está el gato? En su propia casa: en su hogar.

¿El gato está bien? Júpiter, el más benéfico de los planetas, está en su propio signo, lo que significa que tiene mucha dignidad esencial. Al estar representado por un planeta con tanta dignidad esencial, podemos estar seguros de que el gato se encuentra bien.

Júpiter (el gato) está en un signo de agua, lo que podría significar que está en un lugar húmedo. Pero los signos de agua también representan sitios cómodos; considerando la naturaleza del animal y sabiendo que está feliz donde está (un planeta benéfico fuerte), esta opción parece ser la más adecuada. El gato debe estar enroscado en un sofá o en una cama.

¿Regresará? Júpiter está retrógrado: regresará a donde ha estado antes. Sí, el gato regresará.

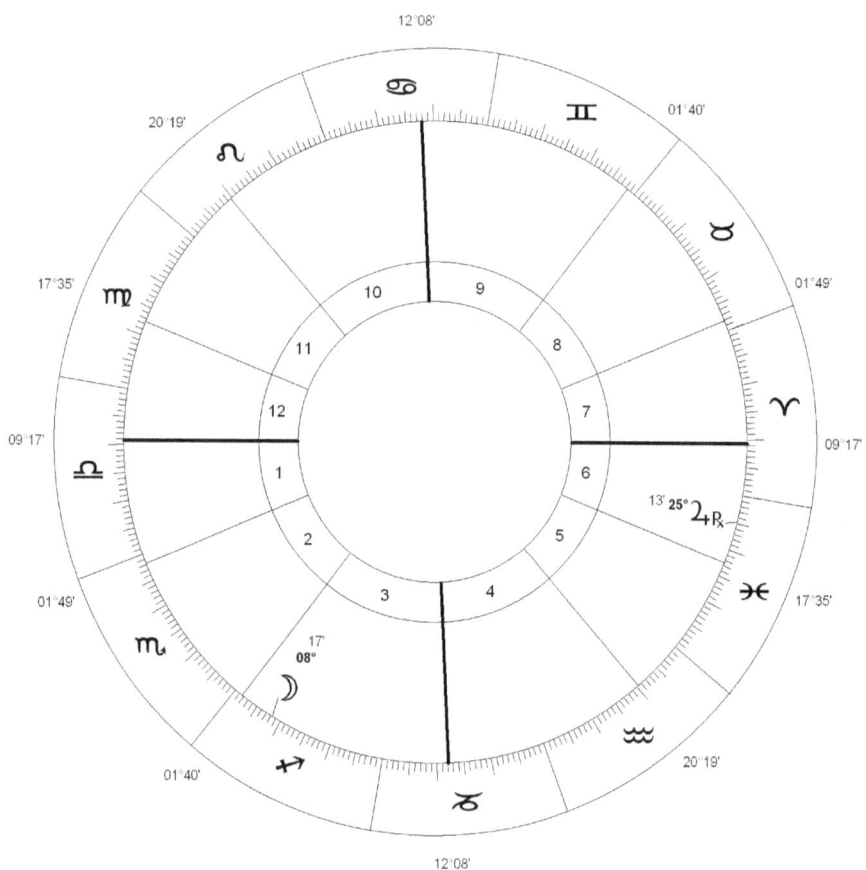

¿Dónde está el gato? Agosto 30 de 1998, 9:20 a.m. BST, Londres

La carta horaria dio una respuesta específica y verificable. ¡Y lo hizo usando solamente un planeta! La astrología horaria es rápida; la astrología horaria es simple.

Podemos refinar esta respuesta prediciendo cuándo regresará el gato. Para esto, debemos buscar una conexión entre el planeta que representa al gato y algo que me represente a mí o a mi casa. Júpiter no está haciendo tal contacto en esta carta, por lo que debemos agregar un segundo planeta. La Luna es regente natural de todos los objetos perdidos, especialmente de los animados.

La persona que hizo la pregunta está representada por el Ascendente y su regente. La Luna aplica a un aspecto sextil con el Ascendente. Justo como la 6.ª casa puede ser tomada literalmente como la casa del gato, la primera casa es literalmente mi casa. La Luna debe viajar casi exactamente 1 unidad de tiempo. El signo y la casa donde está la Luna mientras hace el aspecto nos dice qué unidad de tiempo es. Con la Luna en un signo mutable y una casa cadente, la unidad de tiempo debe ser un día. El gato regresará casi exactamente 24 horas después del momento en el que se hizo la carta. Y así sucedió.

Aún ahora, solamente disponemos de dos planetas en la carta. Sin embargo, tenemos una predicción precisa, con medida de tiempo, y exacta. La astrología horaria es simple.

Como puede esperarse, no todas las cartas horarias son tan simples como ésta. Pero muchas de ellas lo son. Con un buen conocimiento y práctica, una gran cantidad de cartas horarias pueden juzgarse sólo con echarles un vistazo. La astrología horaria era la técnica principal usada por la mayoría de los astrólogos durante el siglo diecisiete, y hay documentos que muestran que una consulta horaria duraba alrededor de quince minutos[1]. Estos quince minutos incluían todas las sutilezas sociales de un saludo; la explicación de lo que el consultante quería saber, lo cual incluiría detalles relevantes – o más frecuentemente irrelevantes – de la situación; la negociación de un precio de consulta aceptable; el tiempo que le tomaría al astrólogo ajustar la carta que había hecho al comienzo del día, a la hora en la que el consultante hizo la pregunta; el tiempo que le tomaría en juzgar la carta y darle al consultante la respuesta; la reacción del consultante en caso de que la respuesta no fuese lo que éste quisiera escuchar – "Y tú, ¿qué tanto sabes?"; y el astrólogo revisando la carta de nuevo y respondiendo "Tienes una mancha de nacimiento en tu muslo izquierdo", para convencerlo. Todo esto en tan sólo quince minutos. Ni siquiera las cartas horarias más complejas son juzgadas a través de métodos arcanos o trucos difíciles, sino haciendo unas cuantas operaciones simples una y otra vez.

Su rapidez y el poco esfuerzo requerido no sólo hicieron que la horaria sea el pilar de la práctica astrológica: para la mayoría de las preguntas, ésta fue y aún es la herramienta más apropiada. Sea cual sea la situación, si el consultante quiere saber algo específico sobre ésta, utiliza la astrología horaria. La mayoría de las respuestas pueden encontrarse más rápida y confiablemente usando una carta horaria que estudiando la carta natal; muchas respuestas no pueden encontrarse en una carta natal, sin importar qué tan detallado o exhaustivo haya sido su estudio, o qué tan hábil sea el astrólogo. La carta natal no revelará si va a llover o no el día en el que planeas hacer un asado, si te conviene vender tus dólares para comprar

---

[1] Keith Thomas, *Religion and the Decline of Magic (Religion y la decadencia de la magia)*, Londres, 1971. rep. Londres, 1991, p.364.

plata, qué siente realmente tu enamorada por ti – o dónde podría estar el gato. Y aun así, todos estos asuntos enlazados constituyen el tejido de nuestra vida.

La mayoría de las personas que consultan a un astrólogo tienen en mente una pregunta en particular. Es mucho más fácil mirar una carta horaria que se refiere solamente a esa pregunta, que intentar encontrarla en la carta natal, la cual muestra, enredadas, todas las preguntas de una vida.

Tradicionalmente, la horaria era considerada como el punto de entrada para el estudiante de astrología. Una de las razones es porque resulta mucho más simple que otras ramas de astrología, como la natal y la mundana. Le permite al estudiante dominar, con relativa facilidad, la mayoría de las técnicas que se utilizan más elaboradamente en esas otras ramas. Esto puede verse como el equivalente a dominar las escalas musicales cuando se aprende a tocar un instrumento; como tal, es un preludio necesario para un estudio más avanzado. La diferencia en dominar las escalas musicales, es que la astrología horaria es de uso práctico inmediato.

"¿La astrología horaria es solamente predictiva?"

No. La horaria es más conocida por su habilidad de proveer predicciones precisas. También puede usarse para investigar el pasado ("¿El constructor me robó el anillo?"). Sin embargo, su uso más interesante es el de analizar una situación. Mucho más valioso que preguntar "¿Mi matrimonio va encaminado al divorcio?", es analizar "¿Qué anda mal en mi matrimonio y qué puedo hacer para mejorarlo?" Esto también puede hacerse con astrología horaria.

William Lilly y los principios fundamentales

El gran maestro de la astrología horaria es William Lilly, un astrólogo inglés que vivió de 1602 a 1681. Su libro *Christian Astrology (Astrología cristiana)*, publicado en 1647, es, y continuará siendo, el libro de texto estándar[2]. El libro que tienes en tus manos se basa fuertemente en él. La diferencia es que este, aparte de estar escrito en español, pone un gran énfasis en los principios fundamentales. La claridad en estos principios evita la necesidad de largas listas de testimonios menores, basados empíricamente, que forman gran parte del trabajo de Lilly.

Los testimonios menores no se usan para juzgar una carta horaria y generalmente pueden ignorarse. Ten en cuenta esto: si preguntamos "¿Quién ganó el

---

[2] La mejor edición disponible es la de Astrology Classics, del Astrology Center of America, Abingdon, 2004. Referencias a este libro aquí en adelante como *Lilly*.

partido de fútbol?", lo único que nos interesa es el testimonio mayor que muestre cuál de los equipos anotó la mayor cantidad de goles. Cuál tuvo más posesión del balón; cuál hizo más tiros de esquina; los jugadores de qué equipo emocionaron más a los espectadores: todos estos son testimonios menores que no afectan directamente el resultado. En el método de astrología horaria que explico aquí, pongo el énfasis en los goles anotados. Este es un ejemplo de la Regla de Reglas: ¡No lo compliques!

El lector que llega a la astrología horaria como principiante sabrá disculpar aquellos pasajes en los que discuto, clarifico o desmiento algunos de los puntos de Lilly. Esto es necesario para los lectores que estén familiarizados con su trabajo.

Puntos preliminares

Primero que todo, graba estas palabras de Jerónimo Cardano en tu corazón:

Aquel que es excesivamente pretencioso será propenso a incurrir en muchos errores en su juicio; por otro lado, aquel que es demasiado tímido, no es apto para esta ciencia.[3]

Este estudio exige humildad. No puedes rehacer la astrología a tu imagen y semejanza. Es posible que encuentres aquí muchas cosas que difieran de lo que ya has aprendido, incluso ideas que valoras profundamente. En lugar de imponer tales ideas sobre lo que se enseña, ponlas de lado por un rato y utiliza los métodos que doy aquí hasta que veas que funcionan.

El estudio demanda cierta valentía. La astrología horaria nos permite dar respuestas claras y detalladas. No hay convenientes nubes de ambivalencia en las que podamos escondernos cuando nos equivocamos. Leemos la carta; damos el juicio; se nos demuestra que acertamos o nos equivocamos – a veces muy rápidamente. Las reglas que se dan aquí son tu sólido respaldo. Ningún astrólogo ha sido infalible, pero seguir estas reglas te permitirá alcanzar un nivel cada vez mayor de confiabilidad en tus juicios.

El lector con algún conocimiento sobre astrología podría estar tentado a saltarse los primeros capítulos. ¡No lo hagas! Al enseñar, me he dado cuenta que incluso aquellos estudiantes egresados de las escuelas astrológicas más reconocidas suelen tener sorprendentes lagunas en su conocimiento de los conceptos básicos.

---

[3] Guido Bonatti, *La guía del astrólogo,* Londres, 1676; sección de Cardano, aforismo 2. Referencias a este libro de aquí en adelante como *Bonatti.*

Tenerlos en claro es esencial. Si no entiendes los pilares básicos, lo que construyas con ellos no tendrá solidez.

Este es un libro para trabajar, no para leer. Los márgenes son amplios para permitirte tomar notas. Estudia los ejemplos hasta que estés seguro de que entiendes por qué dije lo que dije. Sigue preguntándote, "¿Por qué dijo esto?" y "¿Por qué no consideró aquello?" Después, practica, practica, practica. Haz tus propias preguntas horarias. Aunque una vez dominada, la astrología horaria debe usarse con moderación, mientras estés aprendiendo puedes preguntar acerca de cualquier asunto trivial que se cruce por tu mente. Preguntas en las que generalmente no gastarías mucho tiempo como: "¿Cuándo llegará el cartero?" ¿Mi madre me llamará hoy?" Todo esto es como agua para el molino. Revisa tus juicios anteriores. Si te equivocas en alguno, estudia la carta hasta que hayas comprendido por qué erraste.

Oblígate a llegar a un juicio, y a ponerlo por escrito. Guarda las cartas horarias para poder examinarlas una vez que se sepa la respuesta. Al responder tus propias preguntas, es fácil eludir el asunto, dejando juicios en la ambigüedad. También es fácil darse por vencido, pensando que esa carta es muy difícil de juzgar. De esa manera no aprenderás nada. No importa qué tan experto llegues a ser, la astrología horaria te pedirá continuamente que te extiendas más allá de lo que crees que sabes. Para un astrólogo, como para un atleta, es el esfuerzo extra lo que trae la excelencia. Esfuérzate por aprender más, y te sorprenderás de lo que consigues. Recuerda que incluso William Lilly se refería a sí mismo como un "estudiante" de astrología.

No necesitas tener una pregunta para juzgar una carta horaria. Toma cualquier carta, ya sea una propia o una de un libro, y haz nuevas preguntas. Haz preguntas que se enfoquen en otras personas aparte de ti (por ejemplo, "¿El matrimonio de mi hermano sobrevivirá?" "¿Mi jefe tomará ese nuevo trabajo?" "¿Cuándo encontrará novia mi perro?"). Pero, ¡no tomes en serio los juicios de esas preguntas inventadas! Esta es una manera excelente para practicar: estás aprendiendo un idioma; y no serás fluido en él si no tratas de hablar repetidamente.

Antes de hacer una carta horaria, pregúntate qué esperas encontrar en ella. ¿Cómo mostrará la situación? A menudo te equivocarás, pero hacer esto de a poco te ayudará a alinear tu forma de pensar con la manera en que funciona la carta.

Al juzgar una carta horaria, me parece de gran ayuda pensar en términos más simples, tal como muestro en los ejemplos. "¿Es él un buen tipo o es un mal tipo?" "¿Bueno, indiferente o malo?" A veces puede sonar como *Aprenda a leer, Nivel 1,* pero esto evitará que te enredes en conceptos abstractos. La carta te orientará hacia el nivel de complejidad que necesites; mantener cada paso tan simple como sea posible te permitirá entender la complejidad una vez que llegues a la respuesta. Mantén los pies sobre la tierra.

Por encima de todo, no te golpees la cabeza cuando des juicios equivocados. El mejor de los futbolistas puede errar un tiro penal. Esto no significa que de repente se haya convertido en un mal futbolista. No significa que anotar penales sea imposible. Tampoco quiere decir que el fútbol sea una tontería. Lo único que significa es que erró ese penal.

◆ Sobre todo, recuerda que la carta no es una abstracción. Es un reflejo de una situación en este mundo, al igual que tu espejo te devuelve un reflejo de tu rostro. Lo que leas en la carta debe tener sentido en los términos de este mundo. Si no lo tiene, lo que estás leyendo es erróneo. Siempre les recuerdo a los estudiantes sobre la realidad del sentido común de la situación, como que el planeta que representa al bebé uniéndose al planeta que representa al esposo no resultará en un embarazo, ya que el esposo no quedará embarazado. Por favor, la cabeza en las estrellas, pero mantén los pies firmes en el suelo. ◆

2

Comenzando

La persona que hace la pregunta es *el consultante*.
La persona o cosa sobre la cual se pregunta es *lo consultado*.

La carta horaria se hace en el momento en que el astrólogo entiende la pregunta. En el pasado, el astrólogo generalmente estaba sentado junto al consultante mientras éste hacía la pregunta. Hoy en día, las preguntas se hacen a distancia, tanto de tiempo como de lugar: por correo electrónico, teléfono, correo, o grabadas en un buzón de voz. Es el momento en el que el astrólogo lee o escucha la pregunta el que se utiliza para hacer la carta, no la hora en la que el consultante la plantea.

Si llego a casa, encuentro una carta con una pregunta en el tapete de la entrada, la recojo, me preparo un café y me siento a leerla, levanto la carta horaria usando la hora en la que la leo: no la hora en que la recogí del tapete, ni la hora en la que el consultante dice que escribió la pregunta.

◆ No sientas que debes dejar todo de lado cuando llega una pregunta. Si la tienda está cerrada, está cerrada. Si al momento en el que llega una carta o email estás con otra cosa, no hay necesidad de que lo leas en ese momento. Si eliges leerlo en ese momento, entonces será esa la hora que deberás utilizar al hacer la carta. ◆

Si la pregunta se hace por teléfono, la carta se hace sobre la hora en la que se hizo la pregunta. Esto suena sencillo, y por lo general lo es, pero algunas preguntas requieren mucha labor antes de nacer. El consultante dudará, diciendo: "Quiero preguntar esto... No estoy seguro si debo hacerlo... O tal vez debería preguntar esto otro..." Esto puede tomar más tiempo de lo que tardaba una consulta típica en el siglo XVII. La hora usada para hacer la carta horaria es aquella en la que el consultante finalmente hace la pregunta, no la hora en la que se inició la conversación. Es como si ese tipo de consultantes sienten inconscientemente cuál es el momento correcto en el que deben preguntar: el momento que proporcionará una carta horaria que permita el juicio correcto sobre esa pregunta. A menudo puede verificarse por la aparición de eventos pasados en particular que la carta no habría mostrado si se hubiese hecho en el momento en el que se inició la conversación.

Si la pregunta se formuló, pero necesitas una aclaración antes de comprender cuál es la raíz del problema, usa la hora en la que te fue aclarada la pregunta para hacer la carta. Si sientes que tienes una comprensión razonable de la pregunta, pero al emitir tu juicio te das cuenta de que no la entendiste correctamente, quédate con la carta que hiciste en el momento en que creíste haberla comprendido.

Si el consultante te hace más preguntas sobre el mismo tema cuando estás juzgando la pregunta inicial, júzgalas con la misma carta horaria. Por ejemplo, la pregunta inicial podría ser: "¿Cuándo voy a conocer al hombre con quien me voy a casar?" y al dar la respuesta el consultante pregunta, "¿Se llevará bien con mi hija?", puedes juzgar la segunda pregunta usando la carta de la pregunta inicial. Si el consultante luego pregunta: "¿Y cuándo voy a conseguir un trabajo decente?" debes hacer una nueva carta horaria para esa nueva pregunta.

◆ No es necesario ser minucioso con respecto a esta idea de comprender la pregunta. Mientras entiendas la idea general de lo que se pregunta, es suficiente. La incomprensión debe ser grave para causar que hagamos una carta nueva del momento en el que nos dimos cuenta de nuestro error. Si una mujer pregunta "¿Tengo un futuro con Jim?" y luego nos enteramos de que JIM es la sigla de *Japan Imperial Motors*, por lo que entonces preguntaba por su carrera y no por su vida amorosa, usaremos el momento en el que nos dimos cuenta de esto. Pero si pregunta sobre Jim y luego nos enteramos, por ejemplo, que la mujer está casada con Fred, usaremos el tiempo original de la pregunta. Después de todo, si comprendiésemos todo sobre una situación, no necesitaríamos la carta horaria. ◆

Si vas a juzgar tu propia pregunta, la hora que debes usar es aquella en la que decides que vas a hacer una carta horaria para ver la respuesta. Esto es equivalente a usar la hora en la que el consultante hace la pregunta. No trates de recordar el momento en el que comenzaste a pensar sobre el asunto: debes usar la hora en la que la pregunta nació, no la hora en la que fue concebida. La hora usada puede o no ser el momento en el que te sentaste frente a la computadora para hacer la carta horaria. Si te despiertas a medianoche y decides preguntar, mira la hora y úsala en el momento de hacer la carta horaria.

◆ Esta hora es, por así decirlo, el momento en el cual Tú el consultante le habla a Ti el astrólogo. ◇

Sí, puede que un astrólogo, al conocer las posiciones de los planetas, seleccione cuidadosamente el momento en el que estos están alineados para llegar a la respuesta deseada. Puede que un astrólogo sea lo bastante tonto como para dar crédito al juicio de una carta así. Pero debemos permitirle a nuestro astrólogo un mínimo nivel de autoconciencia. Los Cielos, mientras tanto, son un mecanismo de gran sutileza: intenta elegir un momento en el cual hacer "espontáneamente" tu pregunta, y te darás cuenta de que éstos son mucho más inteligentes que tú. La parte difícil al juzgar tus propias preguntas no es elegir el momento, sino poner de lado tu parcialidad natural.

La carta horaria se hace usando el lugar donde está el astrólogo. En el pasado, por lo general astrólogo y consultante estaban en la misma habitación; hoy en día, a menudo están en diferentes continentes. Debido a que usamos la hora en la cual la pregunta es comprendida, así mismo debemos usar el lugar en el cual es comprendida: el sitio donde está el astrólogo. De acuerdo a la filosofía tradicional, la pregunta realmente no existe hasta que llega a oídos de quien pueda responderla. Hasta entonces, es inexistente.

¡Usa una computadora! Hay personas con inclinaciones ascéticas que consideran una virtud el hacer una carta horaria a mano. No hay necesidad de tal autocastigo. La situación hoy en día es muy diferente a los días en los que el astrólogo tendría consultantes haciendo fila para solicitar sus servicios, haría una carta en la mañana antes de comenzar a trabajar y luego la ajustaría a lo largo del día para cada pregunta que le hiciesen. Si insistes en hacer las cartas a mano, es muy posible que no hagas tantas como se necesitan para practicar y dominar el método de interpretación.

Para aquellos lectores que no tienen acceso a una computadora, en el Apéndice I hay una explicación sobre cómo calcular una carta horaria a mano sin complicaciones innecesarias. Este método simplifica el proceso, haciéndolo más rápido y fácil.

"¿Necesito un software especial para astrología horaria?" ¡No! Los programas de astrología más avanzados tienen "páginas de astrología horaria" especiales que abruman al estudiante con un torrente de información, la mayoría de la cual es irrelevante para la pregunta que se va a juzgar, además de ser presentada de maneras que pueden confundir a los más inexpertos. Te recomiendo no utilizar estas páginas, sino la forma más simple de hacer una carta horaria con el programa, sin las listas, tablas y demás parafernalia. Siguiendo los métodos que enseño en este libro, pronto aprenderás a decidir exactamente qué información necesitas de la carta, y buscarás esa y sólo esa información cuando la mires. Esto es mucho más rápido y más simple que rodearte de una maraña de datos que no necesitas.

◆ Noto que mis estudiantes son reacios a seguir este consejo – algo que nunca es bueno para su trabajo. La concisión y la economía de esfuerzo son el corazón mismo de la astrología. Cuanto más desorden tengas, más probable será que te tropieces con él. ◆

No es necesario comprar un software costoso. Tu objetivo es llegar desde A hasta B; no necesitas conducir un Rolls Royce para lograrlo. En internet hay software que se puede descargar gratuitamente y es completamente adecuado.[4]

Preparación para juzgar una carta horaria

Creo firmemente en que, sin importar qué tan expertos seamos como astrólogos, no se puede dar un juicio correcto sin haber recibido la gracia. Incluso teniendo todo el conocimiento necesario en la cabeza, no podemos unirlo como se debe: eso es un don. Por lo tanto, te sugiero que antes de comenzar a juzgar una carta, ores para recibir esta gracia.

Si no deseas rezar, haz algo, aunque sea lavarte las manos o sentarte en silencio durante un par de minutos para despejar tu mente. Es demasiado fácil leer al astrólogo cuando deberías leer la carta; el propósito de la astrología horaria es obtener una visión imparcial de la situación. Tienes que poner tus propios puntos de vista y suposiciones a un lado y estar abierto a lo que tienes delante. Por ejemplo, a menudo me hacen preguntas para las que mi reacción inmediata es "No seas tonto", pero es lo que la carta muestra acerca de lo que sugiere el consultante, por más extraño que a mí me parezca, lo que realmente cuenta. Es esencial recordar que no eres tú el que sabe. La astrología es la que sabe.

Te darás cuenta que algunas cartas horarias, como esta acerca del gato, son muy claras. Muchas no lo son. A veces, la falta de claridad se debe a la falta de conocimiento del astrólogo o a que la carta es abordada de una manera equivocada.

---

[4] Hay software gratuito para PC y Mac que puede descargarse de www.astrolog.org, y en www.astro.com se puede hacer una carta e imprimirla.

A veces, la carta parece turbia debido a que la situación que describe es turbia. Muchas situaciones son ambivalentes, sin una respuesta clara. Por ejemplo, una pregunta común es expresada de un modo u otro, "¿Es éste el hombre perfecto?" Una respuesta clara podría ser "Sí – ¡es tu alma gemela!" O "No – ¡es un asesino serial!" Más a menudo, la respuesta es: "Bueno, no está mal; hay peores, y por ahora no hay un mejor candidato". Esta también es una respuesta.

No te esfuerces por tener absoluta certeza antes de emitir tu juicio. Algunas cartas son inequívocas, pero otras deben ser desenredadas para obtener una respuesta. Si esperas a tener certeza con este tipo de cartas, esperarás para siempre. Si asimilaste completamente las reglas básicas, el juicio de tales cartas será correcto, sin importar con cuánta cautela las hayas abordado. Me he dado cuenta que es con este tipo de juicios, en los que siento que camino sobre un puente de telarañas, que mi trabajo ha sido más celebrado por los consultantes, al poder clarificar exitosamente asuntos que son demasiado enredados para resolver de alguna otra manera.

Hay un mito común que indica que debemos encontrar tres testimonios en una carta horaria antes de poder emitir un juicio. Este mito no tiene sentido, y fue propagado por personas que temen dar un juicio. Si lo único que tenemos es medio testimonio, eso es todo lo que tenemos. Tenemos que trabajar con lo que se nos da. Sin duda, son pocas las cartas que tienen tres testimonios claros. Para continuar con la metáfora futbolística, podemos ganar 6–0, o podemos ganar por un polémico gol en el último minuto: aún así, ganamos.

La hoja de trabajo

Te sugiero que copies esta hoja de trabajo y la utilices cada vez que juzgues una carta horaria. Te ayudará a asegurarte de que tienes la información necesaria para el juicio, mientras entrenas poco a poco para identificar exactamente qué información necesitas.

"¿Esto no es lo mismo que las páginas de software que me acabas de advertir que no utilice?" No. Esas páginas son una pérdida de tiempo disfrazadas como un dispositivo de ahorro de trabajo. Esta hoja de trabajo es una herramienta educativa. Para completarla, es necesario mirar la carta, y mirarla con cierta profundidad. A pesar de que mucha de la información que pondrás allí es dada por las páginas de astrología horaria de tu software, el acto de extraer personalmente esa información de la carta te mostrará cosas que no verás con el estudio de una lista. A medida que te familiarices con el proceso de astrología horaria, se reducirá la cantidad de información que pongas en esta hoja de trabajo. Después de un tiempo, la abandonarás por completo, pero no te apresures a hacerlo.

Puede ser que todavía no entiendas algunos de los términos de esta hoja: serán explicados en los siguientes capítulos.

INVOCACIÓN: para recordarnos lo que estamos haciendo.

CONSULTANTE / PREGUNTA: el nombre del consultante y la pregunta que se formula.

HORA, FECHA, LUGAR: los datos usados para hacer la carta horaria.

PLANETAS DEL CONSULTANTE / PLANETAS DE LO CONSULTADO:
El o los planetas que representan al consultante y a lo que está siendo consultando.

LUNA: los aspectos más recientes de la Luna y su próximo aspecto.

DIGNIDADES: ingresa el símbolo del planeta que rige el signo en el que se encuentra cada planeta; qué planeta está exaltado allí; el planeta regente de la triplicidad, y así sucesivamente. Ejemplo: si el Sol estuviera en 3 de Aries en una carta diurna, la columna del sol sería la siguiente:

♂ ☉ ☉ ♃ ♂ ♀ ♄

Es posible que desees resaltar cuando un planeta esté en su propia dignidad o debilidad.

NOTAS: todo lo que sea importante acerca de un planeta. Por ejemplo, si está combusto, retrógrado o en estación.

ESTRELLAS FIJAS: anota las estrellas más importantes que estén a más o menos un grado de los significadores principales, o de las cúspides de las casas relevantes. Puedes permitir un par de grados más para Regulus, Spica y Caput Algol.

ANTISCIAS: anota las antiscias de los planetas que caen sobre los significadores principales o en la cúspide de las casas relevantes (dentro de más o menos un grado).

RECEPCIONES: haz una lista de las principales recepciones mutuas entre los planetas. La recepción no tiene que ser mutua para ser significativa, pero las recepciones mutuas fuertes pueden tener un significado propio. Por "fuerte", me refiero a la recepción por signo, exaltación o triplicidad. No olvides que la recepción negativa mutua (por detrimento o caída) también puede ser importante.

HOJA DE TRABAJO
POR LA GLORIA DE DIOS

Consultante:
Pregunta:

Hora, fecha y lugar:

Planetas del consultante: **Planetas de lo consultado:**

☽ de: ☽ a:

	Signo	Exaltación	Triplicidad	Término	Decanato	Detrimento	Caída	Notas
☉								
☽								
☿								
♀								
♂								
♃								
♄								
⊗								

Estrellas fijas: **Antiscia:**   **Recepciones importantes:**

LAS REGLAS DE ORO

¡NO LO COMPLIQUES!

No importa qué tan complicada sea la carta, no te asustes. Sigue haciéndote las mismas preguntas simples acerca de los aspectos, la dignidad y la recepción y llegarás a la respuesta.

Resiste la tentación de culpar a la carta por no cooperar, y luego a pensar que obtendrás la respuesta sólo con agregar esta o aquella nueva técnica – aspectos menores, o tal vez, uno o dos asteroides. Si parece que la respuesta no está allí, es porque todavía no puedes verla. Concéntrate en lo que está en la carta horaria, revísala de la misma manera sencilla, y pronto la verás.

Esto nos conduce a la Regla de Oro número 2, que es:

SIEMPRE HAY UNA RESPUESTA EN ALGUNA PARTE

A menudo se encuentra unos pasos después del punto en el que decidiste no darte por vencido.

MEZCLA LA DISCRECIÓN CON EL ARTE

Esta es la tan repetida frase de Lilly que significa "usa tu sentido común".

HABLA CON EL CONSULTANTE

Si no estás seguro del significado exacto de la pregunta, pide que te lo aclaren. Si todavía no estás seguro, pregunta de nuevo. Algunos consultantes harán preguntas de una oscuridad inexpugnable: asegúrate de entender antes de hacer la carta horaria.

Si ves que un planeta es importante en la carta, pero no sabes lo que significa, pregúntale al consultante. Si necesitas saber quién está involucrado en la situación, pregúntalo.

Es fácil, por ejemplo, dar un juicio detallando que el objeto perdido lo tiene el esposo de la consultante para que después la consultante te diga que no está casada.

TIENES PERMISO DE EQUIVOCARTE

Por supuesto que debes esforzarte por dar juicios exactos. Pero lo que estamos haciendo aquí es extraordinario: el hecho de que no siempre podamos tener éxito no es motivo para lamentarse. El hecho de que podamos lograr lo que logramos es mucho más que extraordinario.

3

Las casas

William Lilly dice con toda la razón que una vez que el estudiante tenga la capacidad de hacer una carta horaria, lo más importante es entender los significados de las casas[5]. Todo lo que existe puede ser asignado a una u otra de las doce casas de la carta. Si miramos la casa equivocada para localizar aquello sobre lo que está preguntando nuestro consultante, es probable que demos una respuesta equivocada a su pregunta. Por lo tanto, es esencial una comprensión clara de las casas.

La carta horaria se divide en doce secciones. Técnicamente, éstas se llaman casas mundanas (o *casas terrenales*), en contraste con las *casas celestes*, que es otro nombre que se le da a los signos del zodíaco. Aunque es costumbre referirse a las casas celestes como "signos", vale la pena recordar que éstas también son casas. La palabra "casa" a menudo puede tomarse literalmente en la carta horaria como la representación de una morada física, ya sea una casa celeste (signo) o mundana. Los textos antiguos se refieren a los signos y las casas como "casas". Aunque esto es correcto, a veces puede resultar confuso.

Imagina la carta horaria como un pastel. Hay muchas maneras de dividirlo en doce porciones, lo cual nos daría las doce casas de la carta. ¿Dividimos el pastel a ojo? ¿Contamos el número de cerezas y lo dividimos para que haya la misma cantidad en cada porción? ¿Lo dividimos de acuerdo al apetito de quienes van a comer, asegurándonos de que cada uno quede igualmente satisfecho? De una forma similar, hay muchas maneras de dividir las casas en una carta. Estas son llamadas *sistemas de casas*.

Las cartas horarias de este libro están hechas con el sistema de casas *Regiomontano*. Recomiendo que utilices este sistema para astrología horaria. Es el sistema utilizado por Lilly y funciona, algo que puede demostrarse no por el criterio subjetivo de que "yo prefiero mi carta natal hecha con este sistema porque pone a mi Venus en esta casa, y no en esa", sino porque podemos hacer predicciones precisas a partir de la posición de las cúspides de las casas que da, lo cual es la única variable entre los sistemas.

---

[5] *Lilly*, introducción: Al lector.

Esto no implica que Regiomontano sea el mejor sistema para todo: yo uso el sistema de *Plácido* para el trabajo natal. Regiomontano es el adecuado para la astrología horaria. Si fueras a dividir el cielo a ojo en pedazos iguales, lo que obtendrías equivaldría al sistema de Regiomontano. Éste está basado en el punto de vista del observador, bajando la división del cielo a la Tierra, lo cual es totalmente apropiado para la astrología horaria, donde la pregunta formulada por una persona que está aquí mismo en este momento es lo que determina la realidad de la carta.

"Pero ¿por qué tienen diferente tamaño las casas de la carta horaria?" No tienen diferente tamaño. Son todas iguales. Piensa en tu propia casa. En muchos sentidos, ésta podría ser igual a la de otra persona: ya sea porque tiene la misma cantidad de metros cuadrados; o porque tiene el mismo número de habitaciones; o porque tiene el mismo precio en el mercado. Lo mismo sucede con las casas astrológicas: éstas son iguales en muchos sentidos. En el sistema Regiomontano, las casas tienen 30 grados de ancho, pero 30 grados de ascensión recta, no de longitud celeste[6]. Debido a que los grados de las cúspides (5 de Tauro, 12 de Géminis, y así sucesivamente) son medidos en longitud celeste, las casas no parecen ser del mismo tamaño – así como mi casa no puede tener el mismo tamaño de superficie total que la tuya, pero podría ser igual en términos del número de habitaciones que tiene.

Entre los astrólogos que estudian los textos antiguos, hay una moda que consiste en practicar astrología horaria usando el sistema de *casas de signos enteros*. Aparte de ser filosóficamente discutible, este método sacrifica fineza. Utiliza Regiomontano: el sistema funciona, y funciona bien.

Esta distinción entre ascensión recta y longitud celeste quiere decir que las cartas hechas con el sistema de Regiomontano a menudo tendrán signos en más de una cúspide de casa, mientras que otros signos estarán completamente contenidos dentro de una casa, sin tener una cúspide de casa que caiga dentro de ellos. Los signos que están completamente contenidos dentro de una casa, al no tener una cúspide que caiga dentro de ellos, se llaman *interceptados*. Mira la carta de la página 100, donde Aries y Piscis están interceptados dentro de la casa 12 y

---

[6] La ascensión recta es la medición a lo largo del ecuador celeste. La longitud celeste es la medición a lo largo de la eclíptica. Ambos dividen el cielo en 360 grados. Imagina que hay dos autopistas que salen de una ciudad. Una se dirige hacia el este, así que si conduces por ella 30 kilómetros, te llevará 30 kilómetros al este. La otra autopista se dirige hacia el noreste: conduce 30 kilómetros a lo largo de esta y llegarás a unos 25 kilómetros hacia el este y unos cuantos más hacia el norte. Pero igual viajaste 30 kilómetros. La ascensión recta y la longitud celeste están relacionadas entre sí de la misma manera.

Libra y Virgo están interceptados dentro de la casa 6. El hecho de que un signo esté interceptado, o de que un planeta esté en un signo que está interceptado no tiene importancia. El signo simplemente no tiene una cúspide de casa adentro – eso es todo[7].

◆ Permíteme repetir esto en voz muy alta, por favor: No hay nada significativo en un signo interceptado, o en un planeta dentro de un signo interceptado. No significa que un planeta en tal signo esté aislado, que no pueda actuar, o que sea incomprendido porque es más sensible de lo que creen los demás. Sólo resulta estar en un signo que no cae dentro de una cúspide de casa. Eso es todo.

El regente de un signo interceptado tampoco comparte regencia con la casa dentro de la cual está el signo interceptado. El llamado corregente de una casa no existe. ◆

Cuando uses el sistema Regiomontano (o Plácido), si un planeta está a unos 5 grados inmediatamente antes de una cúspide de casa, éste debe considerarse en la siguiente casa. Por ejemplo: en la carta de la página 100, la Luna está en 26 grados de Cáncer y la cúspide de la 5.ª casa está en 28 grados de Cáncer. La Luna está a menos de 5 grados de la cúspide, por lo cual está en la 5.ª casa, y no en la 4.ª.

Este margen de 5 grados es flexible: usa tu sentido común. Si la casa anterior a la cúspide es enorme, con uno o incluso dos signos interceptados en ella, tendremos más libertad que si la casa fuese más estrecha, con unos 20 grados de longitud de un lado al otro.

NOTA: para ser considerado en la siguiente casa, el planeta debe estar en el mismo signo que la cúspide, sin importar lo cerca que esté de la cúspide. Si la cúspide estuviese en 5.59 de Tauro, consideraríamos a un planeta en 0.01 de Tauro dentro de esa casa; si la cúspide estuviese en 0.20 de Tauro, un planeta en 29.50 de Aries no se consideraría como dentro de esa casa.

Piensa en el área anterior a la cúspide como el jardín delantero de la casa. Puede que no estés dentro de la casa, pero si te encuentras en el jardín delantero, estás dentro de la propiedad – no en la casa de al lado. No hay nada confuso o ambiguo acerca de esto: el planeta está en una casa o en la otra.

Esta regla de 5 grados sólo se aplica a las casas, no a los signos. Un planeta en los últimos grados de un signo no se considera que esté en el signo siguiente.

---

[7] Lo mismo ocurre en la astrología natal.

A lo largo de este libro, cuando describo un planeta *en* una cúspide, quiero decir que está uno o dos grados inmediatamente antes de esa cúspide. Cuando digo que está *dentro* de la cúspide, quiero decir que está un par de grados inmediatamente después de la cúspide.

◇ No tiene ninguna relevancia que una cúspide caiga muy al inicio o muy al final de un signo. Por ejemplo, si una cúspide está en 29.59° de cualquier signo, no quiere decir que la situación correspondiente a tal casa está a punto de cambiar. Esto es así porque las cúspides no se mueven. Nunca. Ver moverse a una cúspide sería como estar sentados en el teatro y ver que el balcón comienza a perseguir a Romeo por todo el escenario. Una cúspide en los últimos grados de un signo tampoco indica que el regente del próximo signo sea el significador de los asuntos de esa casa. ◇

SIGNIFICADO DE LAS CASAS

Debido a que las casas contienen todo lo que existe en nuestro mundo, una lista exhaustiva de lo que cada una de ellas representa es imposible; esta lista cubre los temas principales. La segunda parte de este libro examina preguntas que son típicas de cada una de las casas[8].

Si planeas asignar cosas a las casas correctas, es esencial entender la diferencia entre la cosa en sí y su función. La cosa es lo que es; su función puede variar. Por ejemplo: mi piano es un objeto que me pertenece y que puede moverse, así que corresponde a mi 2.ª casa. No tiene nada que ver con la 5.ª casa de la creatividad y los placeres. Asignarlo a la 5.ª casa es sólo una suposición irrelevante: que lo puedo tocar; que puede tocarse; que disfruto tocando. Mi piano es una posesión que puede moverse y por lo tanto corresponde a la 2.ª casa, aunque únicamente lo utilice para tapar una mancha de humedad en la pared.

1.ª casa

Su función principal es la de representar al consultante. Esta casa representa el cuerpo del consultante, aunque para una pregunta médica toda la carta puede

---

[8] Para una discusión sobre el por qué cada cosa pertenece a su casa correspondiente, lee mi libro *La verdadera astrología aplicada* (Real Astrology Applied), Apprentice Books, Londres, 2002, p. 147 en adelante. De aquí en más denominada VA Aplicada.

representar el cuerpo, en cuyo caso la 1.ª casa representaría la cabeza. También representa "el barco en el que navego": mi vehículo, si hacemos la analogía de que el cuerpo es el vehículo del alma. El nombre del consultante.

La primera casa me representa a "mí"; también puede representarnos a "nosotros". Cuando uno de los cónyuges pregunta sobre algo que la pareja planea hacer, la carta horaria puede representar al consultante y a su cónyuge individualmente como la 1.ª y 7.ª casa, o puede representarlos a ambos juntos con la 1.ª casa: "nosotros". También representa grandes grupos a los que el consultante pertenece ("¿Obtendremos el contrato?") y grupos más grandes con los que el consultante se identifica ("¿Ganaremos el partido del sábado?" – refiriéndose al equipo de fútbol del cual es hincha el consultante.)

La 1.ª casa muestra la situación general en el sitio donde está el consultante. Así que si pregunto "¿Tendremos un verano caliente?" debo mirar la 1.ª casa: la situación general aquí.

2.ª casa

Representa las pertenencias del consultante que pueden ser movidas: Si algo no puede moverse (por ejemplo, tu casa o tu terreno) o si es animado, no puede ser poseído. Si es tuyo, es inanimado y puede ser movido, aquello por lo que se pregunta pertenece aquí. Así que tu auto está representado por la 2.ª casa: es tuyo y puede moverse. No por la 3.ª casa: recuerda la distinción entre el objeto en sí y la función de ese objeto.

El dinero del consultante, de cualquier forma en que esté: en efectivo, cuenta bancaria, acciones y bonos. Es la autoestima del consultante, su autovaloración, así como la estima por su pareja: la estima o valor, visto como algo transferible.

Son sus asesores más cercanos, como el asesor de *El padrino*: el que susurra consejos en el oído. En un duelo, es tu padrino; en la corte es tu abogado y los testigos que declaran a tu favor. Tu abogado está representado por la 2.ª casa sólo si actúa en nombre tuyo en el caso por el cual estés preguntando ahora. De otra manera, los abogados pertenecen a la 9.ª casa, como personas instruidas.

Es la garganta y lo que entra por la garganta, por lo tanto, los alimentos. Es lo que sustenta la 1.ª casa.

◆ La boca y la mandíbula corresponden a la 2.ª casa, no a la 1.ª, ya que se consideran como parte de la garganta y lo que va dentro de ella. El resto de la cabeza es 1.ª casa. ◆

3.ª casa

Tus hermanos y primos. Tu rutina diaria; los viajes de rutina que haces normalmente. Estos tienden a ser más cortos que los viajes especiales que hacemos, de ahí el nombre común de "viajes cortos" de esta casa. Pero si camino a la vuelta de la esquina para visitar un santuario, esto sería una peregrinación, uno de los tipos de viaje que representa 9.ª casa. Puede ser que tu oficina esté al lado de la iglesia a la que vas, pero tu viaje a la oficina está representado por la 3.ª casa, mientras que tu viaje a la iglesia está representado por la 9.ª.

El conocimiento que necesitas para llevar tu vida cotidiana. La carta que estás esperando está representada por la 9.ª casa (3.ª a partir de la 7.ª); la carta que guardas por razones sentimentales es tu posesión, y está representada por la 2.ª casa. Rumores y chismes.

Al ser la casa opuesta de la 9.ª, (el profesor del consultante), ésta representa a los estudiantes del consultante.

También representa a los vecinos. Muchas veces, en el sentido bíblico de "todas las personas con quien me encuentro en mi ronda diaria"; más a menudo se trata de quienes viven al lado de mi casa.

Los brazos, los hombros y las manos.

◆ Para aclarar: la carta que estás esperando la muestra habitualmente la 3.ª a partir de la 7.ª, ya que es el correo de personas de la 7.ª casa (novios, cónyuges, personas con las que hacemos negocios) sobre el que los consultantes preguntan más a menudo. Una carta de alguien más correspondería a la 3.ª a partir de la casa de aquella persona: si es de mi jefe o de mi madre, 3.ª a partir de la 10.ª; si es de mis hijos, 3.ª a partir de la 5.ª. Funciona igual con cartas, emails, llamadas telefónicas y cualquier otra forma de comunicación que esté de moda en el momento en el que leas esto.

Los libros y los sitios web no son cosas de la 3.ª casa. Si deseo enviar un mensaje a alguien, no escribo un libro para hacerlo. El libro que escribí es, como indico abajo, 5.ª casa: "mi bebé". Ten en cuenta que el libro se diferencia de cualquier conocimiento que haya puesto dentro de él (9.ª casa). Si tu sitio web promociona tu negocio, es tu vitrina: 10.ª casa. Por lo tanto, el beneficio a partir de ella será la 2.ª a partir de la 10.ª, que es la 11.ª. El sitio en el que subes fotos graciosas de gatitos es 5.ª casa: entretenimiento. ◆

4.ª casa

Tu padre; tus padres en general; tu ascendencia. Tus posesiones inmovibles: casas y propiedades. Tu casa de vacaciones en España sigue siendo la 4.ª casa: es tu propiedad en el extranjero; ésta no tiene nada que ver con la 9.ª casa. Tu huerto y todo lo que crece en el – incluyendo la planta que tienes en tu sala de estar. Tu país de origen ("el extranjero" estaría representado por la 9.ª casa).

"El final del asunto": la manera en que resultará una situación. Por lo general, esto puede ignorarse, salvo en preguntas acerca de juicios, en los cuales hay un veredicto, y enfermedades, donde se puede mostrar el pronóstico. Si los testimonios acerca de otros asuntos están equilibrados, vale la pena echar un vistazo a la condición de la 4.ª casa y su regente; pero esto sólo como un último recurso: esfuérzate en encontrar la respuesta a la pregunta usando los significadores principales.

Al estar en la parte inferior de la carta, esta casa representa minas y otras cosas subterráneas, como un tesoro enterrado.

El pecho y los pulmones.

Nota que aunque la 4.ª casa está en la parte inferior de la carta, ésta representa el norte. La convención es diferente a la utilizada en los mapas: el ascendente es el este, el descendente el oeste, la 10.ª casa es el sur. Las direcciones intermedias son derivadas de estos puntos.

La cúspide de la 4.ª casa es también conocida como el IC (*imum coeli*: parte más baja de los cielos).

◆ Incluso con lo que escribí arriba, fui demasiado generoso con la idea de que la 4.ª casa muestra "el final del asunto". Ignora esto, excepto cuando "el final del asunto" tenga un rol específico en la situación. Esto se da principalmente en casos en la corte, y representa el veredicto, que es, por supuesto, el final del asunto. La idea de que podamos usar esto en otras circunstancias proviene exclusivamente del deseo del astrólogo de tener disponible un plan B para salvarse de decirle al consultante algo que éste no querrá escuchar: "¿Crees que podría amarte? ¡Estás loco! Ah, pero si observamos el final del asunto…" Independientemente de la falta de veracidad de lo que muestre este plan B.

Lilly da a las ciudades la 4.ª casa; siguiendo a Bonatti, asume que la ciudad está siendo sitiada por el consultante. Como tal, sería vista como una porción inmobiliaria que el consultante quiere poseer. Una ciudad se puede mostrar por diferentes casas, según el contexto. Habitualmente será la 1.ª casa, como el "aquí" del consultante. Si pregunto "¿Cómo estará el clima en Varsovia?" la ciudad no es 4.ª casa, sino simplemente el "aquí" de donde vivo: 1.ª. Si vivo en el campo y estoy pensando en mudarme a la ciudad, ésta será 7.ª casa, vista como el "allá" hacia donde quiero ir. ◈

5.ª casa

El placer, y los lugares donde nos divertimos: como dice Lilly "banquetes, cervecerías y tabernas"; teatros, fiestas, deportes.

Los niños y el embarazo. Esta casa no representa a mujeres embarazadas: una mujer embarazada es una mujer que simplemente está embarazada, por lo que tiene la misma casa que cuando no está embarazada (3.ª para mi hermana, 7.ª para mi esposa, etc.) Como esta es la casa que representa el embarazo, también es la casa del sexo (¡no la 8.ª!). Pero no importa cuán tenue pueda ser la relación del consultante con su pareja sexual, esa persona es su pareja, por lo que está representada por la 7.ª casa y no la 5.ª. Así que incluso si el consultante está casado, su amante sigue siendo la 7.ª casa; lo que hace con ella es la 5.ª casa. Es la misma distinción que hacemos entre aquello por lo que preguntamos y su función. Aunque el embarazo está representado por la 5.ª casa, el parto está representado por la 12.ª ("confinamiento"). El libro que he escrito o el cuadro que he pintado es considerado como "mi bebé": 5.ª casa.

Al ser la segunda casa a partir de la 4.ª, la 5.ª tiene significados importantes como el dinero del padre y las ganancias de la propiedad del consultante.

Esta casa representa mensajeros y embajadores.

En el cuerpo, representa el corazón, el hígado, el estómago, los lados y la espalda.

◈ El mensajero, en este caso, es alguien que habla por sí mismo. Como un embajador, puede que lleve una carta, pero estará al tanto de su contenido y de los asuntos relacionados con ella. Su trabajo no es el de entregar una carta en silencio, sino el de elaborar, persuadir, e incluso ejecutar. El cartero que entrega una carta sin tener idea de lo que contiene no es un mensajero, sino un sirviente (6.a casa). Por ejemplo, las personas que llevaron las epístolas de San Pablo a sus iglesias correspondientes eran este tipo de mensajeros. ◈

6.ª casa

Esta es la casa de las cosas desagradables que el mundo lanza hacia nosotros, las peores rachas de mala fortuna, principalmente la enfermedad. Esta casa representa hospitales – ya que un hospital es literalmente la casa de las enfermedades.

Estos no están representados por la 12.ª casa: los hospitales son lugares para tratar enfermedades, no para encarcelar gente malvada.

La 6.ª casa no tiene nada que ver con el trabajo del consultante, no importa cuán poco especializado o inadecuado sea el trabajo. También representa a los empleados del consultante y a sus servidores, como el mecánico que repara su automóvil. Así que para juzgar la pregunta "¿Me conviene contratar a este obrero?" debo referirme a la 6.ª casa.

Esta casa representa a los subordinados del consultante en el trabajo. Aquellos que trabajan *para* él; no el trabajo en sí mismo. Cuando Lilly dice que los inquilinos del consultante son representados por la 6.ª casa, él asume que hay una relación de dueño / servidor entre ellos. Este tipo de relación no es común en nuestros días: Si le alquilo a alguien un apartamento, el inquilino está representado por mi 7.ª casa, no mi 6.ª.

Esta casa representa animales pequeños, siguiendo el criterio tradicional de que un animal pequeño es todo aquel que es más pequeño que una cabra, o demasiado pequeño para ser montado. Así que esta es la casa del gato o el perro perdido. Son nuestros tíos y tías (la 3.ª a partir de la 4.ª: los hermanos/as de nuestros padres), a menos que queramos especificar hermanos/as de nuestra madre, en cuyo caso, los tíos y tías estarían representados por la 12.ª casa.

En el cuerpo, representa la parte baja del vientre y los intestinos.

7.ª casa

La 7.ª representa a los socios del consultante, ya sea en un sentido emocional o de negocios. Esposas y novias, sin importar lo breve que sea la relación o cuántas relaciones de este tipo tenga el consultante. Incluso si la relación aún no existe, pero se anhela tener ("¿Kylie saldrá conmigo?") o si la pareja aún no ha sido conocida ("¿Cuándo voy a conocer a la mujer con quien me casaré?"), esa persona está representada por la 7.ª. El o la "ex" también está representado/a por la 7.ª casa.

La idea de la asociación también cubre médicos, incluyendo médicos alternativos y astrólogos, pero sólo si el médico está tratando la enfermedad en la pregunta médica que se está consultando (pues él es el socio que el paciente tiene para ayudarle a recobrar su salud) o el astrólogo que está juzgando esta pregunta horaria ahora mismo (el socio que el consultante tiene para encontrar la verdad). De lo contrario, ambos pertenecen a la 9.ª casa, como gente instruida.

Importante: si vas a juzgar tu propia pregunta, tú ¡*no* estás representado también por la 7.ª casa! La tuya es la 1.ª, como consultante. No puedes ser tu propio socio.

Aún más importante: Aunque en teoría la 7.ª representa al astrólogo que está juzgando la pregunta, no recuerdo que alguna vez hubiese sido necesario introducirme en la carta de un consultante. Si bien hay teóricos modernos de astrología horaria que fomentan esta participación, no puedo ver esto como otra cosa que un egotismo invasivo. La carta horaria pertenece al consultante: tú y tus sucias botas deben mantenerse fuera de ésta.

Los socios, por breve que sea la relación, son aquellos con quienes hacemos negociaciones, aquellos a quienes les compramos o vendemos algo. Si la pregunta es "¿Voy a vender mi casa?", el asunto central no es la casa, sino el posible comprador, la persona con quien haré el negocio: 7.ª casa.

La otra clase de personas con quienes estamos íntimamente involucrados son nuestros enemigos abiertos: la 7.ª casa. Mi oponente en la partida de ajedrez; la otra parte en un proceso judicial; la persona que está solicitando el mismo trabajo que yo; el equipo que está jugando contra el equipo que yo apoyo: todos estos están representados por la 7.ª casa. Los ladrones son considerados como enemigos abiertos.

La 7.ª casa representa a aquellas personas que son más importantes para nosotros, al igual que las que son menos importantes. Es la casa de "cualquier persona": cualquiera que no pertenezca a ninguna de las otras casas. Así que si la pregunta es "¿La gran estrella de cine será condenada?" o "¿Encontrarán al hombre que está desaparecido?" en ambos casos, debemos referirnos a la 7.ª casa. Combina esto con la idea de hacer negocios y la 7.ª casa representará a Juan de los Palotes, el cliente. Si eres un astrólogo practicante, tus consultantes están representados por la 7.ª casa.

En el cuerpo, representa el sistema reproductivo y la pelvis.

8.ª casa

Esta es la casa de la muerte y en una carta horaria significa exactamente eso: la muerte. No hay nada metafórico aquí. Su rol más habitual, sin embargo, es representar el dinero de otra persona, debido a que es la 2.ª casa a partir de la 7.ª. Ya sea la persona con la que el consultante está haciendo un negocio ("¿Me pagará?"), el cónyuge ("¿Él realmente tiene tanto dinero como dice?") o el enemigo ("¿Ganaré el dinero del corredor de apuestas con esta apuesta?").

Así como la 2.ª casa representa la autoestima del consultante, la 8.ª representa la estima de su pareja, vista casi como una entidad separada. Si en una pregunta acerca de una relación el consultante está claramente interesado en el regente de la 8.ª casa, esto a menudo muestra un deseo por la estima de la otra persona en lugar de un deseo por su dinero.

Esta es la casa de los testamentos y herencias, pero sólo de la manera más general ("¿Alguien me dejará una fortuna?"). Para cualquier pregunta específica sobre herencias ("¿Heredaré el dinero de X persona?"), mira la 2.ª casa de la persona que ha fallecido.

Lilly dice que la 8.ª casa representa "el miedo y la angustia de la mente."[9] Esto quiere decir que si el planeta que representa al consultante se encuentra en la 8.ª casa, sin razón alguna (como por ejemplo, preguntas acerca de la muerte o del dinero su cónyuge), esto muestra que el consultante está angustiado por el tema. El miedo en sí ("¿Podré superar la claustrofobia?") es un asunto de la 12.ª casa.

En el cuerpo, esta casa representa los órganos de excreción.

Esta casa no tiene nada que ver con el sexo. Nada. El sexo es un asunto de la 5.ª casa.

◆ Lilly dice que los testamentos y herencias pertenecen a la 8.ª, pero esto es engañoso.[10] Su punto de partida es que, en una pregunta general como "¿Alguna vez me haré rico, y cómo? ", un benéfico en la 8.ª casa podría mostrar un beneficio a través de la muerte, algo que, por supuesto, probablemente se manifieste en forma de una herencia. Sin embargo las herencias son, en rigor, dinero de gente muerta: 2.ª a partir de la 8.ª, no la 8.ª en sí misma. En la práctica, una herencia siempre se relaciona a una persona en particular, por lo tanto sería la 2.ª casa de esa persona, esté viva o muerta. Entonces, el dinero que podría heredar de mi padre sería la 2.ª a partir de la 4.ª. Visto como un simple documento ("¿Dónde está el testamento?"), un testamento es una posesión: 2.ª casa. ◆

9.ª casa

La 9.ª casa representa nuestros viajes especiales. Es la casa de Dios, de la religión y todas las cosas espirituales, incluyendo nuestra peregrinación, nuestro viaje a lo Divino. Debido a que nuestros viajes especiales tienden a ser más largos que nuestros viajes de rutina (3.ª casa), esta casa también cubre los viajes más largos. Pero la característica distintiva es la singularidad, no la extensión del viaje. Si viajo de Londres a Nueva York dos veces por semana, es un viaje de rutina (3.ª casa). Si después paso un fin de semana en un spa a 20 kilómetros de mi casa,

---

[9] *Lilly*, p.54.
[10] ibid.

es un viaje especial (9.ª casa). Todas las vacaciones están representadas por la 9.ª casa, al igual que los países extranjeros.

La 9.ª casa representa nuestro conocimiento superior: en esencia, el conocimiento que está más allá de lo que necesitamos saber para hacer lo que hacemos rutinariamente y que nos lleva a Dios. Representa las escuelas y universidades donde adquirimos tal conocimiento. Es nuestro maestro, nuestro sacerdote. Algunas personas dicen que los monasterios pertenecen la 12.ª casa, pero esto es un error: los monasterios no son cárceles, sino casas de oración – 9.ª casa[11]. Todas las personas instruidas pertenecen a esta casa, así como su aprendizaje. Esto incluye a los astrólogos.

Es la casa de los sueños, predicciones y profecías, así como de las personas que predicen o profetizan. Al ser la casa del sabio, ésta tiene un papel importante en preguntas acerca del matrimonio en ciertas culturas: la 9.ª casa representa la agencia matrimonial, la cual hace el rol del hombre sabio que en otros tiempos hubiese arreglado el matrimonio.

En el cuerpo, representa las caderas y las nalgas.

10.ª casa

La 10.ª casa representa al rey, el jefe en cualquier situación, el gobierno, el primer ministro o presidente, el juez en un caso judicial (el juez, jurado y el sistema judicial entero pueden ser tomados como "el juez"). Representa honor, éxito, gloria ("¿Ganaré medalla de oro en las Olimpiadas?"). Representa la madre del consultante.

Es el trabajo del consultante o su carrera, – sin importar cuán servil sea.

Hay una conexión entre la 10.ª casa y el matrimonio. En el mundo moderno ésta es relevante *sólo* para matrimonios arreglados o dinásticos, y *sólo* para el matrimonio en su parte formal; la relación real entre las dos personas es un asunto relacionado con la 7.ª casa.

Esta casa representa los muslos y las rodillas. Como en todas las casas, la parte del cuerpo se extiende a través del signo, moviéndose hacia abajo a partir de la cúspide. La parte superior del muslo está representada por la cúspide de la casa, la rodilla por la última parte de la casa, justo antes de la cúspide de la 11.ª. Así, por ejemplo, la cúspide de la 1.ª casa representa la parte superior de la cabeza; la última parte de la casa, justo antes de la cúspide de la 2.ª, representa la barbilla.

---

[11] A propósito, cuando Lilly habla de "vida de monje", él se refiere al celibato, no al hecho de ser un monje.

Supongamos entonces que necesitamos saber qué planeta representa las rodillas del consultante. Miraríamos la 10.ª casa (muslos y rodillas). Pero si en la última parte de la 10.ª casa hay un signo diferente al de la cúspide, el planeta regente de este segundo signo (el que rige la última parte de la casa) deberá ser tomado para representar las rodillas. Por ejemplo: la cúspide de la 10.ª casa está en 8 grados de Aries; la cúspide de la 11.ª está en 15 de Tauro. Por lo tanto, Tauro comienza en la parte media de la 10.ª casa y cubre el final de esa casa. Tomaríamos a Venus, el regente de Tauro, como el planeta que representa las rodillas, y no a Marte.

 Noto ahora que mi mención de la barbilla es un mal ejemplo: lee la 2.ª casa, más arriba. No obstante, creo que el punto queda lo bastante claro. ◆

11.ª casa

Así como la 8.ª tiene significados claves por ser la 2.ª casa a partir de la 7.ª, la 11.ª casa toma muchos de sus más importantes roles por ser la 2.ª a partir de la 10.ª. Como tal, representa el dinero del jefe, o el dinero de mi trabajo: algo muy importante, ya que es mi salario. También representa los asesores o asistentes de la 10.ª casa. Si la 10.ª representa el rey, la 11.ª puede representar al primer ministro o al gran visir; si la 10.ª casa representa al primer ministro, la 11.ª representaría su gabinete. Esta casa también representa el dinero del rey, por consiguiente "el regalo del rey", y también es la casa relevante cuando el consultante quiere favores de arriba ("¿Recibiré el subsidio del gobierno?"). Debido a que representa el dinero del rey, esta casa es crucial en preguntas como "¿Qué tan alta será mi cuenta de impuestos?"

Esta casa representa "el dinero que cae del cielo": la generosidad que cae en nuestro regazo sin tener que esforzarnos – lo que ganamos en la lotería o en las quinielas.

La 11.ª es la casa de las "esperanzas y deseos". Esto rara vez es relevante, salvo en un sentido negativo: ¿qué impide que reciba la respuesta que deseo cuando pregunto "¿Cuándo me voy a casar?"? El regente de la casa 11.ª está interponiéndose: cada vez que conoces a un buen partido, el sonido ensordecedor de las campanas de boda lo asusta. Dicen que esta casa representa abstracciones como "confianza" y "alabanza", pero en la práctica nunca lo encontré relevante.

Esta es la casa de nuestros amigos. Ten cuidado aquí: el uso moderno de "amigo", al menos en Inglaterra, se usa más libremente de lo que la palabra quiere decir. Alguien con quien me llevo bien en el trabajo es mi colega (7.ª casa), no mi amigo; la persona con quien hablo trivialidades en la taberna es un conocido (7.ª casa otra vez). La 11.ª casa tampoco representa las "instituciones sociales" como dicen los modernos. Los sindicatos, por ejemplo, ("¿Me conviene unirme al sindicato?), son grupos de colegas: 7.ª casa. Ellos son "nosotros" ("¿Podremos obtener un aumento de sueldo en el trabajo?"): 1.ª casa. Son grupos de empleados ("¿Elegirá un nuevo líder el sindicato de la fábrica de la que soy dueño?"): 6.ª. Ellos son enemigos abiertos ("¿Puedo derrotar al sindicato que ha cerrado mi fábrica?"): 7.ª. Ninguno de ellos son grupos de amigos.

NOTA: considera cuidadosamente este último párrafo. Observa cómo la misma cosa puede ser representada por diferentes casas dependiendo de quién hace la pregunta y el contenido de la misma.

En el cuerpo, la 11.ª casa representa las pantorrillas y los tobillos.

◆ Al igual que con la 4.ª y "el final del asunto", sucede lo mismo con la 11.ª casa y las "esperanzas y deseos": la idea existe principalmente para dar al astrólogo un plan B. En lugar de juzgar la carta correctamente y desilusionar al consultante, podemos tener un consultante feliz si nos rascamos la barbilla con sabiduría y pronunciamos, "Ah, pero si vemos tus esperanzas y deseos – ¡Guau!" Sugiero que nos atengamos a juzgar correctamente la carta. ◆

12.ª casa

Esta es la casa de los enemigos secretos, en contraste con nuestros enemigos abiertos que son representados por la 7.ª casa. Ten en cuenta que es la forma en la que nos hacen daño lo que los hace ser el tipo de enemigos de la casa 12.ª, no el hecho de que sepamos quienes son. La brujería, difusión de rumores maliciosos, la información que se da a espaldas de las personas: todas estas son ofensas relacionadas con la 12.ª casa, incluso si se conoce a su autor. Esta es la casa de los secretos, las cosas que se le ocultan al consultante.

Nosotros hacemos un trabajo eficaz al ser nuestros propios enemigos, por lo cual la 12.ª es la casa de la autodestrucción: las tonterías con las que hacemos nuestra vida más difícil de lo necesario. Nuestros vicios; el pecado. Nuestros temores también nos debilitan, por lo que nuestras fobias se localizan aquí.

Como una extensión de la idea de la 12.ª casa como la casa de la autodestrucción, en la que nos aprisionamos a nosotros mismos, ésta también representa las prisiones.

La 12.ª casa representa los animales más grandes que las cabras. En el cuerpo, representa los pies.

Como vimos con el ejemplo acerca de los sindicatos en la sección sobre la 11.ª casa, la casa que representa una persona o cosa varía dependiendo de la pregunta. **Es la pregunta la que determina la realidad de la carta.** Si el Primer Ministro pregunta: "¿Voy a ser reelegido?", él será representado por la 1.ª casa, al igual que cualquier otro consultante. Si yo pregunto "¿El Primer Ministro será reelegido?" él es mi rey, y estará representado por la 10.ª casa. Si un norteamericano pregunta: "¿El primer ministro será reelegido?", el primer ministro es el rey de un país extranjero, por lo tanto estará representado por la 10.ª casa a partir de la 9.ª, o sea la 6.ª casa. Si la esposa del primer ministro pregunta: "¿A mi esposo le gustarán los calcetines que le compré para Navidad?" su papel es el de esposo: 7.ª casa.

◆ Este último punto es muy importante. Las personas a menudo juegan varios roles en nuestras vidas, y por lo tanto pueden ser representadas por varias casas en la carta. ¿Cuál es el rol relevante dentro del contexto de la pregunta? Por ejemplo, si pregunto "¿Venceré a mi amigo en ajedrez?", la 11.a casa no tiene mucho que ver ahí. Dentro del contexto del partido de ajedrez, él es mi enemigo: 7.a casa. Para el propósito de la pregunta, el hecho de que él sea mi amigo es irrelevante. ◆

GIRANDO LA CARTA HORARIA

En este resumen de los significados de las casas, he dado varios ejemplos de casas que son derivadas de otras casas, como "el rey de un país extranjero (10.ª casa a partir de la 9.ª)" en el párrafo anterior. La derivación de una casa a partir de otra se llama "girar la carta".

Por ejemplo: si pregunto "¿Cómo va el progreso de mi hija en su carrera?", de nada sirve que yo mire la 10.ª casa de la carta, ya que ésta representa mi carrera, no la de ella. Primero, tengo que localizar a mi hija (5.ª casa) y luego referirme a la 10.ª casa a partir de ésta. La 10.ª casa a partir de la 5.ª es la 2.ª casa de la carta.

Lo que estamos haciendo aquí es tratar a la 5.ª casa como si fuera el ascendente y contar 10 casas a partir de ésta – de aquí viene el término "girar la carta".

Cuando gires la carta, siempre cuenta la casa con la que comienzas como la "1". Así, la 5.ª casa es la 1.ª casa de mi hija; la 6.ª es la 2.ª de ella; la 7.ª es la 3.ª de ella. Mientras te acostumbras a esto, puede ser que te ayude poner un dedo en la casa por la que estás comenzando, tomándola como número "1", y contando las siguientes casas a partir de ésta. La carta vista como generalmente lo hacemos, tomando la 1.ª casa para representar al consultante, es llamada carta *radical*. Ésta es "radical" en su sentido literal de ser la "raíz". Si yo soy el consultante, la 1.ª casa de la carta radical me representa a mí y la 5.ª casa de la carta radical representa a mi hija.

Sigue los ejemplos mirando la siguiente carta y contando a partir de la 5.ª casa. No te limites a leerlos: ¡mira la carta y haz caminar tus dedos!

La pulsera de mi hija está representada por la 2.ª casa de ella. La 2.ª a partir de la 5.ª es la 6.ª casa radical.

El vecino de mi hija está representado por la 3.ª casa de ella. La 3.ª a partir de la 5.ª es la 7.ª casa radical.

El huerto de mi hija está representado por la 4.ª casa de ella. La 4.ª a partir de la 5.ª es la 8.ª casa radical.

El hijo de mi hija (mi nieto) está representado por la 5.ª casa de ella. La 5.ª a partir de la 5.ª es la 9.ª casa radical.

El perro de mi hija está representado por la 6.ª casa de ella. La 6.ª a partir de la 5.ª es la 10.ª casa radical.

El esposo de mi hija está representado por la 7.ª casa de ella. La 7.ª a partir de la 5.ª es la 11.ª casa radical.

El dinero del esposo de mi hija está representado por la 2.ª casa a partir de la 7.ª casa de ella. Ésta sería la 2.ª a partir 11.ª, o sea la 12.ª casa radical. En este ejemplo hemos girando la carta dos veces.

La profesora de piano de mi hija está representada por la 9.ª casa de ella, que es la 1.ª casa radical. El hermano de su esposo también está representado por la 1.ª casa radical debido a que ésta es la 3.ª casa a partir de la 7.ª de ella.

La carrera de mi hija está representada por la 10.ª casa de ella, que es la 2.ª casa radical. Esta casa también representa a su suegro: el padre de su esposo, quien está representado por la 4.ª casa a partir de la 7.ª casa de ella.

La amiga de mi hija está representada por la 11.ª casa de ella, que es la 3.ª casa radical. Esta casa también representa el dinero que ella espera heredar de su suegro: la 2.ª a partir de la 4.ª de la 7.ª casa de ella. (La 7.ª casa representa a su esposo; la 4.ª a partir de ésta representa a su suegro; la 2.ª a partir de ésta, su dinero.)

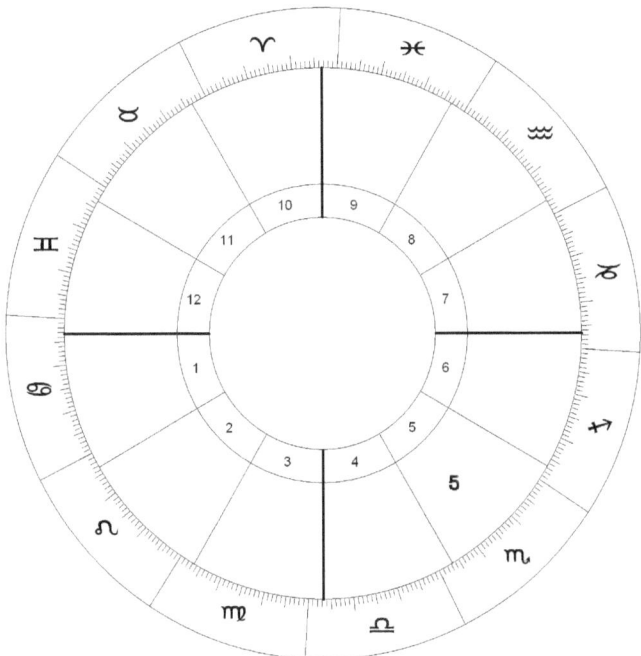

El caballo de mi hija está representado por la 12.ª casa de ella, que es la 4.ª casa radical. Y esta casa también representa al empleado de su esposo, el cual es la 6.ª a partir de la 7.ª casa de ella.

Aquí viste ejemplos en los que la carta horaria se giró más de una vez. Puedes girar la carta cuantas veces sea necesario, pero entre más lo hagas, más perderá enfoque: si hay un atajo, tómalo. Por ejemplo, la madre de mi hija no está representada por la 10.ª casa a partir de la 5.ª; ella es mi esposa, por lo tanto, está representada por la 7.ª casa radical. Éste sería el caso incluso si yo ahora estuviese casado con otra persona, o si nunca me hubiera casado con ella. El padre de mi hija no está representado por la 8.ª casa radical (4.ª casa a partir de la 5.ª); su padre soy yo, y yo soy el consultante: 1.ª casa.

No interpretes los significados de las casas al momento de girar la carta. La 8.ª casa (muerte) a partir de la 4.ª (mi padre) es la 11.ª casa (mi amigo). Esto no quiere decir que mi amigo va a matar a mi padre; simplemente significa que la muerte de mi padre está representada por la 11.ª casa.

Girar la carta implica algún tipo de "pertenencia". Si el objeto no pertenece a la persona en un sentido real, evita girar la carta. Cuanto más grande sea, mayor será la probabilidad de que nos refiramos a la carta radical, no a la girada. Si la pregunta es "¿Cómo le irá a mi hermano en su nuevo trabajo?", mira la 10.ª casa a partir de la 3.ª. Pero si la pregunta fuese "¿Mi hermano ganará la medalla de oro en las Olimpiadas?", mira la 10.ª casa de la carta radical, no la 10.ª casa de la carta girada. La pregunta sigue siendo sobre un tema relacionado con la 10.ª, pero la victoria no le pertenece a mi hermano de la misma manera en la que su trabajo sí. Si la pregunta fuese "¿El maestro de mi hermano le está ayudando?" el maestro sería la 9.ª casa a partir de la 3.ª. Y si yo preguntara "¿A mi hermano le irá bien en la universidad?", ésta sería representada por la 9.ª casa. De alguna modo, el maestro le "pertenece" a mi hermano de una manera en que la universidad no – aunque pudiéramos hablar de "la universidad de mi hermano".

Por otro lado, si la pregunta fuese "¿Mi nieto irá a la universidad?", tendríamos que girar la carta. Mi nieto está representado por la 9.ª casa (el hijo de mi hija: la 5.ª casa a partir de la 5.ª), por lo que no podríamos tomar la misma casa para representar a la universidad. En ese caso, tendríamos que girar la carta.

Para preguntas acerca de muerte y encarcelamiento, revisa la 8.ª y 12.ª casa en ambas cartas: la radical y la girada. Por lo general, una de las dos estará involucrada; algunas veces lo estarán ambas.

De vez en cuando no hay una respuesta clara sobre la casa que debemos mirar: en la práctica, me he dado cuenta de que si hay una ambivalencia genuina, la carta la reflejará y las dos posibles casas nos darán la misma respuesta.

◆ A veces es necesario girar la carta para distinguir diferentes cosas del mismo tipo. La universidad de mi hermano es la 9.ª radical, ya que no le pertenece a él. Por lo que si mi pregunta fuese "¿Mi hermano entrará en la universidad?" sólo me interesa la 3.ª (mi hermano) y la 9.ª (la universidad). Sin embargo, si mi pregunta fuese "¿La universidad de mi hermano es mejor que la mía?" Debería hacer uso de la 9.ª a partir de la 3.ª para ubicar su universidad, ya que la 9.ª radical ya está en uso, mostrando mi universidad.

Algo similar sucede con los hijos de una relación anterior del cónyuge. Habitualmente se considerarían parte de la 5.ª radical, los hijos del consultante, sea éste el padre biológico o no. Pero si necesitamos distinguir ("¿Quién se comió todas las tortas?") podemos tomar la 5.ª radical para mostrar a los hijos del consultante y a la 5.ª a partir de la 7.ª para mostrar a los hijos del cónyuge. Ocasionalmente, a los hijos del cónyuge se les podrá dar la 5.ª a partir de la 7.ª sin necesidad de hacer una distinción. Esto podría pasar si la relación entre el consultante y el hijo es muy débil – si quizás el hijo ya creció y dejó el hogar mucho antes de que el consultante conociese a su cónyuge, y el contacto entre ambos fuese mínimo. ◊

◊ Se me ha preguntado por qué no giré la carta en la pregunta sobre el gato perdido al comienzo de este libro, usando la 6.ª a partir de la 3.ª para representar a Misifus, el gato del vecino. No lo hice porque no lo consideraba como el gato del vecino. Estaba en el proceso de transferir su lealtad y prácticamente se había mudado con nosotros. Mi pregunta, definitivamente, era "¿Dónde está nuestro gato?" ◊

Hemos trabajado alrededor de toda la carta, girándola a partir de la 5.ª casa. Ahora, mira los siguientes ejemplos, tomados al azar. Usa esta lista y escribe tus respuestas. No te limites a pensar: escríbelas. A continuación, verifícalas en el Apéndice 2. Para algunos de estos ejemplos tendrás que girar la carta horaria, para otros no. Supón que eres el consultante, así que tu padre estará representado por la 4.ª casa y tu gato por la 6.ª. Nunca te harán preguntas acerca de muchos de ellos, pero cada ejemplo te ayudará a aumentar tu facilidad para girar la carta, incrementando tu fluidez en el lenguaje de la astrología.

Incluso si eres un astrólogo horario con experiencia, haz este ejercicio y lee las respuestas: en ellas hay una gran cantidad de información importante.

El conejo que es la mascota de tu hijo
La casa de tu padre
Tu hermana que está embarazada
Tu automóvil nuevo
Tu viaje al trabajo
Tu jefe
El hombre con el que compartes tu oficina
El sueño que tu amigo te está contando
Tus hermanos
Tu hermano menor, a diferencia de tu hermano mayor
Tus hijos
Tu hijo menor, a diferencia de tu hijo mayor
Tu ex cónyuge
El sacerdote local
El hermano del sacerdote

La cuñada del sacerdote
El vecino de la cuñada del sacerdote
El rey de España
El hígado de tu padre
La bolsa de arroz que compraste esta mañana
La bolsita de cocaína que compraste esta mañana
El libro que tomaste prestado de la biblioteca
El libro que escribiste
La persona que le contó a la policía sobre tu vida secreta como mente criminal
Tu mayordomo
Tu trabajo como mayordomo
Minas
El hombre que vino a reparar las tuberías
El hombre que acaba de susurrarte al oído un consejo sobre la próxima carrera
Tu universidad
La universidad de tu hija
La universidad de tu profesor
La astrología
Física de partículas
El gran danés del hermano de tu amante
El crucero que estás pensando en tomar
El barco en el que tomarás el crucero
La pelota de tu perro
El hijo de la amiga de tu madre

4

Los planetas

Los planetas adquieren sus significados de dos maneras. La primera es por las casas que rigen; la segunda es a través de sus asociaciones naturales. La primera manera es la más importante en astrología horaria.

El planeta que rige el signo en el cual está la cúspide de una casa rige esa casa, o es su *Regente*. Si la cúspide de la segunda casa estuviera en 15 de Cáncer, la Luna, el regente de Cáncer, sería el Regente 2. Si la cúspide de la cuarta estuviera en 29 de Virgo, Mercurio, el regente de Virgo, sería el Regente 4. Ese planeta es el *significador* de esa casa. Por lo tanto, representa las cosas relacionadas con esa casa en la carta – todas aquellas cosas que son relevantes a la pregunta formulada. La Luna como Regente 2 podría representar el dinero del consultante o a su abogado; Mercurio como Regente 4 podría representar el padre del consultante o su hogar. Aquello que representa estará determinado por la pregunta.

No importa qué planeta es: si rige la casa, es el significador de las cosas relacionadas con esa casa. Esto es así incluso si el planeta no pareciera describir aquello por lo que se pregunta. Por ejemplo, si un chico pregunta: "¿Mi novia realmente me ama?", su novia estará representada por el Regente 7, incluso si ese planeta es Marte; el chico estará representado por el Regente 1, incluso si este es Venus. Esto no quiere decir que él es afeminado y que es ella quien lleva los pantalones. Los planetas son los actores en el drama de la carta horaria; cuando el director de reparto entrega cada uno de los roles, no se toma su tiempo para elegir quién recibe qué.

◆ El planeta es el actor. Lo que nos interesa es el papel. Nos ocupamos del actor sólo cuando es necesario describir algo. Si una consultante pregunta, "¿Dónde conoceré a mi esposo y cómo será físicamente?" necesitamos una descripción, así que la tomamos del planeta involucrado. Si pregunta "¿Mi novio se casará conmigo?", ella ya sabe qué aspecto tiene, por lo que sería una tontería describirlo a partir de la carta. Si, por ejemplo, su significador fuese Saturno, no intentamos persuadirla de que en realidad su pareja la dobla en edad pero lo está manteniendo en secreto. Así como en el teatro, es en la carta: la mayor parte del tiempo, la elección de un actor no afecta su papel. Sarah Bernhardt hizo de Hamlet: esto no afectó la naturaleza de los sentimientos de Hamlet por Ofelia. ◈

Cada casa tiene sólo un regente. El regente es el planeta que rige el signo en la cúspide. Esta es la regla incluso si la cúspide está en 29.59 grados del signo. No existe tal cosa como un corregente: esto no es más que una abominación moderna.

Sin embargo, el planeta que rige otro signo en esa misma casa podría ser importante; pero este sería el caso solamente si el concepto de *próximo* es relevante a la pregunta. "¿Mi próximo trabajo será mejor que el que tengo ahora?" El regente del signo en la cúspide de la 10.ª casa representará mi trabajo actual; el regente del signo siguiente, en el orden normal de los signos, representará el supuesto próximo trabajo. (Ese *próximo* también podría estar representado por el Regente 10 que está a punto de salir del signo en el que se encuentra. El signo al cual está a punto de entrar representaría el siguiente trabajo.)

◆ Si el signo de la cúspide es Capricornio, el regente del próximo signo será Saturno, el mismo planeta que rige a Capricornio. Esto no es un problema: "¿Mi próximo trabajo será mejor que éste?" "No, será muy parecido."

No seas demasiado estricto cuando apliques esta idea de *próximo* al buscar significadores de dos cosas que caen sobre una misma casa. Si mi doctor me dijo algo y ahora busco una segunda opinión, el doctor que me la dará es mi próximo doctor. Si estoy siendo tratado por dos doctores, uno dice una cosa y otro dice otra, no hay fundamentos para considerar que uno de ellos sea el próximo. ¡Así que no lo hagas! Habrá otra manera de distinguirlos. Lee las páginas 213, 242, y 294.

Nunca es importante que un planeta rija dos casas relevantes a la pregunta. Esto no significa que ambas casas estén conectadas. ◈

Regentes de los signos

Los planetas que siguen cada uno de los signos son:

Signo	Regente	Signo	Regente
♈	♂	♎	♀
♉	♀	♏	♂
♊	☿	♐	♃
♋	☽	♑	♄
♌	☉	♒	♄
♍	☿	♓	♃

Notarás que no hay lugar aquí para Urano, Neptuno o Plutón. Si en tus estudios de astrología anteriores te enseñaron que estos planetas rigen signos, pon esa idea de lado mientras estudies astrología horaria. Pronto te darás cuenta que los regentes tradicionales funcionan, y muy bien[12].

Regentes alternativos de las casas

El regente del siguiente signo nunca será el corregente de esa casa; este sólo puede ser el regente en caso de que el regente de esa casa esté ocupado haciendo otra cosa. Supongamos que yo preguntara "¿Voy a conseguir este trabajo?", y Virgo estuviera en la cúspide del Ascendente y Géminis en la cúspide la 10.ª. Mercurio, el regente de estos dos signos, me representaría a mí (el consultante: Regente 1) y al trabajo (Regente 10). Podemos tomar el regente del signo siguiente al de la cúspide de la 10.ª casa para representar el trabajo (siguiendo el orden normal de los signos). Por lo general, esto sólo será necesario si tenemos que encontrar un aspecto entre el consultante y lo consultado para responder la pregunta, en cuyo caso debemos, por supuesto, usar diferentes significadores.

A veces no es necesario distinguir entre el consultante y aquello por lo que se ha preguntado. Por ejemplo, es común que el Regente 1 y 10 sean el mismo cuando un trabajador autónomo pregunta acerca de sus trabajos. Esto tiene sentido: en el contexto de la pregunta, la persona y el trabajo son efectivamente lo mismo. Pero si la pregunta es "¿Voy a conseguir el empleo?" Debemos tener diferentes planetas que representen a la persona y al empleo.

◆ Esto no contradice mi agregado de más arriba. No deducimos que la persona trabaje independientemente a partir de que el mismo planeta rige la 1.ª y 10.ª casas. Eso ya lo sabemos. Nuestro consultante igual trabajaría de este modo si dos planetas distintos rigiesen esas casas. ◆

A veces, el consultante es de menor importancia que lo consultado; en tal caso, el planeta en disputa representará a lo consultado. En muchas preguntas acerca de terceros en las que el consultante no tiene ningún rol en el drama, no es necesario asignarle un significador. "Mi amiga está enferma, ¿se mejorará?": no es necesario involucrar al consultante en nuestro juicio. "¿Dónde está el gato?": el

---

[12] Para una discusión completa de los planetas descubiertos recientemente, lee mi libro *La verdadera astrología*, Editorial Sirio, Málaga, 2005, "Los planetas externos y los asteroides". En adelante denominado *La verdadera astrología*.

gato está donde está, independientemente del consultante; así que si el Regente 1 y 6 (animales pequeños: 6.ª casa) fuese el mismo, podríamos usar ese planeta como significador del gato. Preguntas como esa suelen tener implícito ";Lo veré de nuevo? Y si es así, ¿cuándo?": podemos responder esto usando a la Luna para representar al consultante.

En lugar de tomar el regente del siguiente signo, podemos utilizar otro planeta si – y solamente si – está a un par de grados de la cúspide de la casa en cuestión y en el mismo signo que la cúspide. Esta es la *única* vez en que un planeta puede ser tomado como significador por estar en una casa: cuando el regente de la casa ya está siendo usado y el planeta se encuentra justo en la cúspide. De lo contrario: **los planetas que están en una casa afectan esa casa para bien o para mal; no la rigen.**

◆ Ten en claro esto: un planeta *no* asume la naturaleza de la casa en la que está ubicado. Si pregunto "¿Dónde está el gato?" y el Regente 1 está en la 6.ª casa, no quiere decir que yo sea un gato. Tampoco asume el planeta la naturaleza de la casa bajo ninguna otra circunstancia. Ni siquiera si así lo deseas. La única excepción a esto es mi punto de arriba: si el regente de la casa ya está ocupado y debemos obtener un significador diferente para lo que muestra esa casa, un planeta a uno o dos grados de la cúspide de tal casa puede entrar en servicio. ◆

También podemos utilizar el *almuten* de la cúspide de la casa, pero te sugiero que uses esta opción para emergencias: sólo cuando ninguna de las opciones mencionadas anteriormente tengan sentido. Recuerdo haber hecho esto en una sola carta horaria. Consulta la página 64 para instrucciones sobre cómo encontrar el almuten.

◆ Recomiendo enfáticamente no utilizar el almuten bajo ninguna circunstancia, en ninguna rama de la astrología. La idea es otra variante del plan B que el astrólogo necesitaba para tener su alacena llena con el fin de poder mantener sonriente al consultante, sin importar qué tan desalentador fuese realmente el juicio. El concepto no tiene sentido. Hay una descripción más detallada en la p. 65. ◆

La Luna

La Luna es siempre la cosignificadora del consultante, a menos de que ésta sea la significadora principal de lo consultado. Esto quiere decir que el consultante tiene generalmente dos significadores: el Regente 1 y la Luna. Pero si, por ejemplo, la pregunta es "¿Voy a conseguir el empleo?" y la Luna rige la 10.ª casa, ésta representaría al empleo, no al consultante. Si la Luna representa lo consultado, éste tiene más derecho a reclamar sus servicios y el consultante debe prescindir de un cosignificador.

Para preguntas sobre terceros ("¿Mi hermana se casará con este hombre?"), la Luna no se transfiere a la persona sobre la cual se preguntó: ésta es corregente del consultante y de nadie más. En preguntas como ésta, habitualmente no es necesario involucrar a los significadores del consultante, pero el lugar donde se encuentra la Luna a menudo muestra cuál es el interés del consultante.

◆ La palabra "siempre" en la primera línea de arriba es una exageración. En preguntas sobre ciertos temas, particularmente sobre enfermedades, juicios y concursos, no uses a la Luna como cosignificadora del consultante. Esto se discutirá en detalle más abajo, en los capítulos pertinentes. ◈

Aunque tanto la Luna como el Regente 1 representan al consultante, la Luna se inclina más a mostrar sus emociones, especialmente en asuntos de relaciones. Aunque tanto la Luna como el Regente 1 representan al consultante, y un aspecto de cualquiera de los dos con el planeta que representa lo consultado por lo general dará una respuesta positiva, los aspectos de la Luna nunca son tan convincentes como los del Regente 1. En tales casos, es mejor si encontramos un testimonio de apoyo.

¿Qué significa este planeta?

Comenzamos nuestro juicio con las casas que están relacionadas con la pregunta, tomando los planetas que las rigen como significadores de las cosas relacionadas con esas casas. Estos planetas son nuestros protagonistas, los actores que tienen los roles principales en el drama. A menudo, sin embargo, otro planeta intervendrá en la acción, ya sea por aspecto, una fuerte recepción o porque está en una de las casas relevantes. ¿Cómo descubrimos lo que representa dicho planeta?

Con mucha cautela. Es aquí donde nos encontramos ante el mayor riesgo de cometer el pecado capital del astrólogo horario: escribir nuestras propias historias y nuestras propias suposiciones en la carta. Supongamos que estamos juzgando una pregunta acerca de una relación. Los regentes de la 1.ª y 7.ª casa son nuestros protagonistas principales. De pronto, notamos que otro planeta está implicado en la acción, y vemos que rige la 9.ª casa. Pensamos "¡Ajá! la 9.ª casa es la 3.ª a partir de la 7.ª: ¡el hermano de la esposa!" Y rápidamente construimos una convincente fantasía protagonizada por el hermano de la esposa, sólo para que nos digan que la esposa no tiene hermanos, pero que el nieto de la pareja (5.ª casa a partir de la 5.ª = 9.ª casa) es fundamental en el tema de la pregunta. Cada casa puede representar un gran número de cosas, y es muy improbable que por casualidad demos en el blanco sobre lo que representa.

Al decidir lo que representa un planeta que no ha sido identificado, acorta los límites de tu imaginación y, si es posible, menciona las posibles opciones al consultante. Recuerda que esta es una consulta: tenemos derecho de hacerle preguntas al consultante a fin de esclarecer la carta. Incluso una pregunta completamente abierta puede ser útil: "Parece que hay alguien más involucrado en este asunto – ¿tienes idea de quién puede ser?"

A veces, la casa que ese planeta rige nos dará su significado. A menudo, el planeta puede ser tomado como "otra persona" – siendo irrelevante su significado por casa. Como regla general, opta siempre por la opción más concreta que haya. Por ejemplo, el Regente 10 puede representar gloria u honor, y a veces es así; es más probable que represente algo menos abstracto: el jefe, el trabajo o la madre.

◆ Como pasa a menudo, la comparación de la carta con un escenario teatral es válida. Así como en el teatro los actores rara vez representan abstracciones como el honor o los deseos, lo mismo sucede en la carta horaria.

Una diferencia importante entre una carta y un escenario es que todos los planetas aparecen en todas las cartas. Esto no significa que todos los planetas estén involucrados en todos los juicios. Comienza siempre con el mínimo indispensable de planetas, y agrega otros sólo si es necesario. ◆

◆ Una regla general: NO DES A UN PLANETA MÁS DE UN TRABAJO A MENOS QUE REALMENTE TENGAS QUE HACERLO. Los planetas pueden representar diferentes roles en diferentes puntos del juicio. Si es necesario, está bien. Pero si te tientas en dar un segundo papel a un planeta, es probable que descubras que agregar este segundo papel es superfluo. Si puedes manejarte sin él, hazlo. ◆

Una vez que hayas decidido lo que representa ese planeta, el estudio de las recepciones que involucran al planeta – qué piensan los otros actores sobre éste y qué piensa éste de ellos – generalmente confirmará la identificación correcta o mostrará que es la equivocada. Así podrás proceder a juzgar la carta o pensar de nuevo qué representa ese planeta.

◇ La prueba de fuego al identificar un planeta vagabundo es "¿Encaja en la imagen?" Esto quiere decir, si encaja en el cuadro general, sin contradecir otra evidencia, ya sea por lo que ya sabemos de la situación o por lo que nos muestra la carta. Es como una película de detectives. Puede que el mayordomo tenga mal carácter y sangre en su camisa, pero si existe evidencia que contradice nuestro caso en su contra, sabemos que él no fue el asesino. En tal caso, debemos olvidarnos de él y encontrar otro sospechoso. La tentación es hacer la vista gorda a la evidencia contradictoria cuando no encaja con nuestras suposiciones. Sin embargo, la astrología horaria no se trata de confirmar nuestras suposiciones: se trata de encontrar la verdad. ◇

REGENTES NATURALES

Los regentes que más nos interesan son aquellos determinados por la casa que rige un planeta en una carta, llamados *regentes accidentales*, pero los planetas también tienen sus asociaciones naturales. Todo es creado a partir de las siete influencias planetarias combinadas en diferentes proporciones. Una o dos de estas influencias serán particularmente evidentes en casi todo lo que consideremos. Cuál nos llame más la atención dependerá del contexto de la pregunta. El ejemplo clásico es una rosa: está regida por Venus, por su belleza; por Marte, por tener espinas. O una babosa: está regida por Saturno, por ser negra y desagradable y por vivir debajo de las piedras; por la Luna, por ser suave y húmeda y porque sale de noche.

Ocasionalmente, estos regentes naturales serán relevantes en la carta horaria. Por ejemplo, si estamos buscando documentos perdidos, podemos fijarnos en Mercurio, el regente natural de los documentos. En preguntas acerca de una relación de pareja, nos fijaremos en el Sol, regente natural de los hombres y en Venus, regente natural de las mujeres. La Luna es el regente natural de cualquier objeto perdido, en especial de los animados. Estos regentes naturales a veces ofrecen información complementaria a lo que nos dice el regente de la casa; a veces, la carta los enfatizará de tal manera que podremos juzgarla a partir de ellos.

Aunque la importancia de los regentes naturales es menor en comparación con la de los regentes accidentales, vale la pena conocerlos. La mejor manera es asignarle planetas a los objetos que ves en tu rutina diaria, de la misma manera en que podrías aprender un idioma traduciendo a ese idioma cada objeto que ves. Siguiendo las indicaciones que te daré a continuación, pronto te parecerá más fácil: "Hojuelas de maíz: el Sol, ya que el maíz es un alimento básico; Saturno, porque son crujientes; Mercurio, porque son pequeñas y vienen en gran número. Leche: la Luna, porque es líquida y blanca. Azúcar: Venus, porque es dulce; Marte, por la energía que proporciona".

Si necesitas encontrar el regente de un objeto, piensa en la naturaleza esencial de ese objeto. Considera la siguiente pregunta: ¿Cuál es el regente natural de una cámara de fotos? Se trata de un artilugio mecánico: Mercurio. Se utiliza para tomar fotos bonitas: Venus. Se utiliza para el reportaje: Mercurio. Trabaja escribiendo (Mercurio) con luz (Sol) por medio de espejos (Luna). Todo esto es cierto. Pero, ¿cuál es su naturaleza esencial? ¿Para qué sirve una cámara? Su esencia es lo que es, no para lo que puede ser usada (tomar fotos bonitas, reportajes), ni la manera en que lo hace (su maquinaria, escribiendo con luz). La función esencial de una cámara es capturar lo efímero. Por lo que su esencia es capturar y conservar, y su regente natural es Saturno. Sigue esta lógica con cualquier objeto y no te equivocarás.

Es imposible hacer una lista exhaustiva de los regentes naturales: eso significaría hacer una lista de todo lo que existe. A continuación te daré las pistas suficientes para ayudarte a encontrar el regente apropiado de cualquier cosa.

Saturno

Frío y seco, diurno[13]; masculino.

Saturno rige todo lo que es viejo, negro, duro, pesado, muerto, deteriorado, restrictivo, seco, frío, solitario, triste.

Ejemplos: tubérculos, ya que crecen bajo tierra. Belladona, debido a su color y a que es mortal (también Venus por sus cualidades cosméticas).

El regaliz, por su color y por ser una raíz. El moho. Todos los productos de desecho y residuos. El plomo, por su peso; por lo tanto, los plomeros, que trabajan con plomo. Personas que trabajan en y con alcantarillas. Pompas fúnebres. Mineros.

---

[13] Los planetas diurnos prefieren estar por encima de la Tierra durante el día y por debajo de ella en la noche. Los planetas nocturnos prefieren a la inversa. Ver páginas 87-88, Hayz.

Trabajadores agrícolas. Jardineros (Saturno era el dios de la agricultura). Disciplina. Cárceles, ruinas, baños.

El opio, por ser narcótico y porque es adictivo, creando nuevas barreras. El tejo es muy saturnino: tiene follaje oscuro; es venenoso; crece hasta una edad avanzada; vive en los cementerios. Saturno rige las cerraduras; Mercurio rige las llaves. Saturno es el regente natural del padre en cartas nocturnas[14].

Los topos, perros, gatos, carroñeros, lo que vive debajo de las piedras. Zafiro, lapislázuli. En el cuerpo, Saturno rige el oído derecho, los huesos, los dientes, la piel, las articulaciones y el bazo.

Júpiter

Caliente y húmedo; diurno; masculino.

Júpiter rige todo lo que es grande, expansivo, caro, lujoso, religioso, morado, laxante (en contraste con Saturno, que es astringente), generoso.

Ejemplos: árboles frutales, por la abundancia de lo que producen. Los hombres ricos, aristócratas, jueces, sacerdotes. Ruibarbo. Fiestas. Foie gras. Los maestros (que tienen conocimiento y lo divulgan). Gurús. La hiedra está regida por Júpiter porque se propaga, y por Saturno debido a su color oscuro y su asociación con lugares oscuros y deteriorados. Lluvia. Piedad.

Los animales grandes; los animales que son mansos y que benefician al hombre. Amatista, zafiro (tiene naturaleza jupiteriana y saturnina), esmeralda, cristal, estaño.

En el cuerpo, rige el oído izquierdo, los pulmones, el hígado, la sangre y el semen.

Marte

Caliente y seco; nocturno; masculino.

Marte rige todo lo que es agudo, ardiente, cortante, rojo, abrasivo, caliente y agresivo.

Ejemplos: Soldados, carniceros, sastres, cirujanos, barberos, piratas. Cualquier persona que trabaja con fuego, de ahí los alquimistas, cocineros, bomberos. Los

---

[14] Una carta nocturna es aquella que está hecha durante la noche; una carta diurna está hecha durante el día. En una carta diurna, el Sol está en las casas 7-12; en una nocturna, el Sol está por debajo de la Tierra, en las casas 1-6. Permite unos cuantos grados en favor del día, tanto en el Ascendente como en el Descendente, ya que hay luz un poco antes de la salida del sol y después de que se oculta.

verdugos. Pimientos, ajo (también por la Luna, por su color), rábanos (también por la Luna). Las ortigas, los cardos (ambos regidos también por Saturno, ya que crecen en terrenos baldíos). Divorcio. Fiebre. Lujuria.

Los animales feroces; criaturas que muerden o pican. Hierro, la piedra sanguinaria, jaspe, coral.

En el cuerpo, Marte rige la vesícula biliar y los genitales (especialmente masculinos).

El Sol

Caliente y seco; diurno; masculino.

El Sol rige todo lo que es único, real, de oro, que da vida, que es honesto.

Ejemplos: como dador de la vida, el Sol rige todos los alimentos y en particular los alimentos básicos. Las frutas cítricas, por su apariencia, al igual que los girasoles, las caléndulas, etc. El rey en cualquier clasificación: el oro, como rey de los metales; el águila, como rey de las aves; el león, como rey de las bestias; el diamante, como rey de las joyas. El orgullo. La persona que está a cargo. Orfebres, acuñadores de dinero. El ámbar. Palacios y otros edificios grandes. El Sol es el regente natural de padres en las cartas diurnas.

En el cuerpo, el Sol rige el espíritu o la fuerza vital, el corazón, el cerebro (siendo visto como el principio controlador) – los ojos en general y específicamente, el ojo derecho en varones y el ojo izquierdo en mujeres.

Venus

Frío y húmedo; nocturno; femenino.

Venus rige todo lo que es suave, bonito, perfumado, atractivo y agradable.

Ejemplos: Flores (en general: cada variedad tiene su propio regente). Frutos suaves. Chocolate. Besos. Matrimonio. Tratados. Diversión. Arte, música. El maquillaje y perfume.

Joyeros, músicos, la persona cuya función principal en el trabajo es verse bien, amantes de la moda, prostitutas, vendedores de telas, decoradores. Camas, armarios. Esposas y mujeres jóvenes.

Animales suaves y tiernos – los habitantes típicos en un zoológico para niños. Cobre, bronce, cornalina, zafiro azul, lapislázuli, berilo, crisólito.

Venus es el regente natural de la madre en las cartas diurnas.

En el cuerpo, Venus rige los riñones, el sentido del olfato y los genitales (especialmente femeninos).

Mercurio

Frío y seco; diurno si está antes del Sol (oriental), nocturno si está después del sol (occidental)[15]; su naturaleza es de carácter mixto: masculino/femenino, convirtiéndose en masculino si está con planetas masculinos, o femenino si está con planetas femeninos.

◆ A pesar de su famosa androginia, es más probable que Mercurio sea masculino: tómalo como tal, a menos que haya muy buenas razones para interpretarlo de otro modo. ◆

Mercurio rige cosas que son de muchos colores, ambiguas, ingeniosas, complicadas y mezcladas.

Ejemplos: salsa agridulce, cócteles, pizza. Cosas que son pequeñas y vienen en gran número: bayas, zarzamoras y semillas de anís. Cosas que crecen dentro de sus cáscaras, haciendo la analogía del cerebro dentro del cráneo – en especial las nueces, que parecen cerebros. Frijoles, que producen viento (regidos por Mercurio, ya sea en el cuerpo o en la atmósfera). Terremotos (viento en la Tierra). Todo lo que habla, o que de otro modo se asemeja al hombre: monos, loros, títeres, las abejas, las hienas (porque se ríen). Cosas volátiles, como el aceite de lavanda. Secantes. Cosas que imitan un proceso mental, como las llaves, que destraban un problema. Ladrones y sirvientes. Embaucadores, estafadores, carteristas. La variedad. Virtuosos. Subastadores, agentes y distribuidores. Comerciantes. El conocimiento necesario para cualquier tipo de negocio. Personas ingeniosas y humoristas. El ser humano. La articulación, el lenguaje, las mentiras. Computadores. La astrología y los astrólogos. Empleados, contadores, escribas, mensajeros, "gente de los medios de comunicación". Médicos y medicinas. Abogados (que hablan por ti). La persona que es la "mano derecha" de alguien. Documentos, papeles, libros y revistas.

En el cuerpo, Mercurio rige la lengua, el cerebro (como asiento de la razón), los brazos, las manos y los dedos.

---

[15] En la página 87 hay una explicación sobre los planetas orientales y occidentales.

La Luna

Frío y húmedo; nocturno; femenino.

La Luna rige las cosas que son líquidas, suaves, de poco sabor o sustancia, sin forma, blancas y nuevas.

Ejemplos: coles, por su forma. Pepinos y melones por su contenido de agua.

Bebés; parteras; la madre, en cartas nocturnas. Champiñones, por su color, forma, y porque aparecen de la noche a la mañana. Las velas, porque iluminan la oscuridad. Objetos perdidos. Tóxicos. Mutabilidad, inconstancia. Novedades. Las personas comunes. Las reinas, pero sólo como la esposa del rey (Sol), no como monarcas en su propio derecho, ya que en tal caso su regente natural sería el Sol. Vagabundos, peregrinos, mendigos, marineros, cantineros, enfermeras y limpiadores.

Criaturas que viven en el agua: peces, nutrias marinas, ranas, patos, ostras. O que salen por la noche: babosas, búhos, gálagos. Perlas, la piedra de luna, el alabastro.

En el cuerpo, la Luna rige los senos, el útero, el estómago y los intestinos.

Edad

Hay una escala ascendente que representa las edades, la cual comienza con la Luna, que rige los bebés y continúa con Mercurio, Venus, Sol, Marte, Júpiter y Saturno, que rige la edad avanzada. Estas son las "Siete edades del hombre".

Los planetas exteriores

Urano, Neptuno y Plutón tienen sus usos en astrología horaria, pero estos son limitados. No poseen ni una fracción de la importancia que le dan la mayoría de los astrólogos contemporáneos. Hay muy pocas cosas con las que cada uno de estos parezcan tener una conexión natural: Urano con el divorcio y otros cambios, como mudanzas; Neptuno con la ilusión y el engaño; Plutón parece ser generalmente maléfico.

Trátalos de manera parecida a las estrellas fijas: ignóralos, a menos que estén justo en la cúspide de una casa que sea relevante o en aspecto inmediato con uno de los significadores principales de la carta.

Ejemplo 1: Si la pregunta es "¿Tengo un futuro con Cedric?" y Urano está ubicado en el Ascendente, es un fuerte testimonio de que la relación llegará pronto a su fin. Pero si Urano está flotando en medio de la primera casa, no significa nada.

Ejemplo 2: Una clienta hizo una serie de preguntas relacionadas con la venta de su negocio. Cada una de estas cartas tenía a Neptuno en la cúspide de la 7.ª casa (el comprador) o de la 8.ª (la segunda a partir de la 7.ª: el dinero del comprador). La mujer estaba siendo engañada.

Los planetas exteriores *no* rigen signos y *no* tienen ninguna asociación particular con ninguno de los signos. El razonamiento que sugiere lo contrario carece totalmente de fundamento. El lector familiarizado con la astrología moderna puede ser reacio a abandonar estas ideas, pero si insistes en la incorporación de estos planetas en tus cartas, siempre obtendrás respuestas equivocadas. Esto no es una cuestión de opinión.

Si el lugar donde se encuentra un planeta exterior requiere nuestra atención, éste puede, al igual que una poderosa estrella fija, dar una respuesta abreviada. No necesitaremos ir en busca de ellos ("¿Qué está haciendo Urano en esta carta?") y jamás los encontraremos diciéndonos algo que los siete planetas del cosmos tradicional no nos estén mostrando.

Por ejemplo: un consultante preguntó sobre su inminente divorcio. Urano estaba en el Medio Cielo, simbólicamente a medio camino entre el Ascendente (el consultante) y la cúspide de la 7.ª casa (su esposo). Marte, el regente tradicional del divorcio, tenía una cuadratura exacta con el eje del Ascendente/Descendente. Ambos planetas mostraron la misma cosa.

Quirón, los asteroides, la Luna negra Lilith, Sedna: ninguno de ellos tiene lugar en la astrología horaria. No importa qué tan apegado estés a ellos, incorporarlos en tus cartas no hará más que confundirte.

Amigos y enemigos

Si leíste los textos antiguos, seguro encontraste listas que muestran qué planetas son amigos de qué planetas, y qué planetas son enemigos. Estas listas son irrelevantes en la astrología horaria, ya que el "quién le gusta a quién" en el contexto inmediato – que es lo único que nos interesa saber – lo muestran las recepciones. Por ejemplo: está muy bien que, en principio, Marte sea amigo de Venus, pero el hecho de que odie a Venus aquí y ahora es todo lo que nos sirve para juzgar esta carta horaria en particular.

◆ De nuevo, actores y papeles. Lo que nos interesa es si a Romeo le gusta Julieta. Las opiniones del actor no nos conciernen. ◆

Superiores e inferiores

Los planetas superiores son Marte, Júpiter y Saturno, los inferiores son Mercurio, Venus y la Luna. Se los llama así porque los planetas superiores tienen, desde la perspectiva de la Tierra, sus órbitas por encima de la del Sol (en latín, *superior* significa "más alto") y los inferiores tienen la suya por debajo (en latín, *inferior* significa "más bajo"). Esta distinción no tiene relevancia práctica en la astrología horaria.

5

Los signos

Los signos del zodíaco son tratados de manera muy diferente en la astrología tradicional y en la moderna. Ahora es el momento de buscar en tu cabeza, localizar todo lo que aprendiste de los astrólogos modernos acerca de los signos del zodíaco y dejarlo de lado.

Los signos describen los planetas que se encuentran en ellos. En nuestras oraciones astrológicas, los planetas son los sustantivos, los signos son los adjetivos y los aspectos son los verbos. El signo *no* hace nada: no tiene poder para actuar. Simplemente describe.

El signo en el que se encuentra un planeta describe al planeta de tres maneras diferentes:

1. nos dice cuánta fuerza esencial tiene el planeta
2. nos dice sobre la actitud de ese planeta con los otros planetas
3. qué cualidades propias tiene.

El punto 1 será considerado en el capítulo 6 y el punto 2 en el capítulo 8. Aquí consideraremos el punto 3: las divisiones de los signos en varios grupos con características comunes.

En la mayoría de las preguntas, muchas de estas características serán irrelevantes: si le pido a mi amigo que me preste algo de dinero, el hecho de que él esté cojo no tiene importancia. Sin embargo, en otras preguntas estos puntos pueden ser cruciales. Si la pregunta es "¿Voy a tener un hijo este año?" y cada uno de los planetas representantes está en un signo estéril, es poco probable que podamos juzgar "Sí", sin importar los aspectos que existan en la carta. Es fácil pasar por alto la información básica cuando nos apresuramos a buscar un aspecto.

Nota: si bien los signos tienen una serie de características comunes, estos no tienen las personalidades completas que les da la astrología moderna. Por ejemplo, un planeta en Leo no va a comportarse de una manera majestuosa. Leo es un signo salvaje, y por lo tanto tiende a comportarse como una fiera salvaje – si el contexto lo permite. Es improbable que logre ser salvaje y majestuoso al mismo tiempo.

Masculinos y femeninos

♈ ♊ ♌ ♎ ♐ ♒ son signos masculinos; ♉ ♋ ♍ ♏ ♑ ♓ son signos femeninos. Esta división es útil principalmente para determinar el sexo de los bebés o de los ladrones. Puede ser de utilidad cuando tengamos que distinguir entre varias opciones, como "¿A cuál de estos candidatos debería emplear?" Para este tipo de preguntas, tenemos que encontrar una manera de diferenciar los distintos candidatos, por lo que una división según su sexo puede ayudar.

Elementos

♉ ♍ ♑ son signos de tierra; ♊ ♎ ♒ son signos de aire; ♈ ♌ ♐ son signos de fuego; ♋ ♏ ♓ son signos de agua. Esta distinción es útil principalmente para la localización de objetos perdidos. También puede ser útil para preguntas vocacionales: "¿Me irá bien si me vuelvo contador (aire, porque el aire se relaciona con la facultad del raciocinio) o agricultor (tierra)?" El Regente 10 fuerte en un signo de aire: el testimonio está en favor de la contabilidad.

Los signos de tierra son fríos y secos; los de agua, fríos y húmedos; los de fuego, calientes y secos; los de aire, calientes y húmedos. Estas pocas palabras contienen casi todo lo que se necesita para la predicción del tiempo a través de la astrología horaria.

Modos

♈ ♋ ♎ ♑ son cardinales; ♉ ♌ ♏ ♒ son fijos; ♊ ♍ ♐ ♓ son mutables. Los signos cardinales representan una acción rápida pero no duradera; signos fijos son lentos y estables; los mutables van y vienen. Esta división es útil en muchos contextos.

Si el planeta que representa una enfermedad está en un signo fijo: es crónica; cardinal: es aguda; mutable: va y viene.

"Quiero ganar esta disputa, pero no creo que valga la pena ir a la corte; ¿la podré ganar?" el significador del oponente en un signo fijo: "No, él va a pelearla". En un signo cardinal: "Demuéstrale que hablas en serio y va a ceder".

Los signos mutables tienen menos tendencia a ser confiables u honestos.

Los signos cardinales también son conocidos como *signos móviles*. Ten cuidado aquí: las palabras móvil y mutable se confunden fácilmente.

Signos bicorporales

Los signos mutables son también conocidos como signos *bicorporales*. Esto enfatiza su dualidad, la cual es una parte muy importante de su naturaleza.

Para preguntas en las que una persona está considerando dejar un trabajo estable para trabajar independientemente o para trabajar medio tiempo, la transición a menudo es mostrada por el significador entrando a un signo bicorporal. Dualidad: trabajar independientemente significa tener más de un sólo jefe y a veces dedicarse a más de un oficio; en trabajos de medio tiempo y trabajos compartidos, el tiempo o el trabajo en sí está dividido.

En algunas preguntas ("*¿Deberíamos* hacer tal cosa?") no es claro si la 1.ª casa se debería usar para representar a la pareja o al grupo, o si la 1.ª casa se le debería asignar al consultante y la 7.ª casa a su pareja o colegas. Encontrar al Regente 1 en un signo bicorporal es un testimonio fuerte de que éste debe tomarse como significador de la pareja o grupo.

Para preguntas sobre cantidades (cuántos bebés o ladrones), los signos bicorporales muestran a más de uno.

Nota: los signos bicorporales son ♊ ♍ ♐ ♓. Estos y sólo estos. No importa que puedas ver la dualidad en el símbolo de este signo, o que la veas en el símbolo de cualquier otro signo.

Signos fértiles y estériles

Los signos de agua son fértiles. Géminis, Leo y Virgo son estériles. Los otros seis signos pueden considerarse neutros.[16] Esto, por supuesto, se refiere a la procreación, pero también a otras cosas. Si mis inversiones están en un signo fértil, es más probable que crezcan que si estuviesen en uno estéril.

De los signos estériles, Géminis y Virgo son también bicorporales, por lo que en preguntas como "¿Voy a tener hijos?" estos son testimonio de que la respuesta es "No"; pero si el juicio de toda la carta muestra que la respuesta es "Sí", su bicorporalidad puede ser testimonio de que habrá más de un hijo.

Signos de voz y mudos

Los signos de agua son mudos; Géminis, Virgo y Libra tienen voz alta; Aries, Tauro, Leo y Sagitario tienen voz media, Capricornio y Acuario tienen voz débil.

---

[16] Esto sólo se usa en astrología horaria. En astrología natal dividimos los otros 6 entre moderadamente fértiles y moderadamente estériles.

Esta división es útil para preguntas vocacionales ("¿Soy cantante o compositor?"). Otro ejemplo: una mujer preguntó sobre sus problemas maritales. Entre otros testimonios del análisis, se veía que su corazón amaba a su marido, mientras que a su cabeza le disgustaba. Su cabeza estaba en un signo de voz alta, mientras que su corazón estaba mudo – todo lo que él escuchaba de ella era su disgusto.

Signos humanos y bestiales

Los signos de aire y Virgo son humanos. Aries, Tauro, Leo, Sagitario y Capricornio son bestiales, de los cuales Leo y la segunda mitad de Sagitario son salvajes.

Supongamos que pregunto cómo va a reaccionar mi vecino si me quejo del ruido que hace: si el planeta que lo representa está en un signo humano, este es un testimonio de que se comportará de una manera razonable, digna de un ser humano; en un signo bestial sugiere que se comportará como una bestia; en un signo salvaje, como una bestia salvaje.

Signos mutilados

Aries, Tauro, Leo y Piscis son descritos como mutilados. Esto puede ser útil para descripciones físicas.

Hay muchas otras divisiones, pero estas son las únicas que he encontrado de uso práctico. Importante: todos estos testimonios son "en igualdad de condiciones". Cualquier testimonio individual puede tener más peso. Usa tu sentido común. Por ejemplo, los signos fijos muestran estabilidad, pero un planeta al final de un signo fijo mostrará una situación estable llegando a su fin. "¿Bugsy me va a delatar?" Si el planeta que lo representa está al final de Escorpio, un signo fijo y mudo: "Ahora no, pero pronto lo hará".

Si bien todos estos testimonios pueden ser anulados, en algunas cartas la información dada por estas divisiones básicas será todo lo que necesitamos para juzgarla. "¿Mi trabajo está asegurado?" con el Regente 10 en medio de un signo fijo, todo lo que tenemos que hacer es echar un vistazo rápidamente a la carta para verificar si hay testimonios contrarios; si no encontramos ninguno, podemos responder "Sí, está asegurado". Juzgar una carta horaria puede ser así de simple.

El cuerpo

El cuerpo está dividido entre los signos, comenzando por Aries en la parte superior y terminando en Piscis en los dedos de los pies.

♈: la cabeza
♉: el cuello
♊: las manos, los brazos y los hombros
♋: el pecho
♌: el corazón y las costillas
♍: los intestinos y órganos relacionados
♎: el sistema urinario, la espalda baja
♏: los órganos genitales y el ano
♐: los muslos y las nalgas
♑: las rodillas
♒: las pantorrillas y los tobillos
♓: los pies

◆ El signo en el que cae un ángulo o la cúspide de una casa no tiene relevancia alguna. La única función del signo de una cúspide es mostrarnos qué planeta rige esa casa. Sin excepciones. Todos los puntos tratados aquí arriba se relacionan con el signo en el que está el significador, no con el signo de una cúspide. Por ejemplo, el significador de una persona en un signo de agua podría ser un testimonio de fertilidad, si la fertilidad es relevante, o de mudez, si el habla lo es; que la cúspide de la persona esté en un signo de agua no es testimonio de nada. ◆

6

Dignidad esencial

La astrología se presenta habitualmente como una práctica basada en los aspectos. Encuentra tus significadores, encuentra un aspecto entre ellos, y la respuesta a la pregunta será "Sí". Esto funciona bien – siempre y cuando no te importe estar consistentemente equivocado en tus juicios.

El aspecto es una parte importante del juicio, pero sólo es una parte. Lo que provee un aspecto es la ocasión para que un evento tenga lugar. Si no hay ocasión, no hay evento. Esto es bastante claro; pero podemos tener una ocasión sin un evento, o que un evento no resulte como queremos. Tenemos la ocasión: le pido a mi novia que se case conmigo; pero ella no me soporta, por lo que me dice "No". La ocasión por sí sola no nos dará una respuesta completa.

Por esta razón, la dignidad y la recepción son de suma importancia. Éstas son imprescindibles para el juicio.

La dignidad muestra el poder para actuar
La recepción muestra la inclinación para actuar
El aspecto muestra la ocasión para actuar.

Hay una clara distinción teórica entre dignidad esencial y accidental. En teoría, la dignidad accidental muestra el poder de actuar, mientras que la dignidad esencial muestra cuán puro es el motivo detrás de esta acción. Sin embargo, no vivimos en un mundo teórico, por lo que en la práctica esta distinción a menudo es borrosa, a tal punto que desaparece. Si el contexto permite una oportunidad para que esta distinción se manifieste, así será – por ejemplo, en preguntas sobre casos judiciales, donde la dignidad esencial muestra quién tiene la razón y las consideraciones accidentales muestran quién va a ganar.

La dignidad accidental se tratará en el capítulo 7 y las recepciones en el capítulo 8. Este capítulo trata sobre la dignidad esencial.

La palabra "esencial" es usada en su sentido estricto: se trata de la dignidad que pertenece a la esencia de algo. Esencia viene de la palabra *esse* en latín: ser. Lo que hace que algo sea lo que es; lo que me hace ser John y no otra persona; lo que hace que mi perra Malinka sea quien ella es y no otra perra; la parte intangible que hace que tú seas quien eres, la cual es una importante cualidad que te diferencia de todas las otras personas de tu misma raza, sexo, tamaño, color de cabello, actitudes, etc. La idea de la esencia no es aceptada en el mundo moderno, porque no podemos agarrar un trozo de esencia y pesarlo o medirlo; sin embargo, esta es esencial en el sentido común de la palabra.[17]

Al ser creadas por Dios, que es infinitamente bueno, todas las cosas son hechas buenas. Esto incluye los planetas. El mal no es una cosa en sí: no tiene esencia ni ser. Es la ausencia del bien, de la misma manera que la oscuridad no es una cosa en sí misma, sino la ausencia de luz. Así que aunque Saturno y Marte sean conocidos como *maléficos*, el *Mayor* y el *Menor maléfico* respectivamente, en esencia no son malignos. Lo que ocurre es que no nos gustan mucho, incluso cuando mejor se comportan. Por ejemplo, Marte rige la cirugía: por más que una cirugía sea necesaria, no es agradable. Cuando Júpiter o Venus – el *Mayor* y el *Menor benéfico* – están en su detrimento o caída, es probable que algo malo o perjudicial tenga una apariencia agradable. Alguien hizo una pregunta sobre una mujer que había sufrido una grave reacción alérgica a un refresco. La bebida estaba representada por Venus en Virgo, el signo de su caída: la bebida tenía un buen sabor (Venus), pero era perjudicial (en su caída).

Cuanta más dignidad esencial tenga un planeta, mejor se ajusta a su buena naturaleza innata y, por lo tanto, puede mostrar lo mejor de sí. Entre más debilitado esté, más despojado estará de esta bondad innata, por lo que manifestará su lado más desagradable. Esto es cierto para cualquier planeta:

Cualquier planeta en su detrimento o caída puede ser maligno.
Cualquier planeta en su signo o exaltación puede comportarse bien.

Esta es una de las reglas más importantes de la astrología. Aunque es común llamar a Júpiter y a Venus benéficos y a Marte y Saturno maléficos, te insto a que trates a cualquier planeta que esté esencialmente debilitado como maléfico y cualquier planeta que esté esencialmente fuerte como benéfico.

◆ Nuestros antepasados, como Lilly, tenían la idea fija de que Marte y Saturno siempre son maléficos y que Venus y Júpiter siempre son benéficos. A pesar

---

[17] Para una discusión más completa sobre la esencia y su importancia en la astrología, lee mi libro *La verdadera astrología*, capítulo 7.

del párrafo de aquí arriba, mientras escribía este libro seguía cayendo en esta concepción. Por ejemplo, en la primera página escribo, "Al estar representado por un benéfico fuertemente dignificado, el gato está muy bien". Pero Misifus hubiese estado igual de bien representado por un Saturno fuertemente dignificado. De nuevo, los planetas sólo son los actores; lo que nos interesa es el papel. Puede que el actor que representa a Macbeth sea una persona muy agradable, pero esto no es relevante para lo que se desarrolla en el escenario. ◊

Esta fortaleza o debilidad generalmente está contenida en el contexto de la pregunta. Un consultante preguntó "¿Voy a conseguir este trabajo?" y el planeta que lo representaba era Saturno retrógrado en Aries. Nuestro primer pensamiento podría ser: "¿Alguien le daría empleo a Saturno retrógrado en su caída?" y este primer pensamiento es un testimonio importante. Pero eso no significa que nuestro consultante sea una mala persona; simplemente quiere decir que no está en una buena situación, que aplicó para ese trabajo por pura desesperación y que probablemente no está calificado para hacerlo. Lee siempre los testimonios en su contexto. De forma similar, otra consultante preguntó cuándo encontraría novio. Los planetas que la representaban eran Venus en Tauro y la Luna en Cáncer. Esto no quiere decir que ella era una candidata a la santidad, sólo que era muy guapa y lo sabía. De nuevo, contexto.

Una relevancia descriptiva directa dentro del contexto de la pregunta puede anular las indicaciones positivas o negativas de cualquier dignidad o debilidad, ya sea esencial o accidental. Un paraguas perdido estaba representado por Saturno en Cáncer. Esta es una descripción perfecta del objeto: es una barrera (Saturno). ¿Qué tipo de barrera? Un tipo de barrera contra la humedad (Cáncer). A pesar de que Saturno está en su detrimento, esta ubicación puede tomarse como descriptiva y no quiere decir que el paraguas estuviese decrépito.

Otro ejemplo: Júpiter en Piscis es un benéfico con bastante dignidad esencial. Pero si pregunto qué clima hará en la playa, Júpiter, el dios de la lluvia, en el acuoso signo de Piscis sería un maléfico en el contexto de mi pregunta.

Las dignidades y debilidades esenciales de los planetas están en la siguiente tabla. Los planetas ganan dignidad o debilidad si están en ciertos signos o en ciertas partes de los signos. Trabajemos con esta tabla de izquierda a derecha. No te preocupes – ¡no necesitas memorizarla! Encontrarás que vale la pena saber de memoria cuáles son las principales dignidades y debilidades; con el tiempo recordarás los términos y decanatos.

Signo	Regente	Exaltación	Triplicidad		Término					Decanato			Detrimento	Caída
			Día	Noche										
♈	♂	☉ 19	☉	♃	♃ 6	♀ 14	☿ 21	♂ 26	♄ 30	♂ 10	☉ 20	♀ 30	♀	♄
♉	♀	☽ 3	♀	☽	♀ 8	☿ 15	♃ 22	♄ 26	♂ 30	☿ 10	☽ 20	♄ 30	♂	
♊	☿		♄	☿	☿ 7	♃ 14	♀ 21	♄ 25	♂ 30	♃ 10	♂ 20	☉ 30	♃	
♋	☽	♃ 15	♂	♂	♂ 6	♃ 13	☿ 20	♀ 27	♄ 30	♀ 10	☿ 20	☽ 30	♄	♂
♌	☉		☉	♃	♄ 6	☿ 13	♀ 19	♃ 25	♂ 30	♄ 10	♃ 20	♂ 30	♄	
♍	☿	☿ 15	♀	☽	☿ 7	♀ 13	♃ 18	♄ 24	♂ 30	☉ 10	♀ 20	☿ 30	♃	♀
♎	♀	♄ 21	♄	☿	♄ 6	♀ 11	♃ 19	☿ 24	♂ 30	☽ 10	♄ 20	♃ 30	♂	☉
♏	♂		♂	♂	♂ 6	♃ 14	♀ 21	☿ 27	♄ 30	♂ 10	☉ 20	♀ 30	♀	☽
♐	♃		☉	♃	♃ 8	♀ 14	☿ 19	♄ 25	♂ 30	☿ 10	☽ 20	♄ 30	☿	
♑	♄	♂ 28	♀	☽	♀ 6	☿ 12	♃ 19	♂ 25	♄ 30	♃ 10	♂ 20	☉ 30	☽	♃
♒	♄		♄	☿	♄ 6	☿ 12	♀ 20	♃ 25	♂ 30	♀ 10	☿ 20	☽ 30	☉	
♓	♃	♀ 27	♂	♂	♀ 8	♃ 14	☿ 20	♂ 26	♄ 30	♄ 10	♃ 20	♂ 30	☿	☿

Domicilio

Un planeta tiene la dignidad esencial más fuerte cuando está en su propio signo. Ejemplos: Marte en Aries, Júpiter en Piscis. Esto se asemeja a un hombre en su propia casa, en el sentido de "el hogar de un inglés es su castillo". Él es el amo allí, puede dar las órdenes que quiera y por lo tanto está contento. Un planeta en su domicilio tiene la capacidad de manifestar su bondad esencial. Algunos textos antiguos tienen una D o una N junto al símbolo planetario en esta columna, que significa Día o Noche. La distinción entre el signo diurno y nocturno de un planeta es solamente teórica: no tiene uso en la práctica y debe ser ignorada.

Exaltación

Cada planeta está exaltado en un signo; en algunos signos, ningún planeta está exaltado. Ejemplos: Venus está exaltado en Piscis, Saturno en Libra. Un planeta en su exaltación se asemeja a un invitado de honor en la casa de alguien. En cierto modo, el invitado de honor está mejor que el dueño de la casa: al invitado se le da todo lo mejor – no se le calienta lo que quedó de la cena de anoche para el almuerzo. Pero esta fortaleza tiene sus límites: el invitado no puede pasar al dormitorio y comenzar a ordenar los armarios. Con el invitado de honor, hay un sentido de exageración: lo tratamos mejor de lo que se podría merecer. Este sentido de exageración es importante para entender la exaltación.

Recuerda cómo se prepara un gato cuando va a pelear. Se encorva y se eriza, aparentando ser más grande. Esto no lo hace más fuerte, pero lo hace verse más fuerte. Se está exaltando. Es como si la persona representada por el planeta en exaltación pretendiese ser una mejor versión de lo que es capaz de ser. Un planeta en su propio signo es más fuerte que un planeta en su exaltación – excepto en una circunstancia específica. En una pregunta acerca de cualquier tipo de concurso, un planeta en exaltación le ganará a uno que está en su propio signo. Como bien sabe el gato, no sólo es lo fuerte que seas, sino qué tan fuerte que te veas.

Ten cuidado de no exagerar este sentido de la exageración. La exaltación es muy buena; pero no es tan buena como aparenta. A veces, los estudiantes la exageran a tal punto de casi convertirla en una debilidad. No lo es: es muy fuerte.

Por ejemplo: el equipo favorito del consultante había estado jugando a un nivel muchísimo mejor que lo usual, llegando a una posición inesperadamente alta en la liga. El significador del equipo estaba en su exaltación: muy bueno – pero mejor de lo que realmente es.

Un planeta está exaltado en todo el signo de su exaltación (el Sol está exaltado en cualquier lugar de Aries), pero hay un grado en el que está súper exaltado. A éste se le llama *grado de exaltación* y está indicado con el número que está debajo de los símbolos planetarios en la columna de exaltación de la tabla. Nota: este número es ordinal, no cardinal, por lo que el Sol está exaltado en el grado 19.º de Aries (18.00–18.59) y no del 19.00–19.59; la Luna está súper exaltada en el grado 3.º de Tauro (2.00–2.59) y no del 3.00–3.59. "¿Voy a ser jugador del equipo?" con tu significador en su grado de exaltación: serás jugador del equipo y serás nombrado capitán.

No hay ninguna importancia práctica en la exaltación de los Nodos.

Triplicidad

Los signos se dividen en cuatro grupos de tres (de ahí el nombre de "triplicidades"): tierra, aire, fuego y agua. Cada elemento tiene sus propios regentes. Como ves, la columna de la triplicidad está dividida en dos: hay un regente para el día y uno para la noche.

"¿Cómo puedo saber cuál debo usar?" Mira la carta horaria que estás juzgando. La línea que une al Ascendente del Descendente representa el horizonte. Si el Sol está por encima del horizonte (en las casas 7–12) es de día; si el Sol está por debajo del horizonte (en las casas 1–6), es de noche. Permite unos pocos grados a favor del día en cada extremo, de modo que si el Sol está sólo un par de grados por debajo del Ascendente o del Descendente, tómala como una carta de día. Esto se debe a que la luz del Sol es visible antes de su salida y después de su puesta. Unos "pocos grados" es toda la precisión que necesitamos aquí: el número preciso varía según la latitud y la época del año.

Los signos de fuego (Aries, Leo, Sagitario) están regidos por el Sol de día y por Júpiter de noche. Los signos de tierra (Tauro, Virgo, Capricornio) por Venus de día y por la Luna de noche. Los signos de aire (Géminis, Libra y Acuario) por Saturno de día y por Mercurio de noche. Los signos de agua (Cáncer, Escorpio, Piscis) tienen a Marte como su regente de día y de noche.

"Pero ¿qué tiene que ver Marte con el agua?" El agua de los signos de agua no es el agua dulce, sino la del océano: salvaje, tempestuosa e indomable. Nuestros deseos naturales – de ahí la conexión con Marte.

Un planeta en su propia triplicidad (como Júpiter en un signo de fuego en una carta nocturna, o Venus en un signo de tierra en una carta diurna) se encuentra cómodo. Literalmente, está "en su elemento". Las cosas podrían estar mejor, pero por el momento están bien. Está en su zona de confort. Está moderadamente fuerte, así que tenemos una versión moderadamente buena de ese planeta.

Hay otro sistema de regentes de las triplicidades que le da a cada elemento tres regentes. Ambos sistemas se remontan a la antigüedad: la idea de que el sistema de dos regentes es un usurpador moderno es errónea. El sistema de 3 regentes tiene ciertos usos específicos cuando se juzga una carta natal; el sistema de 2 regentes, como hemos discutido aquí, es el que debe ser utilizado para la astrología horaria.

Término

La siguiente sección de la tabla divide cada signo en cinco partes desiguales, llamadas términos. El Sol y la Luna no rigen ningún término; cada uno de los otros planetas rige un término en cada signo. "Término" significa límite, como en la palabra "terminar".

Los números muestran cuál es el término o límite de cada pequeña parte donde un planeta tiene poder. Al igual que con los grados de exaltación, estos números son ordinales, no cardinales. Mira la fila de Aries en la tabla. El primer término está regido por Júpiter, cuyo límite está en el 6.º grado: Júpiter rige esta parte de Aries hasta el final del 6.º grado, el cual es 5.59 grados de Aries. Venus se hace cargo desde 6.00 grados hasta el final del 14.º grado, el cual es 13.59. A continuación, la sección de Mercurio se extiende desde 14.00 hasta 20.59; Marte desde 21.00 hasta 25.59; Saturno desde 26.00 hasta 29.59. Un planeta debe estar en su propia parte del signo para tener dignidad por término. Por ejemplo: Venus en 7.30 grados de Tauro está en su propio signo, su propia triplicidad (si la carta es diurna) y en su propio término. En 8.30 de Tauro está en su propio signo, su propia triplicidad (en una carta diurna) y no está en su término.

Los regentes de los términos se pueden comparar a los suboficiales en un ejército. Tienen una pequeña cantidad de poder, pero nada tan glorioso como los oficiales (dignidades principales). Sin embargo, es mucho mejor ser un cabo que ser un soldado raso (sin dignidad). Los términos tienen mayor importancia cuando progresamos la carta natal. En la astrología horaria no son un factor mucho más positivo que la ausencia de uno negativo. Como ser un cabo no es tan maravilloso, pero es mejor que ser un soldado raso, así mismo un planeta que está en su término no es tan fuerte, pero es mejor que si no tuviera dignidad en absoluto. Es un factor positivo menor.

Nunca he visto una explicación convincente de por qué los términos están donde están. Hay varias versiones rivales. Ésta funciona.

Decanato

El término es una dignidad positiva muy pequeña; pero el decanato es aún menor. Los decanatos dividen cada signo en tres partes iguales de 10 grados cada una. Los números, que son de nuevo ordinales, muestran el límite de cada decanato. Siguiendo a lo largo de la fila de Aries, el primer decanato de Aries está regido por Marte. El decanato de Marte termina en 9.59 de Aries, cuando el Sol se hace cargo de 10.00 a 19.59, y después Venus se hace cargo de 20.00 a 29.59.

Un planeta en su propio decanato se asimila a un hombre en el porche de su casa antes de ser arrojado a la calle. Su posición no es buena, pero es mejor que estar en el viento y la lluvia: es mejor tener dignidad por decanato que no tener dignidad en absoluto.

Detrimento

Un planeta en el signo opuesto al que rige está en su detrimento (por ejemplo, Marte en Libra, o Venus en Escorpio). Está severamente debilitado. Esto habla mal de lo que sea que represente ese planeta, de una manera determinada por el contexto. Por ejemplo, si un hombre con una enfermedad grave está representado por un planeta en su detrimento, esto muestra que está muy enfermo, no que es una persona malvada.

Caída

Un planeta en el signo opuesto al de su propia exaltación se encuentra en su caída. El grado exactamente opuesto al de su grado de exaltación es su grado de caída, donde está súper debilitado. Así como la exaltación lleva un sentido de exageración, lo mismo ocurre con la caída. En caída, la maldad es exagerada. Que esta posición sea mejor o peor que el detrimento, depende del contexto: puede ser reconfortante saber que la situación no es tan grave como te parece. Cuando un planeta está en su detrimento, las cosas se ven mal y están realmente tan mal como parecen. Cuando un planeta está en su caída, las cosas parecen peores de lo que están – pero aún están mal. Hay muchos contextos en los que la idea de "caída" puede ser tomada literalmente.

◆ Ibn Ezra llama al signo de la caída de un planeta "la casa de su deshonor". A veces, esta interpretación puede ser significativa. ◈

Nota: es común decir que los planetas en su detrimento o caída están "débiles". En términos de la cantidad de dignidad esencial que tienen, sí, están débiles. Pero esto no quiere decir que sean incapaces de actuar. En detrimento o caída son malos o infelices; el hecho de que sean fuertes o débiles – capaces o incapaces de actuar – lo muestra más la dignidad accidental que la esencial.

Peregrino

Un planeta es peregrino cuando no está en ninguna de sus propias dignidades, ni en su detrimento o caída. Esto se asemeja a un vagabundo sin hogar, a la deriva. Bonatti dice que un planeta peregrino representa a "alguien que se sabe comportar de una buena manera y también de una mala, teniendo más inclinación a ésta última."[18] Carece del sentido moral implícito en la dignidad esencial (comportarse bien), e incluso el que está implícito en la debilidad esencial (comportarse mal); va a la deriva, sin timón. Sin embargo, por la naturaleza de las cosas, es más probable que aquel que esté a la deriva se incline por hacer el mal que por hacer el bien.

Un planeta puede ser peregrino aún si está en recepción mutua: la dignidad esencial no puede ser transferida de un planeta a otro.

Como siempre, según el contexto, un planeta peregrino puede tener un sentido benigno. Alguien que se encuentra en un largo viaje, puede ser muy bien descrito por un planeta peregrino. Lo mismo sucedería con alguien que está buscando trabajo o casa.[19]

Almuten

Cada grado tiene su almuten. Este es el planeta con más dignidad esencial en ese grado. Por extensión, se dice que ese planeta es el almuten de lo que hay en ese grado, ya sea otro planeta, la cúspide de una casa, o una Parte árabe.

Para calcular el almuten, suma las diferentes dignidades planetarias que hay en ese grado, anotando 5 para domicilio, 4 para exaltación, 3 para triplicidad, 2 para término y 1 para decanato. Por ejemplo: ¿Cuál es el almuten de 5 de Libra en una carta diurna? Venus tiene 5 por ser el regente del signo. Saturno 4 por ser Libra su signo de exaltación, 3 por ser el regente de la triplicidad y 2 por ser el regente del término: 9 en total. La Luna tiene 1 por ser el regente del decanato. Saturno tiene el mayor número, y por lo tanto es el almuten.

En muchos grados hay dos o incluso tres planetas que tienen el mismo derecho a ser el almuten. Elige el que sea más fuerte en esa carta en particular. Por ejemplo, dale prioridad al que esté en el MC y no al que está en la 12.ª casa. O bien, si uno de ellos está en aspecto cercano con el Ascendente, usa ése.

Sólo hay un uso para el almuten en la astrología horaria, y no es muy común. Tomar el almuten de una cúspide es una de las opciones cuando no podemos usar el regente de la casa como el representante de esa casa.

---

[18] Bonatti, aforismo 55.
[19] Mi comprensión sobre lo que es un planeta del peregrino se aclaró desde que escribí *La verdadera astrología* (ver p.81). La mejor descripción sobre lo que es ser peregrino está en el canto III del *Infierno* de Dante.

◆ Ahora sostengo que no se puede dar este uso al almuten, ni en horaria ni en cualquier otra rama de la astrología. La idea del almuten carece de todo sentido. En primer lugar, no podemos agregar dignidades en esta escala de 5-4-3-2-1, ya que las dignidades no se tratan de mayor o menor cantidad de lo mismo (es decir, que la exaltación sea igual que el término, pero el doble); son diferentes en calidad. Las cosas que son de diferente calidad no pueden sumarse: 2 manzanas + 2 manzanas = 4 manzanas, pero 2 manzanas + 2 mesas = 2 manzanas + 2 mesas. En segundo lugar, las dignidades son muy diferentes en cuanto a su fuerza. El domicilio y la exaltación son mucho más fuertes que la regencia por triplicidad, que a su vez es mucho más fuerte que el término o el decanato. Supongamos que tenemos a un general (regente del signo) discutiendo con un sargento y un cabo (regentes de la triplicidad y término). ¿Quién ganará? El general, por supuesto. Sin embargo, según la teoría del almuten, tienen la misma fuerza.

Así que, ¿por qué existe esta teoría sin sentido? Es una manera más de darle un plan B al astrólogo. "Lo siento, pero ella no te ama. Ah, pero espera un momento – ¡si consideramos tu almuten…!" ◆

Dispositor

El dispositor de un planeta o de una Parte árabe es el regente del signo en el que se encuentra ese planeta o Parte. Así pues, Marte es el dispositor de lo que esté en Aries y Venus es el dispositor de lo que esté en Tauro. Marte *dispone* a lo que esté en Aries y Venus a lo que esté en Tauro. En los textos a veces encontrarás disposición por otras dignidades: Saturno es el dispositor de lo que esté en Libra por ser su signo de exaltación. En tales casos, la dignidad siempre se menciona.

◆ Más allá de su uso astrológico, esta palabra es obsoleta en el inglés moderno; simplemente quiere decir "la persona a cargo" o "el jefe". Me pareció gracioso cuando descubrí que al encargado del estacionamiento del aeropuerto de Varsovia se le llama *dyspositor parkingu*. ◆

¿Cuánta dignidad?

Las dignidades son acumulativas. El Sol está exaltado en Aries. En una carta diurna, el Sol en Aries también está en su propia triplicidad, por lo que tiene más dignidad en Aries en una carta diurna que en una nocturna, cuando no es el regente de la triplicidad.

A pesar de que la calificación de 5-4-3-2-1 es adecuada para determinar el almuten, ésta no refleja con exactitud la fuerza relativa de las dignidades. Domicilio y exaltación (y también detrimento y caída) son mucho más fuertes que triplicidad, que a su vez es mucho más fuerte que término y detrimento. No hay una forma de medir con precisión cuánta dignidad tiene un planeta. Pero esto no es importante: estamos haciendo astrología, no aritmética. En cartas horarias publicadas, a veces vas a leer frases como "Júpiter tiene una fuerza de 10". Esto no tiene sentido. ¿10 qué? En la práctica, contar la dignidad como "montones", "bastante" o "un poco" es precisión suficiente.

Contradicciones

Habrás notado que hay aparentes contradicciones en la Tabla de Dignidades. Marte, por ejemplo, está en su caída en Cáncer, pero al mismo tiempo es el regente de la triplicidad. Venus está en su caída en Virgo, pero en una carta diurna también es regente de la triplicidad. Y así hay muchos otros. Esto no es contradictorio, porque las dignidades difieren en su calidad, no sólo en su fuerza, por lo que la fuerza no es dada con una mano y quitada con la otra. Tales contradicciones aparentes reflejan las ambigüedades que son parte de la vida cotidiana: las cosas no son siempre del todo buenas o del todo malas.

Por ejemplo: un consultante preguntó sobre la adicción de su hijo a las drogas. El chico estaba representado por Marte, que estaba en Cáncer – muy apropiadamente, ya que la Luna es regente natural de todas las sustancias tóxicas. Marte está en su triplicidad: está cómodo allí. Esto es razonable: si el chico está usando drogas, es probable que le gusten. Marte también está en su caída: está siendo perjudicado por ellas. La caída es una dignidad esencial negativa mucho más fuerte que la dignidad esencial positiva que tiene la triplicidad, por lo que el daño es superior al placer. Pero es caída, la cual tiene un sentido de la maldad exagerado, a diferencia del detrimento: le están haciendo daño, pero no tanto como teme el consultante.

Cuando dicto conferencias, doy un par de ejemplos útiles para explicar en qué consiste la dignidad. Imagina que eres dueño de un casino en Las Vegas. Estás sentado en tu oficina, disfrutando de la sensación de bienestar que trae el estar en tu exitosa empresa mientras saboreas un whisky y un buen puro. Estás en tu propio signo, por lo que tienes la capacidad de manifestar tus mejores cualidades. Así que cuando el crupier golpea tímidamente en tu puerta y, disculpándose, explica que dejó ir $50.000 en el último juego de ruleta, sonríes comprensivamente y le tiras la llave de la caja fuerte. Pero a la mañana siguiente despiertas para encontrar una cabeza de caballo en tu cama. Ya no eres el dueño de todo lo que tienes: no solamente dejaste de estar en tu propio signo, sino que has entrado al signo de tu detrimento. En tu desesperación por salvar tu pellejo, no manifestarás tus mejores cualidades. Así que cuando el crupier explica, disculpándose, que otra vez dejó perder $50.000, chasqueas tus dedos y lo mandas a dormir con los peces.

O consideremos la idea típica de una sala de estar libriana: todo escrupulosamente limpio y ordenado, con delicados adornos y cada cojín en su sitio. De repente llega Marte, personificado como Charles Bronson. En esa sala de estar, él se sentirá en un entorno extraño: está en su detrimento. La tensión de estar tan fuera de lugar es probable que lo incite a portarse mal, exhibiendo los peores lados de su naturaleza marciana.

Esto no significa que Marte sea algo malo. Si fueses un aldeano mexicano rodeado de bandidos, te encantará ver a Marte personificado como Charles Bronson y a sus magníficos amigos armados hasta los dientes, subiendo la colina en donde te encuentras. Allí, Marte está en un entorno adecuado y puede comportarse lo mejor que puede. Tú y tus vecinos en la villa estarían mucho menos contentos de ver a Margot Fonteyn y su grupo de bailarinas de ballet subiendo la colina y acercándose hacia ti – aunque Venus sea un benéfico por definición.

7

Dignidad accidental

El mánager de un equipo de fútbol tiene que elegir entre dos jugadores para el partido del sábado. Ambos tienen mucha dignidad esencial: son buenos jugadores. Pero para el mánager, no es suficiente considerar qué tan hábiles son: debe tener en cuenta otros factores. Uno de ellos sabe que un buen desempeño significa que podría ser incluido en el equipo de Inglaterra, así que está muy entusiasmado. La madre del otro jugador murió la semana pasada, por lo que está triste. Uno de ellos está comenzando a mostrar señales de su edad y es cada vez más lento. El otro recibió un golpe la semana pasada y no se ha recuperado completamente. Estos factores son dignidades y debilidades *accidentales*. Es esencial considerarlas en el juicio.

Considera lo siguiente: Yo soy el hombre más bondadoso del mundo – Tengo muchísima dignidad esencial. Pero estoy confinado, viviendo a solas – debilidad accidental. No importa qué tan bondadoso sea, esta debilidad accidental me impide manifestar esa bondad, así como factores accidentales pueden ayudar o entorpecer el desempeño de nuestros futbolistas. En principio, la dignidad esencial nos dice si ese planeta significa algo bueno o algo malo; la dignidad accidental nos dice si esta cosa, buena o mala, tiene poder para actuar. Hay un planeta justo en el Medio Cielo (dignidad accidental fuerte): tiene mucho poder para actuar; está en el asiento del conductor. En su propio signo: sabe cómo conducir. En su detrimento: no sabe conducir. Pero, ubicado en el Medio Cielo, aun así está sentado en el asiento del conductor.

En la práctica, esta distinción entre cualidades esenciales y accidentales a menudo es borrosa, pero partir de este principio y adaptarlo según sea necesario te mantendrá en el camino correcto.

En términos generales, cuanta más dignidad accidental tenga un planeta, más podrá actuar; cuantas más debilidades accidentales tenga, más débil es y menos poder tendrá para actuar. Pero dignidades o debilidades específicas pueden ser o no ser relevantes en la pregunta que estamos juzgando. Mi amigo tiene una pierna rota, lo cual es una debilidad accidental seria. Si mi pregunta es "¿Me prestará un poco de dinero?", esta debilidad es irrelevante. Si mi pregunta es "¿Va a jugar al tenis conmigo?" esta debilidad es muy importante.

◆ Evita incluir la idea de fuerza para actuar, o la falta de ella, en contextos en los que no corresponda. Estos contextos son la mayoría; si pregunto "¿Cómo estará el clima mañana?", el concepto es irrelevante. Incluso con "¿Obtendré el trabajo?" la realidad de la situación habitualmente indica que el poder para actuar es irrelevante: no hay mucho que yo pueda hacer más que llegar puntual y bien peinado a la entrevista. O con "¿Cuándo llegará la carta?" No importa cuánta dignidad accidental tenga su significador, la carta no tiene poder para actuar. La carta horaria refleja la realidad. Si algo no tiene sentido en la realidad, no tiene sentido en la carta. ◆

Las consideraciones accidentales pueden ser o no ser acumulativas. Tu sentido común te dirá si estas son acumulativas en la pregunta que estás evaluando. Si el futbolista que está perdiendo rapidez a causa de su edad es el mismo cuya madre falleció, estas debilidades pueden sumarse. Pero si mis pantalones ya están sostenidos con un cinturón, no estarán más sostenidos si añado un par de tirantes.

La lista de consideraciones accidentales sería inagotable, ya que cada pregunta ofrece su propia lista sobre lo que es favorable y lo que no es. Si la pregunta es "¿Me volveré cantante de ópera?", encontrar el planeta que me representa en un signo mudo es una debilidad accidental. Si ésta fuese "¿Seré un buen mimo?" esto sería una dignidad accidental. La siguiente es una lista de consideraciones útiles. También he discutido algunas otras que puedes pasar por alto, para complementarla y porque encontrarás estos términos en otros libros. Generalmente, la lista se imprime con números que le dan una puntuación a cada consideración. Los he omitido debido a la obsesión que tienen los astrólogos con la aritmética. Dale dos números a un astrólogo y los sumará inmediatamente. Esto no sirve de nada. Todo lo que hacen estos números es dar una guía general sobre el poder relativo de estas dignidades y debilidades, y esto lo daré a continuación; agregarlos a la tabla sólo causa más confusión.

> ## LISTA DE VERIFICACIÓN DE DIGNIDAD Y DEBILIDAD ACCIDENTAL
>
> ¿En qué casa está el planeta?
> ¿Está en la casa donde se regocija?
> ¿Está retrógrado?
> ¿Es rápido, lento o está en estación?
> ¿Está combusto, bajo los rayos del Sol, opuesto al Sol o cazimi?
> ¿Está asediado o asediado por los rayos?
> ¿Tiene un aspecto cercano?
> ¿Está sobre uno de los nodos?
> ¿Está sobre Regulus, Spica o Algol?
> ¿La Luna tiene luz? ¿Su luz está aumentando o disminuyendo?
> ¿La Luna está fuera de curso?
> ¿La Luna está en la vía combusta?
>
> Pronto notarás todas estas cosas casi sin pensar. Pero por ahora, trabaja metódicamente con esta lista.

Ubicación de las casas

Esto es importante y debe ser considerado. El principio general es que "las casas angulares son fuertes, las casas sucedentes son medianas y las casas cadentes son débiles". Pero aunque la 3.ª y la 10.ª casa son cadentes, éstas son consideradas –solamente para este propósito– como sucedentes honorarias, mientras que la 8.ª casa, aunque es sucedente, es tan débil como la 6.ª y la 12.ª.

Listar las casas en orden según la fuerza que tienen sería exagerado: los ángulos son muy similares; las sucedentes (con sus miembros de honor) son muy similares; las cadentes son muy similares. En pocas palabras:

* Las casas angulares son fuertes
* La 6.ª, 8.ª y 12.ª son débiles
* Las otras son neutras.

La excepción a la regla es cuando la pregunta le da al planeta una buena razón para estar en esa casa. Por ejemplo, si yo pregunto "¿Voy a recuperar el dinero que presté?" y veo que el Regente 1 está en la 8.ª (2.ª a partir de la 7.ª: el dinero de la otra persona), el planeta no está débil: es el lugar adecuado para éste, ya que estoy pensando en un asunto relacionado con la 8.ª casa.

Un planeta en una casa angular adquiere más fuerza cuanto más cerca esté de la cúspide. Si un planeta está en una casa, pero no en el mismo signo que la cúspide de la casa (por ejemplo, la cúspide está en 25 de Aries y el planeta está en 4 de Tauro), es como si hubiese una capa de aislamiento entre el planeta y la casa. No tiene la fuerza que podría tener si estuviese en esa casa y en el mismo signo de la cúspide. Pero no hay que exagerar esto: un planeta en una casa angular, pero en un signo diferente es aún más fuerte que uno en una casa sucedente.

Recuerda que un planeta que está a unos 5 grados de la cúspide de la casa siguiente y en el mismo signo que la cúspide, se cuenta como ubicado en la casa siguiente.

◆ Ten en cuenta que la mayor parte del tiempo, no es relevante la casa en la que esté ubicado un planeta. Al igual que en el teatro: a veces es importante que el actor esté en un lugar en particular – bajo el balcón, quizás, o sobre una puerta trampa. Pero la mayor parte del tiempo no importa dónde está el actor, sólo tiene que estar parado en algún lado. Lo mismo sucede con los planetas en la carta. ◆

Regocijo

Esto es mucho menos significativo, pero vale la pena tenerlo en cuenta. Cada planeta se regocija en una de las casas: Mercurio en la 1.ª, la Luna en la 3.ª, Venus en la 5.ª, Marte en la 6.ª, el Sol en la 9.ª, Júpiter en la 11.ª y Saturno en la 12.ª. Es como si cada planeta encontrara en esa casa un lugar agradable donde estar. Debido a que le gusta y se siente mejor consigo mismo al estar allí, tiene un poco más de poder para actuar. También es más probable que actúe de acuerdo con su propia naturaleza – Mercurio hará cosas relacionadas con Mercurio; Marte hará cosas relacionadas con Marte. Esta idea es muy parecida a la que hay detrás de las dignidades esenciales.

◆ En la mayoría de las preguntas, el recogijo puede ignorarse con seguridad. Es útil más que nada en horarias en las que necesitamos decidir cuál de dos planetas es el más fuerte, como en preguntas sobre contiendas ("¿Ganaremos el partido?"). Incluso en éstos casos, habrá otros testimonios lo suficientemente fuertes como para dejar de lado el regocijo. ◈

Retrógrado

A excepción del Sol y la Luna, todos los planetas parecieran ir de vez en cuando hacia atrás: están retrógrados. Si un significador está retrógrado, esto debe considerarse. Puede o no puede ser una aflicción; si lo es, es una seria.

En muchas preguntas, lo que esperamos ver es un planeta retrógrado: "¿Me darán mi antiguo trabajo?" "¿Puedo volver con Britney?" "¿El gato regresará a casa?". En cualquier circunstancia donde está implicado regresar o volver, un significador retrógrado es totalmente apropiado, por lo que la retrogradación no es una debilidad. Incluso si lo que se busca no es volver, pero aún tiene sentido en el contexto: "¿Cuándo voy a conocer a un hombre?" y el aspecto es a un planeta que está retrógrado: "Vas a volver con su ex".

Este es un ejemplo de lo que yo llamo *la ley de la explicación suficiente*. Si el contexto de una pregunta explica una debilidad, ésta no es una debilidad.

Si el contexto no ofrece un giro favorable, la retrogradación es un problema. El planeta está yendo en la dirección equivocada: en contra de la naturaleza. Esta es una debilidad poderosa, y al estar en contra de la naturaleza, es poco probable que las cosas salgan bien.

Considera lo siguiente: el planeta tiene mucha dignidad esencial, por lo que es uno de los chicos buenos. Está en el Medio Cielo, por lo que está fuertemente dignificado debido a la casa donde se encuentra: tiene un arma y mucha munición. Pero está retrógrado: con toda la mejor voluntad del mundo, está disparando en la dirección equivocada.

Si el planeta empezó a ir retrógrado recientemente, puede ser importante considerar qué hizo previamente y está haciendo ahora de nuevo, o qué estaba a punto de hacer, pero volvió su espalda y se alejó de esto. Mira dónde ha estado antes el planeta y a dónde no fue. Pero: un planeta retrógrado estará en conjunción u oposición al Sol; si el planeta que estás considerando está aplicando para hacer conjunción u oposición al Sol, no mires qué acciones hará después.

Por lo general, un planeta directo es catalogado como una dignidad. Este es el estado usual de las cosas, del cual la retrogradación es una aberración.

◆ Destaco aún más el punto de arriba, ya que sé cuán renuentes son los estudiantes a abandonar la idea de que la retrogradación siempre es mala. La retrogradación puede ser buena, mala o neutral, dependiendo del contexto, de lo que se esté alejando o hacia lo que se esté uniendo el planeta. La puerta de arribos de un aeropuerto está llena de escenas de alegre retrogradación, y si mi auto está yendo hacia el borde de un precipicio, volverse retrógrado es una excelente idea. Pero si estoy retrogradando hacia la prisión de la cual me escapé, no estaré feliz. ◊

Estación

Un planeta que está pasando de movimiento directo a retrógrado o de movimiento retrógrado a directo está en estación: *primera estación* es cuando se torna retrógrado; *segunda estación* es cuando se torna directo. El nombre se debe a que el planeta aparentemente se desacelera a cero, quedando estacionario en el cielo. Esto es extremadamente importante.

La estación es un período de gran debilidad y vulnerabilidad para un planeta. En tales períodos, sólo las circunstancias más intensas y extenuantes pueden hacer al planeta capaz de actuar. La primera estación se asemeja a un hombre que se está enfermando y decide irse a su lecho de enfermo: se siente mal y se va a poner peor. La segunda estación se asemeja a un hombre levantándose de su lecho de enfermo por primera vez: se siente débil, probablemente peor que cuando se estaba acostado, pero está mejorando. Creo que esto no termina de expresar lo sombría que es la segunda estación.

Al considerar la estación, es vital observar las condiciones circundantes. Tal vez el planeta se está tornando retrógrado para evitar hacer oposición con Saturno: esto puede mostrar a la persona representada por ese planeta tomando una decisión inteligente para evitar algo desagradable. Tal vez ocurra cerca del final de un signo: ¿el planeta está evitando perder dignidad esencial, o no quiere adquirirla?" A menudo, el movimiento retrógrado llevará al planeta de regreso al signo que dejó recientemente: esto puede ser relevante para nuestra investigación. ¿Qué nos dice el cambio de recepción después del cambio de signo?

◆ Al igual que con la retrogradación, el contexto es de vital importancia al momento de decidir si la estación es buena, mala o neutral. Al desbordarse el río cerca del cual vivo, hice una carta horaria para ver si el dique sería llevado por la corriente. El significador del dique estaba en estación. ¡Excelente! Si no se está moviendo, no se está yendo a ningún lado: no será llevado por la corriente.

Dentro de ese contexto, la estación era una gran fortaleza, ya que no moverse es exactamente lo que debería hacer el dique – allí radica su fuerza. ◈

Velocidad

El Sol siempre se mueve a casi la misma velocidad (es decir, cubre casi la misma cantidad del zodíaco cada día). La velocidad de la Luna fluctúa en torno a su promedio. Los otros planetas reducen su velocidad a cero cuando están en estación y otras veces se mueven más rápido que su promedio. Esto puede ser de gran importancia.

Cuanto más rápido se mueve el planeta, más poder tiene para actuar. Esta es una cuestión de impulso, al igual que en la clase de física: un automóvil que viaja a 60 millas por hora hace mucho más daño que uno que viaja a 20.

"¿Cómo puedo saber si el planeta se está moviendo rápido o despacio?" Confío en que seguiste mi consejo y apagaste la página "Ayuda" de tu software, que te da ésta y otra información. Puedes hacer clic en la carta y adelantarla un día para ver qué tanto se ha movido el planeta durante ese tiempo y luego comparar esto con el movimiento promedio diario del planeta, o mirar tus efemérides para ver qué tanto se ha movido el planeta entre el mediodía de ayer y el mediodía de hoy. Las *Efemérides de Raphael*[20] tienen una tabla útil con el movimiento diario de todos los planetas hasta Marte.

El movimiento diario promedio de los planetas es:

Luna	13°11'
Mercurio	0°59'
Venus	0°59'
Sol	0°59'
Marte	0°31'
Júpiter	0°05'
Saturno	0°02'

Esto se expresa en grados y minutos (de arco, no de tiempo). 60 minutos = 1 grado. Así que el movimiento medio del Sol, Mercurio y Venus es menos de 1 grado por día. Pero este es su movimiento diario hacia adelante, contando sus períodos retrógrados como negativos. Un planeta puede moverse rápido, pero

---

[20] Foulsham, Slough, publicación anual.

en dirección retrógrada. Cuanto más lento se mueva un planeta en relación a su promedio, menos capaz será de actuar. Un planeta que se mueve rápido y está retrógrado es muy capaz de actuar, pero de la manera incorrecta. Nuestro vaquero está feliz disparando, pero lo está haciendo en la dirección contraria.

No hace falta que seamos meticulosos aquí: un planeta tiene que moverse significativamente más rápido o más despacio que lo normal para que sea digno de atención. Unos minutos al día hacen una gran diferencia para Júpiter, que tiene un movimiento lento, pero no es nada para la Luna. El Sol nunca se mueve considerablemente más rápido o despacio. Para los otros planetas, esta tabla te dará una guía aproximada; pero fue al compilar esta tabla por primera vez que vi la necesidad de reflexionar sobre los límites de "rápido" y "lento", así que no la tomes como una definición exacta.

	Rápido cuando se mueve más de:	Lento cuando se mueve menos de:
Luna	13°30′ por día	12°30′ por día
Mercurio	01°30′	01°00′
Venus	01°10′	00°50′
Marte	00°40′	00°30′
Júpiter	00°10′	00°05′
Saturno	00°05′	00°02′

Esto, por supuesto, tiene una relación específica con preguntas sobre velocidad: "¿Puedo ganar la carrera?" "¿Van a procesar esta transacción rápidamente?" En algunos casos, un planeta lento puede ser lo que más te convenga: "¿Ganaré si hago prolongar este caso?"

La excepción a la regla "entre más rápido más fuerte" es Saturno. Moverse rápido va en contra de la naturaleza pesada de Saturno y por lo tanto, en este caso debe ser considerada como una debilidad. Pero esto no significa que su movimiento lento habitual sea necesariamente una ventaja. A menudo, esto muestra que las cosas se están estancando de una manera u otra. Por ejemplo, cuando Saturno se estaba moviendo lentamente en Tauro, un signo de tierra fijo, estuve asediado con preguntas horarias médicas sobre constipación, ya sea psíquica o física.

◆ Si bien lo escrito aquí arriba es correcto, darle esta cantidad de atención al tema exagera la importancia de la velocidad. En casi todas las cartas es irrelevante que los planetas se muevan rápida o lentamente. En preguntas como "¿Debería comprar este caballo de carreras?", por supuesto, es extremadamente importante, pero contextos como éste son muy poco comunes. ◈

Combustión

Esto es de enorme importancia. Puede decidir el juicio de una carta horaria. "¿Mi equipo le ganará al otro equipo?" con el Regente 7 (el otro equipo) combusto: mi equipo gana. Fin del juicio. No existe mayor aflicción para un planeta.

Técnicamente, un planeta que está dentro de los ocho grados y medio de distancia del Sol está combusto. Pero la combustión varía en su gravedad: un planeta a ocho grados del Sol y separándose está mucho menos afectado que uno que está a dos grados del Sol y acercándose. Nota: para que un planeta esté combusto, éste debe estar en el mismo signo que el Sol.

Además de ser totalmente destructiva, la combustión también puede mostrar que lo que sea que esté representado por ese planeta no puede ver ni ser visto. Esto le puede dar un sentido positivo a la combustión: "¿Puedo hacer tal y tal cosa sin tener que solicitar un permiso?" y el planeta que representa al consultante está combusto: "Sí. Nadie te puede ver: puedes hacer lo que quieras".

Si el significador de un objeto perdido está combusto, éste aparecerá cuando, en tiempo real, el planeta que lo representa salga del área de combustión.

Si este planeta no puede ver, la persona a la que representa no puede entrar en razón. Si el significador del consultante está combusto, éste no prestará atención al juicio. Esta lamentable verdad se repite en carta tras carta.

◈ La casa regida por el Sol nos puede ayudar a identificar qué es lo que nubla el juicio del consultante. Lilly da un ejemplo involuntario de esto en un juicio de su propia pregunta acerca de la compra de algunas propiedades.[21] Su significador está combusto. El Sol rige la 11.ª casa, que es la 5.ª a partir de la 7.ª. ¿Qué está nublando su juicio? La bella hija del vendedor, quien lo convenció de que pagara mucho más de lo que valían las casas. ◈

A veces se afirma que como Marte, al igual que el Sol, es caliente y seco, la combustión no lo afecta. Esto es un error. La idea de combustión es que no es seguro acercarse demasiado al rey (a menos que estés en su seno); no es menos peligroso ser un soldado (Marte) que ser Ana Bolena (Venus).

---

[21] Lilly, capítulo XXXVIII.

Si la conjunción con el Sol da un "Sí" a la pregunta, la combustión puede ignorarse: sino el pobre del Sol nunca estaría en conjunción.

El debate sobre cómo afecta la combustión a un planeta en su propio signo (por ejemplo, Venus en Tauro combusto) es muy antiguo. Trátalo al igual que una recepción mutua: el planeta tiene poder sobre el Sol por ser su dispositor y el Sol tiene poder sobre el planeta por la combustión. Así que en este caso, la combustión no es perjudicial para el planeta; la idea de no poder ver o no ser visto sigue siendo aplicable.

◆ Lo mismo vale cuando se da una combustión en el signo de exaltación de un planeta (por ejemplo, Venus combusto en Piscis). ◆

Aunque la combustión es destructiva, puede haber una gran diferencia entre combustión cuando el planeta está aplicando al Sol y combustión cuando el planeta se está separando. "¿Voy a sobrevivir a esta enfermedad?" con el planeta combusto y aplicando: tal vez no. Separándose: lo peor ha pasado.

Usualmente se toma a un planeta libre de combustión como una dignidad. No lo es. Este es el estado normal de las cosas, de los cuales la combustión es una aberración.

◆ Shakespeare da un gran ejemplo sobre la idea de que la combustión vuelve algo invisible. El rey se enamoró de una mujer casada que no quiere tener nada que ver con él, así que acude a donde el padre de ésta para que use su influencia sobre ella. Entre otros argumentos, el padre le dice a su hija que no tema perder su reputación, ya que si ella está cerca del rey, los rayos de su majestad son tan brillantes que nadie será capaz de verla. (*Eduardo III, 2.1.399-401*) ◆

Cazimi

En el centro de la combustión hay un pequeño oasis llamado *cazimi*, o *en el corazón del Sol*. Para estar cazimi, un planeta debe estar dentro de 17½′ de la posición del Sol – aunque en realidad, medir medio minuto es demasiado preciso. Así como la combustión es lo peor que le puede pasar a un planeta, cazimi es lo mejor: un planeta cazimi es semejante a un hombre que es ascendido para sentarse junto al rey. Si eres el favorito del rey y estás en su seno, tienes un gran poder. Para estar cazimi, el planeta debe estar en el mismo signo que el Sol.

No pienses: "Este planeta está combusto, pero pronto estará cazimi, así que todo estará bien". La combustión es totalmente destructiva: no es posible pasar por ella para luego estar cazimi. La excepción a este principio se da si estamos haciendo una elección con la carta horaria y el planeta que queremos hacer fuerte está en combustión (ver capítulo 27).

Bajo los rayos del Sol

Más allá de la combustión, se encuentra una zona menos perjudicial donde un planeta está *bajo los rayos del Sol, bajo los rayos,* o *sub radiis*. Ésta se extiende desde el final de la combustión hasta que el planeta está a 17½ grados del sol. Al igual que la combustión, la fuerza del efecto varía: a 9 grados del Sol y acercándose al área de combustión es grave; a 16 grados del Sol y separándose es trivial.

Un planeta no tiene que estar en el mismo signo que el Sol para estar bajo los rayos de Sol.

"¿Por qué estas dimensiones?" La posición del Sol que muestra una carta es la de su centro; pero el Sol tiene un disco visible. Su tamaño aparente por supuesto varía, pero la norma es un diámetro de 35′. Esta es una guía útil para las distancias al observar el cielo: el diámetro normal del Sol y de la luna es aproximadamente medio grado.

Como su disco tiene un diámetro de 35′, su radio es de 17½′. Así que un planeta dentro de 17½′ de la posición del Sol se encuentra dentro del disco del Sol (al menos, lo está por longitud. Puede estar por encima o por debajo de él por latitud, pero esto no tiene importancia). Por extrapolación, saltando una unidad de minutos de arco a grados, cualquier cosa que esté dentro de 17½° del Sol se encuentra bajo sus rayos. La combustión es simplemente esta distancia reducida a la mitad.

◆ Si bien un planeta puede estar bajo los rayos del Sol en un signo diferente al del Sol, si está separado por más de 8 grados de éste y en un signo diferente, el efecto de sus rayos es tan trivial que se puede ignorar.

La combustión impide ver o ser visto; estar bajo los rayos del Sol, no. ◆

Oposición al Sol

El área de más o menos 8 grados hacia cada lado de la oposición exacta al Sol también es un lugar de aflicción extrema; no tan grave como la combustión pero no está exenta de ella. Aquí no hay un equivalente a cazimi.

Asediado

Si un significador se encuentra entre dos planetas maléficos, está asediado. En cualquiera de las direcciones que vaya, encontrará algo malo: estará entre la espada y la pared. Si un planeta se encuentra entre dos planetas benéficos, también está "asediado"; pero en este caso, los asediadores están compitiendo entre sí para presentar buenos regalos: un cojín y un lugar cómodo. Como siempre, debemos prestar atención a la condición de los planetas: estar atrapado entre Marte y Saturno en Capricornio, donde ambos tienen mucha dignidad esencial, no es tan malo; estar atrapado entre Júpiter y Venus en Virgo, donde ambos están debilitados, es destructivo.

Cuanto más cerca estén los planetas asediadores uno del otro, más fuerte es el efecto de estar asediado. Si no están en el mismo signo, los efectos son insignificantes, a menos que ocurra la rara circunstancia en la que todos los planetas – o todos los planetas relevantes – estén en una línea ordenada con los maléficos o benéficos asediadores en cada extremo.

Un planeta asediado por maléficos que además recibe un aspecto de un benéfico tiene consuelo en medio de sus problemas: está bien, estoy asediado, pero los almacenes están llenos de caviar y la televisión funciona. Si un planeta está asediado por benéficos y recibe un aspecto de un maléfico, hay algo que arruina la promesa: Me puedo comer el helado y me puedo comer el pastel, pero me duele una muela.

Asediado por los rayos

En lugar de estar corporalmente entre los dos planetas asediadores, el significador forma un aspecto entre ellos. Por ejemplo: Venus en 5 de Piscis y Júpiter en 8 de Piscis. Un planeta en 6 de Piscis está positivamente y fuertemente asediado. Un planeta en 6 de Escorpio no está asediado corporalmente, pero forma un aspecto de trígono entre Venus y Júpiter: está asediado por los rayos. Esto es como estar asediado, pero mucho más débil.

Aspectos

Un planeta en aspecto o en conjunción estrecha con otro planeta es afectado por ese planeta, para bien o para mal. Los textos antiguos catalogan los contactos con Júpiter o Venus como fortalecedores y con Marte o Saturno como debilitadores. Pero esto no siempre es así: como hemos visto, Júpiter y Venus en sus debilidades esenciales no ayudan mucho y Marte y Saturno en sus dignidades esenciales no son perjudiciales. Incluso esta declaración necesita corroborarse, ya que también debemos tener en cuenta cuál es su papel en la carta: la muerte, por ejemplo, puede estar representada por un fuerte Júpiter, pero el hecho de que Júpiter sea un benéfico con bastante dignidad esencial no hará a la persona menos muerta. Si el planeta que hace el aspecto es fuerte o débil, también debemos considerar sus recepciones con el significador: por ejemplo, Júpiter en Cáncer es fuerte, un muy buen Júpiter, pero está en el detrimento de Saturno, lo que no será de mucha ayuda para Saturno. Las recepciones se tratan con más detalle en el capítulo 8.

Un claro ejemplo de este principio sería una carta horaria para un concurso: "¿Mi equipo le ganará al otro equipo?" En tal carta tenemos dos significadores: el Regente 1 para mi equipo, y el Regente 7 para el otro equipo. Si el Regente 1 estuviese aspectado por Saturno en Aries, un tipo malo de Saturno, mi equipo estaría afligido. Si el Regente 7 estuviese aspectado por Júpiter en Cáncer, el otro equipo se vería reforzado. En este contexto, no sería necesario averiguar qué significan Saturno y Júpiter; en otras preguntas podría serlo, aunque no siempre es posible hacerlo con confianza.

Hay una regla general en la astrología: cuanto más cerca, más fuerte. Cuanto más exacto sea el aspecto, más fuerte será su efecto. Pero también hay que considerar la fuerza del planeta que hace el aspecto: una oposición de Saturno en la 10.ª casa, donde tiene mucha dignidad accidental, tendrá un efecto mayor que una oposición de Saturno en la 6.ª casa, donde tiene poca. Para el efecto general sobre un planeta puedes ignorar cualquier aspecto que esté a más de 3 grados de distancia: a una mayor distancia que ésta, el efecto es trivial. Sin embargo, más a menudo leemos aspectos como eventos futuros u ocasionalmente pasados, en cuyo caso pueden ser relevantes con cualquier grado de separación.

◆ Fui generoso con los "3 grados" aquí. Para considerar que un planeta está siendo afectado de forma benéfica o maléfica por un aspecto, sin necesitar que tal aspecto se realice con exactitud para mostrar un evento, éste necesitaría estar más o menos a un grado para tener un efecto significativo. Se pueden considerar 2 o 3 grados sólo si los planetas están en conjunción. ◆

Los Nodos

Los nodos de la Luna son los dos puntos, directamente opuestos entre sí, donde la trayectoria aparente de la Luna alrededor de la Tierra se cruza con la trayectoria del Sol.

Los nodos no forman ni pueden recibir aspectos. Sólo afectan a los planetas por conjunción. Un planeta en conjunción con el Nodo Norte es ayudado, fortalecido o aumentado. Un planeta en conjunción con el Nodo Sur es perjudicado, debilitado o disminuido. El contexto mostrará cuál de estos significados es relevante. En algunos contextos podríamos pensar: "El significador de esta persona se acaba de separar del Nodo Sur: algo malo le ha pasado recientemente"; en otros, leeríamos la proximidad al Nodo Sur como una indicación de que lo que significa ese planeta está siendo disminuido.

Por ejemplo: supongamos que pregunto: "¿Voy a ganar en las carreras de caballos de hoy?" y encuentro un aspecto aplicativo entre el regente de la 8.ª casa (la 2.ª a partir de la 7.ª: el dinero de mi enemigo) y mi significador: sí, voy a ganar. Si el Regente 8 está en conjunción con el Nodo Norte, voy a ganar mucho. Si está en conjunción con el Nodo Sur, aún ganaré, pero no mucho. El Regente 8, que es el dinero que estoy ganando, incrementa por el contacto con uno y disminuye por el contacto con el otro.

Si uno de los nodos cae en una casa relevante a la pregunta, éste puede afectar a esa casa. Si el Nodo Norte cae en una casa, beneficia los asuntos relacionados con esa casa, o muestra que el consultante se beneficia a través de esa casa. Si el Nodo Sur cae en una casa, perjudica los asuntos relacionados con esa casa, o muestra al consultante perdiendo a través de los asuntos de esa casa. El efecto es mucho más marcado si el nodo está cerca de la cúspide.

Ejemplos: "¿Voy a conseguir el trabajo?" con el Nodo Norte en la 10.ª casa (la casa del trabajo): esto no mejora las chances de la consultante para conseguir el trabajo, pero muestra que si lo consigue será bueno para ella. "¿Debo emplear a este obrero?" con el Nodo Sur en la 6.ª casa (la casa de los sirvientes): ¡No!

Recuerda, sin embargo, que los Nodos vienen como un par: uno está siempre opuesto al otro. Esto significa que rara vez podemos utilizar la ubicación de la casa de ambos, pues de otra manera caeríamos en la trampa de pensar que si mamá es buena, automáticamente papá es malo; mis animales pequeños me benefician, mis animales grandes me hacen daño. El contexto nos mostrará a qué extremo del eje nodal – si tiene sentido – debemos prestarle atención.

Ten cuidado de no involucrarlos innecesariamente en el juicio. La carta horaria no tiene un camerino donde pueden ir a relajarse cuando no están involucrados en el drama: los Nodos aparecerán en cada carta, pero en la mayoría de ellas no tienen nada que decirnos. Si uno de ellos cae en una casa que nos concierne, lo podemos tener en cuenta; si los nodos caen en casas que no nos conciernen, no hay necesidad de que nos quebremos la cabeza preguntándonos qué podrían significar esas casas. Simplemente ignóralos.

Aunque los nodos no forman ni reciben aspectos, a menudo encontrarás un significador en cuadratura con los Nodos (es decir, exactamente a medio camino entre ellos). Esto parece mostrar que la persona está indecisa sobre cuál de dos cursos de acción debe tomar, cuando a menudo ninguno de los dos es atractivo. Pero esto describe su dilema; no hay nada activamente maléfico sobre esta ubicación. El planeta *no* se ve afectado por estar en cuadratura con los Nodos. La idea en algunos libros modernos que sugiere que el grado de los Nodos en cualquier signo es como "un grado de fatalidad" carece de fundamento.

Tenemos la opción de usar el Nodo Medio o el Nodo Real: la posición aproximada o la posición exacta. Dada la opción, podríamos usar la posición exacta. La mayoría de los programas te permiten configurar tus preferencias para esto.

◆ El debate sobre el efecto de los Nodos viene desde la antigüedad. ¿Es "Norte bueno, Sur malo"? ¿O es "Norte aumenta, Sur disminuye", lo que significaría que si un planeta bueno está en el Nodo Norte aumenta, volviéndose bueno de una manera más fuerte, pero si un planeta malo está en el Nodo Norte también aumenta, volviéndose malo de una manera más fuerte? Lilly está a favor del simple Norte bueno, Sur malo, aunque el balance de opiniones está en su contra. El punto de contacto de estos conceptos en apariencia diferentes se da en la fisiología humana: es fácilmente observable que las cosas buenas tienen el efecto de expandir y dilatar, y las malas de disminuir y contraer. Si dudas, debes mantenerte firme dentro el contexto de la pregunta. Casi siempre encontrarás que, en ese contexto, bueno/malo o expandir/contraer tendrán mucho más sentido que la otra opción.

Supongamos que tenemos a Saturno en Aries – mal Saturno, o un Saturno infeliz – en la 2.ª casa y en conjunción con el Nodo Sur. ¿Cómo interpretamos esto? Si lo que nos interesa es la condición de Saturno, diríamos que ese Saturno malo está afligido por el Nodo Sur. En la mayoría de los contextos, la ubicación por casa sería irrelevante. Si lo que nos interesa es la condición de la 2.ª casa, diríamos que la casa está afligida tanto por ese Saturno malo como por el Nodo Sur. No leeríamos esto como que la casa está afligida por un mal Saturno, pero sólo de manera limitada (es decir, que el poder de Saturno para afligir la casa ha sido disminuido por estar en conjunción con el Nodo Sur).

A veces, verás la tabla de dignidades (p. 59) impresa con la exaltación del Nodo Norte y el Nodo Sur. Esto es un intento de algún entrometido por llenar los espacios vacíos de la carta: ignóralo. La naturaleza de los Nodos no está sujeta a cambios, así que no tiene importancia que estos estén exaltados. Tampoco la tiene que estén directos o retrógrados (que es su movimiento habitual).

En ocasiones, el Nodo Sur puede ser bien recibido. Si la pregunta es "¿Realmente perderé peso con esta dieta?", el Regente 1 en conjunción con el Nodo Sur que contrae podría ser un testimonio muy positivo. ◆

La Luna

Generalmente, cuanto más luz tenga la Luna – cuanto más se acerque a estar llena – más fuerte es y por lo tanto más capacidad de actuar tiene. También es más fuerte si su *luz está aumentando* (pasando de Luna nueva a llena) que si su *luz está disminuyendo* (pasando de llena a nueva). Pero cuando está llena, está débil (mira el punto acerca de la oposición al Sol, más arriba), por lo que su posición óptima es más o menos cuando se está separando de su aspecto de trígono con el Sol: allí tiene mucha luz y aún está aumentando. Este punto es importante si la Luna es el planeta cuyo aspecto muestra el evento en cuestión.

"¿Cómo puedo saber si la luz de la Luna está aumentando?" Mira el Sol en la carta que estás juzgando. ¿Qué distancia es más corta: la distancia desde del Sol a la Luna en dirección de las manecillas del reloj, o la distancia en sentido contrario a las manecillas del reloj? Si la distancia en sentido de las manecillas del reloj es la más corta, la Luna se está acercando al Sol, pasando de llena a nueva, así que su luz está disminuyendo. Si la distancia en el sentido contrario es más corta, está pasando de nueva a llena (en oposición al Sol) y por lo tanto su luz está aumentando.

◆ Más allá de que la aplicación inmediata a una oposición con el Sol (es decir, una Luna llena) es una aflicción menor, la cantidad de luz que tiene la Luna y si aumenta o disminuye su luz casi nunca es relevante. A menos que el contexto haga que la cantidad de luz o visibilidad de lo que representa la Luna sea importante, estas condiciones se pueden ignorar. ◆

Fuera de curso

Se rumorea que Quentin Tarantino se inspiró para hacer *Perros de la calle* al ver a unos astrólogos discutiendo sobre el significado de *fuera de curso*. Este es muy sencillo y no implica derramamientos de sangre.

La Luna está fuera de curso cuando no realiza otro aspecto antes de salir del signo en el que se encuentra. Si realiza un aspecto inmediatamente después de salir de este signo – tal vez en 0 grados del próximo signo – *está* fuera de curso ahora; una vez que haya cambiado de signo no *estará* fuera de curso. En principio, cualquier planeta puede estar fuera de curso, pero este término tiene un significado práctico sólo con la Luna. Un aspecto con la Parte de Fortuna u otra Parte árabe no impedirá que la Luna esté fuera de curso.

Si en una carta horaria la Luna está fuera de curso, esta es una indicación general de que no sucederá mucho. Por ejemplo, si la pregunta es "¿Debería emigrar?" una Luna fuera de curso sugiere que es improbable que el consultante lo haga, sea esta una buena idea o no. Una Luna fuera de curso puede proporcionar una respuesta completa a una pregunta, ya sea favorable o desfavorablemente. "¿Voy a perder mi trabajo?" "¿Me ganaré la lotería?" En ambos casos, una Luna fuera de curso daría la respuesta "No: no pasará nada".

Sin embargo, una Luna fuera de curso no es siempre la respuesta final. Al igual que cualquier otro testimonio individual, éste puede superarse. Si los significadores están fuertes y están aplicando hacia un aspecto, el evento aún puede suceder.

La Luna también está fuera de curso si tiene un largo camino por recorrer antes de hacer su próximo aspecto, a pesar de que éste suceda dentro del mismo signo en el que se encuentra. Por ejemplo: la Luna en 4 de Tauro, separándose de un sextil con Venus en 3 de Cáncer. Su próximo aspecto no se realizará hasta que llegue a 22 de Tauro. Esta Luna puede considerarse fuera de curso. A menudo, esto muestra un período de estancamiento antes de que el consultante encuentre la voluntad para actuar. Aquí no hay una distancia establecida: simplemente "un largo camino". Esto no tiene nada que ver con estar dentro o fuera de orbe. Yo sugeriría tomar unos 15 grados como mínimo.

A veces hay una razón clara por la que una Luna fuera de curso muestra que no ocurrirá nada. Un consultante había solicitado un trabajo presuponiendo que la empleada actual iba a renunciar. Esa empleada estaba representada por la Luna fuera de curso en un signo fijo: no se iba a ir a ninguna parte. La empleada no renunció, por lo que nada ocurrió con la aplicación del consultante. En muchas situaciones, la razón por la cual nada ocurre se debe simplemente a la inacción del consultante. Debido a que la Luna es generalmente la cosignificadora del consultante, al estar fuera de curso muestra falta de voluntad del consultante para actuar. "¿Se casará conmigo?" "No, si no se lo pides".

En ocasiones, la Luna pasará a través de un signo sin hacer ningún aspecto. En tales ocasiones está salvaje, como una bestia. Esta es una versión enfática de su estado cuando se encuentra fuera de curso. Poco se puede esperar de la situación.

◆ En la jerga astrológica habitual, "la Luna está fuera de curso" pareciera ser la explicación absoluta del por qué cualquier cosa no funcionó según lo esperado. ¡No lo es! Lo expuesto arriba es más reservado que la mayoría de los escritos sobre el tema, sin embargo también sobreestima la importancia del término. A menos que la Luna tenga un papel específico en el drama, y la falta de acción de la persona o cosa que represente impedirá que algo suceda – como con mi ejemplo de la aplicación para un trabajo – que esté fuera de curso será, como mucho, un testimonio menor.

La declaración de Lilly de que cuando la Luna está fuera de curso "las cosas difícilmente avanzan" por lo general se malinterpreta. La palabra inglesa "hardly" (difícilmente) ha cambiado su significado desde los días de Lilly. La idea de que nada va a suceder viene por darle a la palabra el significado moderno de "scarcely" (escasamente). Para Lilly, "hardly" significaba, literalmente, el adverbio de "hard" (difícil): de un modo difícil. Las cosas procederán con dificultad. Claro que, si las cosas proceden con dificultad, la gente por lo general se da por vencida, por lo cual podría terminar significando lo mismo; sin embargo, no es lo que Lilly había querido decir.

Cuando la Luna está muy atrás en un signo – en 28 o 29 grados – el concepto de fuera de curso se vuelve irrelevante. La idea del fuera de curso es que la Luna no va a hacer nada; pero cuando la Luna está en los últimos grados, sí va a hacer algo: cambiará de signo. ◆

La vía combusta

Su nombre significa "el camino quemado" y es el área del zodiaco entre 15 de Libra y 15 de Escorpio. Éste sólo afecta a la Luna, a la que no le gusta estar allí en absoluto. Estar en esa área no debilita a la Luna, pero la aflige. Esto es relevante principalmente en preguntas donde son importantes las emociones del consultante: el paso de la Luna a través de la vía combusta muestra un período de desagradable turbulencia emocional. Ten en cuenta la posición de la Luna con relación a la vía combusta: ¿está a punto de entrar en ella, está atrapada en el medio, o a punto de salir? Así que si la pregunta es "¿Estaré feliz si lo dejo?" y la Luna está en 13 de Libra, a punto de entrar en ése área de desagradable confusión emocional: "No" (aunque, por sí misma, esta no sería una respuesta completa).

"¿Por qué esta porción del zodiaco?" La idea de la vía combusta está conectada con los antiguos rituales de purificación relacionados con la menstruación. El hecho de que el área esté entre 15 de Libra y 15 de Escorpio, y en ningún otro lugar del zodíaco, se debe a la relación entre la Luna (el principio femenino) en ese lugar con la exaltación del Sol (el principio masculino) en Aries. Las ideas que sugieren que el área fue determinada a partir de la ubicación de las estrellas fijas en la antigüedad o a la influencia de Marte y Saturno sobre Libra y Escorpio son abiertamente incorrectas.

Estrellas fijas

Las estrellas fijas se discuten en el capítulo 11. Para la evaluación general de la fortaleza o debilidad de un planeta, sólo hay tres estrellas de gran importancia. Estas son Regulus (29 de Leo), Spica (23 de Libra) y Caput Algol (26 de Tauro). Las estrellas fijas no forman ni reciben aspectos: aquí sólo nos importa la conjunción. Si un significador o la cúspide de una casa relevante, sobre todo el Ascendente, está a un par de grados de conjunción con una de estas estrellas, se verá fuertemente afectado de las siguientes maneras:

* *Regulus* da gran poder para logros materiales. No necesariamente trae felicidad; trae éxito.

* *Spica* es generalmente afortunada. No tiene el deseo de poder de Regulus, pero es una estrella mucho más feliz. Es altamente protectora, por lo que es una indicación de que incluso si las cosas no salen como se desea, las consecuencias no serán tan malas.

* *Caput Algol* trae dificultades. La indicación habitual es la de perder la cabeza, literal o metafóricamente, con resultados desafortunados. Por ejemplo: un consultante preguntó: "Me enamoré de un hombre en la TV, ¿nuestra relación tendrá un futuro?" su significador principal estaba en conjunción con Caput Algol.

◆ Las estrellas fijas se mueven, aunque mucho más lentamente que cualquier planeta. Regulus ahora está en 0 de Virgo. ◆

PUNTOS MENORES

Incluyo los siguientes puntos sólo porque puedes encontrarte con estos términos en otros textos. Algunos tienen usos (muy) ocasionales para hacer un juicio más detallado, pero siempre recordando nuestra regla de oro "¡No lo compliques!" todos ellos se pueden ignorar. Siempre encontraremos testimonios más importantes que estos, por eso podemos ignorarlos sin miedo a equivocarnos.

Oriental y occidental

Los términos "oriental" y "occidental" se refieren a la posición de un planeta en relación al Sol. Si el planeta sale antes que el Sol, será visible en la parte oriental del cielo antes del amanecer, por lo que es *oriental*. Si sale después del Sol, será visible en la parte occidental del cielo después de que el sol se haya puesto, por lo que es *occidental*.

"¿Cómo puedo saber si un planeta es oriental u occidental?" Mira el Sol en la carta que estás juzgando. ¿Cuál es más corta: la distancia del Sol en dirección de las manecillas del reloj al planeta que estás considerando, o la distancia en el sentido contrario? Si la distancia en dirección de las manecillas del reloj es más corta, el planeta es oriental. Si la distancia en el sentido contrario es más corta, el planeta es occidental. Mira la carta de la página 100. Venus, al igual que Urano, Neptuno y Plutón, son orientales; todos los demás planetas son occidentales. La luz de la Luna está incrementando y pronto estará llena.

Un planeta oriental será más evidente en sus acciones. Si la pregunta fuese "¿Soy mejor para trabajar en el escenario o detrás del escenario?" esta podría ser una consideración menor; pero aun así podrás encontrar testimonios más importantes como para ignorar esto. El hecho de que Marte, Júpiter y Saturno se vean favorecidos cuando son orientales y Mercurio y Venus cuando son occidentales, hace referencia solo a las cartas natales, donde la distinción entre oriental y occidental es importante.

Cuando la Luna es occidental, su luz está aumentando, cuando es oriental, su luz está disminuyendo. Esto es importante y se discutió arriba.

Hayz

Así como los animales, hay planetas diurnos o nocturnos. El Sol, obviamente, es diurno: su lugar es arriba en el cielo durante el día. La Luna es nocturna: pertenece al cielo durante la noche. Júpiter y Saturno también son diurnos; Marte y Venus son nocturnos. Si Mercurio es oriental es diurno, si es occidental es nocturno.

Si un planeta diurno está por encima de la Tierra (en las casas 7–12) en una carta diurna, o por debajo de ella (en las casas 1–6) en una carta nocturna, está en su *halb*. Del mismo modo lo estará un planeta nocturno encima de la Tierra por la noche o debajo de ella durante el día. Halb es una consideración menor que siempre puede ignorarse: se vuelve insignificante al lado de otros testimonios.

El Sol, Marte, Júpiter y Saturno son masculinos; la Luna y Venus son femeninos. Mercurio toma la naturaleza del planeta (en orden de preferencia) con el que esté por entrar en conjunción, hacer un aspecto, o con su dispositor. Un planeta está en su *hayz* si está en su halb y en el signo de su mismo género.[22] Los signos masculinos son Aries, Géminis, Leo, Libra, Sagitario y Acuario; los signos femeninos son Tauro, Cáncer, Virgo, Escorpio, Capricornio y Piscis.

Ejemplos: Saturno en Aries está en su hayz si está encima de la Tierra en el día o por debajo de ella en la noche; Venus en Escorpio está en su hayz si está encima de la Tierra en la noche o por debajo de ella en el día. El complicado es Marte, que es masculino y, a diferencia de los otros planetas masculinos, es nocturno: éste tiene que estar en un signo masculino y por debajo de la tierra durante el día y por encima de ella en la noche.

Vale la pena tener en cuenta el hayz en cartas natales, pero se puede ignorar en las horarias. Si te sientes excepcionalmente quisquilloso al juzgar una carta donde necesitas cuantificar algo ("¿Cuánto malversó el último jefe?") puedes tomar el hayz para añadir ligeramente a dicha cantidad.

Latitud

La eclíptica es la trayectoria aparente del Sol alrededor de la Tierra. Si bien todos los planetas siguen este camino, lo hacen deambulando de arriba a abajo en

---

[22] Lilly y otros autores que trabajan a partir de su obra sin otra referencia, dicen erróneamente que un planeta nocturno debe estar por encima de la Tierra en el día y por debajo de ella en la noche. Lilly (*Astrología cristiana* p.113) está siguiendo al astrólogo francés Dariot, quien da la versión correcta, pero de manera tan turbia, que es fácil darse cuenta del modo en que Lilly tomó el extremo equivocado del palo (ver Claude Dariot, *A brief and Most Easie Introduction to the Judgment of the Stars* (*Breve y fácil introducción al juicio de los Astros*), trad. Fabian Wither, Londres c. 1583, reimpreso Ascella, Nottingham, n.d., p. 19, aunque Lilly utilizó una traducción publicada en 1598). La versión correcta está explicada claramente en el libro de Abu'l-Rayhan Muhammad Ibn Ahmad Al-Biruni, *The book of Instruction in the Elements of the Art of Astrology* (*Instrucción en los elementos del arte de la astrología*), trad. R.Ramsey Wright, Luzac, Londres,1934; reimpreso Ascella, Nottingham, nd; párrafo.496.

relación a ésta. Imagina que hay un camino que cruza el cielo, por el cual viajan los planetas: el Sol se mantiene estrictamente sobre la línea blanca en el centro de este camino, mientras que los otros planetas van de lado a lado. Este paso de lado a lado es movimiento en latitud celeste.

En el hemisferio norte, el cual ha sido considerado como el estándar desde el nacimiento de la astrología, la latitud norte lleva a un planeta más arriba en el cielo, la latitud sur lo lleva más abajo. Entre más arriba esté, menos atmósfera terrestre tendrán que penetrar sus rayos para alcanzarnos, por lo que parecerá más brillante. Por esta razón, la latitud norte aumenta y la latitud sur disminuye. La diferencia es poca, pero si estás estimando una cantidad, puedes agregar esto a la operación. Si quieres describir a una persona, un planeta que tiene mucha latitud norte haría a esa persona más alta y de cuerpo más ancho, mientras que un planeta con mucha latitud sur la haría más baja y más delgada.

No puedes saber cuál es la latitud de un planeta con sólo mirar la carta. La mayoría de los programas de astrología tienen la opción de mostrar la latitud en alguna parte; algunas efemérides, como las de *Raphael*, muestran en la lista la latitud diaria. Si no la encuentras, no te preocupes: no te estás perdiendo nada importante.

Deficientes, azimene, etc

Lilly proporciona una tabla de grados hondos, azimene, ahumados o vacíos.[23] Estos grados se basan en las posiciones de las estrellas fijas, que a pesar de ser relativamente fijas, se mueven lentamente. Incluso en los días de Lilly, esta tabla estaba irremediablemente desactualizada, por haber sido copiada de un texto a otro sin que a nadie se le ocurriese actualizarla o investigar cuándo fue hecha originalmente. Es posible que estos puntos sean de valor – si alguien pudiese saber en dónde se ubican hoy en día. Pero hasta entonces, deja estos puntos de lado.[24]

Aumento en número

Lilly menciona esto con frecuencia, aunque el modo en que lo usa sugiere que incluso él desconocía su significado. Esto no significa, como se lo explica a veces,

---

[23] *Lilly*, p. 116.
[24] Véase Abraham Ibn-Ezra, *The Book of Reasons (El libro de las razones)*, Siglo XXII, trad. Meira B. Epstein, Berkeley Springs, 1994; pp 69-70. La Sra. Epstein sugiere que ibn-Ezra se refiere a las tablas hechas alrededor de 568 a.C., aunque sospecho que estas son más antiguas.

que el planeta esté pasando a través de grados que van aumentando en número, como por ejemplo de 26 de Aries a 27 de Aries: es lo mismo que ir en movimiento directo. Se refiere a la posición del planeta con respecto a su epiciclo en el modelo ptolemaico de los movimientos planetarios. Entre más se basaban los astrólogos en las efemérides para trazar las posiciones planetarias, más olvidaban la manera sobre cómo calcularlas. Desde mucho antes que Lilly, nadie se molestaba en esto; tú tampoco deberías hacerlo.

Otros puntos

Hay más consideraciones menores, pero a menos de que seas un ávido lector de textos antiguos, nunca te toparás con ellas. Si los astrólogos no transmitieron dichos puntos, es porque sabían que no eran importantes; así que si encuentras algún término que no aparece en esta lista, no te preocupes, ya que no lo necesitas para astrología horaria.

8

Recepciones

En una película de detectives, no es suficiente que el investigador demuestre que el sospechoso tuvo la oportunidad de cometer el crimen, sino que también debe establecer el motivo. Lo mismo pasa con una carta horaria. Si queremos comprender plenamente la situación descrita en la carta y sacar conclusiones correctas de la misma, debemos entender el motivo que tienen las diferentes personas involucradas.

Las cartas horarias basadas en eventos giran en torno a la acción, y la gente no actúa sin un motivo. Las cartas basadas en una situación a menudo muestran la respuesta completa a partir de un análisis de la actitud y los motivos ("¿Qué es lo que él realmente siente por mí?"). Por lo tanto, es vital que sepamos cómo encontrar el motivo, la actitud y los valores en la carta. Este conocimiento se adquiere mediante el estudio de las recepciones.

La información que necesitamos se obtiene a partir de la tabla de dignidades. Al evaluar la cantidad de dignidad que tiene un planeta, sólo nos interesa saber si está en una de sus propias dignidades o debilidades. Al evaluar las recepciones, debemos considerar todas las dignidades y debilidades en las que se encuentra el planeta.

Los textos utilizan un lenguaje confuso al hablar sobre las recepciones, hablan de planetas en "recepción" mutua, o que uno "recibe" al otro. Es mucho más fácil decir simplemente que "Venus está en el signo de Júpiter", o que "Marte exalta a Saturno".

Trabajemos de nuevo con esta tabla, columna por columna, suponiendo que nuestro significador es la Luna en 3 grados de Aries en una carta diurna. La Luna está en el signo de Marte (primera columna). En la exaltación del Sol, o exalta al Sol (segunda columna). Está en la triplicidad del Sol (porque es una carta diurna). Está en el término de Júpiter y en el decanato de Marte. Está en el detrimento de Venus y en la caída de Saturno.

"¿Qué quiere decir esto?" En la mayoría de los contextos, la recepción puede ser vista como algo que se gusta o se ama. **El significador – en este caso, la Luna – gusta o ama a los planetas en cuya dignidad ella se encuentra, en**

Signo	Regente	Ex-altación	Triplicidad Día	Triplicidad Noche	Término					Decanato			Detrimento	Caída
♈	♂	☉ 19	☉	♃	♃ 6	♀ 14	☿ 21	♂ 26	♄ 30	♂ 10	☉ 20	♀ 30	♀	♄
♉	♀	☽ 3	♀	☽	♀ 8	☿ 15	♃ 22	♄ 26	♂ 30	☿ 10	☽ 20	♄ 30	♂	
♊	☿		♄	☿	☿ 7	♃ 14	♀ 21	♄ 25	♂ 30	♃ 10	♂ 20	☉ 30	♃	
♋	☽	♃ 15	♂	♂	♂ 6	♃ 13	☿ 20	♀ 27	♄ 30	♀ 10	☿ 20	☽ 30	♄	♂
♌	☉		☉	♃	♄ 6	☿ 13	♀ 19	♃ 25	♂ 30	♄ 10	♃ 20	♂ 30	♄	
♍	☿	☿ 15	♀	☽	☿ 7	♀ 13	♃ 18	♄ 24	♂ 30	☉ 10	♀ 20	☿ 30	♃	♀
♎	♀	♄ 21	♄	☿	♄ 6	♀ 11	♃ 19	☿ 24	♂ 30	☽ 10	♄ 20	♃ 30	♂	☉
♏	♂		♂	♂	♂ 6	♃ 14	♀ 21	☿ 27	♄ 30	♂ 10	☉ 20	♀ 30	♀	☽
♐	♃		☉	♃	♃ 8	♀ 14	☿ 19	♄ 25	♂ 30	☿ 10	☽ 20	♄ 30	☿	
♑	♄	♂ 28	♀	☽	♀ 6	☿ 12	♃ 19	♂ 25	♄ 30	♃ 10	♂ 20	☉ 30	☽	♃
♒	♄		♄	☿	♄ 6	☿ 12	♀ 20	♃ 25	♂ 30	♀ 10	☿ 20	☽ 30	☉	
♓	♃	♀ 27	♂	♂	♀ 8	♃ 14	☿ 20	♂ 26	♄ 30	♄ 10	♃ 20	♂ 30	☿	☿

diferente medida. De la manera más simple, vemos que en este ejemplo la Luna ama a Marte y al Sol. También le gusta moderadamente el Sol, porque está en su triplicidad. Le gusta un poco Júpiter y un poco menos Marte. No puede soportar a Venus ni a Saturno.

El concepto de gustar o amar puede parecer limitado en contextos en los que es relevante, pero no lo es. Supongamos que estoy preguntando cuándo me llegará el cheque del salario. Si veo que el salario me ama (el planeta que lo representa está en una dignidad fuerte del mío) estoy contento: si me ama, quiere decir que quiere estar conmigo. La ciencia tradicional vio muchos fenómenos que la ciencia moderna explica de forma diferente en términos de amor, una palabra que era usada más ampliamente de lo que es común hoy en día. Un pedazo de hierro, por ejemplo, ama a un imán.

Así como las dignidades varían en su naturaleza, también lo hacen las recepciones:

Regencia de signo

Un planeta ama al planeta que rige el signo en el que se encuentra. Lo ve tal como es y lo ama. Simple y sencillo. La Luna (o cualquier otro planeta) en 3 grados de Aries ama lo que represente Marte.

Exaltación

Un planeta literalmente exalta al planeta en cuya exaltación cae: lo pone en un pedestal. La exaltación lleva el mismo sentido de "exageradamente bueno" que cuando estamos considerando la dignidad. Así que a quien sea que la Luna represente en nuestro ejemplo, ve lo que está siendo representado por el Sol como algo muy bueno. Tú estás familiarizado con este sentimiento: es exactamente lo que has sentido cuando te has enamorado de alguien – ves a esa persona como un ser maravilloso, haciendo la vista gorda a sus pies de arcilla. Es la idea de "el invitado de honor en la casa de otra persona": el invitado es tratado como si fuera la persona maravillosa que debe ser; no tratamos a nuestros invitados de honor de acuerdo a sus verdaderos méritos.

Pero no exageres esta exageración: esto no significa que la persona que está siendo exaltada es de alguna manera mala; simplemente significa que se la está viendo a través de lentes color de rosa. La recepción por exaltación es común en cartas hechas al comienzo de una relación. La exaltación, como sin duda habrás experimentado, tiende a no durar: la preciosa burbuja en algún momento estalla.

Una consultante preguntó acerca de un trabajo que había solicitado. Su significador estaba en la exaltación del trabajo (Júpiter, el Regente 1, estaba en Piscis, la exaltación de Venus, que era el Regente 10 en esa carta). La consultante estaba exaltando al trabajo. Es importante que sepas que esto no nos dice nada acerca de las cualidades del trabajo: para esto, debemos mirar el Regente 10. Lo que sí nos dice es que sin importar qué tan bueno pueda ser el trabajo, es poco probable que cumpla con las expectativas exageradas del consultante.

Este sentido de exageración puede ser una parte valiosa del juicio, no sólo cuando le sugerimos tener cautela a una persona que está locamente enamorada. Supongamos que nuestro consultante exalta a la persona a quien está pensando llevar a la corte: él piensa que el otro tiene más poder de lo que en realidad tiene. A continuación, podemos ver el significador de la otra persona para saber exactamente qué tan fuerte es su caso.

◆ Como ilustran los ejemplos de arriba, es difícil estar a la altura de la recepción por exaltación. En preguntas sobre si es sensato asociarse con alguien, parece casi obligatorio que el consultante tenga expectativas exageradas, y vea al posible socio como una combinación entre el 7° regimiento de caballería y el mago de Oz. De forma similar, cuando una astróloga novata me preguntó sobre su carrera, el significador de sus consultantes exaltaba a su propio significador. En sí mismo, esto podría significar que ellos piensan que ella es fantástica. ¡Muy bien! Sin embargo, como parte del cuadro general, mostraba que los consultantes *esperaban* que fuese fantástica – expectativa que era poco probable que alguien pudiese satisfacer. ◆

Triplicidad

Si la regencia por signo es como el amor, y la exaltación es como un amor ciego, la triplicidad es como la amistad: cálida y cómoda, pero sin gran pasión. En la mayoría de las preguntas sobre una relación, nuestros consultantes esperan más que esto, pero en muchos contextos será suficiente. Si en la pregunta "¿Me gustará este trabajo?" encontramos al Regente 1 (el consultante) en la triplicidad que rige el Regente 10 (el trabajo): "Sí. No será el mejor trabajo del mundo, pero te va a gustar lo suficiente."

Debido a la exageración implícita en la exaltación, a menudo es bueno encontrarla respaldada por alguna otra recepción. En nuestro ejemplo, la Luna exalta al Sol y también está en su triplicidad, así que hay algo sólido en los sentimientos de la Luna por el Sol, más allá de este frágil enamoramiento.

◆ Me arrepentí de haber hecho esta comparación con la amistad. No es para tomarla en forma literal. Lo que quise decir es que una recepción por triplicidad tiene una cierta fuerza, pero ni de lejos es igual en fuerza que una recepción por domicilio o exaltación, tal y como la amistad tiene una cierta fuerza, pero no es ni de cerca tan poderosa como el amor o el enamoramiento. Puede o no manifestarse en forma literal como amistad. ◆

Término y Decanato

Cuando consideramos la dignidad, vimos de qué modo estas dignidades no son algo estrictamente positivo, sino más bien la ausencia de algo negativo: son mejor que nada. Lo mismo sucede con la recepción. La Luna aquí está en el término de

Júpiter: sea quien sea a quien representa la Luna, tiene un pequeño interés en lo que representa Júpiter. Esto es mejor que la indiferencia, pero no mucho. "¿Ella saldrá conmigo?" y el planeta que la presenta está en el término o en el decanato del planeta que representa al consultante: "Sí – pero sólo si su novio está fuera de la ciudad, su nevera está vacía y no hay nada para ver en la televisión". El decanato muestra un grado de interés aún más trivial que el término.

Sin embargo, acumulativamente pueden ser significativos. "¿Él me ama?" y el significador de él está en la triplicidad y término regido por el significador de ella: tal vez no sea el gran amor que anhela, pero si ella quiere tener una relación, ésta podría ser una opción digna de considerarse.

Detrimento

Estar en detrimento de un planeta es lo contrario a estar en su signo, por lo que esto demuestra odio. La Luna está aquí en el detrimento de Venus: aquel a quien representa la Luna tiene una visión bastante clara de lo que es Venus, y lo odia.

Caída

Esto es lo contrario a la exaltación, por lo que lleva un sentido similar de exageración, mostrando aborrecimiento más que odio. Así como es común encontrar a los amantes exaltándose el uno al otro en las cartas horarias hechas al comienzo de una relación, lo es también encontrar a cada uno en la caída del otro cuando la relación va mal: la caída describe el aborrecimiento exagerado que los cónyuges sienten el uno por otro en tales momentos.

◆ Como la caída es lo opuesto a la exaltación, habitualmente tiene sentido interpretarla como una desilusión. Si Romeo está en el signo de la caída de Julieta, está desilusionado de ella. ◆

Nada

No hay término técnico para un planeta que no está en ninguna dignidad ni debilidad de otro planeta. Esto muestra una total indiferencia a lo que representa ese planeta. Pero esto no es necesariamente el final de la historia: los motivos no son siempre directos. Tal vez ella no lo ama, pero está interesada en su dinero (su significador está en el signo o en la exaltación del Regente 2).

Ambivalencia

Hay muchos lugares en la tabla de dignidades esenciales en los que un planeta cae en la dignidad y la debilidad de otro planeta. Por ejemplo, cualquier planeta en Cáncer está tanto en la triplicidad como en la caída de Marte; un planeta en 4 de Leo está en el detrimento de Saturno, pero también en su término y decanato. Como vimos al considerar la dignidad, esto no es contradictorio: simplemente refleja las ambigüedades que son parte de nuestra vida cotidiana cuando nos relacionamos con personas, y que deben ser comprendidas si vamos a describir una situación. Por ejemplo: ella aborrece a su esposo, pero aprecia que él es un buen padre para sus hijos; él odia a su esposa, pero le gusta el confort que ella le proporciona al hogar.

La metáfora de gustar o amar por lo general funciona bien, pero hay algunos contextos donde los conceptos de regencia, dominación o influencia tienen más sentido. Por ejemplo, en cartas horarias sobre relaciones en las que hay tres personas involucradas, es común encontrar a los significadores del amante y del cónyuge engañado cada uno en el signo del otro: esto no significa que se aman, sino que muestra la política de la situación: quién tiene poder sobre quién. En algunas circunstancias, estar en la casa de alguien (su casa celeste, es decir, el signo) muestra exactamente eso: estar dentro de su casa.

◆ A veces, tiene más sentido leer una recepción por detrimento o caída como daño más que como odio. "¿Mi trabajo en la planta química me está haciendo daño?" Regente 10 en detrimento del Regente 1: sí, te hace daño. ◆

Ejemplo de recepciones

Sigue este ejemplo consultando la tabla anterior. Supongamos que la consultante está representada por Marte. Ella está siendo cortejada por Johnny Depp y Leonardo di Caprio, representados por el Sol y Saturno, respectivamente.

Supongamos que su significador es Marte en 15 de Leo, en una carta diurna. ¿A cuál de los dos prefiere?

En 15 de Leo, Marte está en el signo y triplicidad del Sol. ¿Quién es el Sol? Depp. Ella ama a Depp.

En 15 de Leo, Marte también está en el detrimento de Saturno. ¿Quién es Saturno? di Caprio. Ella odia a di Caprio.

Nota: esto nos habla *sólo* sobre los sentimientos de ella. No nos dice en absoluto si estos son correspondidos.

Entonces, ¿qué sienten ellos por ella? Supongamos que el Sol está en 4 de Escorpio y Saturno en 1 de Acuario.

¿Qué siente Depp (el Sol) por ella (Marte)? En 4 de Escorpio, el Sol está en el signo, triplicidad, término y decanato de Marte: está perdidamente enamorado de ella.

¿Qué siente di Caprio (Saturno) por ella? En 1 de Acuario, Saturno no está en ninguna dignidad de Marte: es indiferente a ella.

Hmm. Pero entonces, ¿por qué la está cortejando? ¿Qué interés tiene él? Saturno está en el signo, triplicidad y término de Saturno. ¿Quién es Saturno? Di Caprio. Entonces, ¿a quién ama di Caprio? A él mismo. Así que él puede verla como un trofeo, en lugar de tenerle un afecto verdadero. Una situación que no es inusual, especialmente en cartas sobre aventuras amorosas.

¡Pero mira! En Acuario, Saturno está en el detrimento del Sol. ¿Quién es el Sol? Depp. Di Caprio odia a Johnny Depp. Tal vez ese es el motivo por el cual él está cortejando a nuestra consultante: quiere fastidiar a Depp robándole la chica de quien está tan perdidamente enamorado.

Ten en cuenta que, como en este caso, la recepción negativa puede mostrar una motivación tan importante como la recepción positiva. Al igual que en este ejemplo, las recepciones principales por lo general nos proporcionarán toda la información que necesitamos: raramente necesitamos involucrarnos con las recepciones menores.

◆ No todas las recepciones son necesariamente relevantes. Supongamos que Júpiter es uno de nuestros significadores principales. Otro significador principal en un signo regido por Júpiter será, en casi todas las cartas, un punto importante para el juicio. Si está dentro del signo de Júpiter, ese planeta también está en detrimento de Mercurio. Eso no quiere decir que Mercurio tenga que estar involucrado en el drama. Una vez que hayas identificado los papeles principales, ten cuidado antes de introducir nuevos personajes. Hazlo sólo si es necesario para dar sentido a lo que está pasando. ◆

Recepción mutua

Hasta ahora hemos estado viendo recepciones. Las diversas dignidades y debilidades en las que cae Marte nos hablan sobre las actitudes de la persona que representa Marte. Si Marte está en la dignidad o en la debilidad de Venus y Venus también está en la dignidad o en la debilidad de Marte, están en recepción *mutua*. En esencia, esto es todo lo que indica la recepción mutua: una recepción recíproca.

Esta reciprocidad no tiene que ser por la misma dignidad o debilidad (Marte en el signo de Venus, Venus en el signo de Marte), sino que puede ser por cualquier combinación de dignidades o debilidades. Marte en el signo de Venus: él la ama. Venus en la exaltación de Marte: ella también está loca por él. Venus sólo en el decanato de Marte: su amor no es correspondido – ella es casi indiferente a él. Venus en el detrimento de Marte: su amor es menos que correspondido – ella lo odia. También podemos tener reciprocidad ambivalente: Marte en el signo de Venus, Venus en la triplicidad y caída de Marte. Él la ama; hay algunas cualidades de él que a ella le gustan, pero en general ella lo aborrece. Como muestran estos ejemplos, podemos saber exactamente cuáles son los sentimientos que se tienen dos personas si consideramos las recepciones que hay entre los planetas que las representan.

Las recepciones negativas (por detrimento o caída) comúnmente son ignoradas. ¡No las ignores! Son extremadamente importantes. La siguiente carta da ejemplos sobre cómo funcionan.

La recepción mutua por dignidad nos muestra que dos planetas se gustan. Si se gustan, van a querer ayudarse. Por lo tanto, la recepción mutua fortalece a los planetas. La recepción mutua negativa los debilita.

Sin embargo, no podemos dar un valor fijo sobre cuánto se fortalece un planeta, ya que esto varía. Varía según la fuerza de la recepción y según la fuerza de *ambos* planetas.

Cuanto más fuertes son las dignidades en las que los planetas se reciben entre sí, más se fortalecen mutuamente. Si dos planetas están cada uno en el signo del otro, se gustan mucho y se apresurarán a ofrecer ayuda; si dos planetas están cada uno en el decanato del otro, podrían ayudarse de mala gana, si realmente tienen que hacerlo. Si Marte está en el signo de Venus y Venus está en el decanato de Marte, Marte quiere ayudar mucho a Venus; Venus tiene mucho menos entusiasmo en ayudar a Marte. Pero si Venus sólo está en el decanato de Marte, podría ser reacio a dejar que Marte le ayude: cuanto menor sea la dignidad de la recepción, menos podrá el planeta aceptar ayuda, así como menos podrá ayudar. No hay nada abstracto en esto: es simple experiencia humana. Si estoy atrapado en una situación embarazosa, podría permitir con mucho gusto que mi mejor amigo me ayude, pero sería reacio a dejar que un simple conocido sepa de mi necesidad.

Para que se fortalezcan de manera significativa por recepción mutua, ambos planetas tienen que ser fuertes. Tienen que tener dignidad esencial fuerte: dos personas buenas se ayudan más que dos malas. Tienen que tener dignidad accidental fuerte, pues de otra manera carecerán de capacidad para ayudar o – y esto es importante – para ser ayudados.

Considera lo siguiente. La recepción mutua positiva es como la amistad. Yo puedo tener una fuerte amistad con alguien (recepción mutua fuerte), pero si la otra persona es un mal bicho (en su propio detrimento) no me va a ayudar cuando yo la necesite. O él podría ser una persona encantadora (con mucha dignidad esencial), pero es incapaz de demostrar su amistad con acciones (debilidad accidental); como si yo le pidiera que me preste un poco de dinero y él quisiera poder hacerlo pero no pudiese porque no tiene dinero extra para prestar. O puede que yo esté tan débil que no pueda ayudarme: le pido a mi amigo que me preste dinero para pagar el alquiler y él me lo presta, pero tan pronto lo recibo me voy al bar más cercano y me lo bebo. Su dinero no me ha ayudado debido a mi propia debilidad.

Así que aunque Marte en Tauro y Venus en Aries tengan recepción mutua por signo, ésta no es muy útil: los dos planetas son demasiado débiles para ayudar o ser ayudados. La recepción mutua por triplicidad entre Marte en Capricornio y Venus en Piscis, que en apariencias parece débil, es mucho más útil (si las condiciones son iguales en términos de fuerza accidental), porque aquí los dos planetas están exaltados, por lo que tienen la capacidad de ayudarse entre sí.

Si leíste otros libros modernos sobre astrología horaria, es posible que te hayas topado con la idea de que los planetas en recepción mutua pueden intercambiar lugares, así que si Marte está en Tauro y Venus en Aries, se podrían considerar como si Marte estuviera en Aries y Venus en Tauro. Esto se basa en una obvia interpretación errónea de Ptolomeo, no tiene sentido (si yo soy amigo de alguien, no voy a vivir en su casa y él en la mía) y debe ignorarse.

Hay otra idea de que los planetas peregrinos no pueden estar en recepción mutua. Por supuesto que pueden. Un planeta peregrino es como un vagabundo sin hogar; la recepción mutua es como la amistad. Un vagabundo sin hogar aún puede tener amigos. Puede que no pueda ayudarlos mucho, pero tal amistad es mejor que nada.

Recepciones en acción

Es hora de mirar otra carta. Me estoy adelantando, ya que al juzgarla hay muchos puntos que se explican en los capítulos siguientes. Por ahora, presta atención principalmente al uso de las recepciones y luego mírala de nuevo para ver los

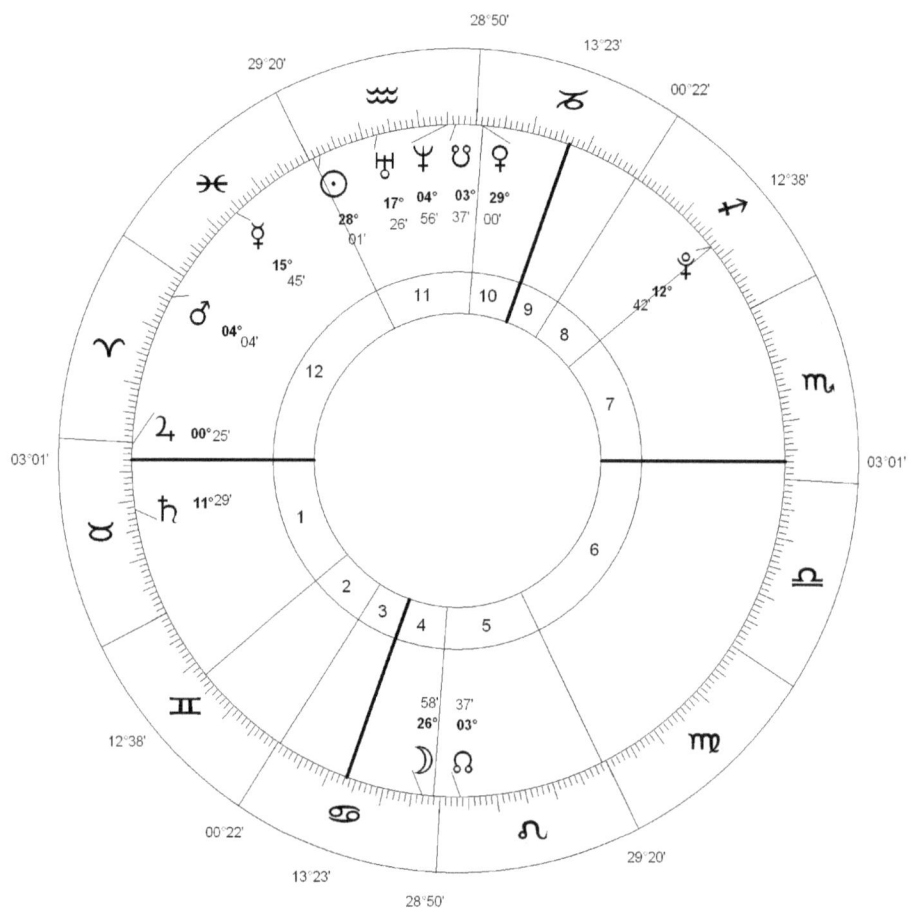

¿Él realmente me amó? Febrero 17 de 2000, 9:12 a.m. GMT, Londres.

otros puntos una vez que hayas avanzado en el libro. Te sugiero que leas este juicio varias veces, siguiendo lo mejor que puedas lo que aprendiste hasta ahora y esforzándote en comprender los otros puntos. Trabaja con esto, consultando continuamente la tabla de dignidades: aprenderás mucho más trabajando con estos juicios que solo leyéndolos.

La consultante escribió que se había casado joven, sólo porque había quedado embarazada. Después conoció a otro hombre, quien "me dijo cosas tan maravillosas sobre mí". Luego, descubrió que él estaba durmiendo con otra mujer. Él no quería, pero ella lo estaba chantajeando para que lo hiciera. "¿Él realmente me amó? ¿Nuestra relación tiene futuro?"

La carta horaria fue hecha usando la hora y lugar donde yo leí su carta. Ella, como consultante, está representada por el ascendente y el Regente 1: Venus. Como consultante, tiene a la Luna como su cosignificador. Debido a que esta pregunta es sobre una relación de pareja – y sólo en este tipo de preguntas – también le daríamos a Venus, el regente natural de las mujeres, pero ya lo tiene.

Como es una pregunta sobre una relación de pareja, miramos la 7.ª casa. Hay dos personas involucradas en esta situación que normalmente estarían representadas por la 7.ª casa: el esposo y el amante. Ambos no pueden estar representados por la 7.ª casa, así que debemos elegir. Toma la persona sobre la que ella hizo la pregunta, que en este caso es el amante: a él le damos el Regente 7 (Marte) y – sólo en este tipo de preguntas – el Sol, porque él es hombre.

Su significador principal, Marte, está en la 12.ª casa. En esa casa también está el Sol, el segundo significador, porque si un planeta está a unos 5 grados y en el mismo signo de la cúspide, se cuenta como si estuviese en la siguiente casa. Con los dos significadores en la 12.ª, la casa de las cosas que están ocultas al consultante, podemos descartar toda idea de que sea cierta la historia sobre el chantaje.

¿Qué piensa él de nuestra consultante? Para determinar esto, debemos mirar si alguno de sus significadores está en alguna dignidad o debilidad de los de ella. Ni Marte ni el Sol están en recepción con la Luna. El Sol no está en recepción con Venus. Marte está en detrimento de Venus: él la odia.

◆ Aquí debería leerse: "Ni Marte ni el Sol tienen recepciones significativas con la Luna". El "significativas" quedó afuera durante la transcripción. El Sol, que representa a su amante como Hombre, está en el decanato de la Luna. Pero esto es trivial: se necesitaría un termómetro muy sensible para distinguir entre la indiferencia total y el nivel de interés que muestra un decanato. ◆

Pero no está preguntando por su actitud para con ella ahora; está preguntando cuál era la actitud de él en el pasado. Así que tenemos que mirar hacia el pasado, lo que hacemos dando marcha atrás a los planetas, enviándolos de vuelta por donde vinieron.

Marte, en 4 de Aries, cambió de signo recientemente. Acaba de entrar en el signo del detrimento de Venus: comenzó a odiarla hace poco tiempo. Antes estaba en Piscis. ¿Cuál era su actitud hacia ella? En Piscis, Marte exalta a Venus. ¡La adoraba!

Todo el tiempo que Marte estuvo en Piscis él la estaba exaltando, lo que muestra que sí, en realidad la amó: él fue completamente sincero con ella. Pero la exaltación no tiende a durar y cuando la burbuja estalló, él no se limitó a ser simplemente indiferente con ella, sino que comenzó a odiarla, sin duda por no estar a la altura de su gloriosa ilusión. Este cambio de actitud se ve por el cambio de recepción cuando Marte sale de Piscis y entra en Aries.

Cuando digo "todo el tiempo que Marte estuvo en Piscis", no me refiero al tiempo real del tránsito de Marte por dicho signo. Aquí, el paso de Marte a través de este signo puede ser leído como "durante mucho tiempo".

Con la práctica, notarás que empezarás a saber lo que encontrarás en una carta horaria antes de levantarla, a partir de la información que se te da en la pregunta. Tan pronto como leemos las palabras "él solía decirme cosas maravillosas sobre mí", podemos estar seguros que encontraremos una exaltación en la carta.

"¿Nuestra relación tiene futuro?" Por más que sintamos que su historia sobre el chantaje hace redundante a esta pregunta, es importante que respondamos la pregunta a partir de la carta y no según nuestras propias suposiciones y prejuicios. Por lo que hemos visto hasta ahora, las cosas no se ven prometedoras: él la odia. Marte no se tornará retrógrado ni volverá a exaltar a Venus: una vez que la burbuja de exaltación estalla, podría ser sustituida por algo más duradero, pero no podrá ser lo que era antes. Pero el otro planeta que lo representa, el Sol, está a punto de entrar a Piscis, donde comenzará a exaltar a Venus. Tal vez haya esperanza.

¿Qué piensa ella de él? Venus está en Capricornio, la exaltación de Marte. Ella todavía está perdidamente enamorada de él. Venus y la Luna representan a nuestra consultante, pero la muestran de diferente manera: la cabeza y el corazón. El Regente 1 muestra al consultante como un ser pensante y en ocasiones como su cuerpo; la Luna muestra las emociones del consultante. Aquí, la oposición entre ambos planetas muestra gráficamente la contradicción que hay entre la cabeza y el corazón, algo que es común en este tipo de cartas. La gente no suele hacer preguntas sobre relaciones de pareja cuando están felices y las cosas marchan bien.

La Luna, el corazón de ella, está en la triplicidad y en la caída de Marte (el amante). Sus emociones por él todavía son cálidas; pero este calor está ensombrecido por el odio: ella debe estar sintiendo mucho dolor.

◇ Interpretar la recepción por caída como desilusión tendría sentido aquí: el corazón de ella está desilusionado de él. ◇

Venus está en el último grado de Capricornio. Está a punto de cambiar de signo, con lo cual cambiarán sus recepciones. Este cambio de recepción muestra que ella experimentará un cambio en su actitud – tal como lo hizo su amante, cuando Marte pasó de Piscis a Aries. ¿Cuál será su actitud? Ella dejará de exaltar a Marte. Tan pronto como Venus entre en Acuario, ya no estará en ninguna dignidad o debilidad de Marte: ella se volverá indiferente a él.

La Luna también está a punto de cambiar de signo. Va a dejar esta problemática ambivalencia de triplicidad y caída de Marte una vez que entre a Leo, donde tampoco tiene interés en Marte. Muy pronto, ella se desenamorará de él. ¿Esta relación tiene futuro? No, debido a que en gran parte ya no lo querrá.

Esto ya ha dado una breve respuesta a las preguntas de la consultante. Pero si quisiéramos, podríamos agregarle un poco de substancia mirando más profundamente. ¿Qué más está pasando aquí?

Podemos notar que Saturno está jugando un papel importante en esta carta. Venus y el Sol están en signos regidos por Saturno; Marte está en la caída de Saturno; la Luna está en el detrimento de Saturno. Cuando Venus cambie de signo y deje de exaltar a Marte, Saturno se volverá aún más importante para la consultante: en los primeros grados de Acuario, Venus estará en el signo, triplicidad y término de Saturno. Entonces, ¿qué representa Saturno para que, de repente, sea mucho más importante para ella una vez que deje de exaltar a su amante?

En cartas sobre aventuras amorosas, donde hay 2 personas que podrían ser representadas por la 7.ª casa, si le damos al amante el Regente 7 para que lo represente, Saturno puede ser tomado para representar al cónyuge engañado. Si el consultante está exaltando al amante, su cónyuge es generalmente percibido como "el gran maléfico" frustrando la posible felicidad de ellos. ¿Esto se corresponde con la carta?

Hay un planeta débil (peregrino) en la primera casa. Esta es una aflicción a la consultante. ¿Qué está afectando a la consultante? Saturno: el esposo.

◆ Sería mejor decir "a menudo puede ser tomado para representar…". No se puede dar por sentada esta identificación, sino que debe encajar en la carta. Si otro planeta tiene más sentido que Saturno, utilízalo. ◆

Venus está en el signo de Saturno. Esto podría significar que la consultante ama a su esposo. Pero si su corazón está ocupado exaltando a alguien, no tiene lugar para amar a alguien más. Así que aquí tiene más sentido leer esto como que el esposo tiene una gran influencia sobre la consultante, la rige, o incluso podemos tomarlo literalmente: ella está en la casa de él.

Saturno está en el signo de Venus. El esposo la ama. Está en la exaltación de la Luna. Entonces, ¿qué quiere el esposo realmente? Lo que está exaltando: el corazón de la consultante.

¿Qué piensa el corazón de la consultante acerca de él? La Luna está en el detrimento de Saturno: su corazón lo odia. Y también está en su término: su corazón ve en él algunos puntos a su favor.

Nota que el conflicto entre la cabeza y el corazón de la consultante, mostrado por la oposición entre Venus y la Luna, tiene mucho sentido con respecto a su actitud tanto hacia el amante como hacia el esposo.

Una vez que Venus cambie de signo y pierda interés en el amante, estará mucho más dominado por Saturno. La poderosa recepción mutua entre estos dos planetas será todavía más fuerte. Esto debe significar un fortalecimiento de la relación con su esposo. No necesitamos ver un aspecto entre ella y él para mostrar esto porque la relación ya existe: no es necesario que comprobemos un evento. Ten en cuenta también que a pesar de que ella va a estar más enfocada en el esposo (pasando de signo y término de Saturno a signo, triplicidad y término de Saturno) no es que de repente comenzará a exaltarlo (sus dos planetas pasarán a signos donde nada es exaltado), como es de esperar.

La Luna, por su parte, está entrando a Leo, que también es el detrimento de Saturno. Su corazón todavía lo odiará.

◆ También estará en el término y el decanato de Saturno. Está en término de Saturno ahora, pero no en su decanato. Por lo que su corazón sentirá un pequeño incremento en las pocas cosas positivas que ve en él. ◆

¿Por qué va a cambiar su actitud hacia estos dos hombres? Nuestras actitudes no cambian por sí mismas: nadie se despierta una mañana para darse cuenta que súbitamente le encanta una persona u odia alguna cosa. Hay una causa que desencadena estos cambios. El cambio de actitud lo muestra el cambio de recepciones (como lo muestran aquí los cambios de signo). Y la causa es el aspecto que ocurre inmediatamente antes de este cambio de recepción.

¿Qué aspecto hay inmediatamente antes de que Venus y la Luna cambien de signo? La oposición Luna / Venus. Ésta debe ser la causa – la razón por la cual la actitud de ella cambia. ¿Qué significa este aspecto?

Sí, podemos leerlo como el clímax del conflicto entre su cabeza y su corazón, pero esto no nos ayuda mucho: todavía nos preguntamos por qué.

Cuando un significador está ubicado justo en la cúspide de una casa, a menudo está allí por una razón. Es como si la carta lo pusiera allí para llamar nuestra atención, como diciendo "¡Mira aquí!" La Luna está justo en la cúspide de la 5.ª casa – la casa de los niños. La Luna es el regente de esa casa, por lo que podría estar desempeñando un papel secundario como Regente 5. La Luna es el regente natural de los bebés y se encuentra en el signo fértil de Cáncer. Así que la aplicación de la Luna a Venus debe mostrar a nuestra consultante quedando embarazada. Por oposición: ella no está contenta con esto. Pero esto es lo que hace que su mente (Venus) se concentre en su matrimonio, a pesar de que su corazón (la Luna) seguirá odiando a su esposo. Probablemente, es en el embarazo que encuentra su significado la posición de Júpiter, regente natural de la fertilidad y tan importante en el ascendente.

"Pero, ¿quién es el padre?" El aspecto que muestra el embarazo de ella (la Luna a punto de hacer oposición con Venus) todavía no ha ocurrido, así que este evento aún está en el futuro. Si se estuviese separando del aspecto de oposición (tal vez la Luna en 29 de Cáncer separándose de la oposición con Venus en 28 de Capricornio) habríamos juzgado que esto ya sucedió y, por lo tanto, que ella ya está embarazada. Así que no está embarazada; el amante la odia; ella todavía está en la casa del esposo; la carta no muestra ningún otro sospechoso: el esposo debe ser el padre.

Al pasar, vimos la actitud del amante hacia el esposo: el Sol está regido por Saturno y Marte está en la caída de Saturno. Al igual que con la cabeza y el corazón de nuestra consultante, los dos significadores del amante lo muestran de diferente manera. El Regente 7 (en este caso, Marte) es él como persona, como un ser que piensa/siente. El Sol, que le hemos asignado porque él es hombre, lo muestra a como hombre animal. Cuando estoy dictando una conferencia, para agregar un poco de humor me refiero a la división del significador principal, a la Luna (si estamos considerando al consultante) y al Sol como la cabeza, el corazón y los pantalones. Puede que esto sea poco sutil, pero hace que la distinción sea lo suficientemente clara. Si Venus, por ser el Regente 1, no hubiese sido el significador principal de nuestra consultante, se lo habríamos asignado para representarla a ella como mujer, en cuyo caso la mostraría como mujer animal. Debido a que Venus es el Regente 1, aquí desempeña un papel doble.

El Sol, la parte masculina del amante, está regido por el esposo (Saturno). No hay duda: la existencia del esposo probablemente significa que él no puede ejercer su parte masculina tanto como quisiera. Él como persona que piensa/siente, aborrece al esposo (Marte en la caída de Saturno), lo cual no es sorprendente, ya que exalta su propia parte masculina (exalta al Sol), la cual está regida por el esposo. Así que el amante se siente completamente frustrado por la existencia del esposo de nuestra consultante, y por lo tanto está resentido.

Habrás notado que los inminentes cambios de signo traen una recepción positiva entre la consultante y su amante: el Sol entrará a Piscis, donde exalta a Venus, mientras que la Luna entrará a Leo, donde estará regida por el Sol. La parte masculina de él (el Sol) comenzará a exaltar a Venus, lo que probablemente se puede leer aquí como el papel de mujer animal de la consultante, mientras que las emociones de ella (la Luna), que aún odian al esposo, empiezan a ser regidas por la parte masculina de su amante (el Sol). Como ya vimos que la relación entre la consultante y su amante no va a continuar, podemos leer esto como que ambos cargarán con una buena dosis de nostalgia frustrada, recordando afectuosamente una pasión que encontró muy poca realización.

9

Aspectos

Algunas preguntas horarias son acerca de una situación: "¿Estoy embarazada?" ¿Cómo estará el clima durante mis vacaciones?" ¿Él en realidad me ama?" Estas pueden juzgarse evaluando la condición de los significadores relevantes. Sin embargo, la mayoría de las preguntas son sobre si algo va a suceder o cuándo va a suceder. Para estos casos, no sólo debemos considerar la condición de los significadores, sino que también debemos ver si se van a conectar el uno con el otro por medio de un aspecto. Si lo hacen, hay oportunidad para que el evento ocurra y si no, no la hay.

Si pregunto "¿Ella se casará conmigo?" – aunque esta es sin duda una pregunta que es mejor hacérsela a la persona que nos interesa y no a un astrólogo – encontrar recepciones fuertes entre mis significadores y los de ella es alentador: nos amamos. Pero si no hay aspecto que una a nuestros planetas, no importa cuánto nos amemos, no habrá boda.

La mayoría de las preguntas son sobre eventos futuros, por lo que debemos buscar la *aplicación* de aspectos: aspectos que aún no han ocurrido, pero que ocurrirán en el futuro. Algunas preguntas son sobre el pasado ("¿El obrero robó mi pulsera?"), en cuyo caso estaríamos interesados en la *separación* de aspectos: aspectos que ya han ocurrido.

Sólo nos interesan los *aspectos mayores*: conjunción, trígono, cuadratura, sextil y oposición. Estos también son conocidos como aspectos *ptolemaicos*, porque Ptolomeo escribe sobre ellos en su *Tetrabiblos*, el libro más influyente que se haya escrito sobre astrología.

Técnicamente, la conjunción no es un aspecto, pero para fines prácticos puede ser tratado como si lo fuera, así que para no complicarnos, lo trataremos como tal.

"¿Por qué la conjunción no es un aspecto?" La palabra aspecto viene de la palabra latina "aspectus", que significa mirar. Mirar, en este sentido, se considera como un rayo de luz que pasa de los ojos de una persona a los ojos de otra. En la conjunción los dos planetas son como uno sólo y uno no puede mirar dentro de sus propios ojos. Por lo tanto, la conjunción no es un aspecto.

No hay lugar para los llamados *aspectos menores*, ya sea en horaria o en cualquier otra rama de la astrología. "Pero Lilly los menciona." Lo hace, pero nunca con un propósito. Cuando él estaba escribiendo, estos eran la nueva moda. Pero ahora que la novedad ha desaparecido, pueden ignorarse.

Los aspectos pueden ocurrir solamente si los planetas ocupan signos que están en aspecto. Tauro está en trígono con Capricornio. Así que un planeta en 29 de Tauro está en trígono con un planeta en 29 de Capricornio. No está en trígono con un planeta en 0 de Acuario. Es probable que pronto lo esté, o que recientemente haya estado en aspecto con éste, y cualquiera de estos casos puede ser relevante cuando juzgamos la carta; lo importante es que ahora mismo no está en aspecto.

Para saber si un planeta hará un aspecto con otro, es esencial saber qué planeta se está moviendo más rápido. Como vimos cuando consideramos las dignidades accidentales, el movimiento promedio diario de los planetas es:

Luna	13°11'
Mercurio	0°59'
Venus	0°59'
Sol	0°59'
Marte	0°31'
Júpiter	0°05'
Saturno	0°02'

Cuando digo que "es esencial saber qué planeta se está moviendo más rápido", quiero decir "qué planeta se está moviendo más rápido en este momento". Esto no es lo mismo que saber "qué planeta generalmente se mueve más rápido". Tendrás que revisar las efemérides. Por ejemplo, en el momento en que me encuentro escribiendo esto, Marte recientemente aplicó a un aspecto con Venus - posiblemente sólo porque Venus acaba de cambiar de dirección y se está moviendo tan lentamente que Marte pudo alcanzarlo. Si mirásemos la carta sin consultar las efemérides, asumiríamos que Venus se está separando de Marte, por lo que cualquier juicio basado en ambos planetas estaría errado. Por lo general, siempre hay al menos un planeta haciendo algo adverso, por lo que es *esencial* revisar las efemérides. Si no lo haces, tus juicios estarán siempre errados.

¡Es vital que sepas lo que harán realmente los planetas, no sólo lo que parece que van a hacer!

Los planetas no cambian súbitamente de dirección mientras van a toda velocidad a lo largo de su camino habitual. Desaceleran gradualmente hasta que parecen estacionarios y luego parten en dirección opuesta, aumentando gradualmente su velocidad.

Si estás usando un software y no tienes efemérides, puedes ver qué tan rápido se está moviendo un planeta haciendo clic para adelantar la carta al día siguiente a la misma hora: la diferencia en las posiciones planetarias te dará el movimiento diario de cada planeta en ese momento.

La lista anterior es del movimiento promedio de los planetas cuando están avanzando. Para nuestro propósito, es más útil tener conocimiento de la velocidad habitual de cada planeta, sin importar la dirección en la que está viajando. Aquí no necesitamos precisión: una guía aproximada, fácil de recordar, es suficiente para nuestro propósito. Memoriza esta lista:

Luna	13 grados
Mercurio	Un grado y medio
Venus	Un grado y un poquito más
Sol	1 grado
Marte	Medio grado
Júpiter	Se mueve a duras penas
Saturno	Se mueve a duras penas

Si comparas esto con la lista del movimiento promedio de los planetas cuando están avanzando verás que, a pesar de que Mercurio y Venus generalmente se mueven más rápido que el Sol, su movimiento promedio cuando están avanzando es el mismo. Es como si el Sol fuese un hombre paseando a dos perros. El hombre camina de manera constante, mientras que los perros corren de prisa de aquí para allá, pero los tres llegan a casa al mismo tiempo.

Considera lo siguiente: si la Luna está en 10 de Aries, aplicando para hacer conjunción con Venus en 20 de Aries, Venus no avanzará mucho antes de que la Luna lo alcance. La Luna tarda menos de un día en recorrer esos 10 grados, tiempo durante el cual Venus se habrá movido aproximadamente un grado. Así que el aspecto se realizaría en 21 de Aries. Si se tratase de Mercurio en 10 Aries, la situación sería un tanto diferente. Por cada grado y medio que Mercurio se mueve hacia Venus, Venus se aleja de Mercurio un grado y un poquito más. A Mercurio le tomaría mucho tiempo realizar esta conjunción; no alcanzará a Venus antes de que éste salga de Aries.

◆ Esto es muy importante: si tu software tiene el sistema que avanza la carta a través del tiempo, ¡no lo uses! Éste sólo causa confusiones. Trabaja siempre a partir de la carta tal y como fue hecha. Con este dispositivo, lo que realmente haces es crear una multiplicidad de nuevas cartas. Sólo tenemos una carta: la del momento en el que fue hecha la pregunta.

Ve ahora a las preferencias de tu software y selecciona la visualización de cartas sin líneas de aspectos. Éstas también generan confusión. ◆

Aspectos

La mayoría de los lectores sabrán cómo encontrar un aspecto, tanto en la carta como en las efemérides, por lo que he puesto esta información en un apéndice para los principiantes en astrología. Si no estás seguro, detente ahora y consulta el Apéndice 3.

En la astrología horaria, estamos interesados principalmente en los aspectos exactos. Exacto significa exacto. Si el aspecto no se realiza por tan sólo un minuto de arco, no es exacto y el evento que habría predicho no tendrá lugar. Por ejemplo, si la boda de una pareja se muestra por Venus alcanzando a Marte para hacer conjunción en los 22.17 grados de Leo, pero Venus se torna retrógrado en 22.16 de Leo, sin realizar el aspecto, la boda no tendrá lugar.

Para mostrar el evento sobre el cual se preguntó, necesitamos un aspecto exacto entre los significadores principales. Un planeta que no es uno de los significadores principales en aspecto con uno que sí lo es, puede mostrar algo que influye en la situación, sin mostrar un evento. Tales aspectos deben ser cercanos, pero no tienen que ser exactos. Usualmente pueden ignorarse, como en la pregunta sobre la boda de la pareja: por lo general, el hecho de que uno de ellos esté preocupado por un cobro de impuestos no es crucial para el juicio. Pero, por ejemplo, si la pregunta es "¿Mi equipo va ganar el partido?" y el significador de mi equipo está en cuadratura cercana con Saturno, esto tiene un efecto: mi equipo se debilita. Mantén un máximo 3 grados de distancia para esto; cualquier cosa más allá de esta distancia es trivial.

Los textos antiguos utilizan la palabra *plático* y *partil* al hablar sobre los aspectos. Voy a explicar lo que son para que sepas qué significan, pero no hay necesidad de que los utilices. El exceso de tecnicismos sólo trae confusión. Un aspecto partil es aquel donde los planetas están en el mismo grado en sus respectivos signos. Venus en 21.05 de Tauro está en trígono partil con Marte en 21.05 de Capricornio: Ambos están en 21 grados. Si Venus estuviese en 20.59 de Tauro, no estaría en trígono partil con Marte, porque no está en 21 grados, a pesar de que están a tan sólo 1 grado de distancia del otro. Un grado es, literalmente, un escalón (en francés antiguo), y puedes estar en un escalón o en otro; no existe un área confusa entre ambos.

Sin embargo, el término "partil" es superfluo. Los planetas están en el mismo grado: ¿y con eso qué? Para que nos muestren un evento, deben realizar un aspecto, no sólo deben estar en el mismo grado; para que influyan en algo, deben estar a no más de unos 2-3 grados de distancia el uno del otro.

Un aspecto plático es un aspecto que no es partil. Ya que estamos aboliendo el término "partil", podemos deshacernos de "plático" también.

La naturaleza de los aspectos

Olvídate de todas las ideas que hayas aprendido sobre ciertos aspectos "buenos" y otros "malos". Esto lo muestra la naturaleza de los planetas implicados y su actitud entre ellos, no el tipo de aspectos que tienen entre sí.

Conjunción

Planetas a 0 grados de distancia. Cuando dos planetas están en conjunción es como si fueran uno sólo. La palabra viene del latín y significa que dos cuerpos se unen como uno sólo. Pero, ¿es esto algo deseable? En la más tierna manera de hacer el amor como en la más salvaje de las violaciones, los dos cuerpos están juntos: no es la unión en sí misma – la conjunción – lo que se desea. La única manera de saber si la conjunción es un desenlace deseable es a partir del estudio de las dignidades de los planetas participantes y, sobre todo, las recepciones que existen entre ellos. La carta me puede mostrar en conjunción con la mujer de mis sueños o en conjunción con la fila para recibir el seguro de desempleo: ambas son conjunciones.

Trígono

Planetas a 120 grados de distancia. Sólo puede haber trígonos entre planetas de la misma triplicidad: los signos de fuego hacen trígono con signos de fuego, los signos de agua con signos de agua, etc. Esto significa que siempre hay intereses comunes entre los planetas que están en trígono. Por lo tanto, los trígonos muestran cosas que suceden fácilmente. ¡"Fácil" y "bueno" no son sinónimos! Si los frenos de mi automóvil fallan, será fácil rodar por la colina y caer al río. Lo que nos dice si este contacto fácil es deseable o no, es la naturaleza de los planetas (buena o mala) y sus recepciones (su actitud entre sí).

Cuadratura

Planetas a 90 grados de distancia. Las cuadraturas unen cosas con dificultad o con retraso. Pero estas pueden ser cosas buenas. Si la pregunta fuese "¿Ella se casará conmigo?" y nuestros planetas están aplicando para hacer una cuadratura, esto bien puede mostrar que "Sí", pero tal vez voy a tener que pedírselo dos veces, o tal vez habrá retrasos en la organización de la ceremonia. En muchas situaciones, un retraso o dificultad es de esperarse – "¿Recibiré dinero de la devolución de impuestos?" "¿Esta persona comprará mi casa?" – por lo que un aspecto de cuadratura puede ser un excelente resultado. La clave, como siempre, está en las dignidades y las recepciones.

Sextil

Planetas a 60 grados de distancia. Cuando se trata de aspectos, el sextil es el pequeño de la camada. Es, por lejos, el más débil de ellos, pero por lo general hace su trabajo. Aunque el sextil es un aspecto fácil, como un trígono ligero, yo le tengo más fe a una cuadratura con buenas recepciones. Pero no exageres esta debilidad; simplemente ten un poco de más cuidado al verificar si los planetas son lo suficientemente fuertes para actuar y si desean hacerlo.

Oposición

Planetas a 180 grados de distancia. La oposición une cosas sólo para separarlas después. O las une después de tanto esfuerzo que el resultado ya no vale la pena. O las une pero con arrepentimiento. William Lilly dice que si en la pregunta "¿Ella se casará conmigo?", los significadores se unen por oposición, se casarán, pero habrá "discusiones y peleas durante todas sus vidas". En el mundo moderno, las discusiones y las peleas son causas de divorcio. "¿Voy a conseguir este trabajo?" con el Regente 1 aplicando a una oposición con el Regente 10: sí, pero vas a desear que no lo hubieras conseguido, o no durarás en él por mucho tiempo.

Si ves las recepciones, entenderás fácilmente por qué esto es así. Si dos planetas están en oposición, sus valores son totalmente opuestos. Si uno ama lo que representa Júpiter, el otro lo odia; si uno exalta lo que Saturno representa, el otro lo aborrece.

La condición de los planetas y su actitud entre sí – las dignidades y recepciones – es lo que muestra si un aspecto es afortunado. No la naturaleza del aspecto en sí mismo.

Veamos algunos ejemplos. Cuando voy a los Estados Unidos a dictar conferencias, mis anfitriones consideran que una visita al casino indio es una retribución adecuada por los excesos de Inglaterra durante la época colonial. Supongamos que hago una carta horaria para preguntar si voy a ganar:

* El Regente 1 (yo) está aplicando a un trígono con el Regente 8 (el dinero de los otros): yo gano, y fácilmente.

* Hay una cuadratura entre el Regente 1 y el Regente 8: aún gano, pero después de mucho esfuerzo. Tal vez tenga que jugar durante muchas horas; quizás tenga muchos altibajos antes de ganar algo bueno.

* Hay una oposición entre el Regente 1 y el Regente 8: Todavía gano (el Regente 1 en contacto con el Regente 8). Pero tal vez gano una miseria – ni siquiera lo suficiente para cubrir los gastos de ida al casino. O tal vez gano, pero pierdo mis ganancias cuando vaya de camino al automóvil.

* Hay un aspecto hacia el Regente 8, y el Regente 8 está en su propia exaltación y en conjunción con el nodo norte. ¡Bravo! El aspecto muestra que gano; la fortaleza del Regente 8 (el dinero de los otros, que vendrá hacia mí, según ha demostrado el aspecto) indica que voy a ganar en grande.

* Existe el mismo aspecto, pero el Regente 8 está en su detrimento y en cuadratura con Saturno. Todavía gano (por aspecto) pero muy poco (el Regente 8 está débil).

Consideraciones como éstas pueden ser una parte importante del juicio. "¿Me conviene hacer la apuesta arriesgada/invertir con alto riesgo pero con un mayor rendimiento, o la opción más segura con un bajo rendimiento? La respuesta está aquí.

Las cuadraturas se vuelven trígonos

¡Claro que no! Lilly y otros afirman que entre ciertos signos una cuadratura puede ser tratada como si fuera un trígono. Esto no tiene sentido: si los signos fuesen así de flexibles, la Luna no estaría en oposición al Sol durante la Luna llena, los nodos no estarían opuestos entre sí, y así sucesivamente.

El problema al que él se enfrentó fue comprender por qué algunas cuadraturas traen resultados más felices que algunos trígonos. Lo que le faltaba era la plena comprensión de las dignidades y las recepciones que explica por qué esto es así. Ir con dificultad a ver a mi mejor amigo es mucho mejor que reunirme fácilmente con alguien que no me cae bien. La clave está en la dignidad y la recepción. La importancia de éstas no puede ser exagerada.

LOS ASPECTOS NO PUEDEN FORMARSE SI LOS PLANETAS ESTÁN EN EL SIGNO EQUIVOCADO.

Si vienes del mundo de la astrología moderna, estarás acostumbrado a tratar un planeta en 29 Aries en conjunción con un planeta en 1 de Tauro, o en trígono con un planeta en 2 de Virgo. Esto no es así. Nunca. Jamás. No importa cuánto quieras que así fuese.

Considera la conjunción. Como hemos visto, en la conjunción dos cuerpos se unen como uno sólo. Los signos, para darles su nombre correcto, son las casas celestes. Si crees que tu cuerpo y el de otra persona pueden unirse como uno sólo mientras se encuentran en diferentes casas, evidentemente no lo has intentado.

Considera el trígono. El trígono reúne a planetas que están en signos del mismo elemento. Es por esto que es armonioso. Supongamos que yo soy contador y tengo una oficina en un gran edificio. Hay otro contador en otra oficina al otro lado del pasillo y tenemos una relación feliz: cuando alguno de los dos tiene un problema de contabilidad, va a donde el otro a pedir ayuda. Puede que no seamos los mejores amigos, pero tenemos algo importante en común: la misma triplicidad – ambos somos contadores.

La oficina de al lado de la del otro contador está alquilada a un dentista. Si le llevo a él mi problema de contabilidad, él no va a poder ayudarme en absoluto. No importa qué tan cerca esté de la pared de su oficina, él sigue siendo un dentista. El hecho de que esté a un par de grados de la pared no lo transforma en un contador.

Lo mismo sucede con los aspectos.

Es posible que un aspecto se forme tan pronto un planeta entre al siguiente signo. Por ejemplo: la Luna en 28 de Aries aplica a una conjunción con Marte en 2 de Tauro. En el momento no hay conexión alguna entre ellos. Ninguna en absoluto. Este *no es* un aspecto. Pero *lo será*.

Este aspecto puede mostrar algo que sucederá después de un cambio. Pero si vamos a dejar que este aspecto muestre el evento deseado, debemos entender qué significa este cambio según lo que muestre el cambio de signo y, por consiguiente, el cambio de recepciones.

Por ejemplo: "¿Ella saldrá conmigo?" y hay un aspecto entre tú y ella que se realizará sólo después de que su planeta haya cambiado de signo. Dependiendo de cuáles sean las recepciones, esto podría decirnos "Sí, saldrá - pero sólo después de que consigas trabajo". El cambio de signo muestra un cambio en las circunstancias, y/o un cambio de actitud.

Limita esto a unos pocos grados dentro del siguiente signo. Si el aspecto no se perfecciona a unos 3 o 4 grados dentro del siguiente signo, el evento no tendrá lugar.

A menudo, si el aspecto no se realiza antes del próximo signo, la respuesta es "No". Esto es un ejemplo de frustración (ver más abajo). "¿A qué hora llegará hoy el técnico en reparaciones?" El aspecto se realiza, pero sólo después de un cambio de signo. "Va a venir, pero no hoy".

No importa cuál de los dos planetas aplica para hacer el aspecto. Si la pregunta es "¿Mi mamá vendrá a visitarme?" el evento puede mostrarse ya sea por el significador de ella aplicando para hacer aspecto con el mío, o por mi significador aplicando para hacer aspecto con el de ella. Quién va a donde quien lo indica la misma pregunta y, si es necesario, las recepciones.

Diestro y Siniestro

En los textos, leerás sobre algún planeta haciendo un "trígono diestro" o una "cuadratura siniestra". En latín, diestro y siniestro significa derecha e izquierda, respectivamente. Estos se relacionan con la derecha y la izquierda de una persona que esté de pie en el centro de la carta y mirando hacia el exterior.

Un aspecto diestro se hace hacia el lado derecho de esta persona, o sea hacia el lado contrario al orden de los signos. Por ejemplo: un planeta en 4 de Géminis hace un sextil diestro con un planeta en 4 de Aries.

Un aspecto siniestro se hace hacia el lado izquierdo de esta persona, o sea hacia el lado del orden de los signos. Un planeta en 4 de Géminis hace un sextil siniestro con un planeta en 4 de Leo. No hay nada de siniestro en esto, tal como se entiende en el sentido moderno.

Todos los aspectos son calles de dos vías. Si A hace un trígono diestro con B, B hace un trígono siniestro con A.

Estos términos no tienen un significado práctico. Sólo los menciono porque podrías encontrarlos en otros libros. Los conceptos de que uno es más fuerte que el otro pueden ignorarse, ya que no estamos en la situación de tener que comparar numerosos aspectos y debido a que, como mencioné anteriormente, los aspectos son calles de dos vías.

Realización indirecta

Un evento puede mostrarse cuando los dos significadores hacen un aspecto, o cuando un tercer planeta conecta a los dos significadores. Esto se llama *traslado* o *recolección de luz*.

Traslado de luz

Supongamos que queremos conectar a Mercurio y a Júpiter. Mercurio está en 10 de Cáncer y Júpiter en 12 de Leo. Estos signos son adyacentes, por lo que no puede haber ningún aspecto entre ellos. Si la Luna está en 11 de Tauro, se acaba de separar de un sextil con Mercurio y está aplicando inmediatamente para hacer una cuadratura con Júpiter. La Luna lleva o traslada (lo que literalmente significa "llevar a través") la luz de Mercurio a Júpiter, produciendo el evento. La participación de un tercer planeta para realizar la conexión por lo general implica la participación de un tercer factor en la situación.

El traslado de luz se puede llevar a cabo de varias maneras, y todas ellas son variaciones del tema básico de un planeta rápido conectando a dos planetas más lentos. Al igual que en el ejemplo anterior, podemos tener la situación en la que un planeta rápido se ha separado de un aspecto con un planeta lento y se encamina hacia otro aspecto con otro planeta lento.

Puede ser que el planeta más rápido aún no haya hecho el primero de estos aspectos, por lo que aplica para hacer aspecto con uno de los significadores y luego con el otro. Esto es común en situaciones en las que la acción inicial aún no se ha llevado a cabo: "Si aplico para este trabajo, ¿voy a conseguirlo?"

Podemos tener la situación en la que el planeta A aplica a un aspecto con el planeta B, y después el planeta B aplica a un aspecto con el planeta C. Esto produce una reacción en cadena que une al planeta A con el planeta C.

Ejemplos de traslado:

* Marte en 10 de Aries, Venus en 15 de Aries. Venus se está separando de Marte: esto no parece prometedor. Pero la Luna en 8 de Aries va a hacer conjunción con Marte y luego conjunción con Venus, rehaciendo el aspecto y produciendo el evento.

* Júpiter en 8 de Leo, Saturno en 12 de Piscis. El Sol en 7 de Escorpio aplica a una cuadratura con Júpiter y luego aplica a un trígono con Saturno, trasladando la luz de Júpiter a Saturno.

Recolección de luz

Los dos significadores aplican para hacer aspecto con un tercer planeta más lento. Es como si este tercer planeta estuviera de pie con los brazos extendidos, recolectando la luz de los dos significadores y juntándolos. Quiero salir con la chica más guapa de la escuela, pero no me atrevo a preguntarle. Los dos hacemos aspecto con el malvado director, quien nos deja castigados, lo cual nos reúne. El malvado director recolectó nuestra luz.

Ejemplos de recolección:

* Marte en 5 de Tauro, Venus en 6 de Aries. No hay aspecto alguno entre ellos. Pero ambos están aplicando a un aspecto con Júpiter en 8 Cáncer, quien recolectará su luz, reuniendo a Marte y a Venus.

* Mercurio en 24 de Piscis, la Luna en 22 de Libra. Ambos aplican a un aspecto con Saturno en 26 de Géminis, quien recolecta su luz.

Es teóricamente posible que podamos tener una recolección donde uno de los significadores ya haya hecho el aspecto con el planeta que hace la recolección (a mí ya me castigaron; sólo falta que la chica más guapa de la escuela haga enojar al director). No recuerdo haber visto esto en una carta, pero ten en cuenta que existe esa posibilidad.

El traslado y la recolección de luz pueden llevarse a cabo por medio de cualquier aspecto o de conjunción. Como cualquier otro aspecto, estos pueden ser prohibidos o frustrados (véase más adelante). Al igual que cualquier otro aspecto, los aspectos aquí tienen que realizarse: exacto significa exacto.

En el traslado de luz, el planeta que hace el traslado debe moverse más rápido que los otros dos planetas. En la recolección, el planeta que hace la recolección debe moverse más despacio. Esto no es significativo: simplemente, la situación no puede surgir si esto no es así.

Contrariamente a lo que se dice en algunos textos, no hay una cantidad establecida de recepción necesaria para que el traslado y la recolección produzcan el evento. Lo que necesitamos es la cantidad de recepción que tenga sentido según el contexto. Por ejemplo: si mi amigo le dice a Bill Gates que me preste un poco de dinero (trasladándole mi luz a él), el hecho de que a Bill Gates le caiga bien mi amigo podría ser más útil que el hecho de que yo le caiga bien a Bill Gates. Si mi amigo le dice a Susie que salga conmigo (trasladando la luz entre ella y yo), lo que Susie sienta por mí es mucho más importante que lo que siente por mi amigo. Es igual con las recepciones. Por lo general, es más importante que los dos significadores tengan recepción a que alguno de ellos tenga recepción con el planeta que hace la conexión.

◆ A menudo leerás que para el traslado o recolección de luz es necesario que los planetas conectados estén ubicados en signos desde los cuales sería imposible que formen un aspecto directo entre sí. Esto no es así, y lo contradicen varios ejemplos dados inclusive en los mismos textos de donde dicen que esta idea ha sido tomada. Es habitual encontrar el traslado o la recolección rehaciendo un aspecto que ya había sido hecho (ver un ejemplo en la carta de la página 238) o acelerando un aspecto que eventualmente se hubiera formado por sí mismo. ◆

Impedimento de los aspectos

Muchas veces, los aspectos no se realizan como pareciera que fuesen a hacerlo. En la astrología hay muchas cosas que pueden parecer seguras pero que no lo son.

Prohibición

Un planeta que se interpone en un aspecto, prohíbe ese aspecto. Esto sucede de tres maneras:

* A está aplicando para hacer aspecto con B, pero se topa con C. Por ejemplo: la Luna en 8 de Tauro está aplicando hacia un trígono con Saturno en 12 de Capricornio, pero se topa con Júpiter en 10 de Virgo. Tengo una cita con Julia, pero me topo con el Regente 6: me enfermo y no puedo ir.

* A está aplicando a un aspecto con B, pero C hace un aspecto con B primero. Por ejemplo: Venus en 12 de Libra está aplicando a una cuadratura con Marte en 15 de Cáncer, pero antes de que este aspecto se perfeccione, Mercurio en 14 de Virgo hace un sextil con Marte. Tengo una cita con Julia, pero antes de que llegue a su puerta para recogerla, otro chico llega y sale con ella.

* A está aplicando para hacer aspecto con B, pero antes de que el aspecto se realice, C hace aspecto con A. Por ejemplo: Venus en 12 de Libra está aplicando a una cuadratura con Marte en 15 de Cáncer, pero antes de que el aspecto se realice, la Luna en 10 de Libra hace conjunción con Venus. Tengo una cita con Julia, pero antes de salir a encontrarme con ella, me llama Jane y me dice quiere que vuelva con ella, por lo que no voy.

◆ Las prohibiciones también funcionan en retrospectiva. Supongamos que la pregunta es "¿Romeo besó a Julieta?" Venus (Romeo) está en 10 Aries. Marte (Julieta) está en 5 Aries. El hecho de que Venus se esté separando de una conjunción con Marte muestra que "Sí, la besó". Pero supongamos que Saturno está en 8 Aries. Si retrocedemos a Venus hasta que realiza su conjunción con Marte, vemos que primero se topa con Saturno. Esto prohíbe su conjunción pasada con Marte. Así que, hasta donde sabemos, la conjunción nunca sucedió. Por lo tanto, no la besó.

Algo importante: sólo nos interesan los aspectos del significador. Si queremos que A tenga un aspecto con B, el hecho de que, en tiempo real, C tenga un aspecto con D es irrelevante. No tiene nada que ver con el aspecto que nos interesa, por lo tanto no hay prohibición. C prohibiría sólo si hiciese aspecto con A o B antes de realizar su propio aspecto. Pocas veces – muy pocas veces – nos involucramos con el tiempo real. ◆

Frustración

En realidad, esto es un tipo particular de prohibición. A está aplicando para hacer aspecto con B, pero antes de que el aspecto ocurra, B hace aspecto con C. Por ejemplo: Venus en 8 de Acuario aplica hacia un sextil con Marte en 12 de Aries, pero antes de que el aspecto se realice, Marte hace conjunción con Júpiter en 14 de Aries. Planeo proponerle matrimonio a Julia, pero antes de que lo haga. ella se escapa con Alfonso.

Si B entra al signo siguiente antes de que A realice el aspecto, por lo general se lo puede tomar como una frustración.

Abstención

Esto es como romper un contrato. A está aplicando para hacer aspecto con B, pero antes de que el aspecto se realice, A se vuelve retrógrado, por lo que el aspecto no se concreta. Por ejemplo: Mercurio en 17 de Sagitario aplica a una cuadratura con Júpiter en 19 de Virgo, pero al llegar a 18 de Sagitario, Mercurio se vuelve retrógrado y no hace el aspecto. Julia ha aceptado mi propuesta, pero en la mañana del día de la boda entra en razón y escapa. No importa qué tanto se acerquen los planetas, si el aspecto no se realiza el evento no sucederá. Un planeta que se vuelve retrógrado suele mostrar que esa persona cambió de parecer.

Nota: todos estos puntos funcionan con la conjunción y con todos los aspectos. Cuando leas la descripción que Lilly hace de ellos y encuentres que habla de "aspectos corporales", se refiere a los aspectos que son de cuerpo a cuerpo, en contraste con aquellos que sólo son de orbe a orbe, o sea que quiere decir que el aspecto debe ser exacto. Un "aspecto corporal" no significa una conjunción.

No te preocupes por estos términos técnicos. Todo lo que estamos diciendo aquí es que "Podemos unir a nuestros significadores de una manera verosímil, o no." La clave es el contexto. La carta nos da una imagen de la situación: si la conexión en la carta tiene sentido en la vida, funcionará. El punto de referencia siempre es: "¿Qué tiene sentido en este contexto?"

Los impedimentos no siempre impiden. Considera el ejemplo anterior, donde mi significador se topa con el Regente 6, mostrando que me enfermaré y que no podré ir a la cita. Pero puede ser que aunque me tope con el Regente 6, yo decida tomarme una buena dosis de remedios e ir a la cita de todas maneras. La posibilidad de que el impedimento prevenga el evento o no depende de tres factores:

* La fuerza de los distintos planetas
* Las recepciones
* El contexto. O, en otras palabras, el sentido común.

¿Qué tan fuertes son los planetas? Si yo soy fuerte y la enfermedad es débil, seré capaz de ignorarla. ¿El planeta impedido está lo suficientemente fuerte como para superar el impedimento?

¿Cuáles son las recepciones? Las recepciones muestran la actitud, y por lo tanto, muestran qué tanto quiere superar su obstrucción el planeta impedido. ¿Estoy loco de amor por la chica con quien voy a salir, o voy a salir con ella sólo porque no tengo nada mejor que hacer? Cuanto más quiera el planeta realizar el aspecto, más se esforzará por superar el impedimento.

¿Cuál es la situación? Es útil poder identificar qué representa el planeta que está haciendo el impedimento, aunque esto no siempre es posible. Para ello, mira qué casas rige y luego menciónale al consultante las diferentes posibilidades para hallar la que parezca más probable. Entre más comprendamos la situación, más podremos decir si el impedimento obstaculizará el evento o no. Por ejemplo: un chico va al encuentro de una chica. ¿La cita es para pasar 10 minutos en un café, o una noche romántica en la que él ha invertido una gran cantidad de tiempo y dinero? La enfermedad mostrada por el Regente 6 podría impedir la primera opción incluso si fuera sólo leve, pero tendría que ser mucho más fuerte para impedir la segunda.

En preguntas a largo plazo, los aspectos que de otra manera puedan impedir pueden considerarse como acontecimientos que suceden a lo largo del camino, pero que no son obstáculos. Si pregunto "¿Cuándo voy a morir?" el encuentro con el Regente 6 podría mostrar el brote de una enfermedad, pero no va a impedir que me muera en algún momento.

Cuanto más capaces seamos de entender la situación, algo que podemos lograr analizando cuidadosamente la carta, más podremos sugerir maneras de eludir los impedimentos. En este sentido, la astrología horaria es mucho más que simplemente predictiva. "Sí, ella espera que le propongas matrimonio, pero tendrás que actuar rápido porque se está cansando de esperar y hay otro hombre interesado en ella." "Sí, conseguirás el trabajo. No permitas que la enfermedad te impida ir a la entrevista."

◆ Pongamos otro ejemplo. Planeo conducir hasta la ciudad, pero el camino está bloqueado. Mi viaje está prohibido. Puede que me alegre por esto: "¡Qué bien, no tendré que visitar al raro del tío Igor, después de todo!" En tal caso, no tengo interés en remover o esquivar la prohibición. Quizás podría tomar otro camino o ir en tren, para evitar la prohibición. En una carta, esto puede indicarlo un segundo aspecto que me conecte con aquello sobre lo que pregunté, sin toparme con el planeta que prohíbe. También puede ser que mi hermano tenga un bulldozer y sea capaz de remover el árbol que bloquea el camino. Esto podría indicarse mediante un traslado de luz que me conecte con mi objetivo, evitando de nuevo al planeta que prohíbe. Al intentar de identificar qué es la prohibición y qué podría hacerse al respecto en el mejor de los casos, recuerda el principio básico: la carta no es una abstracción; es un reflejo de la realidad de la situación. ◈

Bonatti dice que una conjunción no puede ser prohibida por un aspecto.[25] Es demostrable que sí puede, pero es más probable que una conjunción sea capaz de superar la prohibición. Como mencioné anteriormente, considera la fortaleza de los planetas y las recepciones, junto con la realidad de la situación para decidir si la prohibición prohibirá.

Los aspectos de la Luna raramente prohíben, a menos que rija una casa que tenga sentido con la prohibición. Si Capricornio es el ascendente en la carta de la pregunta "¿Voy a conseguir este trabajo?", Cáncer estará en la cúspide de la 7.ª casa, por lo que la Luna representará a mis rivales en la obtención de ese trabajo. Si la Luna prohíbe un aspecto entre el Regente 1 y el Regente 10, esta prohibición tendría sentido: mi rival consigue el trabajo.

◈ "¿Una conjunción u oposición por antiscia puede prohibir?" Depende del contexto. Cuanto mejor preparados estemos para identificar lo que significa esa conjunción u oposición por antiscia, más capaces seremos de decidir si será prohibitiva. ◈

Ten en cuenta que un benéfico puede prohibir tanto como un maléfico. "¿Voy a conseguir el trabajo?" Mi planeta va hacia el planeta que representa el trabajo, pero un Júpiter fuerte se interpone en el camino. Al analizar la carta, veo que esto significa que me ganaré la lotería. Esto es excelente, pero aún me impide conseguir el trabajo.

Puede que hayas notado que la prohibición y el traslado de luz son muy parecidos. Cuál es cuál lo mostrará el contexto y las recepciones. Considera lo siguiente: estoy en el patio de la escuela, suspirando por la glamorosa Nancy. Le pido a mi amigo que vaya y le diga que estoy loco por ella. Él atraviesa el patio y va a donde ella se encuentra. Pero, ¿le da mi mensaje, trasladando así mi luz hacia ella, o le habla de manera seductora, prohibiendo así mi aspecto con ella? La acción física de atravesar el patio es exactamente la misma en ambos casos. Mira

---

[25] *Bonatti*, aforismo 31.

a su planeta y sus recepciones. ¿Es mi amigo un chico honesto a quien le caigo mejor que a Nancy, o es moralmente deshonesto y también está loco por ella? **En la mayoría de las cartas horarias, sólo nos interesa el siguiente aspecto** que hace un planeta, o a veces sus próximos dos aspectos en caso de que haya un traslado de luz. No fuerces a los planetas para que hagan un aspecto después del otro ("La Luna va a hacer cuadratura con Marte, luego conjunción con Saturno, después trígono con Venus, luego..."). Es muy poco probable que estos próximos aspectos sean relevantes con respecto al tema que estamos tratando.

En resumen: ¡Ve al grano!

⬦ A los estudiantes les cuesta retener esto, así que repito: ¡no empujes a los planetas aspecto tras aspecto! A menos que exista un traslado de luz, el primer aspecto que haga el planeta prohibirá cualquier aspecto subsiguiente. La prohibición significa exactamente lo que dice en la lata: por lo que a nosotros respecta, ese aspecto subsiguiente no existe.

Tampoco podemos mover los planetas hacia atrás y hacia adelante a través de los signos. Excepto en muy raras ocasiones, en las que sabemos que el evento sobre el que se pregunta debe suceder (como se discute en la p. 232), podemos mover un planeta hacia el signo siguiente, pero sólo si en ese momento se encuentra en los últimos 3 o 4 grados del presente signo. Y aun así, sólo podríamos moverlo a los primeros 3 o 4 grados en el signo siguiente. Del mismo modo, podemos llevar un planeta a su signo anterior sólo si está en los primeros 3 o 4 grados de su presente signo, y sólo moverlo hasta los últimos 3 o 4 grados del signo anterior. ⬦

Orbes

Este es otro término técnico que debe explicarse porque lo encontrarás en los textos, pero que no tiene un uso práctico. *Orbe* es probablemente el concepto más sobrevalorado en la astrología tradicional.

Se dice que cada planeta tiene un orbe alrededor. Esto es como un aura o un campo de fuerza, que no sólo se extiende alrededor del cuerpo del planeta, sino también alrededor de los puntos en los que el planeta forma sus aspectos. Por lo que si un planeta tiene un orbe de 10 grados, esto significa 10 grados alrededor del planeta, 10 grados alrededor de su cuadratura, de su trígono, de su sextil y de su oposición.

La palabra "orbe" se refiere al diámetro de este campo de fuerza, el cual tiene al planeta en su centro. El radio del campo de fuerza se llama *moiety* (que en francés significa mitad). La distancia a la que el orbe se extiende en cualquier dirección es la moiety. Por supuesto, lo que nos interesa es la moiety y no el orbe, al igual que de un boxeador nos interesa su "alcance", que es hasta donde puede golpear con cualquier mano, y no hasta dónde se puede estirar desde la punta de un dedo hasta la punta del otro.

La teoría es que cuando el borde de la moiety de un planeta toca el borde de la moiety de otro planeta, están en aspecto por orbe. Por ejemplo: si el planeta A tiene un orbe de 10 grados, su moiety será la mitad: 5 grados. Si el planeta B tiene un orbe de 8 grados, su moiety será 4 grados. Cuando los planetas están exactamente a 9 grados de distancia (la suma de sus dos moieties: 5+4), se tocan por orbe – igual que si tuviéramos a dos boxeadores uno tocando el guante del otro al estar totalmente estirados.

"¿Qué significa esto?" Absolutamente nada. Es por eso que no es necesario que te molestes con esto.

"¿Por qué no significa nada?" En primer lugar, los orbes no tienen límites claros. Las auras de los planetas no son realmente como los brazos de los boxeadores que pueden alcanzar sólo cierta distancia y no más allá. El aura se desvanece gradualmente hasta volverse insignificante. Esta es la razón por la cual Lilly da dos listas diferentes de los tamaños de los orbes de los planetas, diciendo que utiliza la que recuerde en ese momento, y por eso no doy esa lista aquí: es una lista de algo que no existe.[26]

Dos planetas en un mismo signo se afectan entre sí, sin importar a qué distancia estén. Dos planetas en signos que forman aspecto también tienen ese efecto. Estos se *observan* mutuamente. El observar sólo desempeña un pequeño papel en la astrología horaria, pero es de gran importancia en la astrología natal – este es probablemente el concepto más subestimado en la astrología tradicional. Es como la visión periférica: dos planetas pueden estar a muchos grados de distancia, pero si están en signos que se observan entre sí (literalmente, que se pueden mirar entre sí) es como si estuvieran en el campo de visión periférica del otro. Si bien puede que no parezca mucho, cualquier conductor de automóvil sabrá cuán conscientes estamos de lo que hay en los bordes de nuestro campo visual.

En la astrología horaria, lo que nos interesa principalmente son los aspectos exactos entre los planetas. Exacto significa exacto, por lo que los orbes y las moieties no tienen cabida aquí. A veces nos interesan planetas que están cerca el uno del otro, influenciándose mutuamente. Sin embargo, la separación máxima para que esto merezca tenerse en cuenta, ya sea por conjunción o aspecto, es de

---

[26] *Lilly*, p.107.

alrededor de 3 grados: mucho menos de lo que daría la teoría de orbes y moieties. De cualquier modo, los orbes no tienen uso alguno.

Hay quienes consideran el punto en que las moieties se unen como una especie de puerta de salida: si los planetas no están dentro de esa distancia cuando se hace la carta, estos no pueden proseguir y formar un aspecto. Por supuesto que pueden. Esta idea no tiene fundamento alguno en los textos y va en contra de la razón: es el equivalente a decir que nada puede venir de mi visión periférica a mi campo total de visión.

Nota: Cuando los astrólogos modernos hablan de orbes, por lo general las asocian con aspectos en lugar de planetas ("Un sextil tiene un orbe de X grados") y se refieren al radio del campo de fuerza, no a su diámetro. El "orbe" moderno = a la "moiety" tradicional.

Ahora que sabes lo que son los orbes, puedes olvidarte de ellos.

Aspectos retrógrados

Los textos a menudo son negativos al hablar de aspectos formados cuando uno, o en especial ambos planetas, están retrógrados. Pero por lo general, el contexto mostrará una buena razón que explique la retrogradación. Es común que un planeta retrógrado sea el significador de una persona que va a volver, ya sea literal o metafóricamente. Si la pregunta es: "¿Voy a volver con mi ex novio?" y los significadores se unen a través de un aspecto en el que uno de los planetas está retrógrado, tendría sentido en ese contexto.

Los aspectos entre dos planetas retrógrados no son comunes. Si hay un contexto que apoye la idea de que ambas partes están volviendo para juntarse (como por ejemplo, jefes y trabajadores volviendo a la mesa de negociaciones), éste tampoco tendría connotaciones negativas. Sin embargo, sin tal contexto, esto debe considerarse en contra del orden natural, lo que da la sensación de que las cosas no saldrán bien.

Aspectos separativos

Como ya hemos visto, estos muestran cosas que han sucedido en el pasado. Pero, ¿qué pasa si los significadores que esperamos que muestren un aspecto aplicativo (algo que va a suceder en el futuro) están, de hecho, separándose el uno del otro?

El juicio dependerá del contexto. En muchas preguntas, esto puede tomarse como "Estuviste lo más cerca que pudiste de eso, y no te acercarás más". Si el tema en cuestión es la mujer de los sueños del consultante, esta no es una respuesta favorable; y si el tema en cuestión es la muerte, el consultante estará dichoso.

A veces, el contexto apoya la idea de que el aspecto separativo ha puesto los eventos en marcha, por lo que si nada adverso le sucede a los significadores en el futuro, podemos juzgar que todo marcha sobre ruedas y procederá con el resultado esperado. Si la pregunta es "¿Me voy a casar con Federico?" cuando la boda ya ha sido acordada, un aspecto separativo bien podría mostrar que el acuerdo ya se hizo. Si la carta no muestra nada obstructivo, la boda se llevará a cabo como estaba prevista. Si la pregunta fuera "¿Me casaré con Federico, a quien conocí por primera vez hace dos horas?" un aspecto separativo significaría un No definitivo.

Ubicación

En algunas preguntas, no necesitamos un aspecto. Vas a encontrar muchos ejemplos de esto en los capítulos sobre la interpretación de la carta. Esto es común en las preguntas sobre el estado de una situación, en lugar de un evento específico: "¿Estoy embarazada?" El Regente 5 (el bebé) en la 1.ª casa nos da una idea clara de que el bebé está adentro de la consultante: "Sí, lo estás". "¿Dónde está el libro?" El libro perdido está donde está, sin importar lo que podría estar sucediendo con él. La casa donde se encuentre su significador nos mostrará su ubicación.

Hay otros contextos en los que la ubicación por sí misma nos dará la respuesta a un juicio basado en un evento. "¿Voy a ganar este partido de tenis?" con el Regente 7 justo dentro la 1.ª casa: mi oponente está en mi poder - Sí, voy a ganar.

Pero en la mayoría de los contextos, la ubicación muestra lo que se desea o se teme en lugar de un evento. "¿Ella se casará conmigo?" Mi significador en la cúspide de la 7.ª casa no es un testimonio fuerte que signifique "Sí". Esto indica que yo quiero casarme con ella, por lo que el matrimonio es más probable que si yo no quisiera, pero no muestra nada más que eso. "¿Conseguiré el trabajo?" con el Regente 1 en la cúspide de la 10.ª casa. Claramente quiero el trabajo, y por lo tanto es más probable que lo consiga que si no lo quisiera; pero no muestra más que eso. No muestra un Sí.

Si algo más en la carta nos muestra el "Sí", la entrada del significador a la cúspide puede mostrar en cuánto tiempo tendrá lugar el evento.

Del mismo modo, "¿Conseguiré el trabajo?" con el Regente 10 en la cúspide de la 1.ª casa no muestra un Sí. Lo que un planeta en el ascendente muestra por lo general es que esa idea está pesando sobre el consultante. La idea del trabajo, o de conseguir cualquier trabajo, es un peso que el consultante tiene sobre sus hombros.

Una de mis estudiantes hizo una carta para la pregunta "¿Mi ex va a venir a la fiesta familiar?" El significador del ex estaba sobre el ascendente, pero no realizó ningún aspecto con la consultante ni con la fiesta (Regente 5). No hubo aspecto: él no vino. Sin embargo, la ubicación mostró que la idea de que él asistiese pesaba en la mente de la consultante.

Encontrar al significador del consultante *en* la casa relevante (en lugar de la cúspide de la casa) sigue mostrando sólo el deseo o la preocupación. Por ejemplo, "¿Voy a sobrevivir a esta enfermedad?" con el Regente 1 en la 8.ª casa, muestra que el consultante tiene miedo de morir, ocurra esto o no. Encontrar el significador de lo que se desea dentro, y no en la cúspide de la casa del consultante es mucho más positivo. "¿Voy a conseguir el trabajo?" con el Regente 10 dentro de la 1.ª casa: las cosas se ven bien – tienes el trabajo en tu bolsillo. Esto no es un Sí seguro, pero es un testimonio positivo fuerte. Muestra que el trabajo quiere al consultante, lo cual es mucho más alentador que si el consultante quisiera el trabajo.

Sin embargo, cuando el evento se sabe o se supone, la aplicación a una cúspide puede mostrar que el evento tendrá lugar y puede indicarnos el momento en el que ocurrirá. "¿Cuándo llegará la abuelita?" el significador de la abuelita aplicando a la cúspide de la 1.ª casa confirma que ella está en camino, y el número de grados que su significador tiene que recorrer para llegar a la cúspide de la 1.ª casa muestra el tiempo que transcurrirá hasta su llegada.

Los planetas se mueven, las cúspides de las casas y las partes árabes se quedan quietas. Por lo tanto, los planetas pueden aplicar a cúspides o a las partes; las cúspides y las partes no pueden aplicar a los planetas.

10

Antiscias

Cuando leí por primera vez acerca de las antiscias, la idea me pareció tan extraña que estaba seguro que era una conjetura inventada por alguien. Pero muy pronto me di cuenta de lo importantes que son. Estas pequeñas criaturas son una parte esencial del juicio. Si no las utilizas, tus juicios estarán consistentemente equivocados. ¡Así que presta atención!

La teoría

"Antiscia" viene de la palabra griega que significa "sombra". Cada grado del zodíaco tiene su grado de antiscia, así que lo que esté en ese grado tiene su antiscia en ese lugar. Normalmente nos interesan los planetas, por lo que la antiscia es la ubicación de la "sombra" de ese planeta.

Olvida los significados junguianos de "sombra": aquí no existe tal sentido. "Reflexión" podría ser una mejor palabra. Es como si el planeta tuviese una ubicación alternativa en su grado de antiscia. Allí, éste actúa exactamente igual que en el grado en el que se encuentra corporalmente, excepto que los contactos por antiscia por lo general llevan un sentido oculto. "¿Voy a casarme con Claudia?" y nuestros significadores están aplicando para hacer conjunción: "Sí, te casarás con ella". Si aplican para hacer conjunción en el grado de antiscia: "No, pero tendrás una aventura con ella."

EL CÁLCULO

Si ya sabes cómo hacer esto, puedes saltarte este cuadro.

Imagina una línea trazada entre los puntos de solsticio (0 de Capricornio y 0 de Cáncer). Imagina que esta línea es un espejo. La antiscia de cualquier grado y de lo que haya en ese grado, es su posición vista en ese espejo. Así que si algo está en 2 grados en un lado de esta línea (en 2 de Cáncer, es decir: 2 grados más adelante de los 0 grados de Cáncer) su antiscia estará en 2 grados del otro lado de esa línea (28 de Géminis: 2 grados detrás de 0 de Cáncer).

Esta reflexión en torno a los puntos del solsticio muestra que la idea se basa en la realidad – y que no fue una mera conjetura. Hay una conexión directa entre los grados que están a la misma distancia a ambos lados de los solsticios. Abre tus efemérides en el solsticio de verano de cualquier año (Sol en 0 grados de Cáncer). Escoge un número entre 1 y 180. Cuenta hacia adelante ese número en días del año y nota en qué grado está el Sol ese día. Ahora cuenta hacia atrás la misma cantidad de grados en el año. El grado del Sol ese día será la antiscia del grado que acabas de anotar. Esto significa que en esos dos días el tiempo que transcurre entre el amanecer y la puesta del Sol es exactamente el mismo.

Cada signo se refleja en otro signo:

♈	se refleja en	♍
♉		♌
♊		♋
♋		♊
♌		♉
♍		♈
♎		♓
♏		♒
♐		♑
♑		♐
♒		♏
♓		♎

Así que lo que haya en Aries tiene su antiscia en Virgo; lo que haya en Tauro tiene su antiscia en Leo. Aprende esta tabla.

Una vez que sepas en qué signo está la antiscia de algo, tienes que encontrar el grado en ese signo. Grado original + antiscia = 30. El grado en el que se encuentra el planeta corporalmente, sumado a su grado de antiscia, será igual a 30. Por lo tanto, para encontrar la antiscia, a 30 debemos restarle el grado original. Mira de nuevo el ejemplo anterior: si un planeta está 2 grados adelante de los 0 grados Cáncer, su antiscia estará 2 grados hacia atrás de los 0 grados de Cáncer, o sea en 28 de Géminis. 28 + 2 = 30.

¡No te preocupes! Por más que sientas que tienes poca capacidad para la aritmética, esto no es complicado. Cada signo se compone de 30 grados. Cada grado consta de 60 minutos. 60 minutos = 1 grado.

En vez de pensar que cada signo tiene 30 grados, llámalo 29 grados y 60 minutos. Esto es lo mismo (porque 60 minutos equivalen a 1 grado). Sin embargo, hace que la operación aritmética sea más simple.

Sigue este ejemplo:
Digamos que Marte está en 22.35 de Tauro. ¿Cuál es su antiscia?
Si Marte está en Tauro, su antiscia debe estar en Leo (mira la tabla anterior).
¿En qué grado de Leo?
Marte está en 22.35 de Tauro.
Réstale esto a 30 grados.
Para hacerlo más fácil, llámalo 29.60 grados.

$$\begin{array}{r} 29°60' \\ 22°35' - \\ \hline 07°25' \end{array}$$

Así que la antiscia de Marte en 22.35 de Tauro está en 7.25 de Leo.
Podemos comprobar esto, porque el grado de partida + antiscia debe sumar 30.

$$\begin{array}{r} 07°25' \\ 22°35' + \\ \hline 29°60' \text{ que equivale a } 30°00' \end{array}$$

Intentemos hacer otra.
¿Cuál es la antiscia de 14.35 de Aries?
De la tabla de arriba vemos que cualquier cosa en Aries tiene su antiscia en Virgo.
¿En qué grado de Virgo? Resta 14.35 de 29.60.

$$\begin{array}{r} 29°60' \\ 14°35' - \\ \hline 15°25' \end{array}$$

Así que la antiscia de 14.35 de Aries es 15.25 de Virgo.

Es un error común terminar con un grado inicial + antiscia = 31 grados.
Así que hasta que te acostumbres a este cálculo, revisa siempre sumando la antiscia que calculaste al grado inicial para asegurarte de que suman 30. Si sigues mi sugerencia de llamar a los 30 grados 29.60, no cometerás este error.

> Si esto parece una tarea difícil, créeme: no lo es. En muy poco tiempo te acostumbrarás a echar un vistazo a la carta para ver si la antiscia de alguno de los significadores está haciendo algo interesante. Con un poco de esfuerzo al principio descubrirás que revisar la antiscia sucede casi automáticamente. No tienes que hacer todo el cálculo. Es suficiente con pensar "El Regente 1 está en 19 de Géminis. ¿Hay algo cerca del 11 de Cáncer o Capricornio?" Si no hay nada, olvídalo. Si lo hay, calcula el lugar exacto de la antiscia.

Contrantiscia

Si un planeta está en 25.42 de Géminis, su antiscia estará en 4.18 de Cáncer. El grado opuesto a su antiscia, 4.18 de Capricornio, es su *contrantsicia*. La contrantiscia está en oposición directa con la antiscia.

Debes saber esta palabra porque la encontrarás en otros libros, pero te sugiero que no la uses. Llámala una oposición por antiscia. Eso es lo que es, y hace más claro su significado. Podemos prescindir de términos técnicos superfluos.

Por ejemplo: supongamos que mi significador en una carta está en 3.17 de Leo. Su antiscia está en 26.43 de Tauro. Si hay un planeta en 26 de Escorpio, éste está opuesto a mi significador por antiscia. O bien, si lo prefieres, está en mi contrantiscia.

En cartas natales, los otros aspectos con la antiscia tienen un significado menor. En la astrología horaria pueden ignorarse. Sólo ten en cuenta la conjunción y la oposición.

Si esta es la primera vez que escuchas acerca de la antiscia, haz una pausa y mira dónde están las antiscias en tu carta natal. Es probable que encuentres aspectos nuevos e importantes de los que no sabías nada.

¿Cómo utilizamos la antiscia?

Si la conjunción o la oposición va a mostrar un evento, ésta debe ser exacta, al igual que con un aspecto corporal. No trates de mover la antiscia: esto no hará más que confundirte, especialmente si se trata de la antiscia de un planeta retrógrado. Calcula la antiscia en la carta y deja que el planeta que aplica para hacer el aspecto llegue a ella.

◈ Con ambos planetas directos, si A aplica a la antiscia de B, entonces B aplicará también a la antiscia de A. Cuando un planeta está retrógrado, el movimiento relativo de los planetas puede causar confusión. Puede parecer que ambos están aplicando y se están separando, dependiendo de si estamos calculando la antiscia de A o B. No te compliques: calcula la antiscia del planeta retrógrado y usa el movimiento del planeta directo para decidir si el aspecto es aplicativo o separativo. ◈

Si la antiscia del planeta A está en conjunción con el planeta B, la antiscia del planeta B está en conjunción con el planeta A. Esto es automático, así que no te emociones: "Mira, ¡la antiscia de Marte está en conjunción con Venus y, guau, la antiscia de Venus está en conjunción con Marte!"

A menudo, no estamos buscando el aspecto para mostrar un evento. Si dos planetas están en conjunción u oposición por antiscia, estos se influencian mutuamente. Por ejemplo, si el Regente 10 es el nuevo trabajo por el que estoy preguntando, y Saturno en Aries está en oposición por antiscia, puedo ver que algo malo está afligiendo al trabajo (por antiscia) de una manera oculta. Para que esta influencia sea significativa, los planetas deben estar cerca, a no más de un par de grados de separación. Si este Saturno malo estuviese en la cúspide de la 10.ª casa por antiscia, juzgaríamos la carta de la misma manera: mi trabajo está siendo afligido de una manera oculta.

Como muestra este ejemplo, la antiscia de un planeta funciona como si el planeta mismo se encontrase en ese lugar, con las siguientes excepciones:

* Solamente nos interesa la conjunción y la oposición
* La antiscia suele llevar un sentido oculto
* Es menos probable que la antiscia prohíba otros aspectos.

He juzgado muchas cartas horarias sólo con antiscias. Las cosas que no se muestran por antiscias son la muerte y el embarazo.

Utiliza las dignidades esenciales del planeta según su posición corporal, y no la posición de su antiscia. Si Júpiter está en 23.07 de Cáncer, su antiscia estará en 6.53 de Géminis. Al considerar su antiscia, trata a Júpiter como exaltado (como lo es en su posición corporal en Cáncer) y no como en su detrimento (ya que su antiscia cae en Géminis). Sin embargo, la antiscia puede ganar o perder fuerza accidental. En una carta horaria sobre un concurso, el significador de un equipo estaba exactamente en un ángulo: esto lo fortaleció en gran medida, y el equipo ganó. No creo que la antiscia sea afectada si cae en estrellas fijas, pero me podrían convencer de lo contrario.

◆ No, no me pueden convencer de lo contrario. Las antiscias no se ven afectadas al caer sobre estrellas fijas. ◇

Si una antiscia cae justo en la cúspide de una casa, eso muestra que esta persona – si el planeta es el significador de alguien – tiene interés en los asuntos de esa casa, o que la casa está afectada, para bien o para mal, por lo que signifique ese planeta. Esto es *sólo* si cae justo en la cúspide: si la antiscia está flotando en la mitad de la casa, su efecto en esa casa se puede ignorar. Por ejemplo: si pregunto "¿Ella se casará conmigo?" y la antiscia de mi significador cae en la cúspide de la 8.ª casa (2.ª a partir de la 7.ª: el dinero de los otros), esto sugiere que tengo mucho interés en su dinero. Si la antiscia de mi significador estuviera unos cuantos grados en el interior de esa casa, esto no tendría ese mismo sentido.

Ejemplo práctico

El evento de esta carta se muestra únicamente por una antiscia.[27] La consultante tenía una relación con un hombre mediante correos electrónicos y llamadas telefónicas. Ella no había hablado con él hacía unas cuantas semanas, y no le estaba respondiendo ni devolviendo las llamadas. Ella preguntó: "¿Por qué no me llama? ¿Voy a saber de él, y cuándo?" Algunas de las técnicas discutidas aquí las explicaré en otros capítulos del libro; por ahora, sigue lo que puedas y vuelve a esta carta una vez hayas cubierto la parte práctica.

El significador de la consultante es el Regente 1, Venus, y la Luna. Como se trata de una pregunta sobre una relación amorosa, a ella también le debemos asignar Venus, porque es mujer, pero ya lo tiene.

¿Cómo está ella? ¡Uf! Venus está en su detrimento, en la 12.ª casa. No está contenta y ni puede hacer mucho: esto se debe a que, como ya sabemos, tiene que esperar a que él la llame.

A menudo, la posición de la Luna muestra lo que el consultante está pensando, especialmente si su ubicación se destaca de alguna manera – como en este caso, al estar tan cerca de una cúspide de casa. Esto es como si tuviese un resaltador que llama nuestra atención. ¿En qué está pensando ella? Probablemente en divertirse

---

[27] Hay otro ejemplo como este en mi libro *La verdadera astrología aplicada* (*The Real Astrology Applied*), p.26-28.

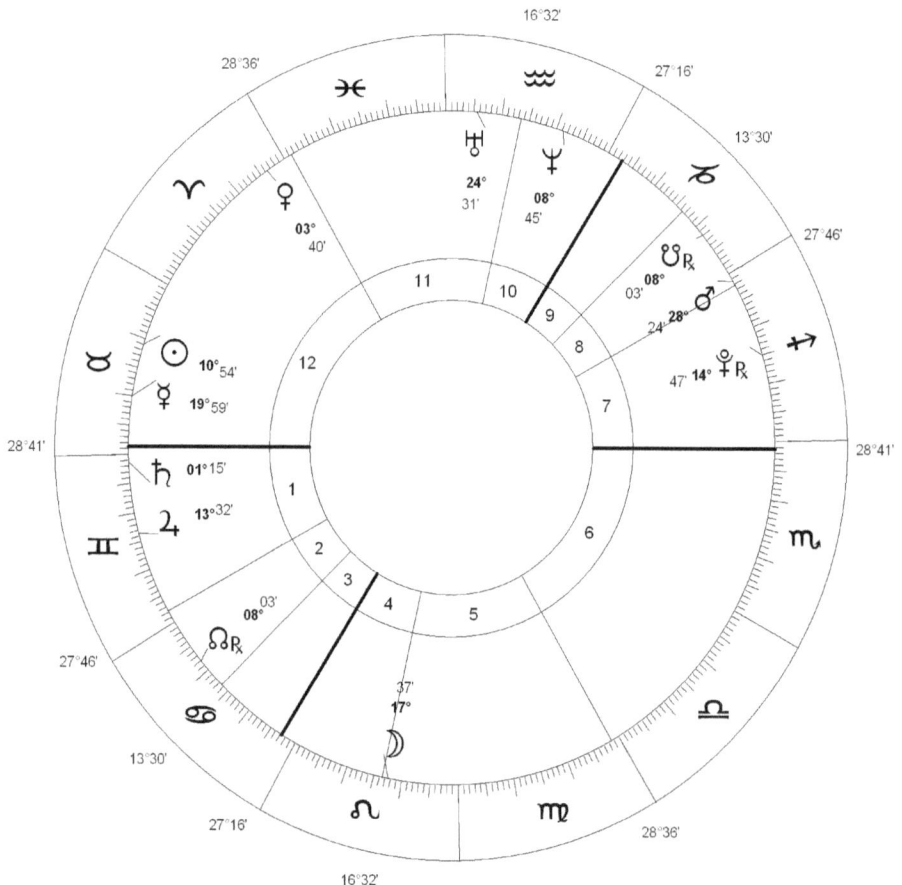

¿Por qué no me llama? Mayo 1.º de 2001, 6:21 am BST, Londres.

(5.ª casa). Es poco probable que ella esté pensando en el otro gran tema representado por la 5.ª casa – hijos – ya que la Luna está en un signo estéril.

El significador de su novio es el Regente 7, Marte y – sólo porque la pregunta es acerca de una relación amorosa – el Sol, ya que él es hombre.

¿Gusta ella de él? Para encontrar la respuesta, debemos saber cuál es la actitud de ella hacia él, y esto lo hacemos examinando las recepciones de sus planetas. Mira la tabla de la página 92. Venus está en el signo y decanato de Marte (él) y en la exaltación y triplicidad del Sol (él). La Luna está en el signo y triplicidad del Sol. Sí, ¡Le gusta mucho!

Nota: Venus está en el signo regido por el Regente 7, y se encuentra en su propio detrimento. Si Venus estuviese cerca de la cúspide de la 7.ª casa, como por ejemplo en 24 de Escorpio, aún estaría en el signo regido por el Regente 7, y en su propio detrimento. Esa sería una situación mucho más saludable. En ese caso, ella estaría directamente en el lado de él en la carta, y el Regente 1 siempre estará en su propio detrimento cuando está en la cúspide de la 7.ª casa. Si Venus estuviese en 24 de Escorpio, hubiéramos podido juzgar que "Ella lo ama (está en su signo), y por lo tanto es muy vulnerable (detrimento) – al igual que cuando amamos a alguien". Sin embargo, en esta carta el Regente 1 está en el *otro* signo que rige el Regente 7. Ella no fue al lado de él en la carta. Aquí, esto implica que ella es infeliz, y por eso lo ama: una dinámica muy diferente.

¿Son correspondidos los sentimientos de ella? Mira las recepciones de los planetas de él para saber cuál es su actitud hacia ella. El Sol está en el signo y triplicidad de Venus y en la exaltación y decanato de la Luna. Al Sol le gusta mucho ella. Sin embargo, Marte en 28 de Sagitario no se interesa por ella en absoluto: no está en ninguna dignidad o debilidad de Venus o de la Luna. Así que mientras el Sol está muy interesado en ella, Marte es completamente indiferente. Tal vez esta sea la razón por la cual no la llama.

El Regente 7 y el Sol lo representan a él, pero de diferente manera. El Regente 7 lo representa como persona que piensa y siente, mientras que el Sol lo representa como hombre animal. Así que, como vimos, su naturaleza animal está fuertemente atraída por ella. Esto no necesariamente es sólo sobre sexo, sino que cubre también el imperativo habitual de encontrar un compañero. Como persona, sin embargo, no tiene interés en ella en absoluto. Interesado o no, sus significadores en la 8.ª y 12.ª casas muestran que él no está en una buena posición para actuar.

Marte está especialmente incapacitado para actuar. Su condición aquí no es tan mala: tiene un poco de dignidad esencial (término) y está a punto de entrar en Capricornio, el signo de su exaltación. Pero las apariencias a menudo son engañosas. *Debes* estar atento a lo que están haciendo los planetas – no sólo lo que parece que hacen. *Debes* mirar tus efemérides. Marte está en primera estación: se mueve a duras penas, ya que está a punto de volverse retrógrado. No va a llegar a la tierra prometida de su exaltación. La estación es un período de gran vulnerabilidad.

Así que Marte (el novio como persona que piensa y siente) está en una posición muy vulnerable. ¿Por qué? El estar tan cerca de la cúspide de la casa nos da la respuesta. Marte en la cúspide de la 2.ª casa a partir de su propia 1.ª casa (la cual es la 7.ª del consultante), muestra que él está preocupado por sus asuntos de dinero. ¿Cómo está su dinero? Mira el regente de esa casa, Júpiter. Está en su detrimento. Su dinero está en terribles condiciones.

Vemos, pues, que su novio está estancado (Marte no se mueve) debido a sus preocupaciones financieras. Es por eso que él no ha llamado, a pesar de que podemos asegurarle a la consultante que todavía está muy interesado en ella.

¿Va a contactarla? Para juzgar que "Sí", debemos encontrar un aspecto. La Luna (ella) está aplicando hacia un aspecto con Marte (él), pero será prohibido por Mercurio: la Luna hará cuadratura con Mercurio primero. Incluso si esto no fuera así, preferiríamos unir a uno de los planetas de ella con el Sol (la parte de él que está muy interesada en ella) en lugar de Marte (la parte de él que no lo está).

El Sol está en 10.54 de Tauro. ¿Dónde está su antiscia?

Según la tabla, la antiscia de Tauro está en Leo. Hmm – allí es donde se encuentra la Luna: esto podría ser interesante. Pero, ¿en qué grado de Leo?

$$\begin{array}{r} 29°60' \\ \underline{10°54' -} \\ 19°06' \end{array}$$

La antiscia del Sol está en 19.06 de Leo. Deja quieta la antiscia, y permite que el planeta aplique para hacer el aspecto: la Luna aplica inmediatamente para hacer conjunción con el Sol. Excelente noticia, porque (al juzgar la dignidad esencial según la posición corporal, y no la de la antiscia) ambos planetas tienen una fuerte recepción mutua. Él la contactará de nuevo.

¿Cuándo? La Luna en 17.37 de Leo debe recorrer un grado y medio para llegar a la antiscia del Sol en 19.06 de Leo. Así que él llamará en 1½ unidades de tiempo. ¿1½ qué? Obviamente, "años" no es una respuesta relevante a esta pregunta: para nuestra consultante enamorada, "años" bien podría ser "nunca". Como no la ha llamado desde hace varias semanas, "horas" probablemente sea una unidad de tiempo demasiado pequeña. Lo que nos deja con días, semanas o meses.

Siguiendo la fórmula de signo + casa,[28] 1½ grados en un signo fijo y en una casa sucedente nos daría semanas. Pero podríamos tener en cuenta solamente el hecho de que está en un signo fijo, lo que nos daría nuestra unidad más larga: meses. La respuesta fue que él la llamaría, posiblemente en una semana y media, pero con más probabilidad en un mes y medio. Él la llamó en un mes y medio.

Observa que su llamada se muestra *sólo* por la antiscia. Si este punto se hubiese ignorado, el juicio habría sido erróneo. ¡Estas pequeñas criaturas son importantes!

---

[28] Véase el capítulo 13 sobre cómo calcular el tiempo.

11

Las estrellas fijas

◆ Las estrellas fijas son extremadamente importantes en astrología natal. En astrología horaria, pocas veces son relevantes. Incluso el breve tratamiento en este capítulo les da más atención de la que ameritan y, según descubrí, lleva a los estudiantes a utilizarlas demasiado. Como siempre, no lo compliques: si dudas en involucrar una estrella fija en un juicio, probablemente sea mejor que la dejes fuera de él.

Yo limitaría su uso para ocasiones en las que el contexto le da una relevancia clara y específica a la naturaleza de una estrella. Por ejemplo, el cónsul romano Regulus fue asesinado al regresar a África. Así que si la pregunta fuese "¿Debería volver a África?", el Regente 1 sobre la estrella Regulus no necesariamente indicaría la muerte, pero sería un muy fuerte "¡No!" ◆

Las estrellas fijas son las que comúnmente llamamos "estrellas", en contraste con las "estrellas errantes" o planetas. Un viaje al aire libre en una noche clara te mostrará – a menos que no estés en una ciudad – que hay un gran número de ellas. Más o menos un centenar de estrellas fijas tiene algún uso astrológico significativo, pero de ese centenar, sólo un puñado debe tenerse en cuenta en astrología horaria. Las estrellas fijas se vuelven más importantes cuanto más alto estemos en la escala astrológica: en la astrología natal son útiles; en la mundana son invaluables; en consultas horarias, generalmente son de poca importancia.

Las estrellas que pueden tener una influencia relevante en el juicio de una carta horaria son:

Algol	que está en	26° de ♉
Alcyone		29° de ♉
Aldebarán		09° de ♊
Regulus		29° de ♌
Vindemiatrix		10° de ♎
Spica		23° de ♎
Antares		09° de ♐

Estas ubicaciones son tan precisas como es necesario, y son las correctas en el momento en que este libro fue escrito, en el año 2005. A pesar de ser "fijas", las estrellas se mueven, aunque mucho más lentamente que los planetas: aproximadamente un grado cada 72 años. Después del 2010 puedes considerar a Regulus en 0 de Virgo. Si un significador o una cúspide de casa relevante está a un par de grados de una de estas estrellas (limita esto a 1 grado para Vindemiatrix), esto puede ser importante – si la estrella tiene un significado relevante al contexto de la pregunta.

Solamente nos interesa la conjunción con las estrellas fijas, no los aspectos. Los planetas están o no están en conjunción con las estrellas: al interpretar una carta horaria, no tomes a los planetas como si estuvieran moviéndose hacia las estrellas. Por ejemplo: si la pregunta fuese "¿Puedo tratar de salvar mi matrimonio?" y el Regente 7 estuviera en Vindemiatrix, esta sería una indicación de que el cónyuge del consultante quiere divorciase. Si el Regente 7 estará en Vindemiatrix una vez haya avanzado 5 grados, esto no significa que el cónyuge querrá divorciarse en un futuro cercano. Tal movimiento debe ser ignorado. La excepción a esta regla general es cuando estamos usando la astrología horaria para elegir un momento para actuar.[29] En ese caso, un planeta que se mueve para hacer conjunción con Regulus, por ejemplo, bien podría mostrar el momento óptimo.

Ignora las antiscias que caigan sobre estrellas fijas.

Algol

Caput Algol. La cabeza de Medusa. Esta es la más desafortunada de las estrellas. En astrología horaria, la idea general es la de perder la cabeza. Esto puede ser literal, pero mantén fuera de tus juicios horarios el impulso de escribir telenovelas. Sí, tales eventos violentos ocurren, pero en general no, sobre todo si la pregunta es "¿Voy a conseguir este trabajo?" o "¿Puedo comprar este apartamento?" Por lo general, la idea de perder la cabeza puede tomarse de manera metafórica.

Por ejemplo: la consultante estaba preocupada de que la niñera a quien estaba pensando en contratar no fuese capaz de hacer su trabajo. El significador de la niñera estaba en Caput Algol, confirmando de manera exacta los temores de la consultante: la niñera podría perder la cabeza.

Algol está en Tauro, y la Luna o Venus tienen mucha dignidad esencial cuando están en ese signo. En este ejemplo, el significador de la niñera era la Luna. Esta

---

[29] Ver el capítulo 27.

tenía mucha dignidad, por lo que era una persona decente, pero aun así era incapaz de hacer su trabajo.

Alcyone

Es la estrella principal del grupo de las Pléyades, o Las hermanas que lloran. El llanto es la idea principal: habrá arrepentimiento; las cosas no van a salir bien. Como todos los grupos de estrellas, las Pléyades afectan la vista, por lo que esto puede ser un indicio de que el significador de quien está en Alcyone no puede ver con claridad, o está siendo engañado.

Aldebarán

El ojo sur del toro. Esta es la estrella más brillante de la constelación de Tauro (a pesar de que, por medida zodiacal, está en la sección del zodiaco llamada Géminis).[30] Esta estrella está asociada con el equinoccio de primavera, el inicio del año, por lo que la idea aquí es el origen, un comienzo positivo.

Por ejemplo: si en la pregunta "¿Debo buscar un nuevo trabajo?" encontramos a Aldebarán en el Ascendente, esta sería una indicación de que es el momento de iniciar un nuevo ciclo, por lo que juzgaríamos "Sí, un nuevo trabajo podría ser apropiado".

Regulus

Cor Leonis. El corazón de león. Esta es la estrella más brillante de Leo. Cualquier estrella que sea el "corazón" de la constelación, es la personificación de la idea de lo que expresa esa constelación, por lo que Regulus es la esencia de Leo: súper-Leo. Esta estrella es muy favorable para logros materiales y por lo general, en astrología horaria su significado se limita a eso. No es necesariamente feliz, pero trae éxito.

Si en la pregunta: "¿Me van a ascender en el trabajo?" encontrásemos al significador del consultante en Regulus, este sería un fuerte testimonio positivo. Si la pregunta fuese "¿Ella me ama?" o "¿Misifus regresará a casa?" es improbable que el significador en Regulus aporte algo a nuestro juicio.

---

[30] Para una discusión acerca de la distinción entre los signos del zodiaco y las constelaciones que llevan el mismo nombre, ver *La verdadera astrología*, capítulo 5. Por ahora, el punto importante es que los signos y las constelaciones son diferentes y no deben ser confundidos.

Vindemiatrix

El recolector de uvas. El hacedor de viudas. Esta estrella tiene una fuerte asociación con el divorcio y la separación. Así que si la pregunta fuese: "¿Nuestra relación tiene un futuro?", encontrar a Vindemiatrix en el Ascendente sería un testimonio inmediato que indica "No".

También está asociada con la historia del aprendiz de brujo – es probable que la hayas visto en *Fantasía*. La ambición desmedida. Asumir poderes que no puedes controlar. Hacer tonterías porque sí: hacer algo tonto aunque seas consciente de ello. "¿Debería abrir una escuela espiritual?" con el significador del consultante en Vindemiatrix: "Sólo si deseas hacerte daño a ti mismo y a los demás".

Spica

La espiga de la virgen. Esta es la estrella más brillante de la constelación de Virgo. Está asociada con la Virgen María, por lo que es altamente protectora. Spica en el ascendente no indica necesariamente que todo saldrá como se espera, pero incluso si las cosas no salen bien, estarás bien al final, serás cuidado.

Spica puede ser muy afortunada y puede traer recompensas, pero no tiene el sentido de logros materiales que tiene Regulus. Sin embargo, es la más feliz de estas dos estrellas.

Antares

Cor Scorpionis. El corazón del escorpión. Así como Regulus es la esencia de Leo, Antares es la esencia de Escorpio (a pesar de que actualmente esté ubicada en Sagitario). Esta es la estrella en la que William Blake se inspiró cuando escribió

> *Tigre, un tigre ardiendo brilla*
> *En los bosques de la noche.*

Es muy potente, pero – como es de esperar de súper-Escorpio – no es la estrella más benigna.

Al estar directamente opuesta a Aldebarán, la estrella del equinoccio de primavera, Antares está asociada con el equinoccio de otoño. Así como Aldebarán se relaciona con los comienzos e inicios de ciclos, Antares está asociada con ciclos que se cierran y terminan. Esto no siempre es negativo. Supongamos que la pregunta fuera: "¿Me conviene jubilarme antes de tiempo?" y encontrásemos a Antares en el Medio Cielo (o en el Ascendente), esta sería una indicación de que un ciclo se cierra y es el momento de seguir adelante.

Otras estrellas

Hay otras estrellas que pueden ser importantes en contextos específicos. Supongamos que una mujer preguntase "¿Me conviene unirme al ejército?" y el Regente 10 estuviese en Bellatrix ("La mujer guerrera"): este sería un testimonio importante. Pero discutir todas estas posibilidades aquí, haría que el capítulo sobre estrellas fijas fuese más largo que el resto del libro, lo cual exageraría la importancia general de las estrellas en juicios horarios. En el futuro planeo dedicar un libro a las estrellas fijas; mientras tanto, te sugiero ignorarlas, ya que es menos peligroso que exagerar su significado. No tengas miedo, pues no saber lo que significa cada una de ellas no hará que tus juicios sean incorrectos: siempre encontrarás otros testimonios.

Si deseas investigar más acerca de las estrellas fijas, te recomiendo el libro *Las estrellas fijas y las constelaciones* de Vivian Robson.[31] Éste se basa en fuentes tradicionales, aunque están bastante diluidas. Si decides estudiar ese libro, ignora todas las referencias a Alvidas y Wilson. Para astrología horaria, ignora también las notas específicas sobre cada uno de los planetas en conjunción con las estrellas. En astrología natal, tiene sentido decir que "Tu Saturno está en Regulus, por lo tanto...". Pero en horaria no es "tu Saturno", el cual es una faceta tuya, sino "tu significador", el planeta que te representa: no diríamos "tu Saturno está en Regulus" sino "tú estás en Regulus". Así que ten en cuenta sólo el significado general de las estrellas.

La posición de las estrellas en la lista que da Robson es para el año 1920. Para ponerlas al día, tendrás que añadir "un grado y un poco más" a las posiciones que él da. Las estrellas tienen su movimiento individual propio además de la progresión general de 1 grado cada 72 años (50" por año). Este movimiento individual es pequeño, pero es suficiente para hacer que el cálculo exacto de 1 grado cada 72 años sea inexacto.[32] Pero no hay ningún beneficio en calcular estas posiciones al minuto. En el 2015, podemos aumentar "un grado y un poco más" a "un grado y medio". Al estudiar las cartas de Lilly, resta 4 grados a las posiciones de Robson, y 5 a las posiciones que he dado anteriormente.

---

[31] Robson, Vivian E., *Las estrellas fijas y las Constelaciones,* Editorial Sirio, Málaga, 1988.
[32] Es probable que hayas visto programas de televisión que muestran cómo las formas de las constelaciones a través de los miles de años: este es el movimiento individual en acción.

Si involucras otras estrellas en tus juicios, tal vez porque ya estás familiarizado con ellas, ten cuidado de interpretarlas de una manera demasiado literal. A veces el contexto exigirá una interpretación literal, al igual que con la mujer guerrera anterior. Por lo general este no es el caso, por lo que debemos considerar el tono descriptivo que dan. Una estrella en el Ascendente de una carta horaria puede tomarse como la ilustración de la portada de una novela: no revelará los detalles de lo que ocurrirá, pero le dará una indicación general del tema de la novela. Si quieres los detalles, lee el libro - o, en nuestro caso, juzga la carta. Ésta contará la historia, te fijes en la portada o no.

Por ejemplo: El veterinario me había aconsejado hacer esterilizar a mi perra. Hice una carta para ver si esta sería una buena idea. Todas las estrellas fijas tienen la naturaleza de uno o más planetas. Todos los significadores relevantes en esta carta tenían estrellas de la naturaleza de Venus / Saturno: la limitación (Saturno) de su sistema reproductor femenino (Venus). Pero esto no me decía nada que ya no supiera, debido a que este era el tema de la pregunta.

El alma de la astrología horaria es un juicio rápido y eficiente. Para esto, no necesitas la mayoría de las estrellas fijas. Puedes caer en la tentación de apresurarte y explorar cuál es su uso. Pero es mucho mejor trabajar con herramientas simples y producir un resultado correcto. En horaria, menos realmente es más. Llevar esta máxima en tu corazón es una lección más importante que aprender los múltiples detalles de la legión de estrellas fijas.

Las estrellas principales que afectan a los ojos, física o metafóricamente, son las siguientes:

La nebulosa de Andrómeda	que está en	27° ♈
Capulus		24° ♉
Las Pléyades		29° ♉
Las Hyades		5° ♊
Ensis		23° ♊
El Pesebre *(Praesepe)*		7° ♌
Cópula		25° ♍
Foramen		22° ♎
Aculeus		25° ♐
Acumen		28° ♐
Spiculum		0° ♑
Facies		8° ♑
Manubrio *(Manubrium)*		14° ♑

Sin embargo, a excepción de como indiqué anteriormente, te sugiero ignorarlas a menos que la pregunta te dirija específicamente a ellas ("¿Estoy al tanto de todos los hechos?" "¿Esta operación de la vista es una buena idea?")

12

Partes árabes

Solía usar bastante las Partes árabes en astrología horaria. Ahora las utilizo cada vez menos, ya que me parece que en la mayoría de las cartas no dicen nada de gran importancia – y en horaria no nos interesa nada que sea de poca importancia. Sin embargo, hay circunstancias en las que vale la pena echar un vistazo a alguna de ellas. En la mayoría de las preguntas, una Parte árabe no va a dar la respuesta principal. Así que resiste el impulso de calcular las Partes más recónditas con la esperanza de que alguna de ellas de repente transforme tu juicio. Esto no sucederá.

Una Parte árabe es un punto en la carta que proporciona información sobre un tema específico. Hay cientos de Partes, calculadas para cualquier cosa, desde albaricoques y la muerte de reyes, hasta la que facilita un matrimonio fraudulento. La Parte se calcula tomando la distancia entre dos puntos (por lo general dos planetas) y extendiendo esa distancia desde un tercer punto (por lo general el Ascendente). La Parte más valiosa y de uso más frecuente es la *Parte de la Fortuna*, o *Fortuna*. Ésta se calcula midiendo la distancia entre el Sol y la Luna y luego extendiendo esa distancia desde el Ascendente. Si el Sol está en 10 de Tauro y la Luna en 25 de Tauro, hay 15 grados entre el Sol y la Luna, por lo que Fortuna estará a 15 grados del Ascendente, viajando en sentido contrario a las manecillas del reloj.

La mayoría del software astrológico te presentará una lista de Partes árabes para cualquier carta. Pero si todavía estás utilizando la página del software que te proporciona esta y otra información, no has estado prestando atención: ¡deja de hacerlo! El cálculo de las Partes no es difícil, pero el ejercicio que implica puede ser suficiente para disuadirte de usarlas innecesariamente.

Más importante aún, la manera en la que se presentan las Partes en los programas de computadora es errada. Lo que muestra el software es una lista de las Partes que por casualidad están en aspecto cercano con un planeta en esa carta. Si la Parte de Lentejas está en conjunción con Saturno, ésta aparecerá en la lista – sin importar que la pregunta sea "¿Ella se casará conmigo?" y las lentejas no tengan nada que ver con eso. El hecho de que alguna Parte esté por casualidad haciendo aspecto con un planeta es irrelevante. Eso no significa que la Parte sea importante en esa carta.

El uso correcto de las Partes es decidir qué Parte nos interesa, calcularla, y luego ver lo que esté haciendo ésta y – lo que es más importante – su dispositor. Estos pueden o no estar en aspecto con un planeta.

EL CÁLCULO

Si ya sabes cómo se hace, puedes saltarte este cuadro.

Todas las medidas en grados (6 de Aries, 17 de Cáncer, etc.) son en longitud celeste. Estas nos dicen qué tan lejos de la eclíptica está un punto. Un planeta en 12 de Tauro está en la segunda porción de 30 grados del zodiaco (al que llamamos Tauro) y está en los 12 grados de esa porción.

Cuando medimos la distancia entre un planeta y otro, contando cuántos grados hay entre ambos, lo hacemos en longitud celeste. Pensar que "La distancia entre ellos es de 3 signos y 17 grados" no es buena idea, ya que deja lugar para cometer errores. Es mucho más fácil trabajar usando la *longitud absoluta*. Ésta es la distancia entre algo y los 0 grados de Aries, pero sólo se expresa en número de grados, no en cantidad de signos y de grados. El planeta que usamos en nuestro ejemplo, en 12 grados de Tauro, está en 42 grados de longitud absoluta. Para llegar a ese grado, comenzando desde 0 grados de Aries, debemos viajar a través de los 30 grados que forman el signo de Aries y luego otros 12 grados de Tauro: 42 grados en total.

La longitud absoluta en el grado 0 de cada signo es::

♈	0	♎	180
♉	30	♏	210
♊	60	♐	240
♋	90	♑	270
♌	120	♒	300
♍	150	♓	330

Aprende esta tabla.

Así que un planeta en 14 de Leo tiene una longitud absoluta de 120 grados (0 de Leo) + 14 grados = 134 grados. Un planeta en 8 de Piscis tiene 330 grados (0 de Piscis) + 8 = 338 grados.

El cálculo para buscar la distancia entre el planeta 1 y el planeta 2, y luego agregar esta distancia al Ascendente (o algún otro punto), se puede expresarse de una manera simple como Asc + planeta 2 – planeta 1.

Supongamos que queremos calcular la posición de Fortuna en una carta donde el Sol está en 17.34 de Leo, la Luna en 4.52 de Libra y el Ascendente en 22.36 de Virgo.

La fórmula para Fortuna es Asc + Luna – Sol.

Asc está en 22.36 de Virgo.
0 de Virgo son 150 grados, + 22.36 = 172.36
La Luna está en 4.52 de Libra.
0 de Libra son 180 grados, + 4.52 = 184.52
El Sol está en 17.34 de Leo.
0 de Leo son 120 grados, + 17.34 = 137.34

Asc + Luna: 172°36'
184°52' +
356°88'

Presta atención al número en la columna de los minutos: 88 minutos. Un grado sólo tiene 60 minutos, pero ignora esa sutileza aritmética aquí. Si evitas cambiar los minutos por grados (dejándolos aquí como 88) te asegurarás de poder restar la tercera parte de la fórmula sin problema. Trata la cifra a cada lado del punto como una suma separada, incluso si ésta es mayor que 100 en la columna de los minutos. De esta manera evitarás los errores que se comenten habitualmente al hacer este cálculo.

Asc + Luna: 356°88'
– Sol: 137°34' –
219°54'

Así que Fortuna está en 219°54' de longitud absoluta.
Mira la tabla de longitudes absolutas para buscar el mayor número que sea menor que 219.54.
Este es 210, que corresponde a los 0 grados de Escorpio.
Así que Fortuna está en Escorpio.

Resta 210 de la longitud absoluta de 219.54:

$$219°54'$$
$$210°00' \; -$$
$$\overline{9°54'}$$

Así que Fortuna está en 9.54 de Escorpio.

Nota: puedes sumar o restar 360.00 en cualquier momento durante este cálculo si esto hace que la suma te sea más fácil. Si el número que hay que restar es mayor al resultado de la suma de los otros dos, agrega 360 al número que obtuviste de la suma. Si el número con el que terminas una vez completada la operación es mayor que 360, réstale 360. Si el total te da un número de minutos superior a 60, resta 60 de éste y suma 1 al número de grados.

Hagamos otro cálculo. Supongamos que queremos encontrar la Parte de Renuncia y Despido, cuya fórmula es Saturno + Júpiter − Sol. Imaginemos que Saturno está en 17.54 de Aries, Júpiter en 4.58 de Tauro, y el Sol en 20.17 de Sagitario.

Saturno + Júpiter: 17°54'
$$34°58' \; +$$
$$\overline{51°112'}$$ Observamos la columna de los minutos

$$51°112'$$
− Sol: $$260°17' \; -$$ no podemos hacer esto, por lo que sumamos 360.00

$$51°112'$$
$$360°00' \; +$$
$$\overline{411°112'}$$ ahora podemos restar el Sol

$$411°112'$$
$$260°17' \; -$$
$$\overline{151°95'}$$

Así que la Parte está en 151°95' de longitud absoluta.

> Estos son grados y minutos, y no grados y decimales. Así debemos ajustar la columna de los minutos: 95 minutos = 1 grado y 35 minutos.
> Así que 151.95 = 152.35.
> Mira la tabla. ¿Cuál es el mayor número que sea menor que 152.35? 150. Esto nos dice que la Parte está en Virgo.
>
> $$\begin{array}{r} 152°35' \\ 150°00' - \\ \hline 2°35' \end{array}$$
>
> Así que la Parte está en 2.35 de Virgo.
>
> Con un poco de práctica te darás cuenta de que este cálculo es mucho más simple de lo que podría parecer. He tenido muchos alumnos que profesan su incompetencia para la aritmética, pero todos han aprendido a hacer esto sin angustiarse demasiado.

Uso de las Partes

El principio general es que las Partes no afectan, sino que son afectadas. Éstas no forman aspectos (una Parte no es más que un punto en el espacio: no tiene luz y, por lo tanto, no puede formar un aspecto); pero pueden recibir aspectos. Supongamos que Júpiter está en cuadratura exacta con la Parte del Matrimonio: aquello que representa Júpiter está poniendo tensión en el matrimonio; esto no muestra que el matrimonio tenga algún efecto sobre Júpiter.

Dicho esto, en determinadas circunstancias, ciertas Partes pueden actuar como si formasen aspectos. Si mi significador aplica a una oposición con la Parte de Renuncia y Despido, este es un testimonio de que podría perder mi trabajo. El papel de la Parte en este caso es mostrar cuándo ocurrirá el evento, al igual que un hito marca un lugar en una carretera, y no un evento en sí. Si un cartel me dice que estoy a 100 kilómetros de la ciudad, puede que decida parar para cenar; esto no significa que el cartel me haya detenido para la cena. Esto puede llevar a una disputa por pequeñeces: en la carta, la relación entre la Parte y la acción puede considerarse como directa.

Si estás considerando un aspecto con una Parte para mostrar un evento, usa sólo la conjunción y la oposición. Es poco probable que otros aspectos muestren el evento, a menos de que haya otro testimonio fuerte y congruente en otro lugar.

Considera la fuerza de las Partes al igual que las de un planeta: éstas son afectadas por combustión, por aspectos de planetas, y así sucesivamente. Ten cuidado al estimar la fuerza según la casa en que se encuentren: si la Parte del Trabajo a Realizar está en la 12.ª casa, ¿significa que es débil, o sugiere trabajar con animales grandes?

Ve al grano. No introduzcas Partes a menos de que sean directamente relevantes con el contexto. Si la pregunta es "¿Cuándo me voy a casar?" La Parte de la Muerte en conjunción con el Regente 7 no significa que te casarás con un asesino serial. Esto no quiere decir nada en absoluto: no es relevante y no debe utilizarse. Si la pregunta es: "Tengo una enfermedad terminal. ¿Me casaré antes de morir?" la Parte de la Muerte podría ser pertinente.

Cartas giradas

Si estás girando la carta, gira las Partes también. Si mi pregunta es "¿Mi hija realmente desea ser una bailarina con todo su corazón?" de nada sirve mirar la Parte de la Vocación en la carta radical. No estoy preguntando por mi vocación, sino por la de ella. Así que debemos girar la Parte, calculándola a partir de la cúspide de la 10.ª casa de ella, no de la mía.

La Parte de la Fortuna

Aunque esta es la Parte más importante en la astrología natal, y de hecho la mayoría de los softwares la mostrarán en la carta, su papel en astrología horaria es limitado. Rara vez nos dice algo que no encontremos en otro lugar.

La fórmula de Fortuna es Asc + Luna − Sol. Mucha gente invierte esta fórmula en las cartas nocturnas (Asc + Sol − Luna), pero te aconsejo no hacerlo: utiliza la fórmula estándar para cartas diurnas y nocturnas. La mayoría de los software le permiten al usuario elegir si desea invertirla en cartas nocturnas o no.

Fortuna puede mostrar el tesoro del consultante – cualquiera que éste sea, dentro del contexto de la pregunta. Fortuna sobre la cúspide de una casa puede mostrar que los asuntos relacionados con esa casa son importantes para el consultante. "¿Cuándo me voy a casar?" con Fortuna en la cúspide de la 5.ª casa podría sugerir que el "tesoro" del consultante es tener hijos. Para leerse en este sentido, la Parte tiene que estar dentro de uno o dos grados de la cúspide.

Como Fortuna es el tesoro del consultante, en preguntas acerca de objetos perdidos ésta puede significar el objeto en sí. Pero esto por lo general no es así: Fortuna está al final de nuestra lista de indicadores posibles.

Fortuna puede jugar algún papel en preguntas acerca de dinero. Entre más general sea la pregunta, más probabilidad hay de que éste sea su papel. "¿Cómo estarán mis finanzas en los próximos meses?" con un Júpiter fuerte en trígono con Fortuna: ¡muy prometedoras! En preguntas más específicas como "¿Voy a ganar dinero si compro este apartamento y lo alquilo?" este testimonio tan prometedor sólo tendría una importancia secundaria. Para juzgar tal pregunta, miraríamos la casa relacionada con la pregunta (en este caso la 5.ª, que es la 2.ª casa a partir de la 4.ª: la ganancia de la propiedad).

Como principio general, si notas que algo está sucediendo con Fortuna, como por ejemplo un aspecto exacto, podría valer la pena considerarlo, aunque es poco probable que sea de gran importancia. No tienes que buscarla ("Me pregunto qué está haciendo Fortuna").

◆ Hice demasiado caso a los textos antiguos aquí, especialmente en los comentarios sobre dinero. Tanto en astrología natal u horaria, *nunca* hay una conexión directa entre Fortuna y la fortuna material. Nuestros ilustres antepasados a menudo afirman que la hay, especialmente en sus juicios sobre asuntos de la 2.a casa, pero éste es un grave error de interpretación de la naturaleza de Fortuna, estimulada por la necesidad del astrólogo de tener que incluir algo que resulte en un juicio complaciente. Si nuestros antepasados hubiesen sabido sobre asteroides, los habrían metido en la carta por montones.
No recuerdo haber juzgado jamás una carta en la que Fortuna haya mostrado algo importante. Lilly da ejemplos de cartas en las que sí pasa esto, pero el análisis cuidadoso de esos juicios muestra que estaba equivocado. Observa, por ejemplo, las cartas en los capítulos LXIII y LIV de *Christian Astrology (Astrología cristiana)*. Los discutiré en más detalle en *Horary Practice (Práctica de astrología horaria)*. ◆

La Parte del Matrimonio: Asc + Desc – Venus

Esta Parte tiene un papel importante en muchas preguntas sobre relaciones de pareja. La utilizo más que el resto de las Partes juntas.

Esta Parte nos habla de la calidad de la relación entre dos personas, y de la actitud de ellas hacia ésta. También nos habla, metafóricamente, de la actitud de la relación hacia cada una de las personas: si la recepción nos muestra que esta Parte aborrece a uno de los miembros de la pareja, vemos que la relación perjudica a esa persona.

◆ Aquí pude haber sido más claro. Las recepciones se leen a partir del dispositor de la Parte, no a partir de la Parte misma. Ve a la nota agregada abajo. ◇

Esta Parte no se refiere exclusivamente al matrimonio formal. Debido a que se calcula usando el Ascendente y el Descendente, la Parte se refiere exclusivamente a la relación entre las personas representadas por la 1.ª y 7.ª casa. Si el Regente 7 representa al amante de la consultante casada, la Parte del Matrimonio describe la relación de ella con el amante, y no la de su matrimonio.
Considera este ejemplo:

> El Regente 1 es Marte en 19 de Virgo, que representa al consultante.
> El Regente 7 es Venus en 12 de Géminis, que representa a la esposa del consultante.
> La Parte del Matrimonio está en 5 Virgo.
> Es una carta nocturna.

¿Los cónyuges se quieren?
Para saberlo, chequea las recepciones (capítulo 8).
Marte está en el decanato de Venus. Venus está en el decanato de Marte.
Así que hay recepción mutua entre ellos, pero sólo por decanato. Ésta es muy débil, lo que muestra que se tienen muy poco afecto.
Marte también está en la caída de Venus: el consultante aborrece a su esposa.
Pero Marte y Venus tienen un gran interés en Mercurio: Marte está en el signo y exaltación de Mercurio; Venus está en su signo y triplicidad. Lo que Mercurio representa es de gran importancia para los dos.
¿Qué representa Mercurio?
La Parte del Matrimonio está en 5 Virgo, así que el dispositor de la Parte del Matrimonio es Mercurio. Mercurio representa el matrimonio.
Aquí vemos que aunque los cónyuges no se quieren mucho, ambos valoran su matrimonio. Esto es común, especialmente en cartas sobre consultas del tipo "¿Nuestro matrimonio sobrevivirá?". En estos casos, también es común encontrar que el dispositor de la Parte del Matrimonio tiene como dispositor el Regente 5: ¿Qué es importante para el matrimonio? Los hijos.

En preguntas acerca de relaciones, si encuentras que ambos cónyuges tienen un fuerte interés en un planeta aún no identificado, es habitual encontrar que ese planeta es el dispositor de la Parte del Matrimonio. Es como si hubiesen tres entidades distintas involucradas: el esposo, la esposa y el matrimonio en sí.

El dispositor de una Parte árabe representa esa cosa. El dispositor de la Parte del Matrimonio representa el matrimonio; el dispositor de la Parte de la Cirugía representa la cirugía; el dispositor de la Parte del Trigo representa el trigo del consultante. Esto es importante; nos permite descubrir las actitudes de las personas involucradas con respecto a tal cosa, mientras que tanto la condición del dispositor como la Parte nos dirán el estado de ella.

Aquí hay algunos ejemplos de lo que esto nos puede mostrar:

* "¿Tengo un futuro con Bob?" con los significadores del consultante sin mostrar interés en el Regente 7 (Bob) pero con fuertes dignidades en el dispositor de la Parte del Matrimonio. "Al parecer no te gusta mucho Bob. Pero la carta sugiere que quieres una relación, y él parece ser quien está más a mano."

* "¿Cuándo encontraré un marido?" con el Regente 1 recién entrando en el signo que rige el dispositor de la Parte del Matrimonio. El consultante recientemente decidió que quiere casarse. Esto es común en preguntas donde el matrimonio será arreglado.

* "¿Ella va a dejarme?" con el Regente 7 en los 29 grados del signo regido por la Parte del Matrimonio. Cuanto menos, ella está a punto de perder interés en el matrimonio, y probablemente se vaya físicamente. Otros testimonios indicarán cuál será el desenlace. Aunque quizás su planeta esté estacionario, y se vuelva retrógrado antes de abandonar el signo: "Está pensando seriamente en irse, pero cambiará de opinión".

* "¿Vamos a tener un matrimonio largo y feliz?" con el dispositor de la Parte del Matrimonio ubicado al principio de un signo fijo, con mucha dignidad esencial. "Será largo (signo fijo) y feliz (esencialmente fuerte)."

* "¿Mi madre aprobará el matrimonio?" con el Regente 10 (Mamá) en la caída del dispositor de la Parte del Matrimonio. "¡No!"

* "¿Tendremos hijos?" con la Parte del Matrimonio y su dispositor en signos fértiles: un fuerte testimonio de que "Sí".

Lo que no hace la Parte del Matrimonio es darnos una respuesta a "¿Cuándo nos casaremos?" La medida de tiempo no es mostrada por un aspecto de uno de los miembros de la pareja hacia la Parte del Matrimonio o a su dispositor. Necesitamos un aspecto entre dos personas. Esta Parte muestra la relación, no el evento del matrimonio.

◊ Como dije, el dispositor de una Parte representa a tal cosa, así que el dispositor de la Parte del Matrimonio representa la relación entre estas dos personas. Las dignidades y debilidades sobre las que esté la Parte no tienen relevancia. No debemos pensar que "La Parte exalta a Marte" o "La Parte está en el detrimento de Saturno". Todas las recepciones relacionadas con la Parte se leen a partir de su dispositor, no desde la ubicación de la Parte misma. Si, por ejemplo, el dispositor de la Parte del Matrimonio estuviese en la caída del Regente 1, podríamos juzgar que la relación le causa desilusión al consultante. Si la Parte misma estuviese en la caída del Regente 1, esto no nos diría nada. Esto es así porque, si bien las recepciones son una calle de dos direcciones, no es posible que un planeta esté en la dignidad o debilidad de una Parte. Mira la tabla de dignidades de la página 59. Allí hay planetas, pero no Partes: un planeta no puede estar en la exaltación o el detrimento de una Parte, sino sólo en los de otro planeta. ◊

La Parte del Matrimonio de mujeres: Asc + Saturno – Venus
La Parte del Matrimonio de hombres: Asc + Venus – Saturno
La Parte del Cónyuge: Asc + Desc – Regente 7

Menciono estas partes sólo para que no te confundas cuando te las encuentres en otro lado. Son relevantes sólo en matrimonios arreglados, y a pesar de haber hecho varias cartas horarias sobre ese tema, tampoco las encontré de mayor utilidad allí. Déjalas para trabajar en cartas natales. Las primeras dos partes invierten su fórmula de noche, así que el matrimonio de mujeres de día es el matrimonio de hombres de noche, y viceversa.

La Parte del Divorcio: Asc + Desc – Marte

Hay una noción que indica que la fórmula de esta Parte es la Parte del Matrimonio a la inversa. Esto es un error: el divorcio no es lo opuesto al matrimonio.

No es sorprendente que en preguntas en las que el divorcio es una opción viable, uno o ambos cónyuges estén en fuertes dignidades del dispositor de esta Parte. Uno de ellos bien podría exaltarlo, tomando al divorcio como la solución de todos los problemas; el otro podría estar en su caída, aborreciendo y temiendo tal idea.

A diferencia de la Parte del Matrimonio, esta Parte sí se relaciona con un evento específico, por lo que un aspecto hacia ésta puede indicar el evento y el momento en el que sucederá. Un significador aplica a una conjunción con la Parte del Divorcio: "Te vas a divorciar" (esto, claro está, si hay otros testimonios que concuerden). Un significador aplica hacia una oposición con la Parte del Divorcio: "Te vas a divorciar, pero desearás no haberlo hecho".

"¿Nuestro divorcio afectará a nuestros hijos?" con el Regente 5 y el dispositor de la Parte del Divorcio en detrimento mutuo: "¡Sin duda! Lo odian y éste los odia a ellos"

¡No calcules esta Parte a menos que la pregunta asegure que el divorcio es una opción real! No importa dónde esté ubicada la Parte, si el divorcio no es una opción, ésta no será relevante; es como si un actor haciendo el papel de Hamlet subiese al escenario durante una producción de *Othelo*. No importa qué tan convincente sea su actuación: está en la obra incorrecta, y se lo debe ignorar. Así mismo debemos tratar todas las Partes.

◆ Ya no utilizo esta Parte. Nadie se interesa por el divorcio. Puede que la gente diga "Quiero divorciarme", pero no es eso lo que quieren decir. Lo que quieren decir es "Ya no quiero estar casado". ◆

La Parte de Renuncia y Despido

Esta es una rareza entre las Partes, ya que se calcula a partir de las posiciones entre tres planetas: Saturno + Júpiter − Sol. Búscala en preguntas del estilo de "¿Voy a seguir en mi empleo?"

Al igual que la Parte del Divorcio, esta Parte se relaciona con un evento, así que un aspecto hacia ésta puede indicarnos tal evento. Si la pregunta fuese "¿Debería renunciar?", el planeta del consultante aplicando a una oposición con la Parte de Renuncia y Despido sugeriría "Al parecer sí, pero te arrepentirás de hacerlo".

Supongamos que el dispositor de la Parte del Despido está justo sobre el ascendente: la idea de ser despedido pesa sobre el consultante. En sí mismo, este testimonio sólo muestra que la idea pesa sobre él; no lo muestra siendo despedido.

"¿Las Partes son precisas?" Al momento en el que se cerraron las urnas en las elecciones generales británicas del 1.º de Mayo de 1997, la Luna (significador natural de la gente, el electorado) estaba exactamente – en el mismo minuto de arco – sobre la Parte de Renuncia y Despido de la carta natal del Partido Conservador, a quien el electorado estaba despidiendo.

Parte de la Vocación: MC + Luna – Sol
Parte de la Fama: Asc + Júpiter – Sol

Aunque éstas son más útiles en cartas natales, vale la pena revisarlas en horarias sobre preguntas vocacionales. La Parte de la Vocación es igual que la de Fortuna, excepto que se extiende desde el medio cielo y no desde el ascendente. Como está basada en Fortuna, recomiendo no invertir la fórmula en cartas nocturnas. La Parte de la Fama sí se invierte en las nocturnas.

Aunque sería inusual encontrar una carta horaria que lleve este significado, Fortuna es el alma, y por eso lleva la idea de ser el tesoro del consultante, "la perla de gran valor". La vocación es lo que el alma es llamada a hacer, por eso la Parte de la Vocación tiene el mismo arco que Fortuna, extendido desde el MC (10.ª casa), que muestra nuestra acción. Esta Parte puede mostrar el curso de acción de los más profundos anhelos del consultante.

"¡Voy a morir si papá me obliga a ser contador!" con Mercurio opuesto a la Parte de la Vocación: ya podemos ver por qué. La contaduría está opuesta a la naturaleza del alma del consultante. La Parte de la Vocación en un signo fértil sobre la cúspide de la 5.ª casa: "Quizás debas quedarte en casa y tener hijos". Es habitual un fuerte énfasis en la 2da casa: "Debes dejar de vivir del aire y empezar a ganar dinero, por el bien de tu alma".

La Parte de la Fama también es conocida como la Parte del Trabajo a Realizar. Quizás éste sea un mejor nombre para ella, ya que no nos hace necesariamente famosos, pero sí tiene el significado de que "un hombre debe hacer lo que debe hacer". Esto es en un nivel más material que la vocación. Si la vocación es el llamado del alma, la Parte del Trabajo a Realizar nos dice "estás en este momento y lugar, y tienes estas habilidades; esto es lo que se necesita hacer".

La Parte de la Muerte

Hay varias fórmulas para ésta. Las que yo utilizo son Asc + cúspide de la 8.ª − Luna y cúspide de la 8.ª + Saturno − Luna. Con esto no quiero decir que otras fórmulas sean incorrectas, pero con dos es suficiente.

Ten cuidado al usar esto. La muerte es un evento importante en la vida: no debemos andar hurgando en testimonios menores para encontrarla. No tomes un aspecto con la Parte de la Muerte como único testimonio de que alguien morirá.

En preguntas relacionadas con la muerte, ya no uso estas Partes. Si la persona morirá, lo mostrarán otros testimonios (aspectos con el Regente 8, por ejemplo). Aún no he visto una carta en la que la muerte sea mostrada sólo, o principalmente por una Parte. Si no ejercitas un poco de autocontrol con esto, tus cartas horarias tendrán más cadáveres que una película de policías en Hong Kong.

Mantén estas Partes para preguntas en donde la muerte sea una figura velada, acechando en el fondo: ¿saldrá al escenario? Un refugiado político pregunta "¿Estaré seguro si vuelvo a mi país?" y la Parte de la Muerte o sus significadores están muy involucrados: "Es muy riesgoso". No es un claro testimonio de que "No, serás asesinado"; pero es suficiente para justificar precaución.

Lo mismo sucede con "¿Debería operarme?": encontrar la Parte de la Muerte en el Medio Cielo (dominando la carta) en el mismo grado de la Parte de la Cirugía: "No, es muy riesgoso". La Parte por sí misma no muestra que la muerte te lleva; puede mostrar que estás acercándote a ella más de lo que es prudente.

La Parte de la Cirugía: Asc + Saturno − Marte

Esta se invierte de noche, resultando en Asc + Marte − Saturno. En la mayoría de las cartas sobre cirugías podemos tomar a Marte, su significador natural, como representante de la cirugía. Si Marte es el significador del consultante o de la enfermedad, necesitamos otra opción, que es lo que ofrece esta Parte. Aun si podemos usar a Marte, vale la pena calcular la Parte para ver qué nos dice.

¡Ten cuidado! Incluso en su mejor condición, una cirugía no es agradable: no esperes ver planetas felices en aspectos amistosos. Encontrar al significador de la enfermedad regido por el dispositor de la Parte de la Cirugía es muy alentador: la cirugía tiene poder sobre la enfermedad. Pero no es afortunado encontrar que la enfermedad es la dispositora de la Parte de la Cirugía o de su regente.

La gente pregunta sobre cirugías láser en sus ojos. Encontrar la Parte de la Cirugía o a su dispositor en una estrella que aflige a los ojos (ve a la p. 142) sería un indicador negativo. Observa también la relación de la Parte y su dispositor con el Sol y la Luna, regentes naturales de los ojos.

La fórmula inversa de esta Parte da la *Parte de la Enfermedad*. Ésta es una opción para representar enfermedades, pero tenemos otras mejores. Sugiero dejar esta Parte para trabajar en las cartas natales.

La Parte de las Mercaderías

Trigo, aceitunas, algodón, uvas: estas y muchas más mercaderías tienen sus Partes. Hace mucho tiempo, parte del negocio del astrólogo era responder preguntas sobre cuándo vender una cosecha, o si conviene plantar esto o aquello. Estas Partes son invaluables para responder tales preguntas – aunque en el mundo moderno estas preguntas son cada vez más escasas. Júpiter fuerte en trígono con la Parte del Maíz; Saturno débil opuesto a la Parte del Trigo: planta maíz el año próximo. El Regente 8 (2.ª casa a partir de la 7.ª: el dinero de los otros) en conjunción con la Parte de los Pepinos dentro de dos grados: lleva tus pepinos al mercado en dos días y van a arrasar con ellos.

Como este es un libro de texto y no una enciclopedia, no voy a hacer una lista de todas las Partes aquí. Si te preguntan sobre esto – y entre las miles de horarias que he hecho, sólo puedo recordar una pregunta similar – consulta el libro de al-Biruni, quien da una lista completa de las Partes[33]. Si necesitas la Parte de una mercadería que no aparece en su lista, estudia el modo en que están construidas las fórmulas, y luego reemplaza el regente natural de la mercadería en cuestión.

Otras Partes

Si sientes el impulso de incorporar otras Partes en tus cartas, consulta las fórmulas de al-Biruni. Al trabajar con su tabla, la aritmética es Lugar 3 + Lugar 2 – Lugar 1. Aunque si sientes el impulso de incorporar otras Partes en tus cartas, probablemente no entendiste los principios básicos de la astrología horaria. Construyamos la casa antes de empezar a colgar adornos en el exterior. ¡No las necesitas! Las técnicas extras nunca sustituirán la falta de trabajo en los principios básicos. Trabaja más sobre las bases.

◆ En la primera línea de este capítulo, escribí que uso las Partes cada vez menos. Con la excepción de la Parte del Matrimonio, que puede llegar a ser útil,

---

[33] Al-Biruni, op.cit., párrafos 476-479.

hoy en día casi no las uso. Al igual que las estrellas fijas, las Partes son muy importantes en astrología natal pero tienen poca utilidad en horaria. Si descubres que las estás usando más que ocasionalmente, las estás usando demasiado. ¡No lo compliques! ◈

13

Medida del tiempo

Prepárate: ésta es la parte difícil. Los consultantes no sólo querrán saber si las cosas sucederán; también tienen el hábito de querer saber cuándo sucederán. Por lo que debemos ser capaces de calcular el tiempo de nuestras predicciones.

Esto puede hacerse con gran precisión: he calculado predicciones al minuto, aunque sería una tontería hacer esto para los consultantes – es divertido, pero no tiene ningún propósito práctico. A veces, el juicio de la medida del tiempo en que ocurrirá algo es claro, tan claro que puede ser tan simple como cualquier otra cosa que hayamos considerado. Sin embargo, es más común que involucre un balance de consideraciones y posibilidades.

El Método

Supongamos que hiciste una carta horaria y juzgaste que habrá un evento: "Sí, pasará tal y tal cosa". Usualmente, este evento se mostrará por un aspecto. Usualmente, este aspecto nos dará el tiempo en el que sucederá tal evento.

En ocasiones, debemos buscar en otros lugares para calcular el tiempo, ya sea porque el aspecto que daría el momento del evento no puede ser real, o porque el evento no es indicado por un aspecto, sino por otra cosa. Volvamos a la carta del gato perdido en el capítulo 1. El evento – el regreso del gato – no lo mostraba un aspecto, sino Júpiter retrógrado. Júpiter no tenía ningún aspecto significativo, así que algo más debía mostrar el momento en el que el gato volvería. En este caso, la aplicación de la Luna hacia un aspecto con el Ascendente.

Una vez identificado, el aspecto apropiado nos puede mostrar el tiempo del evento de varias maneras.

Toda medida de tiempo se realiza en referencia al momento en el cual se hace la carta horaria. Ésta marca el "tiempo cero".

Usando eventos pasados

Si está disponible, este es, por lejos, el método más preciso para medir el tiempo. Se basa en que la carta nos muestre un evento pasado. Supongamos que la pregunta es "¿Cuándo me casaré de nuevo?" y que sabemos que nuestra consultante se divorció hace tres años. La carta muestra que su significador se está separando de Marte, regente natural del divorcio. Si se ha separado 5 grados de Marte, sabemos que en la escala de esta carta, 5 grados = 3 años. Así que, si su significador ahora aplica hacia un aspecto con el regente de la séptima casa, que representa a su futuro esposo, con 10 grados de distancia, el juicio es simple: "Te casarás de nuevo en 2 x 3 años = 6 años". Es como si la carta tuviese su propia escala de calibración, y podemos encontrarla marcada en un mapa.[34]

Signo y casa

Desafortunadamente, muy pocas cartas muestran eventos pasados. O bien, ya que por principio todas deberían mostrarlos, son pocas las cartas que los muestran con la suficiente claridad como para ser de utilidad.

La medida de tiempo es, por razones que desconozco, el área de la astrología horaria en la que los estudiantes muestran la mayor resistencia a absorber conocimiento. ¡Presta atención! Esto funciona.

Tenemos nuestro aspecto. Si tenemos un aspecto, habrá una cantidad de grados entre el lugar en el que está el planeta que aplica ahora, y en el que estará cuando se realice el aspecto. A menos que sea una de esas cartas donde podemos calcular el tiempo a partir de un evento pasado, este número marcará la cantidad de unidades de tiempo (horas, días, años, etc.) entre el momento de la pregunta y el momento del evento.

Cuenta el número de grados que deberá recorrer el planeta que aplica hasta realizar el aspecto. Supongamos que el aspecto es el Sol en 10 de Tauro, aplicando a Marte en 14 de Leo. ¿Cuánto deberá recorrer el Sol para realizar este aspecto? La respuesta no es 4 grados.

Marte no está quieto, esperando a que el Sol lo alcance. Marte también se está moviendo.

No nos interesa la distancia que recorre el planeta que aplica hasta alcanzar la posición del otro planeta tal y como aparece en la carta.

---

[34] La carta discutida en *La verdadera astrología,* pp. 4-7 da un ejemplo de esto.

Lo que nos interesa es la distancia que recorre el planeta que aplica hasta realizar el aspecto. Para esto, deberás consultar tus efemérides.

Se puede reconocer a mis alumnos por tener las palabras CONSULTA TUS EFEMÉRIDES marcadas con hierro caliente en la frente. Ser marcado de esta manera es doloroso, así que presta atención aquí. *Lo que importa es el lugar en el que se realiza el aspecto.*
El Sol en 10 de Tauro aplicando a Marte en 14 de Leo se realizaría generalmente cuando el Sol esté alrededor de los 17 de Tauro, no en 14 de Tauro. El Sol ha tenido que recorrer 7 grados hasta realizar el aspecto, no 4.
Estos 7 grados son los que importan.

Así que: pregúntate

* ¿Dónde se realiza este aspecto? (revisando tus efemérides)
* ¿Cuánto debe recorrer el planeta que aplica para llegar a este punto?

Ya identificamos la cantidad de grados. Ésta nos dice cuántas unidades de tiempo transcurrirán antes del evento. Ahora debemos encontrar qué unidad de tiempo es relevante. ¿Son horas, días, semanas, meses o años? Si leíste a Lilly, habrás notado que sólo aporta más confusión al tema. En primer lugar, él da dos escalas de tiempo contradictorias; luego las sujeta a unidades fijas. La sugerencia de que, por ejemplo, las casas angulares = años no ayuda en nada. Si la pregunta es "¿Cuándo llamará mi novio?", años no es un concepto relevante. Deja a un lado a Lilly y escucha.

Toda pregunta tiene su propio marco de tiempo, dentro del cual tenemos un corto, medio o largo plazo. Para la adolescente enamorada que exige saber "¿Cuándo llamará mi novio?" las opciones podrían ser minutos como corto, horas como medio y días como largo. Para la consultante más adulta que pregunta "¿Cuándo conoceré al hombre perfecto?", años puede ser la opción más larga, con meses como medio y semanas como corto plazo. Las tres unidades son consecutivas: no tenemos minutos, meses y años.

"Pero este supuesto marco de tiempo limita las posibilidades de lo que nos puede decir una carta." No. Podemos tener un aspecto que se realiza en menos de un grado, así que nuestra decisión de que el rango de tiempo razonable de "¿Cuándo conoceré al hombre perfecto?" sea de años, meses o semanas no le corta las alas a Cupido. Un aspecto que se realiza en menos de un grado dentro de nuestra opción más corta nos podría indicar "¡Esta tarde!"

Sí, la elección de la unidad de tiempo correcta (rápida/media/lenta) a veces está abierta a discusión; pero menos veces de las que podrías pensar. Por lo general es lo bastante evidente. Ante cualquier duda, recuerda que la máxima separación teórica de un aspecto es un poco menos de 30 grados (un planeta en 0 grados de un signo realiza un aspecto en los 29 grados del mismo signo). Esto nos da un máximo de poco menos de 30 para cualquier unidad de tiempo. Por ejemplo, es poco probable que "horas" sea la unidad de tiempo más rápida si estás considerando sólo un par de horas; pero piensa en un máximo de 29 horas – más de un día – y verás que encierra posibilidades más amplias.

Una vez que hayas elegido el rango de unidades corto, medio o largo, decide cuál de estos es el apropiado, considerando el signo y casa en los cuales se ubica el planeta que aplica. Ignora el signo y casa en el que está el planeta que es aplicado. Nos interesa *únicamente* el planeta que aplica. *Únicamente* el planeta que aplica. Los estudiantes se resisten a esto y persisten en revisar la casa y signo del planeta que es aplicado. Si sientes que estoy insistiendo demasiado sobre este punto, recuerda que hablo a partir de una larga experiencia de enseñanza. ¡Únicamente, únicamente, únicamente!

Encontrar al planeta que aplica en un signo fijo dará la unidad de tiempo más larga, en uno cardinal, la más corta, y los mutables se tomarán como un plazo medio del que hayamos considerado es el marco de tiempo de la pregunta.

Esto es bastante simple. Se complica cuando incluimos las casas, ya que hay una contradicción intrínseca. Según su naturaleza, las casas angulares equivalen a los signos fijos e indican la unidad de tiempo más larga. Las cadentes – como se esperaría de una casa que está, literalmente, "cayendo" – nos da la unidad más corta; las sucedentes, la unidad media. Combinando casa y signo obtenemos, por ejemplo, largo + largo, lo cual indica nuestra unidad más larga. O corto + corto, que es nuestra unidad más corta. Cualquier otra combinación nos dará una media.

Sí, el sistema tiene una fuerte tendencia a favor de las unidades medias. Esto probablemente diga algo sobre la naturaleza de las cosas; pero si la carta desea mostrarnos la unidad más rápida o la más corta, es más que capaz de hacerlo.

Ahora, la contradicción: las casas angulares son lentas. Pero un planeta en una casa angular tiene mucha dignidad accidental. La dignidad accidental incrementa la capacidad de acción de un planeta. Así que si un planeta desea actuar, es más que capaz de hacerlo, y es mucho más probable que lo haga rápidamente. Así que las casas angulares son rápidas.

La clave es la palabra "desea": la cuestión de la *volición*. Si las cosas se están desarrollando como un proceso natural, lo que sea que esté en una casa angular sucederá lentamente. Si la persona o cosa que represente un planeta en una casa angular está, dentro del contexto de la pregunta, en una posición de actuar, y si (y sólo si) las recepciones indican que quiere actuar, lo hará rápidamente. Esta (aparente) contradicción intrínseca es la razón por la que Lilly dio estas dos tablas aparentemente contradictorias.

Por ejemplo: pregunto "¿Cuándo llegará el cheque?" y encuentro al significador del cheque en una casa angular. No hay nada que el cheque pueda hacer para acelerar su propia llegada. El tema de la volición es irrelevante. La casa angular sugiere una medida de tiempo lenta.

Por otro lado, cuando las mujeres de la India preguntan "¿Cuándo conoceré al hombre con el que contraeré matrimonio?" es común encontrar sus significadores en casas angulares. Una vez que hayan tomado la decisión de que es el momento de casarse, hay mucho que pueden hacer para acelerar el proceso, en contraste con Bridget Jones, quien sólo puede esperar a que Cupido se escabulla en su vida. Si estos significadores angulares nos dan un aspecto aplicativo, y si (como nos indica el hecho de que está pagando para hacer la pregunta) sus recepciones muestran que ella quiere estar en pareja, podemos tomar esta angularidad como una medida rápida, *porque ella tiene el poder y desea utilizarlo*.

Lo mismo pasa al revés. Para cosas que se desarrollan por su cuenta, como una manzana cayendo de un árbol, las casas cadentes muestran eventos que suceden rápido. Pero si hay una volición disponible, la persona representada por el planeta cadente tiene poco poder para actuar, así que la cadencia desaceleraría el asunto.

Memoriza esta tabla:

	Corto	*Medio*	*Largo*
Signo:	Cardinal	Mutable	Fijo
Casa:	Cadente	Sucedente	Angular
Pero:	La volición puede hacer al angular rápido y al cadente lento		

Ejemplos: "¿Cuándo conseguiré un mejor trabajo?" Nuestra unidad más larga sería años, así que meses podría ser la media y semanas, la rápida. El planeta del consultante en una casa sucedente y en un signo cardinal, aplica para realizar el aspecto en 6 grados. Nuestra respuesta será "6 algos". Sucedente es medio; cardinal es rápido. Esto no es rápido + rápido, lo cual nos daría nuestra unidad de tiempo más corta (semanas); tampoco es lento + lento, la cual nos daría el tiempo más largo (años); así que debe ser medio. Obtendrás un mejor trabajo en 6 meses.

"Puse en venta mi departamento. ¿Cuándo lo venderé?" Sería razonable considerar días, semanas o meses. El significador del comprador (Regente 7) aplica hacia un aspecto en 5 grados. Está en un signo fijo y en una casa angular. Lento + lento. Esto daría un período de 5 meses, nuestra unidad más larga. PERO: ¡recuerda la volición! Es angular, así que el comprador tiene mucho poder para actuar. ¿Desea actuar? Revisa las recepciones: "Ah, bien – las recepciones muestran que ansía comprar". Está dispuesto y es capaz de actuar, así que podemos tratar esta angularidad como rápido. Rápido (angular con volición) + lento (fijo) nos da una unidad media: 5 semanas.

Aún con la naturaleza variable de las casas angulares, esto no es tan complicado. En la mayoría de las cartas, esto es todo lo que necesitarás para predecir el tiempo de un evento correctamente. Pero no en todas las cartas: hay variaciones.

Por más que haya enfatizado que lo que nos interesa es la distancia que debe recorrer el planeta hasta realizar el aspecto, y por más de que esto generalmente sea cierto, en algunas cartas debemos tratar al planeta que es aplicado como si estuviese quieto. El ejemplo anterior: "El Sol en 10 de Tauro aplicando a Marte en 14 de Leo realizaría el aspecto cuando el Sol esté cerca de los 17 de Tauro, no en los 14 de Tauro. El Sol ha tenido que recorrer 7 grados para realizar el aspecto, no 4. Estos 7 grados son los que importan". Sin embargo, a veces tomamos los 4 grados desde el Sol hasta Marte, ignorando el hecho de que Marte también se mueve. Esto se hace cuando:

* Considerar el movimiento del segundo planeta daría una medida de tiempo que no es posible dentro de la situación.
* Tenemos dos testimonios de tiempo en la carta, y tratar al planeta que es aplicado como si estuviese quieto corroboraría ambos testimonios (es decir, que los dos mostrarían la misma medida de tiempo).

En algunas cartas, consideramos sólo el signo del planeta que aplica, y no su casa. "¿En qué cartas?" En las cartas en las que consideramos sólo el signo del planeta que aplica, y no su casa. Me gustaría poder dar una norma, pero nunca la encontré. Simplemente se ven como "cartas únicamente de signos". Con suficiente práctica, también podrás identificarlas. Puede ser que la mayoría de ellas tengan el planeta en un signo fijo, y en base a eso juzgues la unidad de tiempo más larga. Esa es mi impresión, al menos; pero trata esta sugerencia con cautela. Para un ejemplo, mira la carta de la página 134.

Hasta ahora hemos tomado la cantidad de grados = cantidad de unidades de tiempo. Por lo general, esto es suficientemente preciso. Para agregar precisión, podemos ajustar esta cantidad. Si el planeta que aplica se mueve mucho más rápido o mucho más lento que su velocidad media, le tomará mayor o menor tiempo cubrir la misma cantidad de grados. Podemos, si lo deseamos, ajustar la cantidad de unidades hacia arriba o hacia abajo de acuerdo a esto. No seas demasiado quisquilloso: para que valga la pena considerarse, el planeta debe estar *mucho* más rápido o lento que lo habitual. Un par de minutos de arco por día es mucho para Júpiter; pero para la Luna, es inconsecuente.

He dado el tiempo de predicciones con un grado innecesario de precisión, calculando la proporción exacta por la cual un planeta es más rápido o más lento que su promedio; pero no tiene mucho sentido hacerlo. "Un poco" es un ajuste lo bastante preciso. Esforzarnos en decirle a nuestro consultante que conocerá al hombre perfecto a las 10 y 3 minutos del lunes 28 sólo alimenta nuestro propio ego. "Hacia finales del mes" es toda la precisión necesaria. Usa tu sentido común: si el evento sucederá dentro de esta semana, es razonable que indiquemos el día; si sucederá dentro de veinte años, elegir el año es lo bastante preciso. Resiste el impulso de lucirte. Si predices "contraerás matrimonio dentro de 3 años" y así sucede, serás visto como un gran astrólogo. Si predices "contraerás matrimonio dentro de tres años, el 17 de agosto" y resulta que la boda tiene lugar el 18 de agosto, serás el astrólogo que se equivocó.

Nota: si el planeta que aplica se mueve más rápido o más lento que lo común, esto afectará *sólo* la cantidad de unidades de tiempo; no afectará nuestra elección de las unidades que se usarán. Si dedujimos que la medida de tiempo será de 6 semanas, ajustar esta cantidad por velocidad planetaria podría convertirla en 5 o 7 semanas; no la convertirá en 6 días o 6 meses.

Los signos bicorporales demoran las cosas. Esto también afectará la cantidad de unidades de tiempo, no su naturaleza. "Un poco" más lento es toda la precisión que necesitamos y podemos obtener. Aunque funcionen, en la práctica es poco común considerar estos factores.

Si el aspecto es hacia un planeta retrógrado, de modo que ambos planetas aplican hacia su realización, el evento puede suceder más rápido que lo que sugiere la cantidad de grados. ¿Qué tan rápido?" De nuevo, "un poco". En tales casos, es mejor usar el número de grados para dar un límite máximo de tiempo, indicando que "quizás suceda antes".

Si la carta muestra dos aspectos que indican que el evento sucederá, como es de esperar, tales aspectos por lo común mostrarán la misma medida de tiempo.

"Casi la misma" es suficiente. Si uno muestra 12 unidades y el otro muestra 3, una correlación de 12 semanas = 3 meses es lo bastante cerca como para asegurar nuestra predicción.

Ignora el tiempo real. No importa qué tan fuerte sea la paliza que reciban, es un error común entre los estudiantes aferrarse a la idea de que si las efemérides muestran que el aspecto sucederá el próximo martes, el evento que indica la carta también sucederá el próximo martes. ¡No es así! Lo que nos muestran las efemérides es el tiempo desde nuestra percepción, el cual es una ilusión; lo que nos muestran los planetas es una aproximación lo más cercana posible a nuestra comprensión de lo que realmente es el tiempo. Trabaja a partir de los métodos simbólicos del tiempo, discutidos más arriba.

El tiempo de las efemérides se vuelve relevante cuando nuestras preguntas se refieren a indicaciones generales sobre grandes períodos de tiempo, o cuando deseamos ver más allá de los límites inmediatos de la pregunta para ver qué pasará en un período más largo. Esto generalmente se hace para asegurarle al consultante que no todo está perdido.

Ejemplos: supongamos que la pregunta es "¿Puedes darme algunas indicaciones generales sobre cómo marchará mi negocio durante los próximos meses?" Y encontramos que el negocio del consultante es representado por Júpiter, que entrará en su propio signo dentro de tres meses. Podemos juzgar que las cosas mejorarán alrededor de ese momento. Mi experiencia es que el consultante por lo general responde, "Ah sí - eso es justo después de la feria comercial," o algo similar, por lo que tales indicaciones resultaron acertadas.

O bien, supongamos que la pregunta es "¿Este es realmente el hombre de mis sueños?" y por la carta podemos juzgar "¿Te volviste loca?"; podríamos ver más adelante y notar que, en un par de meses, el significador de la consultante sale de su detrimento hacia recepciones mutuas más interesantes, de modo que agregamos "pero para el otoño te sentirás mucho mejor contigo misma, y lograrás establecer una relación que te nutra, en lugar de aferrarte por desesperación a la persona equivocada, como lo estás haciendo ahora". O algo por el estilo.

En el largo plazo, el paso de un planeta por todo un signo muestra una unidad natural de tiempo, generalmente un mes o un año. Así que si, por ejemplo, el negocio del consultante estuviese representado por Venus en 28 de Leo en una pregunta sobre pronósticos a largo plazo, podríamos juzgar (junto a otros testimonios que lo corroboren), "Puedes sentir que tienes el mundo a tus pies ahora (Venus en Regulus) pero estás por entrar en un período complicado (en Virgo).

El año próximo (el pasaje por Virgo) parece ser una historia de varios potenciales (Venus en su triplicidad) que no terminan por desarrollarse (Venus en su caída). A grandes rasgos, durante este período existirán más desventajas que ventajas; pero después de eso (Venus entrando a Libra) todo se ajustará felizmente. Así que aprieta los dientes y mantente a flote hasta entonces."[35] No mires más allá del próximo o de los dos próximos signos; si hacemos esto, encontraremos que todo le pasa a todo el mundo.

Este mirar al futuro se debe hacer de forma limitada. Los que son nuevos en astrología horaria a veces se tientan con hacer correr los planetas a lo largo de la carta como si fuese un tablero de Escaleras y serpientes; es mejor luchar contra este impulso. Con excepción de unas pocas cartas, nos interesa sólo el próximo aspecto de un planeta, y nada más allá de eso.

Lilly da varios ejemplos donde un tránsito "en tiempo real" es relevante. Entonces, si Mercurio aplica hacia Júpiter, él no juzga "hay cuatro grados hasta la realización del aspecto: sucederá en cuatro semanas", sino "mis efemérides muestran que este aspecto se realizará el próximo martes a las 3:56: en ese momento sucederá".[36] Por favor, ¡No intentes esto en tu casa!

Si realmente deseas chapotear en este tipo de cosas, es mejor que sea con asuntos secundarios. Por ejemplo: decidimos que nuestro consultante se casará con su novia dentro de seis meses, de acuerdo a los seis grados de distancia para realizar un aspecto entre ellos. Notamos que ambos planetas están en dignidades mayores del regente de la cuarta casa de ella, lo que indica que el padre de la chica tiene mucho peso en este tema. También notamos que a las 11:52 del viernes 28, el planeta de nuestro consultante transita la cúspide de la doceava casa, teniendo allí una recepción mutua entre el Regente 12 y el significador del padre de la chica. Al ser la duodécima la casa de animales más grandes que las cabras, aconsejamos que a las 11:52 del 28 el chico vaya al mercado, donde podrá comprar el camello que persuadirá al padre de la chica para dejar que su hija se case con él.

Sobre el tema de los tránsitos, analicemos la idea de que si algo en la carta horaria está en conjunción con algo en la natividad del consultante, la carta es "radical" o, de algún modo, más real. Hago una pregunta sobre el amor y encuentro que, en la horaria, Venus está sobre mi Ascendente natal. ¿Esto hace que la carta sea "radical"? Claro que no. Muestra que Venus está transitando mi Ascendente; no es sorprendente que esté pensando en el amor. No es más que eso. No olvidemos que estamos tratando con un sistema congruente: todo cae

---

[35] La carta médica en la p.128 de *RA Applied (La verdadera astrología aplicada)* da un ejemplo de esto.
[36] En *Lilly* p. 385-8 hay un ejemplo.

en su lugar del modo más intrincado y extraordinario. Venus en mi Ascendente muestra que estoy pensando en el amor – algo que debería ser evidente, por el hecho de que esté acudiendo a un astrólogo para preguntar "¿Ella me ama? – pero no nos dice nada sobre si ese amor es recíproco. Estas consideraciones no hacen más que confundir. Todas las cartas son "radicales", y se nos advierte que mantengamos la natividad del consultante bien lejos de sus horarias, para no gestar monstruosidades.

Un ejemplo particular en el que el movimiento en "tiempo real" de los planetas puede ser significativo es en preguntas sobre objetos perdidos. En tales cartas, generalmente se encontrará que el significador del objeto está combusto: el objeto no puede ser visto. Asumiendo que todo lo demás en la carta indica su recuperación, podemos buscar nuestras efemérides, anotar el momento exacto en el cual el planeta deja la combustión, y juzgar que "Lo encontrarás en ese momento". Esto puede dar la extraña impresión de miles de personas alrededor del mundo elevando sus manos al cielo en gratitud al recuperar sus preciadas posesiones exactamente a las 8:22 GMT, pero parece funcionar dentro del grado razonable de confiabilidad que buscamos.

Cuando en una pregunta se menciona una fecha, por lo general es importante, así que vale la pena comparar las ubicaciones planetarias en esa fecha con las de la carta horaria. Como regla general, si restringimos al consultante a unas pocas palabras, sean cuales fuesen, seguramente serán importantes; si esas pocas palabras se relacionan con una medida de tiempo, debemos tenerlas en cuenta.

Una consultante estaba desesperada porque su hijo fuese aceptado en una escuela, algo que parecía cada vez más improbable. La ambición de la mujer por matricularlo en una escuela privada lo había privado de entrar en otras escuelas estatales aceptables, y había sido rechazado de la escuela privada que ella quería, por razones que la mujer creía que no tenían sentido. El chico tenía que tomar un examen de admisión para otra escuela y una apelación en la escuela deseada, ambos en fechas específicas. ¿Cómo le iría?

Su significador, el Regente 5, era Júpiter. Las escuelas estaban representadas por la novena casa y su regente, la Luna. El examen era el 18 de mayo. Por tránsito, la Luna, Regente 9, estaba en la cúspide de la 5.ª de la horaria ese día. Este es un testimonio positivo, pero no había recepción mutua con el Regente 5. En esta escuela el chico aprobó satisfactoriamente, pero no obtuvo una beca. La apelación en la segunda escuela era el 10 de agosto. En aquel día, Júpiter, el significador del chico, transitaba la cúspide de la 9.ª en donde, al estar en Cáncer, estaba exaltado – así que el chico está ahí, y tienen una muy buena opinión acerca de él. ¿Obtendrá la beca? Sí. Y así sucedió.

De forma similar, si la pregunta contiene un límite de tiempo dado, también se reflejará en la carta. Se puede tomar el final del signo en el que está el planeta relevante como indicador del fin del límite de tiempo dado. Si pregunto, "¿Ganaré la lotería este año?" y encuentro a mi significador en conjunción con el Regente 11 (dinero caído del cielo) inmediatamente después de salir de su presente signo, juzgaría "No; pero ganaré el año próximo".

Finalmente, están esas preguntas, siempre bienvenidas, que sólo admiten una unidad de tiempo posible. "¿Cuándo sucederá tal y tal cosa hoy?" es la más común de estas. "Minutos" generalmente no es una opción, ya que sabemos que el evento no pasará dentro de los próximos 29 minutos. "Días" es imposible, ya que sólo nos interesa el día de hoy. "Horas" es la única opción. ¡Hurra!

La regla de oro para la medida del tiempo, como todo lo demás en astrología, es que no debemos ser perfectos. Podemos permitirnos juzgar, "Puede que suceda en tres días; pero, sopesando la evidencia, creo que es más probable que suceda en seis."

◆ Hay algunos puntos en este capítulo que no fueron enfatizados lo suficiente. En primer lugar, si la volición es importante al calcular la medida de tiempo, recuerda que los objetos inanimados no tienen volición. No importa la casa en la que esté su significador o lo que sugieran sus recepciones, no hay nada que una carta enviada por correo pueda hacer para acelerar su arribo. Segundo, no podemos dar por sentada la volición a partir de una pregunta. Puede que parezca obvio que si una consultante pregunta "¿Cuándo me casaré?" ella quiere casarse, pero no es así. No es inusual que, luego de mirar la carta, la respuesta sea "¿Realmente no quieres casarte, no es así?" "No, en realidad no." Debemos establecer la volición a partir de la evidencia en la carta, no a partir de nuestras propias suposiciones ◆

◆ En aquellas raras ocasiones en las que el planeta cuyo movimiento marca la medida de tiempo se mueve por más de un signo o casa, usa siempre la unidad de tiempo del signo y casa en la que esté el planeta ahora mismo. No trates de modular esto, suponiendo, por ejemplo, que "Serían 6 unidades del tiempo más largo, luego 4 de tiempo medio".

Siempre utiliza medidas de tiempo reales, como horas, días y semanas. Nunca dirías "Lo haré en 3 quincenas". Tampoco lo diría la carta.

La medida de tiempo no siempre se muestra en días, meses o años. A menudo se manifiesta como "después de que pase tal cosa". Esto es completamente aceptable. "¿Cuándo encontraré un nuevo hombre?" "Cuando dejes de estar obsesionada por el último." "¿Cuándo obtendré un mejor trabajo?" "Cuando obtengas un título académico." ◇

14

¿Cuál es la pregunta y quién la está formulando?

La parte más importante de un juicio horario tiene lugar antes de hacer la carta. Consiste en determinar qué es lo que realmente se está preguntando.

A menudo, las preguntas vienen envueltas en nubes de detalles irrelevantes. Se requiere cierto talento para cortar estos envoltorios y llegar al corazón del asunto. Probablemente tuviste esa experiencia mientras veías una película y, de repente, te dabas cuenta de que "¡Un momento – esto es *Romeo y Julieta* disfrazado!" o "¡Esto es Blancanieves ubicada en la Nueva York moderna!" Notaste que debajo del disfraz, los huesos de la trama son los de *Romeo y Julieta* o *Blancanieves*. Lo mismo sucede con astrología horaria: hay ciertas preguntas recurrentes básicas que siguen volviendo con disfraces diferentes.

* ¿Ella me ama?
* ¿Obtendré el trabajo?
* ¿Voy a ganar?
* ¿Estoy embrujado?
* ¿El rey será destronado?
* ¿Obtendré un regalo del rey?
* ¿Podemos cerrar el trato?

Mantén el oído atento y las reconocerás rápidamente con tan sólo escucharlas. Si te dejas despistar por detalles irrelevantes, terminarás respondiendo una pregunta que no se formuló.

De forma similar, el tema de quién está haciendo la pregunta no siempre es tan claro como parece. Hay preguntas directas hechas por la persona interesada. Hay preguntas directas que hace alguien sobre otra persona. Hasta aquí, es simple.

También hay preguntas hechas por una persona haciendo de vocero de alguien más. Supongamos que Erika desea hacerme una pregunta, pero no hablamos el mismo lenguaje. Ella tiene una amiga que habla inglés, así que le pide a su amiga que haga la pregunta por ella. La amiga no hace su propia pregunta con respecto a Erika; ella traspasa la pregunta de Erika a mí. Debo ignorar a la amiga y tratar esto exactamente como si fuese Erika quien me pregunta, así que Erika será representada por la 1.ª como consultante.

Distingue bien:

* La amiga hace su propia pregunta, "¿mi amiga Erika se casará con Rudolph?"
* La amiga traspasa la pregunta de Erika, "¿Me casaré con Rudolph?"

En el primer ejemplo, se le daría a Erika la 11.ª casa; en el segundo, se le daría la 1.ª.

Luego, están las preguntas que surgen de una conversación, y no queda claro quién la formuló. Hablo con mi amigo sobre sus posibilidades laborales. Surge la pregunta, "¿Cuándo conseguiré un mejor trabajo?" pero, ¿Quién lo pregunta realmente? ¿Es mi amigo, soy yo, o es que mi amigo articula la pregunta que puse en su boca? Actúa con cautela en tales situaciones, en especial cuando presionas ansiosamente a todos tus conocidos para que te hagan preguntas horarias, con el fin de practicar tus habilidades. Esta es una ventaja de la práctica profesional: el pago de honorarios deja bien en claro quién es el consultante.

◆ Al considerar preguntas de amigos y familia, siempre se corre el riesgo de tener demasiada información. Mientras más pienses en la situación, más difícil será ver por sobre las ideas preconcebidas y juzgar la carta en forma objetiva. Este riesgo es aún mayor con las preguntas propias: al juzgar una carta sobre un tema que tuviste en la cabeza durante semanas, ver otra cosa que no sea el guión que ensayaste exhaustivamente requiere un nivel de objetividad que pocos de nosotros poseemos. ◆

Hay quienes limitan con rigor el alcance de una consulta horaria. "No puedes preguntar eso: es demasiado trivial". "No puedes preguntar eso: es demasiado importante." Entre lo que es trivial y lo que es importante, muy poco sobrevive.

Con ciertas pequeñas restricciones, puedes preguntar lo que sea. ¿Trivial? ¿Y quién soy yo para decirte que tus preocupaciones son triviales, y aplicarles una prohibición cósmica? Quizás grandes planes como "¿Quién será presidente?" sean de mayor relevancia que "¿Dónde está el gato?", pero de hecho, es la curiosidad de mi prójimo en la primera lo que la hace ser trivial; el paradero de Misifus ciertamente no lo es. En comparación con el apogeo y la caída de imperios, nuestras más grandes preocupaciones no son nada – y aun así, la salvación se gana y se pierde en un instante, de modo que lo que ocurre en cualquier instante no puede ser trivial.

Se dice que no podemos hacer preguntas "importantes" como "¿Quién ganará las elecciones?" porque mucha gente se hace esa misma pregunta, y la misma pregunta no puede hacerse más de una vez. Consideremos esta frase, "La misma pregunta no puede hacerse más de una vez".

Esto es cierto; pero no es cierto del modo en que se pretende. El hecho de que cada instante es diferente, es fundamental para la astrología. ESTE instante es diferente de ESTE instante. Cada uno es diferente, y lo que sea que suceda será propio de ése instante. Sin esto, no tenemos astrología. De modo que no es indeseable preguntar lo mismo dos veces – es imposible. Aún si la pregunta tuviese exactamente las mismas palabras, no sería la misma pregunta.

Tampoco hay una razón por la que una persona no pudiese preguntar lo mismo a más de un astrólogo. Los doctores pueden dar segundas opiniones; también los astrólogos. La verdad es una bestia robusta; no se escapará si más de una persona la observa. Cada pregunta sobre el mismo tema es como una sección transversal de la misma situación, así como un zoólogo puede tomar secciones de un gusano para ver bajo el microscopio. Son diferentes secciones, pero es el mismo gusano, así que es la misma respuesta. Si cincuenta o quinientas personas preguntan "¿Quién ganará las próximas elecciones?" el cosmos, que es un mecanismo infinitamente sutil, encontrará cincuenta o quinientas maneras de mostrar la misma respuesta. No importa cuánta gente examine cada fotograma de *Lo que el viento se llevó*, Rhett Butler siempre se va al final de la historia.

Un consultante preguntará lo que en apariencia es la misma pregunta en diferentes etapas de una situación. Es común el "¿Debería echarlo de mi casa?" seguido de "¿Realmente debería echarlo de mi casa?" y "¿Voy a estar bien si lo echo de mi casa?" Estas cartas consecutivas se relacionan entre sí, exactamente del mismo modo en que se relacionan entre sí las cartas natales de los miembros de una familia. Ocurren los mismos patrones y en general, pregunta tras pregunta, la consultante tiende hacia una posición desde la cual es capaz de decidir entre una cosa o la otra.

Otros consultantes harán preguntas similares sobre situaciones diferentes. "¿Obtendré el trabajo con esta audición?" y "¿Obtendré el trabajo con la audición de mañana?" Las primeras de estas darán resultados concretos. Sin embargo, después de un tiempo las cartas se hacen más y más insípidas, casi como si el cosmos perdiese interés en la situación y dijese "Si a esta altura no entendiste lo que te estoy insinuando, no voy a seguir trabajando para ti". Como es habitual, estas cartas comenzarán a mostrar eventos menores que ocurrirán en ese día ("Ah, mira, tu padre vendrá a visitarte") pero dirán poco sobre la situación laboral. Es posible que esto refleje que el consultante o el astrólogo están perdiendo interés en las preguntas repetidas, o que la naturaleza de la pregunta cambia a la par que el consultante se desespera en tener una audición exitosa. En este último caso, el consultante ya no pide información, sino que espera que la consulta haga magia. Eso no sucederá.

Preguntas como ésta lindan con lo mecánico, y lo mecánico sí es un límite real sobre lo que se puede preguntar. Debe haber al menos una chispa de interés genuino en la pregunta, aunque esta sea "trivial" y no tenga importancia vital.

No hay tal chispa de interés genuino en, por ejemplo, "¿Saldrá el 1 en la lotería de esta semana?" "¿Saldrá el 2 en la lotería de esta semana?" etc.

Luego existe el tipo de preguntas que formulan los sabelotodo, como "¿La astrología horaria es verídica?" y "¿La Biblia es la palabra de Dios?" Con un momento de reflexión se puede aclarar por qué estas preguntas no pueden formularse.

Las preguntas complementarias están bien. "¿Cuándo me casaré? ¿Tendremos hijos? ¿Se llevará bien con mi familia? ¿Tendrá un buen trabajo?" Todas estas pueden juzgarse a partir de la misma carta. Pero es mejor desalentar preguntas sobre diversos temas: "¿Cuándo me casaré? ¿Cuándo conseguiré un mejor trabajo? ¿Dónde está el gato?" A veces, los consultantes tendrán dos o tres temas en mente así que, si es necesario, estas preguntas se pueden responder a partir de la misma carta. Sin embargo, la formulación de preguntas que no tienen relación entre sí sugiere que ninguna de ellas es lo que realmente le preocupa al consultante. Es mejor pedirle que reflexione sobre qué es lo más importante y que luego pregunte acerca de eso.

◆ Ten cuidado con las preguntas que no piden información, sino algún tipo de permiso celestial para que el consultante haga lo que quiera. Esto es común particularmente en relaciones con problemas, donde el consultante espera que le digas "Sí, las estrellas lo confirman: él es una persona horrible y deberías echarlo de tu casa." Por ejemplo, una pregunta como "¿Debería divorciarme de él?" tiene todo que ver con la moral personal y nada que ver con lo que pueda encontrarse en una carta astrológica. No creo que dar permisos celestiales sea parte del trabajo de un astrólogo, y sugeriría que es más útil alentar al consultante a pensar de nuevo esta pregunta de modo que permita una respuesta objetiva, tal como "¿Por qué están yendo mal las cosas?" "¿Mejorarán?" o "¿Puedo hacer algo para solucionarlo?" ◆

La opción por defecto

Al juzgar cartas, ten en cuenta siempre cuál es la opción "por defecto" – qué pasa si no pasa nada. Si pregunto "¿Ella se casará conmigo?" cinco minutos después de que la vi por primera vez, es necesario un testimonio muy fuerte para dar un Sí. Si no hay tal testimonio, la respuesta será No. Si me levanto en la mañana de nuestra boda y hago la misma pregunta, será necesario un fuerte testimonio de que algo irá mal para que la respuesta sea No. Ante la ausencia de tal testimonio, las cosas irán según lo planeado: la opción por defecto es que el matrimonio se llevará a cabo. En el primer ejemplo, si no pasa nada, no habrá matrimonio; en el segundo, si no pasa algo que desbarate los planes, los eventos seguirán su curso como fueron planeados y el matrimonio tendrá lugar. Del mismo modo es con preguntas sobre otros temas.

Las consideraciones antes del juicio

Este es otro de los temas que debemos tratar sólo porque lo leerás en algún otro lado.

En tiempos pasados, cuando el astrólogo trabajaba para el rey, perturbar a su empleador con un juicio desagradable podría ser fatal. Pero torcer el juicio para dar una respuesta complaciente no era una opción mejor, ya que los eventos revelarían que el juicio estaba errado. El astrólogo necesitaba una manera diplomática de rechazar preguntas molestas, así que se desarrolló una lista de "consideraciones antes del juicio". Esta lista es lo suficientemente exhaustiva como para asegurarse de que el astrólogo tenga una excusa para no juzgar cualquier carta que pueda ponerlo en peligro.

Cuando un rey al que no podría amar ni su madre preguntaba "¿La princesa del país de al lado me ama?", el astrólogo podía levantar la carta, seguro de que encontraría a Saturno en la 7.ª casa, o al Regente 7 debilitado, o en menos de 3 grados (algunas listas indican 5) o bien a más de 27 grados de un signo en el Ascendente, o bien, o bien, o bien. Esto le permitiría explicar, "Lo siento, su Alteza. Me encantaría juzgar esta carta, pero no puedo. Verá – aquí lo indica mi libro de texto".

La única consideración que es más que una excusa sin fundamentos para impresionar a monarcas ignorantes, es la que habla sobre el número de grados de un signo en el Ascendente. Si está en los primeros o los últimos grados de un signo, el Ascendente está próximo a cambiar de un signo a otro. Como el Ascendente representa al consultante, es crucial que el astrólogo tenga el signo que corresponde, de otro modo usará el planeta equivocado para representar al consultante y llegará a un juicio incorrecto.

Hoy en día, esto no es un problema: la medición del tiempo es tan precisa que siempre podemos saber qué signo está ascendiendo. En el pasado no era así – Lilly refunfuñaba diciendo que el cielo nublado era el causante de que tuviese casi que adivinar la hora correcta.

La única consideración que era poco más que una excusa, ya no es válida. Las consideraciones que sí eran excusas, ya no son necesarias – a menos que trabajes para un rey de mal carácter, en tal caso te sugiero que inventes cualquier excusa y digas que se te transmitió en la tradición oral en la que fuiste entrenado. Así que puedes olvidarte de estas consideraciones.

Hay astrólogos que les dan demasiada importancia, y deliberan largamente sobre si una carta es "radical", con lo cual quieren decir "si es apta para ser juzgada". Estos astrólogos tienen sus propias traducciones de aquel famoso dictado hermético, "Como arriba, de vez en cuando, es abajo". Toda carta puede juzgarse. La astrología no deja de trabajar.

No voy a listar las consideraciones aquí: mi experiencia con estudiantes es que en demasiados casos, una vez que las consideraciones han entrado en la cabeza, es imposible desecharlas por completo. Así que es mejor dejarlas de lado. No las vas a echar de menos.

15

Preguntas de la primera casa

Las preguntas relacionadas sólo con la primera casa son poco comunes. Un ejemplo podría ser el héroe volviendo en sí y preguntando "¿Dónde estoy?", pero aún no me han consultado en tales circunstancias.

Una actriz preguntó si sería más exitosa renunciando a su nombre artístico y volviendo a su verdadero nombre. El nombre de uno mismo es un asunto relacionado con la 1.ª casa, así que el Regente 1 representaba su nombre. Éste estaba retrógrado: iba hacia atrás, lo cual se correspondía con la idea de volver a su propio nombre. ¿Pero era ésta una decisión sabia?

Supongamos que su planeta fuese Venus, en 2 de Géminis, yendo retrógrado hacia su propio signo. Ir hacia atrás lo haría mucho más fuerte: "Sí, vuelve a tu verdadero nombre". Supongamos que su planeta fuese Venus, recién habiéndose tornado retrógrado, en 28 de Aries: hubiese estado a punto de entrar en su propio signo, Tauro, fortaleciéndose mucho; pero dio la vuelta y no lo hará: "No, el cambio es dañino; el éxito vendrá si perseveras en la dirección que tomaste."

Se puede dar un testimonio mediante factores accidentales. Quizás su planeta retrógrado se alejaba del Nodo Sur y aplicaba a un Júpiter con dignidad: cambiar su nombre es la mejor opción. O, al estar retrógrado, salía de la 1.ª una casa angular, hacia la 12.ª, una casa cadente: el cambio es dañino y le restará notoriedad.

EL BARCO EN EL QUE NAVEGO

Si contemplo mi automóvil y pregunto "¿Me llevará a Glasgow?", veo a mi automóvil como lo que Lilly llama "el barco en el que navego", por ende 1.ª casa. Lo mismo ocurre con "¿Mi vuelo llegará bien a su destino?" La analogía es con el cuerpo (1.ª casa) visto como el vehículo del alma. Si pregunto "¿Alguien comprará mi automóvil?" Veo al automóvil como una posesión movible, no como un vehículo, por lo que éste es representado por mi 2.ª casa; En la primera pregunta, su rol es el de un vehículo; en la segunda, su rol es el de una posesión que resulta ser un vehículo.

No tengo que estar dentro del barco en el momento de hacer la pregunta; de hecho, no tengo que estar dentro de él en absoluto. Si pregunto "¿Mi barco lleno de tesoros llegará al puerto sin peligro?" el barco es la 1.ª casa, aunque nunca haya puesto un pie sobre él. Es como si mi alma hubiese enviando a mi cuerpo a hacer un mandado.

Estos juicios son simples: toma al Regente 1 y observa si le está pasando algo desagradable. Para accidentes serios, los sospechosos principales serán aspectos desde un Marte o Saturno debilitados, o desde el Regente 8; combustión; conjunción con el Nodo Sur. Aflicciones más leves, como un aspecto de un Júpiter o Venus debilitados, pueden ser problemáticas pero no desastrosas. La falta de cualquiera de estas aflicciones indica un viaje seguro.

APARIENCIA FÍSICA

Describir la apariencia del consultante desde la carta podría parecer una de las operaciones astrológicas más inútiles, en especial si el consultante y el astrólogo están en el mismo cuarto. Lilly lo encontró de utilidad:

* cuando el Ascendente estaba en los primeros o últimos grados de su signo
* cuando necesitaba convencer al consultante de sus habilidades.

En el primer caso, encontrar que el Regente 1 describía con precisión al consultante, quien estaría sentado frente a él en ese momento, era una confirmación de que había hecho la carta con el signo ascendente correcto, por lo cual podía proseguir con el juicio. Con los métodos modernos para la medición del tiempo, ya no necesitamos tal confirmación. En cuanto al segundo caso, si bien debe ser satisfactorio ver las reacciones del consultante cuando escucha dónde tiene sus marcas y cicatrices ocultas, debo sugerirte que evites realizar tales ejercicios para convencer a los consultantes de tus habilidades. Imagina a un cirujano al que se le pregunta, "No estoy seguro de que la operación a corazón abierto que hiciste vaya a ser efectiva; ¿podrías sacarme la vesícula rápidamente para demostrarme que sabes lo que haces?"

Por lo tanto, no hay necesidad de describir al consultante. Sin embargo, a veces se nos pide la descripción de otra persona, generalmente la del futuro cónyuge, a veces la de un ladrón. En tal caso, toma la descripción del significador principal de aquella persona. Estudia las características básicas de tal planeta según su regente y otras dignidades importantes del signo en el que esté. Aquí no hay precisión: odio pensar que podríamos decirle a una consultante que su marido medirá 1,92 y que ella rechace al esposo perfecto porque mide 1,95.

Hay un problema con la apariencia física y la determinación racial. Podemos seguir las reglas astrológicas y describir a un hombre como pecoso con cabello rojo y rizado, pero si la persona es japonesa es difícil que acertemos. El cabello, la piel y el color de ojos son determinados por la raza, y no conozco una manera de descubrir a qué raza pertenece una persona mediante una carta. Supongamos que la Señorita Rosa Inglesa nos pide que le describamos a su futuro esposo; nuestra descripción "de cabello negro y tez cetrina" bien podría ajustarse al hombre japonés con quien termina casándose. Pero el contexto habitual de tal pregunta es con una mujer india o paquistaní, que se casará con alguien de su propia raza. En tales situaciones, parece que la carta da el "cabello negro" por sentado, sin sentirse en obligación de involucrar a Saturno en la descripción.

Las siguientes guías son todo lo que se precisa:

Saturno: alto y flaco. Puede dar un cabello y tez oscura.
Júpiter: grande, tanto en altura como en constitución; regordete, en especial en signos de agua.
Marte: bajo, musculoso, de constitución sólida.
El Sol: alto y bien formado, pero no tan grande como Júpiter. Bastante cabello.
Venus: bajo, de cuerpo blando (en contraste con la muscularidad de Marte).
Mercurio: estatura media o un poco por sobre la media; delgado; cabello lacio.
La Luna: regordete; no alto. En general es más grande cuando está creciente que cuando está menguante.

Supongamos que el significador de la persona es Marte en 4 de Libra. Marte es bajo, y está regido por Venus, que también es bajo. Está ubicado en fuertes dignidades de Saturno (en 4 de Libra está en la exaltación y término de Saturno), lo cual agregará un poco de estatura. Sin embargo, esto sólo nos da un testimonio básico de nuestro Marte; así que si bien puede hacerlo más alto, no lo hará alto. Será de estatura media o un poco por encima de ésta. Una altura media para su raza. La influencia de Saturno también lo hará más delgado. Marte está en su detrimento, por lo que no tendrá la musculatura que generalmente muestra; tanto Marte como Saturno son delgados, así que no será musculoso, sino delgado, sin ser flácido. Si Marte hubiese estado en Tauro, también en su detrimento, la otra dignidad mayor (además de Venus) hubiese sido la Luna. En Tauro, a Marte también le hubiese faltado músculo, pero tendría una constitución más grande y sería más regordete que con Marte en Libra influenciado por Saturno. Marte en un signo de Venus, así como Venus en un signo de Marte, es sin lugar a dudas atractivo.

Esta descripción es suficiente. Decir que "Lo conocerás por el tatuaje de dragón que tiene en su antebrazo izquierdo," suena bien en una novela, pero el objetivo de la astrología no es hacer que el astrólogo se sienta ingenioso.

Los aspectos cercanos al significador principal pueden mostrar detalles de la apariencia física: por ejemplo, una cuadratura de Marte puede mostrar una cicatriz visible; o un aspecto más suave de Marte puede mostrar manchas por pigmentación en la cara. Pero sugiero reservar esos detalles para confirmar lo que el consultante pueda decirte sobre la persona. Si el consultante dice, "Sospecho que el ladrón tiene una gran cicatriz en su mejilla," podemos consultar la carta, notar la cuadratura de Marte y responder, "Sí, tiene sentido: tráelo para interrogarlo".

Una conjunción con las estrellas fijas de la lista en la página 142 mostrará aflicciones en los ojos, aunque en una era de lentes de contacto y cirugía láser, esto sirve cada vez menos a la hora de una descripción.

Aunque los planetas muestran una escala fija de edades, desde bebés (la Luna) hasta gente de avanzada edad (Saturno), para descripciones, éstas deben ser tomadas como comparativas. Que el esposo sea representado por la Luna muestra que ella se casará con alguien más joven que ella, no que se casará con un bebé; Saturno mostraría que se casará con alguien mucho mayor que ella, pero no necesariamente un anciano.

En este contexto, el Sol, Venus y Marte muestran a alguien de la misma edad.

Si sientes que no puedes vivir sin verificar las marcas y cicatrices del consultante, éstas deben detectarse a partir de la primer pregunta hecha desde el corazón. No podemos esperar que las estrellas muestren las manchas corporales en el mismo lugar cada vez que un consultante regular hace una pregunta horaria. Observa primero al signo ascendente. ¿Qué parte del cuerpo representa? (mira la página 55). Habrá una marca o cicatriz ahí. El grado del ascendente en ese signo mostrará en qué lugar de la parte del cuerpo representada estará la marca: en 0 grados estará en el área superior de esa parte del cuerpo, en 29 grados estará cerca de la parte inferior.

Trata del mismo modo a la cúspide de la 6.ª y a la ubicación de la Luna, por signo y grado, lo que mostrará dos marcas más. Un planeta debilitado en la 1.ª casa mostrará una marca en el rostro, y su ubicación en la cara lo dará su grado. Los aspectos cercanos de Marte o Saturno con el Ascendente mostrarán marcas acordes al grado y signo del planeta – pero estos aspectos deben ser muy cercanos. Cuanto más debilitado esté el planeta, más grande será la marca. Si el significador está por encima de la tierra, la marca estará en el frente o en algún lugar visible de esa parte del cuerpo; si está por debajo de la tierra, estará oculta. Si el dispositor del planeta que muestra la marca está en un signo masculino, estará al lado derecho; si está en un signo femenino, al izquierdo.

Lilly dice que estas reglas no sólo convencían a sus consultantes, sino que jugaron un rol importante para persuadirlo de la veracidad de la astrología.[37] En las pocas ocasiones en las que las usé, han funcionado lo bastante bien.

◈ Le di demasiada autoridad a Lilly cuando escribí sobre las marcas y cicatrices del consultante. La idea de que podamos ver tales marcas en una carta, ya sea horaria o natal, es un cuento de hadas: no es para tomarla en serio. Ten esto en cuenta: en la época de Lilly, la viruela en Londres era endémica. Un gran porcentaje de sus consultantes tenía cicatrices en el rostro. No es que se hayan amontonado en su oficina justo cuando Marte estaba en la 1.ª casa, como tampoco ha habido algún realineamiento planetario que justifique que hoy en día el porcentaje de consultantes de astrología horaria con marcas en el rostro sea mucho menor.

En varios ejemplos de juicios en *Christian Astrology (Astrología cristiana)*, Lilly describe físicamente a las personas involucradas. Si bien es impresionante en la superficie, al analizarlas en detalle estas descripciones parecen deberle más a una interpretación de lo que se quisiese que fuera, que a la misma astrología. Por ejemplo, en la carta del capítulo LX, Lilly le atribuye el cabello oscuro del hombre a un aspecto de su significador con Saturno. En ese caso, pasó por alto un aspecto más cercano con Marte, lo que le hubiese mostrado que era pelirrojo. No esperes que la carta muestre la apariencia física a menos que la pregunta lo requiera específicamente. ◈

---

[37] *Lilly*, p. 148

16

Preguntas de la segunda casa

PERDIDO, ROBADO Y EXTRAVIADO

Encontrar un objeto perdido mediante un horóscopo es espectacular. No encontrarlo es una excelente manera de perder credibilidad rápidamente. Mi tasa de éxito con estas preguntas está muy por debajo de la que tengo con horarias en general. El problema radica en traducir el simbolismo de la carta a la vida. En la mayoría de las preguntas, tenemos un rango limitado de posibilidades – "Sí, se va a casar contigo" o "No, no lo hará", como un extremo de simplicidad – pero un objeto perdido puede estar en cualquier sitio. Como generalmente se trata de lugares que no hemos visto, tenemos poca información para trabajar al decidir lo que representan los planetas. Marte en un cuarto podría representar una chimenea, y en otro un gabinete de armas. Muchas veces me he encontrado mirando una carta, viendo exactamente dónde está el objeto en términos astrológicos y sabiendo que sería tan obvio – si tan sólo supiese dónde está. Algo que, por supuesto, no sé.

Al localizar un objeto perdido, debemos acertar con exactitud; en muchas otras preguntas tenemos un cierto margen. Explicarle a tu consultante que "Casi lo encuentras" no lo impresionará.

Me encantaría darte El infalible método Frawley con 100% de éxito garantizado; pero no puedo. El falible método Frawley, que explico aquí, funciona bastante bien. Ubicará algunos objetos con asombrosa exactitud; fallará en ubicar otros en la forma más frustrante. Al igual que con toda la astrología, debemos celebrar lo que podemos hacer, no lamentarnos por lo que no podemos.

Significadores principales

El objeto será mostrado por la 2.ª o por la 4.ª casa si es inanimado, o bien por la 6.ª o la 12.ª si es un ser vivo.

Con un objeto inanimado tenemos la opción de la 2.ª, la casa de nuestras posesiones movibles, y la 4.ª, la casa de los tesoros enterrados. Los tesoros no tienen que haber sido deliberadamente enterrados: puede ser ese documento que dejaste y que alguien más enterró bajo una pila de revistas. Algunos textos modernos hacen una distinción entre objetos perdidos (2.ª casa) y objetos extraviados (4.ª). Los autores que puedan hacer una distinción tan clara entre perder algo y extraviarlo, tienen mentes más sutiles que la mía. En la práctica, tampoco tenemos que distinguir entre objetos perdidos y tesoros enterrados. Sin importar las circunstancias de la pérdida, busca los regentes de la 2.ª y la 4.ª, y usa el que mejor describa el objeto.

Por ejemplo: "¿Dónde están mis llaves?" con la carta que muestra a Cáncer en la cúspide de la 2.ª, Virgo en la 4.ª. Mercurio, regente de Virgo, es el regente natural de las llaves: El significador debe ser Mercurio.

Si el consultante pregunta sobre el objeto perdido de otra persona, de modo que debas girar la carta, siempre toma la 2.ª casa de esa persona, aunque no parezca describir el objeto. "¿Dónde está el reloj de mi hija?": el regente de la 6.ª casa (2.ª a partir de la 5.ª) representa al reloj.

Si el objeto está representado por el mismo planeta que el consultante, otorga el planeta en disputa al objeto. En estas preguntas, lo más importante es el paradero del objeto; su relación con el consultante es algo secundario.

Si buscas un animal perdido, toma la 6.ª si éste es más pequeño que una cabra, y la 12.ª si es más grande. Lo que nos interesa son las distinciones genéricas: mi gran danés puede ser más grande que mi pony, pero los perros son animales pequeños (6.ª) y los caballos son animales grandes (12.ª).

Si buscas a una persona perdida, usa la casa que muestre la relación de la persona con el consultante, es decir, 5.ª para un hijo perdido, 6.ª para un empleado perdido. Se dice que la 7.ª es la casa de los fugitivos; es más confiable utilizar la casa específica de tal individuo. Mantén la 7.ª para cónyuges perdidos o para "cualquier persona".

Otros significadores

La Luna es regente natural de todos los objetos perdidos, en especial los animados. Pero mantente con el significador principal lo más que puedas: mirar dos planetas para ubicar algo sólo te confundirá. En la mayoría de las cartas sobre objetos perdidos, no necesitamos considerar a la Luna. Como significador secundario, es útil para medir el tiempo de su recuperación, cuando el significador principal no está haciendo aspecto alguno. Para un ejemplo de esto, vuelve a la carta sobre el gato en el capítulo 1.

Sí, esto significa que la Luna puede representar tanto al objeto como al consultante, a veces al mismo tiempo en una misma carta. Esto no es tan confuso como suena, ya que representará a cada uno de ellos en diversas etapas del juicio.

A veces, puede utilizarse el regente natural del objeto, ya sea que rija la casa relevante o no. Haz esto si la carta empuja a tal planeta para que llame tu atención, o si al considerar tanto el planeta como el signo en el que está, describe al objeto perfectamente. Un consultante preguntó, "¿Dónde están mis pistolas?" y la carta mostraba a Marte (el arma) en Virgo (signo de Mercurio, así que era un arma pequeña; un signo bicorporal, así que era más de un arma pequeña) justo sobre el Ascendente.

Fortuna, que muestra el tesoro del consultante dentro del contexto de la pregunta, puede ser útil en ocasiones. Te sugiero que la ignores hasta que realmente te hayas estancado. Incluso entonces, es más seguro que llegues a un juicio quedándote con el significador principal.

◆ Fortuna puede ignorarse. Hay dos puntos que quisiera enfatizar: si hay un planeta en la carta que describa al objeto con exactitud, úsalo, aunque no rija la 2.ª o 4.ª casa. Utiliza solamente el significador principal del objeto para localizarlo: la Luna puede confirmar su recuperación y mostrar la medida de tiempo en que será recuperado, pero no mostrará dónde está el objeto, a menos que ella misma sea la significadora principal. ◆

¿Será encontrado?

Si no será encontrado, generalmente no tiene sentido describir donde está, sin importar qué tan fervientemente lo demande el consultante.

El testimonio más fuerte de su recuperación es un aspecto aplicativo entre el objeto y el consultante, o entre el objeto y el Regente 2 (si el objeto está representado por alguna otra cosa), que muestra que volverá a estar en posesión del consultante. Aquí vemos los dos roles de la Luna: la recuperación de mi vaca puede ser mostrada por la Luna (consultante) aplicando al Regente 12 (la vaca); también puede indicarla la Luna (significador natural de los objetos perdidos) aplicando al Regente 1 (consultante). Debes estar abierto a cualquiera de estas posibilidades.

La Luna aplicando a su propio dispositor es un buen testimonio de recuperación.

Tener al menos una de las luminarias (el Sol y la Luna) sobre el horizonte (el eje Ascendente / Descendente) es útil. Esto es bastante literal: si no hay luz, no podemos ver ni encontrar nada.

◆ Nota: "Es útil." No es un testimonio definitivo de que se recuperará lo perdido. Más que un testimonio positivo convincente, es la ausencia de un ◆

Si el Regente 1 está combusto, el consultante no puede ver. Si el objeto está combusto, no puede ser visto. Pero la combustión no dura para siempre: en especial si el planeta ya hizo su conjunción con el Sol y está alejándose de la combustión; éste es un signo positivo de recuperación.

El significador del objeto cerca de un ángulo incrementa sus probabilidades de recuperación, incluso sin aspectos. También cuando su ubicación es clara: en tales casos, no es necesario que nos molestemos en buscar un aspecto. "¿Dónde está el osito de peluche?" en la 5.ª casa: el cuarto del niño". Con esta información podemos levantarnos e ir a buscarlo sin perder tiempo cazando aspectos.

Encontrar la 1.ª o 2.ª casa favorecidas por la presencia de Júpiter, Venus o el Nodo Norte fuertemente dignificados, es un testimonio levemente alentador.

◆ Cualquier relevancia que tenga esto es tan menor que se puede ignorar sin problemas. ◆

Lilly dice que si el significador del objeto está en su detrimento o caída, el objeto estará dañado o sólo será recuperado parcialmente. En ocasiones esto es verdad, pero no he visto que ocurra como regla general.

◆ En la mayoría de los casos, los testimonios de recuperación o medida de tiempo son superfluos. Si podemos ver dónde está el objeto, habitualmente podemos ir y recogerlo. Si sabemos dónde está, no tiene sentido perder el tiempo buscando un testimonio de que lo encontraremos si lo buscamos ahí. Como es superfluo, las cartas a menudo parecen no molestarse en dar tal testimonio: ni siquiera pueden detectarse en retrospectiva, o por lo menos es algo que está más allá de mi conocimiento. La excepción es cuando Misifus está perdido. Allí, lo importante es saber si volverá a casa; el lugar en el que esté en este momento es irrelevante.

Medida de tiempo: si el aspecto que muestra la recuperación de un objeto perdido se realiza en menos de 1 grado, habitualmente se puede interpretar como "más o menos inmediatamente", sin tener en cuenta el signo o la casa. ◈

¿Fue robado?

Probablemente no. Lilly da una larga lista de testimonios que demuestran que un objeto fue robado;[38] utilízala con rigor, y encontrarás causas suficientes para colgar a cualquiera. La mayoría de las cosas se pierden porque no recordamos dónde las pusimos; pero en cuanto descubrimos que no están, nos inundan la cabeza pensamientos sobre robos o cualquier otra manera de echarle la culpa a alguien más. El astrólogo sabio no fomentará esto. Sugiero firmemente que no juzgues un robo, a menos que el consultante indique la posibilidad de un robo. Esto sigue la regla general: **No agregues personajes extras a la historia a menos que realmente los necesites.** Imagínate como un guionista de televisión, ¡y recuerda que cada nuevo personaje que presentes es otro actor a quien se le deberá pagar!

Hay tres testimonios que proveerán evidencia de robo:

* Un aspecto separativo entre el sospechoso y el objeto, que muestre que el sospechoso entró en contacto con el objeto. Lo mismo sucede con el significador general de un ladrón (ver abajo).
* Una conjunción cercana entre el sospechoso y el objeto, que muestra que el objeto está con el sospechoso. Esto puede darse por antiscia.
* El objeto ubicado dentro de la casa del sospechoso, en especial si está justo sobre la cúspide.

Ante cualquier tipo de duda sobre el robo del objeto, yo tendría mucha cautela en gritar "Ladrón" sin uno de estos testimonios.

Ejemplos: "¿El constructor robó mi brazalete?" con el Regente 6 (el constructor) separándose de un aspecto con el Regente 2 o el Regente 4 – cualquiera que represente el brazalete. Sí, él lo hizo. Si no hay tal aspecto: no, no lo hizo. Nota: este aspecto debe ser separativo. Un aspecto aplicativo, que muestra algo que aún no ha sucedido, no puede representar un robo que ya tuvo lugar. Lilly da una carta sobre alguien que robó dinero.[39] El Regente 2 (el dinero del consultante) está en conjunción con el significador del ladrón por antiscia (que implica algo secreto u

---

[38] *Lilly*, p. 331-6.
[39] *Lilly*, p. 394.

oculto). Si el constructor y el brazalete hubiesen estado en conjunción, corporal o por antiscia, esto hubiese mostrado que el constructor aún tenía el brazalete.

Si el consultante *sabe* que el objeto fue robado, las cosas son distintas. No necesitamos probar el hecho del robo. Las preguntas donde el robo es seguro se discuten más abajo.

¿Dónde está?

Una vez que hayas identificado el significador del objeto, observa la carta para encontrar dónde está. Recuerda: este planeta *es* el objeto perdido; allí donde esté el planeta, estará el objeto.

El significado por casa es, por lejos, la manera más confiable en determinar una ubicación. Mi experiencia me ha demostrado que éste es el único método que vale la pena utilizar. Al igual que con el gato perdido en el capítulo 1 ("¿Dónde está el gato?" "En la casa del gato."), también funciona con la mayoría de las preguntas. "¿Dejé mis llaves en la casa de mi amigo?" con el significador de las llaves en la 11.ª casa (amigos): "Sí, están en la casa de tu amigo". Una consultante había perdido la piedra de un anillo. El significador estaba en conjunción con el Ascendente, mostrando que la piedra estaba (¡muy!) cerca del consultante. La piedra había caído dentro del forro de su chaqueta.

Es tentador pensar que lo que dice el consultante es la verdad. ¡No lo hagas! Si el consultante supiese lo que sucedió con el objeto, no estaría perdido. Las declaraciones del consultante deben tratarse con mucha precaución. Recuerda siempre: **La verdad está en la carta, no en lo que se te dice.** Mi experiencia es que los lugares más comunes en los que se pierden objetos son:

* exactamente en donde el consultante te asegura que no puede estar
* con los niños
* con la pareja.

Si la carta concuerda con alguno de éstos, ignora toda protesta que diga lo contrario.

Si el significador está en la 7.ª, nuestra primera opción debe ser que está con el cónyuge. La 7.ª es la casa del ladrón, así que esto puede indicar que un ladrón lo tiene; sin embargo, recuerda los comentarios de arriba acerca de robo. Hay muchos más cónyuges que ladrones. No obstante, recuerda que la 7.ª no sólo es la casa del cónyuge. También es la 3.ª a partir de la 5.ª, lo que la convierte en la casa de los hermanos del hijo: el hermano o hermana pequeña. Siempre apunta primero a la opción más obvia, que en este caso es el cónyuge; si aún no es encontrado, puedes continuar con la opción del hijo más pequeño. No tienes por qué acertar la primera vez: ésta es una consulta, no un acto de magia.

Pídele al consultante una lista de sospechosos. Si el objeto se perdió en su casa, ¿quién vive ahí? Si lo perdió fuera de la casa, ¿dónde ha estado el consultante? ¿El consultante trabaja? ¿A quién visitó? Tienes derecho a preguntar todo esto.

Para la pregunta básica "¿Dónde está?", la Luna fuera de curso es irrelevante: el objeto debe estar en algún lado, incluso si ese "algún lado" fue "destruido".

Dentro del hogar

1.ª casa: la puerta o el hall de entrada (la entrada a la carta); el lugar del consultante dentro del hogar.

2.ª casa: la cocina (la 2.ª rige la garganta y, por ende, todo lo que pasa por ella). La despensa. El guardarropa (en el sentido estricto de la palabra: ver la 8.ª casa) o el ropero. El cuarto que está al lado de la entrada. **Cualquier casa puede interpretarse como estando al lado del cuarto que representa su casa adyacente.**

3.ª casa: en una oficina, ésta podría ser el cuarto de correo. El lugar de comunicaciones. Corredores, pasillos y rellanos.

4.ª casa: el cuarto informal de la casa (en contraste con la 10.ª: el cuarto formal). El departamento de la abuelita. El sótano (el fondo de la carta).

5.ª casa: el cuarto de los niños o el cuarto del bebé. El salón de juegos.

6.ª casa: el cuarto de los sirvientes, por ende el lavadero. La caseta del perro.

7.ª casa: la guarida de la pareja.

8.ª casa: el baño (al ser la 2.ª donde entra la comida, la 8.ª es donde sale). El cuarto de baño (donde se quita la suciedad).

9.ª casa: el estudio. La capilla, santuario o lugar de meditación. Un rellano o corredor superior (la versión superior de la 3.ª casa).

10.ª casa: la oficina del hogar. El cuarto formal de la casa (cuando Lilly llama a esto "el hall" se refiere al gran hall en el que se entretienen a las visitas reales, no a un corredor). El ático (la parte más alta de la carta).

11.ª casa: el cuarto de huéspedes (donde se quedan tus amigos).

12.ª casa: el garaje (donde se guardan los caballos) o establos. El cuarto de los trastos.

Por encima del eje del Ascendente / Descendente puede indicar la planta alta; por debajo, la planta baja.

Dentro de la habitación

Una vez que hayas decidido en qué cuarto está, busca otros factores sobre la ubicación del planeta para tener más información.

El significador en:
* Signo de tierra: sobre, cerca o bajo el piso.
* Signo de aire: en un lugar alto, quizás en un estante o colgado. En algún lugar liviano. Cerca de una ventana o de un televisor.
* Signo de fuego: en algún lugar cálido. Cerca de las paredes.
* Signo de agua: en algún lugar húmedo. Un lugar cómodo.
* Los signos mutables pueden mostrar que está dentro de algo – en una caja o en un armario.

◆ La relación entre los signos de fuego y las paredes es falsa, y debes ignorarla. La idea detrás de esto es que las paredes se construyen con ladrillos, y que los ladrillos se hacen con fuego, pero el material con el que se construye una pared y la manera en la que se fabrica ese material no es relevante. ◆

Un planeta en la cúspide de una casa o en un cambio de signo dentro de esa casa, mostrará que el objeto está cerca de la puerta. Si está cerca de la cúspide siguiente, puede mostrar que está en el lado opuesto a la puerta.

Observa los aspectos cercanos con este planeta. En conjunción con la Luna: está al lado de la pecera. En oposición a Saturno: está frente al reloj.

Como se ilustra arriba, este es el mayor problema cuando se trata de localizar objetos perdidos. Todo en el universo se describe sólo por siete planetas. Podríamos imaginar que la Luna representa una pecera; podría ser un candelabro, un sofá blanco, o un millón de posibilidades más. Habiendo dicho esto, las conexiones con Mercurio generalmente muestran que está con libros o chucherías; conexiones con Venus, cerca de indumentaria (en especial de mujer), ropa de cama o artículos de decoración delicados. No encontré indicaciones similares con los otros planetas.

Fuera del hogar

Al estar en una casa angular, puede indicar que el objeto está a mano o cerca de donde debería estar. En una casa cadente, puede que esté muy lejos. En una casa sucedente, está en algún lugar intermedio. El contexto determinará qué tan lejos es "muy lejos": "¿Dónde está el trotamundos de mi hijo del cual no he tenido noticias?" seguramente sea más lejos que "¿Dónde está el gato?"

Sin embargo, prioriza el significador natural de la casa. Si el objeto está en la 9.ª y sabemos que el consultante va a la universidad, bien puede estar en su facultad, aunque esté muy cerca de su hogar.

En algunos casos, no sabemos si el objeto perdido está dentro o fuera del hogar. El estar en la 9.ª puede mostrar que está muy lejos, posiblemente en un tipo de lugar representado por la 9.ª (una iglesia, una escuela). O podría mostrar que está dentro del hogar, en un tipo de lugar representado por la 9.ª: el estudio o cerca de un santuario. En la 10.ª: ¿está en el trabajo, o en la sala de banquetes del hogar? No conozco modo alguno de distinguir cuál es cuál. Intenta la opción más verosímil; si eso no funciona, prueba con la alternativa. Recuerda: no tienes por qué acertar al primer intento.

Hay varios métodos para determinar una dirección a través de la carta. El único método con alguna confiabilidad se basa en el Norte, Sur, Este y Oeste que forma la estructura fundamental de la carta: el Sol se eleva en el este (Ascendente), viaja a través del sur (MC) para ponerse en el oeste (Descendente), volviendo hacia el este a través del IC, que es el norte. Entre el norte y el este está, por supuesto, el noreste. Involucrar los signos sólo confunde más las cosas: puede que ofrezca la promesa de refinar la dirección, pero en la práctica sólo agrega contradicciones. El norte hacia el oeste es un refinamiento; norte hacia el sur no tiene sentido. Nota: recuerda que en la carta, al contrario de un mapa, el sur está arriba.

La búsqueda por dirección sirve sólo para encontrar personas o animales perdidos fuera de la casa: no la uses dentro del hogar – a menos que la casa del consultante tenga sus alas este y oeste.

Si estás preguntando sobre el paradero de alguien, recuerda que en la carta girada, el hogar de esa persona será mostrado casi siempre por su 1.ª casa, no por su 4.ª – como el gato en el capítulo 1. "¿Dónde está mi hermano?" con el Regente 3 (mi hermano) en la 3.ª (la casa de los hermanos): está en su hogar.

El significador de Fido en la 12.ª es una indicación de que puede estar en la perrera (al ser la 12.ª la casa de las prisiones).

Robo

Algunas preguntas sobre robo tienen un sospechoso en particular: "¿El constructor robó mi brazalete?" implicando que, si él no lo robó, el consultante probablemente lo ha perdido. En otras, el ladrón es una "persona o personas desconocidas".

Si hay un sospechoso específico, usa el regente de la casa de esa persona del modo usual, es decir, Regente 3 para vecinos, Regente 6 para el constructor. Si no hay un sospechoso específico, las opciones para representar al ladrón son, en orden de preferencia:

* Un planeta que está peregrino, en su detrimento o caída y ubicado en un ángulo o en la 2.ª casa.
* El Regente 7.
* Mercurio, regente natural de los ladrones.

Si sabemos que el objeto fue robado, no necesitamos un aspecto separativo entre el ladrón y el objeto para comprobar el robo.

Una vez que tenemos el significador del ladrón, podemos dar una descripción del modo usual (ver página 178). Si tomamos a Mercurio como significador por ser regente natural de los ladrones, no podemos, por supuesto, usar a Mercurio para la descripción – no todos los ladrones son del tipo mercurial. En este caso, usa su dispositor.

El significador en un signo bicorporal es una buena indicación de que hay más de un ladrón.

Desafortunadamente, a menos que el ladrón sea un conocido del consultante, tiene poco sentido describirlo.

◆ "¿Por qué no usamos al Regente 7 como significador del ladrón?" Porque eso descartaría la única identificación útil que podremos dar en la mayoría de los casos. A menos que exista una lista de sospechosos muy acotada, una descripción física del ladrón es inútil. Sin embargo, lo que sí puede ser útil es confirmar o descartar que el objeto haya sido robado por el constructor, el vecino o el hermano de la novia, basándonos en la casa que rija el planeta significador del ladrón. Usando el Regente 7 por defecto, la única identificación que obtenemos es que "el ladrón... es el ladrón".

La idea de priorizar un planeta peregrino es que no se trata de un villano profesional que se dedicó durante semanas a planificar un gran asalto (un planeta en detrimento o caída), sino de alguien sin brújula moral que se llevará con gusto tu cartera si la dejas sobre una mesa. Sin embargo, esta interpretación de dignidad esencial se queda corta en este contexto. Un planeta en exaltación podría mostrar a alguien que se cree tan maravilloso que no se preocupa por los derechos de propiedad de los meros mortales.

Sin embargo, que el sospechoso no sea un ejemplo de virtud no prueba que haya sido el ladrón. Teniendo en cuenta que la carta es un reflejo de la realidad, debemos desechar esto. Basándonos en el principio del papel y no el actor, ¡tampoco podemos culpar de todo a Mercurio! ¿Quién lo robo? La persona que dejó sus huellas en el objeto. En términos de la carta, éste será el planeta que tenga un aspecto separativo con el significador del objeto, o bien un aspecto exacto con él, en este preciso momento. Esa, y sólo esa, será la persona a la que debemos citar para un interrogatorio.

En *Christian Astrology (Astrología cristiana)* (capítulo LXIII), Lilly involuntariamente demuestra esto en la carta que da como ejemplo sobre un robo. Él toma a Mercurio como significador del ladrón porque es el único planeta peregrino en una casa angular, y su identificación resultó ser cierta. Sin embargo, esto fue un golpe de suerte. Lo que Lilly no parece haber notado es que el Regente 2, el dinero robado del consultante, está en conjunción exacta con Mercurio por antiscia: el señor Mercurio tiene el botín. Esto es lo que identifica al ladrón. ◆

◆ Si estamos *seguros* de que el objeto fue robado, éste será representado por el Regente 2; nos quedamos sin la opción del Regente 4. Preferiríamos un planeta que dé una descripción muy obvia del objeto, pero esto es poco común: si dudas, utiliza el Regente 2. A menos que la cosa robada fuese un ser vivo, en tal caso usa los Regentes 6 o 12, como es habitual.

"Pero si le he prestado dinero a alguien, ese dinero ya no es visto como mi posesión, sino como la posesión de la otra persona. Estaría representada por la 2.ª casa de esa persona. El objeto robado claramente ya no está en mi posesión. Entonces, ¿Por qué seguimos usando mi 2.ª casa para representarlo?" Porque, en la mayoría de los casos, no hacerlo le quitaría toda la utilidad al juicio. No sabemos quién lo robó: por eso se hace la pregunta. Así que, ¿La 2.ª casa de quién deberíamos usar? La única opción posible sería usar la 2.ª a partir de la 7.ª: las posesiones del ladrón. Lo que significa que el Regente 7 representa al ladrón. "¿Entonces quién es el ladrón?" "¡Ah, el ladrón!" Esto no ayuda. Mantener a la 2.ª del consultante como el objeto nos permite descartar o sumar sospechosos, de acuerdo a qué significadores estuvieron en contacto con el Regente 2: "No, no fue el constructor, pero ¿Tu ex estuvo de visita últimamente?" Guiones diferentes para situaciones diferentes. ◆

◈ Sé cuidadoso al juzgar preguntas sobre robo. Si bien estos juicios pueden ser de gran valor, lo que ya fue dicho no puede desdecirse, así que piensa con mucho cuidado antes de hacer cualquier acusación. Las palabras de Lilly contienen la sabiduría que trae una larga experiencia: *Excepto para amigos cercanos, odio las preguntas sobre robo; habitualmente provocan un escándalo para el artista, ya que pocas personas creen que se pueda describir la figura del ladrón mediante algún arte lícito, y por otro lado muchas veces la persona es confundida, y un hombre es acusado en lugar de otro, lo que provoca mucho daño. Si el artista describe a una persona al menos un poco semejante a la figura de quien se desconfía, y se basan en exceso en el juicio, hagamos lo que podamos por contradecirlos. He conocido personas razonables que se beneficiaron mucho por nuestro juicio, y que recuperaron sus bienes más allá de toda expectativa, etc. Y también al contrario.*[40] ◈

¿Dónde está mi chal?

La consultante, una mujer mayor, había estado vistiendo un chal negro y antiguo, el cual colgó en algún lado, pero no podía recordar dónde. ¿Regente 2 o Regente 4? Saturno, Regente 4, describe bien algo que es negro y antiguo.

¿Dónde está Saturno? En la 5.ª. Así que el chal está en un lugar de recreación. Si los hijos de la consultante fuesen posibles sospechosos, la sugerencia obvia sería "culpa a los hijos", pero no lo eran.

Describe el lugar de recreación. Saturno está en un signo de fuego, así que es un lugar de recreación con fuego. Podría ser un restaurante.

Ok – digamos que está en un restaurante. Puede que existan otras opciones, pero ésta suena razonable, así que podemos seguirla para ver a dónde nos lleva. Ahora tenemos que describir / localizar el restaurante. Así que nos adentramos en la carta un paso más. Saturno es el chal. Al estar en Aries, nos dice que está en un restaurante, así que el regente de Aries *es* ese restaurante.

Marte está exactamente sobre el MC. En un ángulo: cerca del hogar. A menos de un grado de un ángulo: muy cerca del hogar. Podríamos haber tomado la 10.ª como un lugar de trabajo, y juzgar que el restaurante estaba muy cercano al lugar de trabajo, pero la consultante ya estaba jubilada.

Aries nos dice que está en un restaurante. El planeta que rige Aries nos muestra dónde está ese restaurante. Lo hace por su ubicación – como si el restaurante mismo fuera el objeto perdido. El signo en el que está este planeta describirá el

---

[40] *Englands Propheticall Merline (El Merlin profético de Inglaterra)*, p. 133.

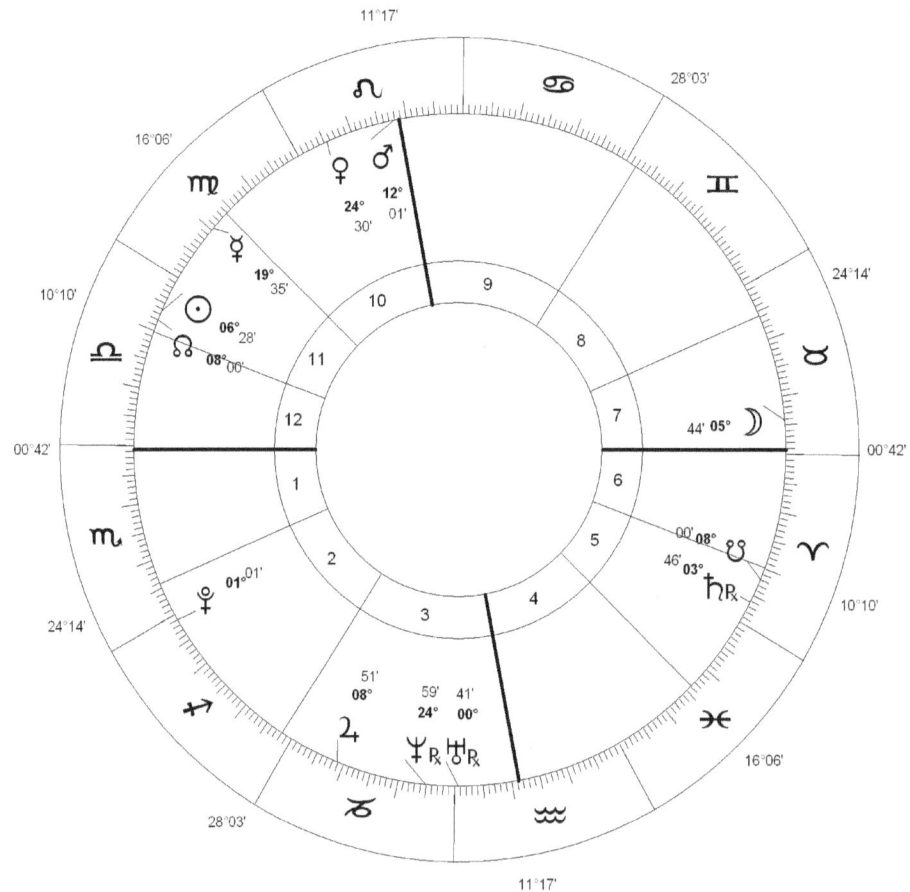

¿Dónde está mi chal? 29 de septiembre de 1996, 9:22 a.m. BST, Londres.

restaurante. Si Marte estuviese en Capricornio, sería un restaurante indio; en Cáncer, uno chino; en Leo, francés o italiano.

El chal está en un restaurante francés o italiano muy cerca del hogar de la consultante. "Ah sí – hay un restaurante francés justo al lado de mi casa. Estuve allí la otra noche." Y ahí fue donde encontró el chal.

Ten en cuenta que éste fue un claro ejemplo de un principio general en toda la astrología tradicional: **Los planetas *son*, los signos *describen*. Los planetas son sustantivos, los signos son adjetivos.**

Un punto importante: hemos dado aquí sucesivos pasos dentro de la carta. Supongamos que la situación hubiese sido diferente. Supongamos que Marte fuese el significador del objeto perdido y la consultante trabajase en una oficina. Marte está en la 10.ª: lo dejó en el trabajo. ¿Dónde en el trabajo? Marte está justo sobre la cúspide: cerca de la puerta. Marte en un signo de fuego: ¿hay algún calentador cerca de la puerta? O quizás justo al lado de la pared.

"¿Cuál es la diferencia?" Si el significador nos dice que el objeto está en un lugar específico, no tenemos que localizar tal lugar. Así que podemos tomar otras indicaciones que nos muestren su ubicación dentro de aquel sitio. Pero Saturno en la carta del chal sólo nos mostraba que el chal estaba dentro de algún lugar de recreación. Esto nos da un rango de ubicaciones posibles, así que debemos elegir una dentro de tal rango – aún estamos buscando el lugar específico. Mira de nuevo la carta del gato. El gato está en la casa del gato. Sólo hay una casa del gato relevante a la pregunta: no necesitamos buscar más. Si Marte hubiese sido el objeto en esta carta, indicando que estaba en la oficina: sólo hay una oficina, así que no necesitamos buscar más. Del amplio rango de "lugares de recreación" debemos elegir uno, así que no necesitamos definir el rango como se muestra aquí arriba.

Tomamos el signo en el que está Saturno para describir el tipo de lugar de recreación: está en un signo de fuego, así que es un tipo de lugar con fuego, como un lugar donde se cocinan cosas. Supongamos que Saturno estuviese en un signo de aire. No podemos ser demasiado literales sobre esto: un globo aerostático es un lugar de recreación aéreo; pero es más probable que sea una sala de cine o un teatro, un café, un sitio donde la gente se reúne a charlar, quizás un club de ajedrez. El aire es la facultad mental, así que puede describir cualquier cosa que la represente. En forma similar, un lugar de recreación acuático podría ser una piscina, pero es más probable que sea un bar. Toma esto como regla general: sé flexible.

DINERO

Aunque la 2.ª es la casa del dinero, cuando la gente pregunta sobre dinero, generalmente la 2.ª no es la preocupación principal. No preguntan sobre su propio dinero, sino por el dinero de otra persona, que les gustaría tener. Dónde encontremos este otro dinero en la carta, dependerá del contexto de la pregunta. ¿De quién es el dinero?

Generalmente es de la 8.ª o la 11.ª casa. La 8.ª por ser la 2.ª a partir de la 7.ª, es el dinero de cónyuges, socios, consultantes, enemigos y "cualquier otra persona".

La 11.ª, al ser la 2.ª a partir de la 10.ª es el dinero del trabajo, del jefe, o del rey. También es el "dinero caído del cielo". Así que:

* "¿Cuándo recibiré mi sueldo?" 11.ª casa
* "¿Este trabajo será bien pagado?" 11.ª casa
* "¿Obtendré una devolución de impuestos?" 11.ª casa
* "¿Cuándo me pagará este cliente?" 8.ª casa
* "¿Ganaré en la carrera de caballos esta noche?" 8.ª casa
* "¿Mi novia tiene algo de dinero?" 8.ª casa
* "¿Ganaré la lotería?" 11.ª casa

Y también:
* "¿Puedo vivir de la astrología?" 10.ª casa (ver capítulo 22)
* "¿Heredaré el dinero de papá?" 5.ª casa
* "¿Me beneficiaré comprando esta casa?" 5.ª casa (ver capítulo 18)

Abrámonos camino a través de este laberinto, paso a paso.

Acciones y participaciones

Como éste es el más sencillo, nos encargaremos de él primero. Existe un mito que dice que las acciones, bonos y participaciones son asuntos de la 8.ª casa, como "el dinero de otra gente". No lo son: tus acciones son tu propio dinero (2.ª casa) en una forma diferente. Cuando compras acciones, tu dinero no se vuelve el dinero de otro, al igual que no lo hace cuando cambias tu efectivo en moneda extranjera. Sigue siendo tu dinero, que puede incrementar o disminuir de valor.

Así que las preguntas sobre inversiones deben juzgarse según el estado de la 2.ª casa, y el estado y acciones del Regente 2. Un cambio de signo usualmente es crucial aquí. "¿Debería cambiar mis ahorros de A a B?" El Regente 2 está saliendo de un signo fértil y entrando en uno estéril: "No, tus ahorros no incrementarán". El Regente 2 saliendo de un signo donde está peregrino y entrando a uno en el que está dignificado: "Sí, tus ahorros se beneficiarán".

Por regla general, el lugar hacia el que va el Regente 2 muestra el futuro *si se realiza el cambio*. Así que el Regente 2 aplicando hacia el Nodo Sur es un testimonio de que no es conveniente cambiar; aplicando hacia el Nodo Norte es testimonio de que conviene cambiar. Pero prepárate para ser flexible si la carta sugiere otra cosa. Por ejemplo, supongamos que el Regente 2 está cerca del final de un signo cuando se encuentra con el Nodo Sur, y que en el próximo signo estará dignificado. Podemos tomar este encuentro con el Nodo Sur en el presente signo como lo que sucederá si la situación se mantiene como está, y su movimiento hacia el próximo signo como el cambio eventual. En este ejemplo, el consultante se beneficiaría con el cambio: si se queda quieto, su dinero sufrirá (Regente 2 en conjunción al Nodo Sur). La carta dio un indicador predominante de cambio al cambiar de signo.

Si el consultante pregunta sobre una mercancía específica, conviene ver el regente natural de tal mercancía. "Estoy pensando en vender oro y comprar participaciones en una empresa puntocom", con el Sol (el oro) a punto de hacer conjunción con Saturno, y Mercurio (computadoras) a punto de entrar en Virgo: "¡Compra las participaciones en la empresa puntocom!" Sin embargo, ten cuidado: esto sólo aplica en horarias específicas; ¡no quiere decir que cada vez que el Sol esté en conjunción con Saturno caerá el precio del oro!

Si tu consultante planea monopolizar el mercado de pepinos o de algún otro producto, también puedes ver la Parte árabe para esa mercadería, teniendo en cuenta tanto la Parte como su dispositor.

Recibiendo pagos o reembolsos

Debemos tener en claro de dónde viene el dinero. Esto generalmente es obvio: si trabajas para una compañía, tu sueldo lo muestra la 2.ª a partir de la 10.ª, que es la 11.ª. Pero a veces, es necesario pensar cuál es la naturaleza de la relación laboral. ¿Es una relación empleado/jefe, o es una relación de cliente? Por ejemplo, si decides trabajar como astrólogo, la persona que acude a ti para una consulta es tu cliente: 7.ª casa. Para preguntar "¿Me pagará?" debes ver la 8.ª casa, que muestra su dinero. Es lo mismo si tu cliente es una compañía. Sin embargo, si la compañía te suma a su nómina de sueldos como su propio astrólogo, tu sueldo es la 11.ª casa. Es igual para cualquier trabajo independiente que puedas hacer para AstroCartas S.A. Tu pregunta general "¿Puedo vivir de la astrología?" tiene que ver con la 10.ª casa, que es la 2.ª a partir de la 9.ª, y como tal, muestra el lucro a partir de tu conocimiento (capítulo 22). No uses ese enfoque en cualquier pregunta sobre un pago en particular.

Si la pregunta es sobre el monto del pago, observa al regente de la casa que muestra el dinero, considerando sus dignidades esenciales y accidentales. Cuanto más fuerte esté el planeta, más grande será el monto. Observa también las aflicciones o beneficios de la casa en cuestión: por ejemplo, un Júpiter fuerte en su cúspide son buenas noticias; un Saturno débil, no.

Nota: en cualquier pregunta que tenga que ver sólo con la *cantidad* de dinero, no necesitamos un aspecto. Pero si hay uno, debemos tener en cuenta su naturaleza. La idea del lucro asume que viene hacia nosotros: de otro modo no sería lucro. Lo mismo pasa con el sueldo. Supongamos que el Regente 11 está fuerte y aplica hacia el Regente 1 por cuadratura: "El sueldo es bueno, pero puede haber demoras en recibirlo, o tendrás que insistir para que se te pague".

A menudo, estas preguntas no son tanto sobre la cantidad y más sobre el "cuándo" o "si" llegará. Aquí necesitamos un aspecto: sin aspecto, no llegará. Busca un aspecto entre el significador del dinero y el consultante (Regente 1 o la Luna) o el Regente 2. La 2.ª puede tomarse como el bolsillo o la cuenta bancaria del consultante, así que un aspecto del dinero hacia el Regente 2 muestra que llega al bolsillo del cliente. No importa cuál significador aplica a cuál: la pregunta asume que el dinero está llegando al consultante.

Si prestaste dinero a alguien, el dinero ahora es de esa persona. Al preguntar "¿Me lo devolverá?" lo que interesa es la 2.ª casa de esa persona (la 2.ª a partir de la 3.ª si se lo presté a mi hermano; la 2.ª a partir de la 11.ª si se lo presté a mi amigo). Busca un aspecto entre el regente de tal casa y el Regente 1, la Luna o el Regente 2. Si no hay un aspecto que muestre el reembolso, un aspecto favorable entre el significador de la persona y el del consultante puede mostrar que se llegará a un acuerdo. Cuidado con las aflicciones severas al significador del dinero de la persona: no te pagará, porque no tiene dinero. No importa qué tan fuerte pueda estar, el significador dentro de su propia casa también es una mala noticia: puede que tenga mucho dinero, pero se quedará en su bolsillo.

Apuestas

Una vez envié un artículo a una revista astrológica norteamericana, que incluía un juicio sobre la horaria "¿Ganaré hoy en las carreras de caballos?" Como respuesta recibí una carta enardecida, regañándome por mi imprudencia al considerar siquiera tal pregunta, ya que es imposible saber si alguien ganó o no. Como los astrólogos son seres que están muy por encima de conceptos vulgares como pérdidas o ganancias, debo explicar que si terminas con más dinero del que tenías cuando comenzaste, has ganado; si terminas con menos dinero, has perdido.

Apostar se considera una actividad de la 5.ª casa. Pero si alguien pregunta sobre una apuesta, el objetivo es la ganancia que se puede obtener; nunca me han preguntado "¿La pasaré bien en el hipódromo?" Pasarla bien es un asunto de la 5.ª casa; obtener una ganancia no lo es.

La apuesta es una competencia entre tú y el corredor de apuestas, así que él es tu enemigo (7.ª casa) y su dinero es su 2.ª, lo que resulta en la 8.ª casa radical. Quieres su dinero, así que el éxito de esto lo mostrará un aspecto entre el Regente 8 y el Regente 1, la Luna (asumiendo que la Luna no representa ni al corredor ni a su dinero), o el Regente 2. De nuevo, no importa cuál planeta aplica a cuál.

Siempre y cuando exista tal aspecto, la fortaleza del Regente 8 mostrará cuánto ganara el consultante en relación a su apuesta. Esto puede ayudarlo a decidirse en apostar. Supongamos que el consultante decide apostar a cierto equipo. El corredor podría ofrecer un rango de apuestas sobre la victoria de aquel equipo, cada una con diferentes posibilidades. Si el Regente 8 está fuerte y muestra una buena ganancia, el consultante podría tomar la apuesta más arriesgada, con mayores probabilidades. Si el Regente 8 está débil, debería quedarse con la opción menos riesgosa, con menores probabilidades.

Con estas preguntas – al igual que aquellas sobre inversiones – deberías poder persuadir al consultante a que primero haga su tarea. La carta será más confiable si se ha esforzado un poco eligiendo las apuestas disponibles.

Las loterías no son una competencia. Al menos, sólo son una competencia si el consultante desarrolló un esquema para burlar a la compañía de loterías: en ese caso se vuelve "nosotros contra ellos" y debería juzgarse desde la 8.a casa, como se indica arriba. Las loterías pueden verse como el consultante extendiendo sus manos para ver si la buena fortuna cae sobre ellas: dinero caído del cielo. Como tal, se juzgan a partir de la 11.ª casa: ¿el Regente 11 hace un aspecto con el consultante o con su bolsillo? Si el consultante sólo pregunta sobre ganar el premio mayor, el Regente 11 tendría que estar excepcionalmente fuerte para mostrar un "Sí".

Si el consultante pregunta si va a ganar el dinero del premio con su caballo, observa la 2.ª casa del caballo (ganancias a través del caballo). El caballo es la 12.ª casa, así que su 2.ª es la 1.a casa radical. Ignora al consultante por un momento, y toma al Regente 1 como la ganancia que se obtendrá a través del caballo. Idealmente, sería un benéfico fuerte, que beneficia tanto la 1.ª o 2.ª casa (la 1.ª aquí vista como el consultante) por ubicación. De otro modo, un aspecto entre el Regente 1 y la Luna o el Regente 2 muestra la ganancia.

Una vez hice una horaria sobre una apuesta de un partido de fútbol. La carta mostraba al Regente 2 aplicando al Regente 1 por oposición. No tenía sentido. ¿Cómo podría venir mi dinero a mí mismo? O mi dinero desaparecería, o el dinero del corredor vendría hacia mí. Lleno de curiosidad, hice la apuesta. El partido se suspendió en el medio tiempo y todas las apuestas fueron reembolsadas. Mi dinero vino hacia mí – por oposición, ya que tuve que tomarme la molestia de hacer el viaje para retirarlo.

◆ Cartas horarias sobre este tema se discuten en mucho más detalle en mi libro *Sports Astrology (Astrología deportiva).* ◆

El dinero de la pareja

Una pregunta popular en los tiempos de Lilly era "¿Mi futura esposa tiene algo de dinero y, si es así, podré obtenerlo?" El dinero del cónyuge lo muestra la 8.ª casa. Para saber cuánto dinero hay, mira el estado del Regente 8 y cualquier aflicción o beneficio a la 8.ª casa. Para ver si el consultante obtendrá el efectivo, busca un aspecto con el Regente 1, la Luna o el Regente 2. Juzga los aspectos según su naturaleza, es decir, por trígono vendrá fácilmente, por oposición vendrá con tal esfuerzo que no valdrá la pena pelear por obtenerlo.

Por ejemplo: supongamos que el Regente 1 está en la exaltación del Regente 8. El consultante piensa que hay mucho dinero y lo quiere con desesperación. Supongamos que el Regente 8 está en su detrimento. Hay poco dinero. El consultante hace un trígono con el Regente 8. Puede que no haya mucho dinero, pero el consultante será bienvenido a disponer de lo que hay.

Esta consideración puede ser muy importante al momento de sopesar posibles asociaciones de negocios.

El dinero del gobierno

Si el consultante pregunta por una devolución de impuestos, una pensión, el seguro social o cualquier otro pago por parte del gobierno, el dinero lo muestra el Regente 11 (2.ª a partir de la 10.ª: el dinero del gobierno). Busca un aspecto hacia el consultante o el Regente 2 para ver cuándo lo recibirá; la fortaleza del Regente 11 y la 11.ª casa muestra cuánto será.

La 11.ª también muestra "el regalo del rey": cualquier favor que requiramos de la persona en el poder. Para un pago del seguro social, que es el derecho de una persona, las recepciones del Regente 10 (el gobierno) pueden ignorarse: el proceso no depende de quién le caiga bien a quién. Pero para preguntas como, por ejemplo, "¿Obtendré la subvención del Consejo de las Artes?", la actitud de la entidad otorgadora (Regente 10) es importante. Idealmente, esperaríamos encontrar su significador exaltando a nuestro consultante. Los reyes son personas ocupadas, de modo que puede que no tengan tiempo para exaltar a todo el que aplique para recibir su regalo, pero una recepción negativa (por detrimento o caída) sería muy poco prometedor. Cuanto más único sea el regalo (¿La Cruz Victoriana o sólo una medalla de campaña?), más fuerte será la recepción que esperaríamos ver.

Herencias

Las herencias son temas de la 8.ª casa sólo en términos generales: dinero de los muertos. Para cualquier consulta específica, toma la 2.ª casa de quien sea que deje el dinero. Se considera como si el dinero le siguiera perteneciendo a la persona fallecida. Como de costumbre, busca un aspecto que muestre que está en camino y su fortaleza para saber cuánto será. Observa los aspectos del significador del dinero con otros planetas, o recepciones mutuas adversas: éstos pueden mostrar que alguien más está metiendo su nariz. Para identificar este planeta invasivo, observa qué casa rige. Por ejemplo, el aspecto desde el dinero hacia el Regente 1 está impedido por el Regente 6: el dinero va a la casa del gato.

Por supuesto, ayuda mucho saber si la persona que está dejando el dinero quiere – o al menos, no odia – al consultante, por lo que considera las recepciones del planeta de tal persona, y lo que éstas revelen sobre la actitud del fallecido con respecto al consultante.

Ejemplo sobre la obtención de ganancias (carta en la página 202)

Usando técnicas distintas a la horaria, hice un juicio astrológico sobre un partido deportivo. Tentado por apostar sobre mi elección de quién ganaría, pregunté "¿Ganaré si apoyo a X?"

El dinero del corredor de apuestas que espero ganar, es el Regente 8: Mercurio. ¿Hay un aspecto aplicativo entre Mercurio y el Regente 1 (Saturno)? No.

¿Hay un aspecto aplicativo entre Mercurio y la Luna? Sí, aunque la Luna en cuadratura con Júpiter puede ser una prohibición.

¿Hay un aspecto aplicativo entre Mercurio y el Regente 2 (Júpiter)? No, aunque la Luna hace aspecto primero con Júpiter y luego con Mercurio, trasladando así luz de Júpiter a Mercurio.

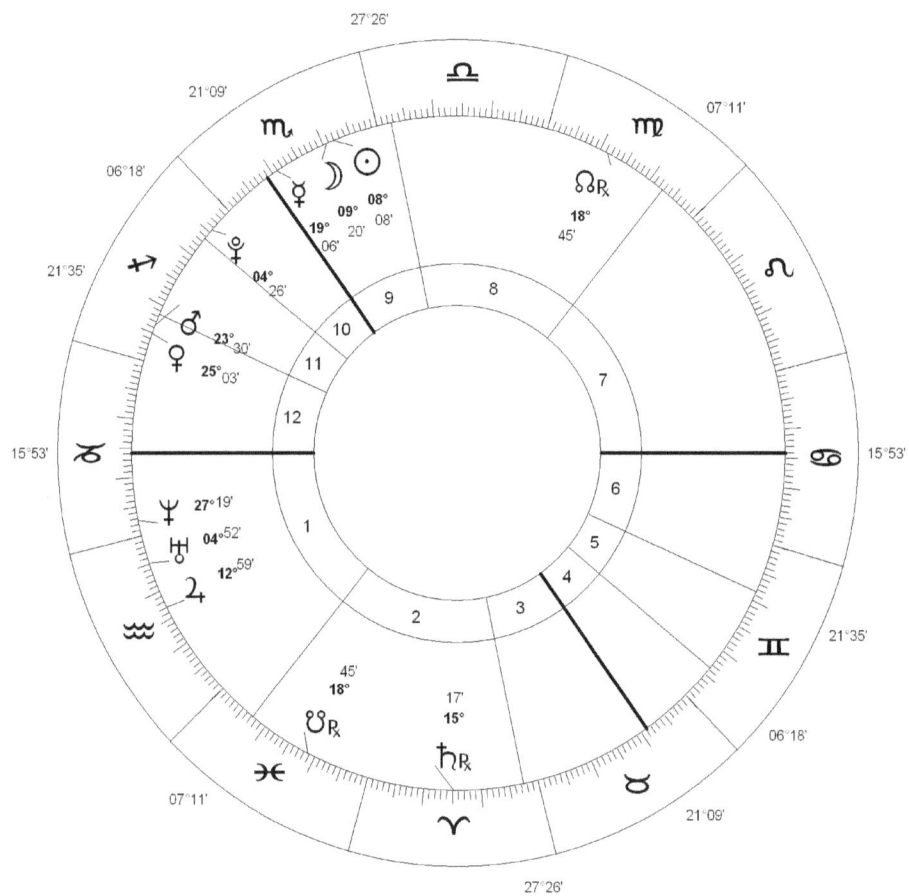

¿Debería comprar plata? 31 de octubre de 1997, 12:36 p.m. GMT, Londres.

Nota también que Mercurio y Júpiter están muy cercanos por antiscia (la antiscia de Mercurio está en 10.55 de Acuario; la de Júpiter en 17.01 de Escorpio).

Pero cada planeta se está separando de la antiscia del otro.

Ahora bien: hay dos testimonios positivos. Primero, la Luna va hacia Mercurio y, como los aspectos habitualmente no impiden conjunciones, eso me unirá con el dinero. Segundo, la Luna recoge a Júpiter (mi dinero) y lo traslada a Mercurio (el dinero que quiero).

Esto parece prometedor. PERO: ambos testimonios dependen de la Luna, y la Luna está combusta. No tiene poder para actuar. En la medida en que sea posible estar más débil que totalmente destruido, la Luna combusta es más débil que cualquier otro planeta combusto, porque el poder de acción de la Luna depende de cuánta luz tenga, y cuando está en conjunción con el Sol no tiene nada de luz.

¿Ganaré? No. La debilidad extrema de la Luna no puede hacer que funcionen los testimonios positivos.

Tal juicio fue, y lo será para ti con un poco de práctica, una cuestión de un momento: un vistazo rápido a la carta. Todavía tenía la carta en la pantalla de mi computadora cuando me llamó un consultante. Era un consultante regular, que hacía preguntas simples en forma directa, así que no pasó mucho tiempo desde que hice mi propia carta hasta que escuché su pregunta. La carta era la misma.

Su pregunta fue, "¿Debería comprar plata?" Podemos juzgar este tipo de preguntas viendo al Regente 2 y construyendo la pregunta como "¿Debería convertir mi dinero en plata?" Pero la palabra "plata" dirige nuestra atención a la Luna.

¿Cómo está la Luna? ¡Uf! Está en el signo de su caída; está combusta, tan cercana al Sol que no tiene luz. No podría estar más débil.

La Luna *es* la plata; por lo que ¿es un buen momento para comprar plata? ¡Sí! Está tan débil que no puede debilitarse más: ésta es, cuando menos, una apuesta sin pérdida.

Es importante que la Luna comience a separarse del Sol. Aunque casi no tiene luz, está comenzando a crecer y a recibir luz.

Este testimonio es suficiente para el juicio. Lo confirma el Regente 2, que se encamina hacia Piscis, su propio signo.

"Sí, compra plata." El precio de la plata incrementó dramáticamente en los meses siguientes.

Esta carta es interesante porque muestra dos preguntas que son explícitamente iguales – "¿Voy a ganar dinero?" – juzgadas con la misma carta, y que aun así dieron respuestas opuestas. A pesar de su simplicidad, el método es infinitamente sutil.

17

Preguntas de la tercera casa

¿VERDADERO O FALSO?

¿Es real esta información, chisme o rumor?

Aquí, buscamos testimonios que muestren que es verdad. Si tenemos pocos o ninguno de éstos, por defecto será falso. Una Luna fuera de curso indica que no saldrá nada de eso, sea verdadero o falso.

Para que sea verdad:

* Los ángulos de la carta deben estar en signos fijos
* El Regente 1, el Regente 3, la Luna y su dispositor deben estar en signos fijos y en casas angulares, o al menos en signos fijos y casas sucedentes.

Observa la condición de la tercera casa: una aflicción ahí (como un Saturno debilitado en la cúspide) podría mostrar falsedad; pero ten cuidado: también podría mostrar que el consultante será perjudicado por esta información. Generalmente, el contexto aclarará qué es lo más probable.

Con tantos testimonios, pocas veces llegamos a un veredicto unánime. Una decisión por mayoría servirá.

Tanto la angularidad como la fijeza tienen un sentido de solidez, así que lo que hacemos aquí es contrastar la información con la carta para ver si ésta es real o si es una ilusión.

◆ Ahora descarto la idea de que tengan importancia los signos en los que caigan los ángulos. En ningún otro tipo de pregunta consideramos si los ángulos o cúspides relevantes son cardinales, fijos o mutables; no hay razón por la cual debamos hacer una excepción aquí.

Lo que sí debes tener en cuenta es que para mostrar que es verdad, los planetas relevantes deben estar fijos *y* angulares, no fijos *o* angulares. No veo razón para incluir al dispositor de la Luna aquí; la idea misma de involucrar a la Luna es, por lo menos, bastante dudosa. Alguien podría argumentar que se puede incluir al

Regente 1 para comprobar si el consultante tiene alguna conexión con la realidad, pero el testimonio más importante es, por lejos, el del Regente 3. ◈

¿Es cierta esta predicción o este sueño?

Toma los mismos testimonios que arriba, pero observa la 9.ª casa y el Regente 9 en lugar de la 3.ª y el Regente 3.

Atención

Estas preguntas son poco comunes; ¡mantenlas así! Puedes decir "¿Es verdad que me casaré con Jane?" "¿Es verdad que obtendré el trabajo?" Si caes en esta trampa, en poco tiempo juzgarás todas las preguntas como un asunto de la 3.ª casa. Puedes caer en la misma trampa con la 11.ª, la casa de los deseos y las esperanzas: "¿Se cumplirá mi deseo de casarme con Jane / obtener ese trabajo?" Toma siempre el camino más corto: una pregunta del tipo "¿Es verdad?" comúnmente puede reformularse. Si el consultante pregunta "Escuché el rumor de que mi novio me está engañando. ¿Es verdad?", ve al grano: ésta es una pregunta de la 7.ª casa sobre su novio, no una pregunta de la 3.ª sobre si es verdadero o falso. Incluso si tuviste un sueño en el que te casabas con tu novia, en lugar de preguntar "¿Mi sueño es cierto?" pregunta "¿Me casaré con ella?"

A lo largo de mi carrera sólo he juzgado un puñado de preguntas como "¿Es verdad?" Las que me vienen a la cabeza son sobre un consultante que esperaba reclamar la recompensa por encontrar a un niño perdido, y preguntaba si los rumores de su paradero eran precisos, y mi propia pregunta sobre una predicción improbable hecha por un astrólogo mediático en un programa de televisión en año nuevo.

¿Puedo confiar en él?

Observa al significador de esa persona, elegido por casa, como es común. Cuanta más dignidad esencial tenga, más honorable es. La fijeza no es necesariamente algo bueno: si su planeta está en detrimento y en un signo fijo, será terco en su deshonestidad.

Mercurio siempre es engañador, incluso cuando está dignificado. Mercurio es amoral por naturaleza, así que incluso si está fuerte o si otro planeta tiene mucha dignidad esencial por estar en un signo de Mercurio, es probable que muestre a alguien que es honesto sólo cuando le conviene. Si está en Géminis, puede que tenga un lúdico desprecio por la verdad, y un cierto regocijo por la prestidigitación; si está en Virgo, mostrará la letra chica para probar que su deshonestidad es honesta, después de todo, y peor para ti por creerle.

◆ Esta pregunta habitualmente es demasiado vaga para ser útil: puedo confiar en un ladrón – en que se comportará como un ladrón. Es mejor si se formula nuevamente en términos más concretos: "¿Si lo dejo a cargo de mi negocio, va a robar de la caja registradora?" "¿Realmente apoyará mi aplicación laboral como me lo prometió?"

En principio, cuanta más dignidad esencial tenga el significador, más honorable será la persona. Pero ten cuidado. Si el planeta está en su domicilio o, especialmente, en su propia exaltación, la prioridad de esa persona será ella misma. Esto puede ir a la par de una actitud despectiva hacia los demás. ◆

CARTAS, LLAMADAS TELEFÓNICAS, VISITANTES

La 3.ª casa radical raramente es de importancia aquí. Si la pregunta fuese "¿Ella recibió mi carta?" podríamos buscar un aspecto separativo (que muestre algo que ya sucedió) entre ella y el Regente 3, la carta. El Regente 3 en su 1.ª o 2.ª casa podría ser un testimonio de que le ha llegado: la carta está con ella o en su posesión.

Por lo general, la pregunta es sobre la carta de alguien más: "¿Cuándo sabré algo de él?" "¿Cuándo llegará el libro que ordené?" El regente de la 3.ª casa del remitente mostrará la carta de esa persona. Esto generalmente nos lleva a la 9.ª, ya que tales preguntas se hacen por lo general acerca de novios o aquellas personas con las que el consultante tiene un acuerdo comercial (como haber ordenado el libro). Todas esas personas son mostradas por la 7.ª casa, que tiene por 3.ª la 9.ª casa radical. Una vez ubicado el significador correcto, busca un aspecto aplicativo con el Regente 1, la Luna o el Regente 2. Un aspecto con el Regente 2 muestra que la carta llegará a las manos del consultante. Luego, mide el tiempo por grados del modo habitual. Sin aspecto, no hay llegada.

Si has ordenado un libro, el tema de interés es la llegada del libro: el paquete del vendedor, 3.ª a partir de la 7.ª. Con tu novia o la llamada telefónica de mamá, el tema de interés es el contacto con esa persona. Como tal, un aspecto desde esa persona (Regente 7 o Regente 10) hacia el consultante dará un "Sí": no hay necesidad de especificar la llamada telefónica como la 3.ª casa girada. Una vez que hemos ordenado el libro, no queremos más contactos con el vendedor, por lo que, en tal caso, un aspecto aplicativo con el Regente 7 no servirá.

Recuerda que una vez que recibes la carta, ya no es la 3.ª del remitente, sino tu 2.ª: tu posesión.

Si la pregunta es "¿Cuándo llegará esta persona?" toma el regente de la casa de esa persona (11.ª si es un amigo del consultante; 6.ª si es el plomero) y busca un aspecto con – en orden de preferencia – el Ascendente, el Regente 1, la Luna, la cúspide de la 4.ª (la casa del consultante). Sin aspecto, no hay llegada. Si hay un aspecto, calcúlalo del modo habitual. Estas preguntas generalmente tienen una escala de tiempo limitada, asumiendo por ejemplo que la llegada será en algún momento de esa tarde. Esto facilita mucho la medida de tiempo. Cualquier cosa menor a un grado usualmente se interpreta como "inmediatamente", aunque podamos calcularlo al minuto. En estas preguntas, los minutos de arco pueden interpretarse como minutos de tiempo, por lo que si el significador está a 35' del Ascendente, la llegada será en 35 minutos.

No importa qué planeta aplique a cuál. Si el Regente 1 aplica al visitante en lugar del visitante al Regente 1, no significa que el consultante tenga que salir a buscarla. Quién va al lugar de quién es indicado por la pregunta.

Los aspectos con el Ascendente muestran una llegada *solamente* si la pregunta asume la llegada de esa persona (como en mis ejemplos aquí) o si está confirmado por otro testimonio de la carta. Si la pregunta es "¿Volveré a ver alguna vez a un amigo al que no veo hace mucho tiempo?", el significador del amigo aplicando al Ascendente muestra que él pesa sobre mi mente; no muestra que estará tocando a mi puerta en cualquier momento.

◆ Ten en claro lo que es importante. Si preguntas sobre dinero que llegará por correo, tu pregunta es "¿Cuándo llegará el dinero?", no "¿Cuándo llegará la carta?" Nos interesa la 2.ª casa del remitente, no la 3.ª. A pesar de lo que escribí más arriba, sucede lo mismo con mercancías que llegan por correo, como libros. Es la posesión del vendedor la que está en camino hacia ti, por lo que la 2.ª casa del vendedor, no la 3.ª, es la que nos interesa. Incluso si ya pagaste por la mercancía, no será tu posesión hasta que llegue, así que no la mostrará tu 2.ª casa. La 2.ª es la casa de las posesiones movibles: si aún no la tienes, no puedes moverla.

Una pregunta como "¿Qué pensará él de la carta que le envié?" habitualmente no se trata de la reacción a la carta ("¡Qué lindo es el papel en el que está escrita!") sino sobre la reacción hacia la persona que la escribió. Por lo tanto, la carta en sí misma es irrelevante para el juicio. ◆

18

Preguntas de la cuarta casa

NEGOCIOS INMOBILIARIOS

¿Compraré / venderé la casa?

Ambas preguntas se juzgan del mismo modo. El consultante, ya sea comprador o vendedor, es representado, como siempre, por la 1.ª casa; la otra parte es la 7.ª. Lo que deseamos ver es un aspecto aplicativo entre el Regente 1 y el Regente 7. En realidad, la pregunta es "¿Cerraremos el trato?", por lo tanto nuestro interés está con los Regentes 1 y 7, no con la propiedad en sí, que es el Regente 4.

Si la otra parte tiene una casa específica en la carta, usa esa en lugar de la 7.ª. Si la pregunta es "¿Mi hermano comprará mi casa?" o "¿Puedo comprar la casa de mi amigo?" usa la 3.ª o la 11.ª.

No importa cuál sea el aspecto entre el comprador y el vendedor: pocas cartas sobre estas preguntas tienen algo más optimista que una cuadratura. La oposición parece ser la regla, pero sin su habitual connotación de arrepentimiento. Esto probablemente refleje el excesivo esfuerzo necesario para llegar a concluir el negocio. Observa las recepciones. Una recepción mutua entre el Regente 1 y el 7 es muy prometedora: ambos quieren cerrar el trato. La ausencia de recepción generalmente no es un problema; una recepción negativa (por detrimento o caída) sí lo es. Un vendedor cuyo significador está en la caída del comprador será reacio a vender, aunque puede que la necesidad lo obligue a hacerlo.

Las posiciones de los significadores y su fortaleza muestran quién tiene la mayor ventaja en las negociaciones. En este contexto, hay una vital diferencia entre estar sobre la cúspide o dentro de una casa. **El planeta en la cúspide tiene poder sobre esa casa, como el enemigo golpeando las puertas de tu castillo; el planeta dentro de la cúspide está bajo el poder de tal casa, como el enemigo atrapado adentro.** Así que: el Regente 7 en el Ascendente muestra que la otra parte está dispuesta a cerrar el trato (en el signo del Regente 1) y puede estar ansioso por hacerlo (el planeta sobre el Ascendente puede tomarse, a veces, como algo que pesa sobre el consultante). El Regente 7 justo dentro de la 1.ª casa muestra que el consultante tiene a la otra parte en la palma de su mano. Más a menudo encontramos al Regente 1 dentro de la 7.ª casa: el consultante está desesperado y la otra parte lo sabe.

◆ Sin embargo, ten en cuenta que en estas preguntas, la fuerza casi nunca es relevante. El comprador pocas veces es capaz de obligar al vendedor a que venda, y el vendedor pocas veces es capaz de obligar al comprador a que compre. Así que, si bien el significador de una de las partes en la cúspide de la otra muestra el entusiasmo de esa persona, este puede ser un testimonio desafortunado. Si la pregunta es "¿Puedo persuadir al vendedor a que baje el precio?", tu planeta en la cúspide del vendedor es un testimonio muy negativo. Si estás tan interesado, ¿qué incentivo tiene el vendedor para reducir su precio? ◆

Mientras podría parecer lógico que el Regente 4 aplicando a un aspecto con el significador del comprador indique que la propiedad será vendida, este testimonio es mucho menos convincente que los contactos entre los Regentes 1 y 7. El Regente 10 muestra el precio de la propiedad. Que éste vaya hacia el comprador es un testimonio tan menor que puede ignorarse: no bases un juicio sólo en eso. Sin el trato, el cual se muestra por los Regentes 1 y 7, ni la propiedad ni el dinero cambiarán de manos.

◆ Subestimé la importancia de un aspecto entre el Regente 4 y el comprador. Siempre busca primero un aspecto entre los Regentes 1 y 7. Si no existe tal aspecto, pero sí existe un aspecto entre el Regente 4 y el comprador, éste habitualmente hará el trabajo. ◆

Un escenario común: los Regentes 1 y 7 están aplicando hacia un aspecto, mostrando que el vendedor (nuestro consultante, Regente 1) venderá su propiedad. Pero antes de realizarse el aspecto, hay una prohibición. ¿Qué es este planeta que se interpone en el camino? El Regente 8: el dinero del comprador (2.ª a partir de la 7.ª: el dinero de la otra persona). Está en su detrimento. ¿Qué impide que se cierre el trato? El comprador no puede juntar el dinero.

Cualquier planeta sin identificar que haga un aspecto con el vendedor antes que el significador del comprador, puede tomarse como otra persona que está interesada en comprar la propiedad.

No necesitas buscar al agente inmobiliario. Si hay un aspecto entre los Regentes 1 y 7, es irrelevante involucrar al agente; no necesitamos a ese personaje en escena.

Sin embargo, si un planeta traslada o recolecta luz para concretar el aspecto, puede tomarse como mostrando al agente.

◇ Un aspecto aplicativo entre el vendedor y el Regente 4 no significa nada y se puede ignorar, a menos que tal aspecto prohíba un aspecto con el comprador. Los aspectos realizan contactos entre las cosas. Pero el vendedor ya está en contacto con la propiedad: de otro modo, no podría venderla.

Ten en cuenta el estado de las negociaciones. Si están recién comenzando, necesitaremos un fuerte testimonio que muestre que el trato se cerrará. Cuando ya está todo acordado, pero el comprador preocupado pregunta "¿Se terminará de concretar?", todo lo que necesitamos para juzgar que Sí es la ausencia de un testimonio negativo poderoso (ve a la p. 175). Supongamos que en una carta la cúspide de la 7.ª está en 10 de Aries. El Regente 1 en 9 de Aries no mostraría más que la preocupación del consultante por hacer el negocio. Pero el Regente 1 en 29 Piscis, a punto de entrar en el domicilio del Regente 7, sería un fuerte testimonio: "Sí, te mudarás a ese lugar".

Ten en cuenta que el Regente 4 muestra la propiedad, sin importar si el consultante es el comprador o el vendedor. Si se está vendiendo, es el Regente 4 porque es su propiedad; si se está comprando, es el Regente 4 porque es su propiedad potencial. Todo lo que hay en la carta se basa en la perspectiva del consultante. Es la propiedad potencial, como el Regente 7 muestra la pareja potencial ("¿Ella saldrá conmigo?") o el Regente 10 muestra el trabajo potencial ("¿Obtendré este trabajo?").

"¿Esto no contradice el punto sobre el paquete enviado por el vendedor en los agregados del capítulo anterior?" No, porque la pregunta "¿Cuándo llegará el paquete?" no es sobre lo que es potencialmente mío sino sobre lo que, en realidad, aún es de él. La pregunta sobre la pareja, el trabajo o la casa es sobre si algo potencial se hará realidad; la pregunta sobre el paquete es acerca de cuándo algo real llegará a nuestras manos. ◇

El estado de la casa

El Regente 4 es la casa, así que su estado mostrará las condiciones en las que está la propiedad. El Regente 4 en su propio signo: muy buena – la propiedad está en buenas condiciones. En su exaltación, y teniendo en cuenta el sentido de un bien exagerado que tiene esta dignidad, la casa está en buenas condiciones, pero quizás no tan bien como parece: ten cuidado con algún recubrimiento cosmético o pintura que oculte problemas menores. Las dignidades menores muestran un menor grado de estado. Si el Regente 4 está peregrino, la casa no está muy buena, y – como los planetas peregrinos se inclinan hacia la maldad – puede que esté deteriorándose. A menos que sea una casa rodante; en tal caso, un planeta peregrino podría tomarse como describiendo la naturaleza de la propiedad sin tales implicaciones malignas.

Si el Regente 4 está en su detrimento o caída, hay problemas. La naturaleza del signo indicará qué tipo de problemas:

* Signo de aire: revisa el techo y las ventanas
* Signo de agua: revisa la plomería y los desagües
* Signo de fuego: revisa la calefacción, las paredes y el revestimiento
* Signo de tierra: revisa los cimientos.

◊ Como resalté en el capítulo sobre objetos perdidos, p. 189 arriba, la asociación de los signos de fuego con las paredes y, por extensión, con los revestimientos, es falsa. Que las paredes – quizás – estén hechas de ladrillos y que los ladrillos estén hechos con fuego no quiere decir que los signos de fuego ◊

Busca otras aflicciones al significador. Por ejemplo, en oposición con Saturno: puede que la casa sea hermosa, pero esa fábrica que está enfrente hará que la vida allí sea miserable. Los planetas debilitados en la 4.ª mostrarán otros problemas, que pueden identificarse según la naturaleza del signo.

El Regente 10 es el precio. Su estado indicará si el precio es alto o bajo. Si el consultante es el comprador, puede ser importante que el precio esté en un signo fijo: será inútil hacer una oferta menor. Hacia el fin de un signo fijo: vale la pena hacer una oferta menor. Aquí también ten en cuenta la naturaleza de la exaltación: ésta sugiere que el precio está inflado. En un mercado de demanda, esto puede ser ineludible, pero puede haber otras razones para tal exageración – rumores de que llegará una vía de tren al pueblo, o que una estrella cinematográfica compró una casa en la zona.

Lo que esperamos es un equilibrio entre el estado de la propiedad y su precio. Idealmente, cualquier desequilibrio sería a favor del consultante. Puede que haya un fuerte desequilibrio en contra de él, pero que aun así tenga razones para comprarla: la casa puede estar desmoronándose, pero su abuelita solía vivir allí, o está desesperado por vivir cerca del estadio de su equipo favorito. La carta proveerá un claro análisis, de modo que el consultante pueda decidir si el desequilibrio es aceptable o no.

Ejemplos:

* Regente 4 en su propio signo; Regente 10 en su propio signo: la casa es costosa, pero vale lo que pagarás por ella.
* Regente 4 en su término; Regente 10 en su exaltación: la casa está aceptable, pero el precio está inflado.
* Regente 4 en su detrimento; Regente 10 en su detrimento: el lugar es un tugurio, pero a un precio tan bajo puede que aún valga la pena comprarlo.

Observa las recepciones entre el Regente 1 y 4. El Regente 1 en la exaltación del Regente 4: el consultante está enamorado de la casa, por así decirlo. No importa qué tan buena esté, es poco probable que esté a la altura de sus expectativas. Si el consultante está comprando la casa en la que vivió su poeta favorito, la exaltación es comprensible: él valora esa casa más de lo que realmente merece. El Regente 4 en detrimento del Regente 1: la casa odia al consultante, así que no lo hará feliz.

A la mayoría de los compradores les gustaría saber el alcance de los futuros aumentos en el precio: considera el estado del Regente 10 ahora, su estado al moverse hacia adelante a través del zodíaco y la naturaleza de su signo actual – los signos fijos muestran falta de cambio.

Si se está comprando la casa principalmente para obtener una ganancia, ya sea para refaccionar y vender o bien para alquilar, el beneficio lo mostrará el Regente 5 (2.ª a partir de la 4.ª: el dinero de la casa).

Si el consultante pregunta sobre una propiedad que está pensando en comprar, echa un vistazo a los vecinos. Nos interesan los vecinos de la casa que será comprada, no los vecinos que tiene ahora el consultante, así que los vecinos los mostrará la 6.ª, que es la 3.ª a partir de la 4.ª: los vecinos de la casa. Una consultante preguntó si debería mudarse permanentemente a su casa de vacaciones. El Regente 4 era el Sol en Libra, así que la casa estaba en mal estado (en su caída). Estaba regida o dominada por Venus, que a su vez estaba en su detrimento. Venus regía la 6.ª. La casa estaba en su caída (en Libra) porque estaba dominada por los vecinos (Venus), que eran horribles (en detrimento). Tiempo después, la consultante me contó historias escalofriantes sobre cómo los vecinos aterrorizaban al pueblo.

◆ Al considerar el estado de la propiedad, recuerda la realidad de la situación: las personas raramente compran la casa que desean, sino la que está en el mejor estado posible dentro del precio que pueden pagar. No involucres temas sobre la condición de la propiedad si el consultante no lo pregunta. Si la pregunta es "¿Se llevará a cabo el negocio?", el consultante no necesita que le digas "¡Ah, pero la propiedad no está en muy buen estado!" A menos que sea muy adinerado, el consultante probablemente ya esté al tanto de esto.

Si se desea negociar el precio, recuerda que el precio no puede tomar sus propias decisiones. El Regente 10 nos puede dar algunas pistas, como se muestra arriba, pero es mucho más importante el Regente 7: el vendedor. El Regente 7 en un signo fijo es un testimonio mucho más fuerte de que el precio no cambiará, que el Regente 10 en un signo fijo.

Aunque los textos usan la 10.ª casa para mostrar el precio, en muchas preguntas es más apropiado usar la 5.ª: la ganancia de la propiedad. Si el consultante es el comprador, el precio será el Regente 10 ("¿Puedo hacer que reduzcan el precio?"). Si el consultante es el vendedor y la pregunta es "¿Podré sacar una buena ganancia de esta venta?", usa el Regente 5. La pregunta en este caso es sobre la ganancia que se obtiene de la propiedad.

Si bien la 3.ª a partir de la 4.ª puede mostrar a los vecinos de la nueva casa, ten cuidado al leer esto. En el ejemplo de arriba, el Regente 6 eran los vecinos. Pero sin mayor conocimiento que confirme esto, hubiese podido ser, por ejemplo, las conexiones de transporte de la nueva casa (su 3.ª casa: viajes de rutina), que son tan malas que complicarían la vida. O muchas otras cosas. Recuerda siempre que menos es más. Es mejor decir "Hay una aflicción pesada aquí, pero como no estoy seguro de lo que muestra, sólo puedo esperar tener suerte al acertarle con una idea en particular. Es fácil comenzar a escribir novelas a partir de un par de pistas en la carta. ¡No lo hagas! ◆

◆ Una pregunta habitual es "¿Me conviene comprar esta o aquella casa?" Si el consultante se inclina más por una opción, usa el Regente 4 para ella, y otro planeta, elegido según la descripción, para la alternativa. Luego, compara su estado. Si el consultante no tiene una favorita, elige a todos los significadores según las descripciones. Para hacer esto, pregunta al consultante qué característica particular tiene cada casa. ¡Haz que las respuestas sean breves! Si no das demasiada rienda a los consultantes, te darán las pocas descripciones relevantes para la carta en cuestión. Por ejemplo, en una elección entre una casa muy vieja y una casa al lado del río, Saturno podría representar a la casa vieja, y un planeta un grado o dos adentro de un signo de agua, a la casa al lado del río. Un gran piso o un pent-house: Júpiter para el gran piso, y un planeta en un signo de aire o cercano al MC (el tope de la carta) para el pent-house. Diferentes personas describirán las mismas casas de un modo distinto. Alguien podría decir que "Una está cerca del río, la otra está cerca de mi trabajo" o "Ésta es grande, la otra es chica".

La carta es la creación del consultante, así que puedes confiar en que el criterio descriptivo del consultante corresponderá a esa carta. No es inusual que al pedir una descripción, la investigación horaria se vuelva redundante: "Una está cerca de la playa, la otra al lado de una fábrica… ¡ah, ya tomé mi decisión!"

No tengas miedo de hacer trabajar un poco al consultante. No aceptes una lista de doce propiedades posibles: pídele al consultante que se limite a dos o tres, como máximo. ◊

Alquileres

Las preguntas sobre alquileres de propiedades deben juzgarse del mismo modo que las preguntas sobre compra y venta. Es la misma pregunta: "¿Podré cerrar el trato?" Estas preguntas se juzgan a partir de la 1.ª y 7.ª casas. Los escritores modernos siguen a Lilly al asignar a los inquilinos la 6.ª casa, pero esto es un error. En los días de Lilly, tu inquilino era tu sirviente: probablemente trabajaba en tu tierra; si tuviese un voto, seguramente lo emitiría según tus instrucciones. Esto ya no es así: un acuerdo de alquiler se hace entre dos partes iguales. Observa que no es que la astrología haya cambiado, sino que cambió el significado de la palabra.

◆ Encontré bastante resistencia a mi afirmación de que los inquilinos ya no son personas de la 6.ª casa. La situación hoy en día no es como cuando Lilly escribía. No es un tema de opinión, sino un hecho histórico. Si alquilo un departamento hoy, puedo estar seguro de que su dueño no enviará a su esposa a cuidarme cuando esté enfermo, ni se lo exhortará desde el púlpito a que me reciba en Navidad si estoy pasando por un mal momento. Tratar a los inquilinos como 6.ª casa sería como alimentar con heno a tu automóvil. ◊

La única diferencia entre una pregunta sobre compra y una de alquiler se da si el Regente 1 y 7 están en oposición. Mientras que esto es aceptable en preguntas sobre compra / venta, indica arrepentimiento en la relación a largo plazo que existirá entre el inquilino y el dueño.

"¿Debo alquilarle a estas personas?" Ten en cuenta la naturaleza y condición del Regente 7: cuanto mejor sea su condición, más confiables serán. Supongamos que el Regente 7 es Júpiter en su caída: un benéfico debilitado. Parecen ser buenas personas, pero son malos por dentro. Ten cuidado de que el Regente 7 no aflija a los Regentes 4 o 5 (los inquilinos dañarán la propiedad o la ganancia que pueda obtenerse de ella).

Si la pregunta es "¿Debo vender mi casa o alquilarla?", el Regente 7 en un signo cardinal o fijo sugiere vender; la dualidad implícita en un signo bicorporal sugeriría alquilar. Si el Regente 7 muestra alquiler y que esto lo perjudicará, aconseja al consultante que venda, y viceversa. Quizás el Regente 10 (el precio) en una pregunta sobre ventas es débil ahora, pero pronto ganará fuerza: podríamos advertir al consultante que alquile la propiedad por el momento y que luego la venda cuando el mercado se levante.

◆ Como en mi revisión de arriba, al juzgar entre vender o alquilar, es la 5.ª casa la que importa, no la 10.ª. Lo importante es el beneficio a partir de la propiedad: 2.ª a partir de la 4.ª. ◆

¿Debería adquirir la granja, o el negocio?

◆ En toda esta sección, seguí a Lilly muy al pie de la letra. Mea culpa. En esta pregunta, la 4.ª es el lugar en cuestión; la 7.ª es la persona a la que le quieres alquilar o comprar el lugar. La pregunta es sobre el dinero que se hará a partir del lugar, así que el dinero es la 5.ª casa: 2.ª a partir de la 4.ª, el beneficio de la propiedad. La 1o.ª sólo será el precio al que estarás comprando o alquilando, así que podrá dar una pista sobre si es demasiado alto o demasiado bajo. Sin embargo, lo importante es el beneficio: 5.ª casa. La idea de la 4.ª como "el final del asunto" es equivocada: es el lugar en cuestión.

La ubicación por casa del Regente 1 en sí misma no es relevante, excepto si está justo dentro de la 7.ª casa, lo cual mostraría al consultante en una posición débil para negociar. No obstante, bajo ningún punto de vista esto indica un "No". Es mucho mejor que la 4.ª, o en especial la 5.ª, esté favorecida por la presencia de un planeta afortunado, a que lo esté la 1.ª.

Nota: esta pregunta no es sobre el éxito o algo parecido de una carrera en particular, sino sobre la rentabilidad de una propiedad en particular. Así que no es "¿Podré vivir como peluquero?" (Ver el capítulo 23) sino "¿Vale la pena alquilar este salón en particular?" ◆

Si el consultante está pensando en comprar o alquilar un lugar para o sobre el cual trabajar, mira la carta de un modo ligeramente distinto al de una compra de casa ordinaria. Estas preguntas asumen que la propiedad está disponible si el consultante decide tomarla, así que no buscamos un aspecto entre los Regentes 1 y

7. También asumen que el lugar será puesto a trabajar, de algún modo: "¿Debería comprar esta granja?" "¿Debería alquilar este estudio de grabación?" "¿Debería comprar esta tienda?"

El consultante es la 1.ª casa; el vendedor o arrendador es la 7.ª. La 10.ª muestra la ganancia que obtendrá el consultante si adquiere el lugar. La 4.ª muestra el resultado final.

El Regente 1 en la 1.ª, o en un signo que tiene aspecto con el signo del Ascendente por trígono o sextil, es un buen indicador de que el consultante está haciendo un negocio que lo beneficia. Cuanto más cerca esté el Regente 1 del Ascendente o de un aspecto con éste, y cuanta mayor dignidad esencial tenga, mejor. De modo similar, un benéfico (de nuevo: puede ser *cualquier* planeta con buena dignidad accidental) en la 1.ª casa es un signo positivo. Cualquier planeta debilitado es un mal signo, a menos que tal planeta sea el Regente 7. Si el Regente 7 está en el signo del Ascendente, siempre estará en su propio detrimento. El Regente 7 sobre el Ascendente muestra que la otra parte está presionando para cerrar el trato; si el Regente 7 está dentro del Ascendente, muestra que el consultante tiene a la otra parte en su poder, y por lo tanto tiene la fuerza suficiente como para dictar los términos.

Considera la integridad del vendedor. Si el Regente 7 está en su detrimento en la 12.ª casa, ¡adviértele al comprador que tenga cuidado! El Regente 7 muy debilitado o la 7.ª casa afligida por la presencia de un planeta debilitado advierte al consultante que revise la letra chica del contrato: los términos pueden ser desventajosos.

Juzga del modo habitual la condición de la 10.ª casa y su regente. La 4.ª muestra "el fin del asunto": cuando el consultante mire hacia atrás ¿recordará esto como un buen trato, o con arrepentimiento? Juzga a partir de las consideraciones habituales, es decir, el Regente 4 como un Júpiter dignificado indica un buen trato; Saturno debilitado, un mal trato; Venus fuerte en la 4.ª, buen trato; Marte debilitado, mal trato.

OTRAS PREGUNTAS SOBRE VENTAS

Cuando la pregunta es sobre si el trato se cerrará o no, puede juzgarse exactamente igual que las preguntas sobre compra de propiedades de más arriba: queremos un aspecto aplicativo entre los Regentes 1 y 7. Para preguntas que no son sobre propiedades, un aspecto de oposición nos puede decir que el negocio traerá arrepentimiento. Si la otra parte tiene una casa específica en la carta ("¿Mi tío venderá su auto?"), usa esa en lugar de la 7.ª.

Habitualmente, la pregunta no es sobre cerrar un trato, sino sobre si el negocio debe hacerse: "¿Debería comprar este automóvil / bote / antigüedad?" El objeto es mostrado por la 2.ª casa. Aunque aún no es una posesión del consultante, es una posesión potencial, por lo que podemos juzgarla a partir de la 2.ª, del mismo modo en el que podemos juzgar las perspectivas románticas del consultante con una pareja potencial al darle la 7.ª a la pareja potencial. La pregunta es sobre las posesiones movibles del consultante (2.ª casa); se reduce a "¿Debería intercambiar algo de mi 2.ª casa (dinero) por esta otra cosa de la 2.ª casa (el objeto deseado)?" Lo que nos muestra la carta es el estado del objeto deseado.

¿Cuál es su condición? Supongamos que Venus en 28 de Piscis muestra el automóvil de segunda mano que pienso comprar. Actualmente está en su exaltación (en buen estado, pero sobrevaluado) y está a punto de entrar en su detrimento. ¡No lo compres! Como siempre, si el testimonio se puede leer en forma descriptiva, las debilidades a menudo pueden ignorarse. Si planeo mejorar ese automóvil y ponerlo a correr carreras, la entrada de su significador al signo cardinal de fuego Aries podría ser totalmente apropiado.

Si está en duda la integridad del vendedor, observa el Regente 7. Cuanta más dignidad esencial tenga el comprador, más confiable será.

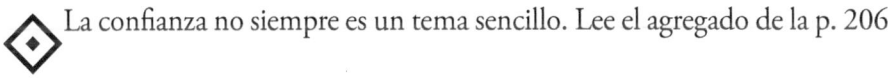 La confianza no siempre es un tema sencillo. Lee el agregado de la p. 206. ◇

19

Preguntas de la quinta casa

EMBARAZO

¿Estoy embarazada?

Con pruebas de embarazo disponibles en cualquier farmacia, esta pregunta es menos común que en tiempos pasados. Es más habitual escuchar "¿Mi perra está embarazada?" El método es el mismo, girando la carta si la pregunta es sobre la perra.

◆ Una gran parte de esta sección se basa demasiado en Lilly y debe ignorarse. En especial, todos los comentarios sobre planetas maléficos y benéficos y sobre planetas en aspecto con el ascendente o un planeta en una casa angular.

Un aspecto separativo entre el Regente 1 o la Luna y el Regente 5 es un fuerte testimonio positivo: mamá entró en contacto con el bebé. Sin embargo, recuerda que las prohibiciones también funcionan en retrospectiva (ver p. 119): si alguno de los dos planetas hizo otro aspecto antes del aspecto que mostraba la concepción, este último aspecto fue prohibido: hasta donde sabemos, no sucedió. Un aspecto aplicativo entre mamá y bebé es un No definitivo. Si su contacto se da en el futuro, no puede estar embarazada ahora mismo. Ten en cuenta que esto no significa "Ahora no, pero estarás embarazada pronto". El consultante no está preguntando sobre el futuro, sino sobre su situación presente.

El Regente 5 dentro de la casa de mamá – el bebé dentro de mamá – *casi* siempre dará un Sí. No obstante, puede descartarse por algún fuerte testimonio contrario, como un aspecto aplicativo entre mamá y bebé.

El Regente 5 en estación exacta es un fuerte testimonio negativo. Un planeta en estación no se está moviendo. Si no se está moviendo, no está vivo. "Exacta" quiere decir "exacta".

En este tipo de preguntas, no tiene relevancia que el Regente 5 esté esencialmente debilitado o retrógrado. ◆

El testimonio más fuerte y claro es encontrar al Regente 5 en la 1.ª casa, cerca del Ascendente. Esto da una clara imagen del bebé (Regente 5) dentro de la madre, y es un Sí definitivo. Con una imagen tan clara de la situación, no necesitamos un aspecto que conecte a la madre con el bebé. El Regente 1 o la Luna en la 5.ª sólo muestran que la madre está pensando sobre el embarazo; se necesita un testimonio de apoyo que otorgue un Sí. Es suficiente con que esté en un aspecto cercano con un fuerte benéfico, o si hay un benéfico fuerte cerca de la cúspide de la 5.ª.

El Regente 1, Regente 5 o la Luna en aspecto y fuertes recepciones mutuas con un planeta en una casa angular, es testimonio de Sí. El Regente 1 en trígono o sextil cercano con el Ascendente es de mucha ayuda.

Un maléfico cerca de la cúspide de la 5.ª o del Ascendente es testimonio de No, a menos que el maléfico en cuestión sea el Regente 1 o 5. El Regente 5 combusto es un No rotundo.

◆ Con el Sol como Regente 1 y el aspecto separativo, un Regente 5 combusto sería un fuerte Sí: mamá y bebé estuvieron en contacto y, como siempre, podemos ignorar la combustión si el aspecto con el Sol es lo que queremos (p. 77) ◆

El embarazo y la muerte son temas donde las antiscias no harán el trabajo de un aspecto corporal: no juzgues un Sí en ninguna pregunta sobre embarazo si sólo está basado en una antiscia.

Nota: si bien estos testimonios en signos fértiles son esperanzadores, el hecho de que estén en signos estériles no excluye resultados positivos. Los signos estériles son más importantes en preguntas generales del tipo "¿alguna vez...?" (Ver más abajo).

◆ El asunto de los signos estériles o fértiles se puede ignorar. Si el contacto entre mamá y bebé muestra concepción, ella obviamente no es estéril. Aunque no exista tal contacto, ella puede ser fértil aunque aún no esté embarazada. Los signos estériles/fértiles sólo son relevantes para la pregunta general "¿Alguna vez tendré hijos?"

El punto sobre la antiscia de arriba es válido. ◆

En referencia a la nota anterior: encontrar al Regente 5 en la 8.ª *no* es un problema. ¡No quiere decir que la consultante tenga un bebé muerto! Pero el

Regente 5 entrando en la 8.ª puede ser un testimonio de que la consultante está embarazada y perderá el bebé.

◈ Un significador entrando en la 8.ª casa nunca es testimonio de que esa persona morirá. Por lo tanto, el Regente 5 entrando en la 8.ª tampoco es testimonio de un aborto natural. ◈

En cualquier pregunta sobre embarazo donde otros testimonios indican que la mujer está embarazada, encontrar el Nodo Sur o un maléfico debilitado en su 5.ª casa es un potencial aborto involuntario. Este potencial necesita un testimonio de apoyo para que ocurra: no lo juzgues basándote sólo en eso. Un aborto es un evento, no un potencial, y como tal necesita una acción en la carta para mostrar que ocurrirá.

◈ LO MÁS IMPORTANTE: no puedo imaginarme una situación en la que "abortarás" sea un juicio para dar, incluso si la carta lo muestra claramente. Lo que podamos ver no siempre necesita decirse. Ser humano es mucho más importante que tener la razón. ◈

¿Ella está embarazada?

Esto se juzga de la misma manera que expliqué antes, excepto que el Regente 5 en la 1.ª, por supuesto, no dará un Sí: no es el embarazo del consultante el que nos interesa. Esta pregunta generalmente la hace un hombre sobre una mujer con quien durmió al menos una vez, lo cual la convierte (en este contexto) en una persona de la 7.ª casa. Así que el Regente 5 en la 7.ª mostraría un Sí, como también lo haría el Regente 11 (5.ª a partir de la 7.ª, su bebé) en la 7.ª. En una carta de este tipo, el Regente 5 y 11 estaban en conjunción en la 7.ª casa: esto subrayaba el Sí; no prometía mellizos. Hubiese podido prometerlos si hubieran estado en un signo bicorporal.

Si la pregunta no es sobre una persona de la 7.ª casa sino, por ejemplo, la hermana o madre del consultante, debemos ver esa casa y la 5.ª a partir de ella. La única circunstancia en la que podemos tener dos casas que muestran al bebé es cuando un consultante hombre pregunta si una mujer está embarazada de su hijo: la 5.ª radical es "mi bebé", y la 5.ª girada es "su bebé" (lo cual no sugiere que no haya sido concebido por el consultante). No involucres la 11.ª casa girada en preguntas hechas por otra persona que no sea el padre.

Al considerar testimonios que involucren angularidad, son las casas angulares radicales las que importan: **las casas no se vuelven angulares al ser giradas** (por ejemplo, la 4.ª a partir de la 3.ª no es angular en una carta sobre mi hermana).

 Como indiqué en el agregado de la p. 219, en estas preguntas no tiene relevancia que un planeta esté ubicado en una casa angular. ◇

¿Voy a concebir?

Mi experiencia es que esta pregunta por lo general la hacen quienes están considerando un tratamiento de fertilidad, a menudo como "¿Voy a concebir durante estas vacaciones? o algo por el estilo.

En principio, no podría ser más simple: buscamos un aspecto que una a la madre (Regente 1 y la Luna) con el bebé (Regente 5) del modo habitual. El Regente 5 y uno o ambos significadores del consultante en signos fértiles (Cáncer, Escorpio, Piscis) refuerzan el juicio. Aunque los tres significadores estén en signos estériles (Géminis, Leo, Virgo), un aspecto claro entre planetas fuertes aún resulta en una concepción. Como testimonios de apoyo, un benéfico en la 5.ª casa, en especial Júpiter en Cáncer o Piscis, es de mucha ayuda. También lo es el Nodo Norte.

Observa las aflicciones a los significadores o a la 5.ª casa, en especial de Saturno. Saturno en la 5.ª, especialmente si está cerca de la cúspide, es un testimonio fuertemente negativo (a menos que sea el Regente 1, en tal caso su ubicación reflejaría el interés del consultante en el tema). El Regente 5 combusto es un No definitivo, a menos que el Sol sea el Regente 1.

Recuerda el punto básico de que Júpiter y Venus no son necesariamente útiles. De su estado dependerá cuán benéficos puedan ser. Una consultante preguntó sobre su imposibilidad de concebir. Júpiter estaba justo dentro de la 7.ª casa, en Géminis. Al estar en su detrimento, éste aflige la casa en la que está: el esposo. Júpiter es el regente natural del esperma. En su detrimento y en un signo estéril: el esposo tiene un bajo conteo de esperma. O Venus en Virgo: dignidad por triplicidad, debilidad por caída, en un signo estéril; diversión, pero no concepción. Viene bien aclarar al consultante que, como hasta el mejor astrólogo es falible, la predicción no es una forma confiable de anticoncepción.

◆ Si un hombre pregunta "¿Tendremos un hijo?", un aspecto entre el Regente 5 y los Regentes 1 o 7 (la mujer) dará un Sí. Si la mujer pregunta, un aspecto entre los Regentes 5 y 7 no servirá. ◆

Las cartas de preguntas sobre tratamientos de fertilidad generalmente están bien equilibradas, y se requiere tacto al tratar con el consultante. Las cartas están bien equilibradas porque la situación también lo está: si la pareja estuviese rebosante de fertilidad, no haría tales preguntas. A menudo, puede que el juicio sea "Realmente no parece que así sea; pero recuerda que el astrólogo es falible", o bien "No puedo dar un Sí definitivo, pero hay potencial suficiente para pensar que vale la pena seguir intentando."

Observa primero el potencial de fertilidad: revisa los Regentes 1, 5, 7 y 11, la Luna y su dispositor. Consideramos que el Regente 5 y 11 son significadores del esposo y su potencial para tener bebés (aunque si la pregunta es directamente "¿Voy a concebir?", unir el Regente 11 con el Regente 1 *no* dará concepción).

◆ No hay necesidad de involucrar al dispositor de la Luna. Hay muchas cosas superficiales en los textos antiguos, basadas en la idea de que cuantos más testimonios podamos introducir en una pregunta, más chances tendremos de poder forzar una respuesta complaciente. Todo esto sin tener en cuenta si los testimonios tienen peso alguno. Éste es un ejemplo de tal idea. ◆

¿Están en signos fértiles o estériles? Los otros signos son neutrales. Los signos fértiles son positivos, pero la ausencia de signos estériles es suficiente para dar esperanza. No consideres los signos en las cúspides de estas casas: con tantas casas en juego, es casi seguro que encontraremos una mezcla de signos fértiles o estériles ahí, pero los regentes de las casas pueden estar en cualquier lado.

◆ La naturaleza del signo de una cúspide jamás es significativa, en ningún tipo de pregunta. Lo único que indica el signo es el planeta que rige tal casa. ◆

Considera luego beneficios o aflicciones hacia las casas 1, 5, 7, 11 y sus regentes. A esta altura podrías tener un claro No, y en tal caso puedes detenerte. Mientras que el testimonio de esterilidad no sea contundente, sigue buscando un aspecto que muestre que el potencial que exista se realizará. No consideres la 10.ª casa para el tratamiento de fertilidad: la 10.ª es el tratamiento en cartas de enfermedades, pero no es relevante aquí. Si la concepción es por tratamiento de fertilidad, una conexión entre la madre y el bebé por recolección o traslado de luz es algo típico. No importa qué planeta esté haciendo esta conexión, o la casa que rija: aún indica concepción. Un tercer planeta involucrado en el traslado y recolección de luz refleja a la tercera parte involucrada en un tratamiento de fertilidad.

Una vez que tienes un planeta que conecta a Mamá y bebé, considera su naturaleza (¿buen planeta o mal planeta?), sus recepciones con el Regente 1 y 5 (¿está en el signo de Mamá, queriendo ayudarla, o en su caída, perjudicándola?), y cualquier otro testimonio que haya sobre la 5.ª casa. El aspecto es suficiente para mostrar la concepción; estos otros factores dirán qué pasará luego – en particular si el bebé llegará a completar la gestación.

Luego, el paso más importante: prepara tu cabeza, y aún más importante, tu corazón, antes de hablar con el consultante. No puedes mentir; pero no es necesario decir todo lo que ves.

¿Concebiré alguna vez?

Al igual que con "¿Contraeré matrimonio alguna vez?", aquí debemos considerar la opción por defecto. Si el consultante tiene 20 años, debemos juzgar que Sí, a menos que la carta muestre un claro No. Si el consultante tiene 50 años, debemos juzgar que No, a menos que exista un clarísimo Sí.

Para la parte de "alguna vez", necesitamos considerar el potencial, como arriba: observa los Regentes 1, 5, 7 y 11, la Luna, y su dispositor.

◆ Como indiqué en el agregado de arriba, no hay razón para involucrar al dispositor de la Luna en el juicio. ◆

¿Están en signos fértiles o estériles? Los otros signos son neutrales. Los signos fértiles son positivos, pero la ausencia de signos estériles da esperanzas. No consideres los signos de las cúspides de estas casas: nos interesan los signos en los que están los regentes de las casas. Si hay un aspecto entre los Regentes 1 y 5, mucho mejor, pero para una consultante de 20 años, algún signo de fertilidad y la ausencia de aflicciones severas a la 5.ª casa o su regente es suficiente para juzgar un Sí.

Si nuestra consultante tiene 50 años, necesitaremos que todos o la mayoría de nuestros planetas clave estén en signos fértiles y fuertes aspectos que unan a los Regentes 1 y 5, sin aflicciones serias.

A menudo, esta pregunta va acompañada por un "cuándo", o de hecho está formulada como "cuándo", asumiendo que sucederá "alguna vez". En el último caso, a menos que el Sí resalte en la carta en forma de un aspecto, primero debemos determinar el "sí" antes de encarar el "cuándo". Una vez que decidimos que la consultante concebirá, sabemos que la medida de tiempo estará en algún lugar de la carta. Las cartas que tienen un buen comportamiento nos dan un aspecto claro con el cual podemos trabajar; pero no todas las cartas tienen un buen comportamiento. Para esto puede que se precise estirar un poco los músculos astrológicos. En asuntos a largo plazo como éste, podemos empujar a los planetas más allá de las prohibiciones habituales, tales como otros aspectos o cambios de signo. Lo único que no podemos pasar son la estación y la conjunción con el Sol. Con esta libertad, encontrarás un modo de conectar al consultante con el Regente 5. Nota: puedes hacer esto *sólo* porque ya encontraste que la respuesta principal a la pregunta es "Sí": Una vez que hayas conectado a Mamá con bebé, calcula la medida de tiempo del modo habitual.

◆ En preguntas como ésta, no te tientes en traer al Sol como regente natural del Hombre y a Venus como regente natural de la Mujer. Sólo se utilizan para desenredar la red psicológica que une a dos personas (capítulo 21). Aquí no son relevantes. ◆

Cantidad y sexo

No luches por ser preciso al predecir la cantidad de hijos que tendrá el consultante. Esta es, como diría Lilly, "una pregunta demasiado escrupulosa". Nuestras opciones son: 1, 1 o 2, unos cuantos, o muchos. Esto es lo suficientemente preciso.
    Considera el Regente 1, 5, 7, y 11, la Luna y su dispositor.

◆ De nuevo, tal y como expliqué en el agregado de la p. 222, no involucres al dispositor de la Luna en esto. ◆

Una vez que hayas decidido que habrá por lo menos un niño, ¿qué tan fuertes son los testimonios de fertilidad? Todos estos planetas en signos fértiles serían un testimonio de "muchos"; sólo uno en signo fértil podría sugerir un solo niño. Los planetas que muestran fertilidad y que están accidentalmente fuertes (muy fuertes – no es necesario ser sutil aquí) incrementan la cantidad que dan habitualmente. La angularidad es particularmente importante aquí; pero varía tu idea de "accidentalmente fuerte" en esta pregunta. Por ejemplo, supongamos que el Regente 1 es Júpiter en Cáncer – una de las indicaciones más fértiles posibles – y está cerca de la cúspide de la 5.ª: este sería un poderoso testimonio de muchos niños, aunque no fuese angular.

Ten en cuenta que aunque Géminis y Virgo son signos estériles, también son bicorporales. Si el juicio general es que el consultante tendrá hijos, puede que indiquen que será más de uno.

Para el sexo, considera los planetas: ¿son masculinos o femeninos? ¿Los signos en los que están son masculinos o femeninos? Aunque es tentador ignorar el hecho de que la Luna es femenina, porque la Luna está presente en todo asunto de este tipo, sugiero que incluirla – dar la ventaja a lo femenino – ayuda a reducir el desequilibro en favor de lo masculino. Agrega peso a cualquiera de estos planetas que tenga una buena fortaleza accidental.

La mayor cantidad de veredictos indica el sexo del primer hijo. Si hay una opinión disidente significativa, se la puede tomar como mostrando el sexo del segundo – si juzgaste que habrá un segundo. No necesitamos ir más lejos que esto.

◆ Este método para descubrir el sexo del hijo o hijos no funciona. Con esto no me refiero a que funcione igual que tirar una moneda: es mucho peor. La proporción de nacimientos masculinos y femeninos es más o menos de 50/50. Pero con solamente dos planetas femeninos, este método da un desequilibrio enorme a favor del masculino. La razón de esto es simple. A lo largo de la historia de la astrología, la forma en la que el astrólogo hacía sonreír al consultante era anunciando "¡Es un varón!" Este es uno de los ejemplos más burdos de astrología de feria con los que se han llenado los textos antiguos.

No conozco un método que funcione. La que podría ser una solución obvia – observar si el Regente 5 está en un signo masculino o femenino – no lo es. Sin embargo, estoy más que feliz al no tener respuesta para esto. Si recordamos que el dar una respuesta que no satisfaga el capricho del consultante probablemente resulte en que no exista tal niño, un silencio discreto pareciera ser por lejos la mejor opción. Además, al igual que con las pruebas de embarazo, esta respuesta está cada vez más accesible por otros medios.

Dentro del tema, hay otras preguntas que los consultantes intentarán formular: "¿El bebé que tiene mi esposa es realmente mío?" "¿El señor que me crió los últimos 30 años es mi verdadero padre?" "¿Ella realmente es virgen?" Algunos de mis estudiantes discutieron enardecidamente conmigo sobre esto, pero tal y como lo veo, la respuesta a estas preguntas es "Sí", sin necesidad de hacer una carta. Este tipo de preguntas están por debajo de la dignidad humana. ◆

◆ *¿Cuándo nacerá el bebé?*

En esta pregunta, buscamos algún cambio en el estado del Regente 5, dentro de un marco temporal razonable. Lo primero que debe buscarse es un cambio de signo, que mostraría la situación del bebé cambiando – casi como si el bebé estuviese mudándose de casa. Las cartas que se comportan bien proveen tal testimonio. En cartas que no se comportan tan bien, lo mejor que puedo sugerir es que te rasques la cabeza y busques alguna indicación posible que muestre un cambio significativo. Debemos estar abiertos a lo que sea que nos ofrezca la carta. La suposición común es que el nacimiento lo mostraría un aspecto aplicativo entre Mamá y bebé. Esto no tiene sentido. Un aspecto hace que las cosas entren en contacto, pero Mamá y bebé ya están en el contacto más cercano que tendrán jamás. ◆

ADOPCIÓN

El niño que el consultante espera adoptar es la 11.ª casa: 5.ª a partir de la 7.ª – el hijo de alguien más (a menos que sea el hijo de alguien específico: por ejemplo, el hijo de la hermana sería la 5.ª a partir de la 3.ª). La pregunta común es "¿Adoptaré a este niño?", por lo que esperamos encontrar un aspecto entre los significadores del consultante y el Regente 11. Una vez que el niño haya sido adoptado, es del consultante. Toda pregunta al respecto deberá ser juzgada desde la 5.ª casa, exactamente como si fuese un hijo natural.

20

Preguntas de la sexta y octava casas

PREGUNTAS MÉDICAS

El juicio sobre preguntas médicas es un tema enorme; tratarlo en su totalidad demandaría un libro más largo que este. No puedo hacer más que dar un resumen general del método, que será suficiente para muchas consultas simples, e indicar la dirección correcta al lector que requiera un tratamiento más exhaustivo de este tema.

El primer punto vital es que **aunque la 6.ª es la casa de la enfermedad, ésta *no* representa la enfermedad en una pregunta médica.** Supongamos que la pregunta fuese "¿Ganaré la medalla de oro?" y el Regente 1 aplica hacia un aspecto con el Regente 10 (éxito, victoria; la medalla), cuando tal aspecto está prohibido por el Regente 6. El juicio sería "La ganarías; pero te vas a enfermar". En preguntas como ésta, la enfermedad podría ser uno de tantos problemas. Sin embargo, en la carta para una pregunta médica, la totalidad de la carta se encarga de esta persona enferma sufriendo de esta enfermedad: el tema de la enfermedad no está limitado a una sola casa. No te apresures, entonces, a tomar al Regente 6 como significador de la enfermedad.

¿Pronóstico o diagnóstico?

Las preguntas médicas se dividen en dos grupos: "¿Qué está mal?" y "¿Qué sucederá?" Son las preguntas sobre diagnósticos las que son demasiado complejas para tratar aquí; pero puedo dar el método. Seguirlo te permitirá identificar el planeta que representa la enfermedad. Luego, puedes consultar el *Astrological Judgement and Practice of Physic (Juicio astrológico y práctica médica),* de Richard Saunders, para el diagnóstico.[41]

---

[41] Londres, 1677. Hay una buena edición moderna en la serie de Astrology Classics del Astrology Center of America.

Saunders era contemporáneo de Lilly, quien lo estimaba bastante. Su libro contiene un desglose de cada planeta en cada parte de cada signo, describiendo las enfermedades que muestra su ubicación, su causa inmediata (el desequilibrio corporal del cual los síntomas son una manifestación), y lo que se puede hacer para tratarlos. También da un método sobre cómo abordar preguntas horarias sobre enfermedades, pero ignóralo: si lo sigues, errarás continuamente. Usa el método que doy aquí y luego consulta a Saunders por el diagnóstico.

Una advertencia: como es habitual en medicina tradicional, Saunders divide las enfermedades en cuatro categorías, desde aquellas de primer grado, las más débiles, hasta las de cuarto grado, que están "más allá de la naturaleza" y a menudo son fatales. Sin duda recordarás las películas donde los policías daban a alguien "el tercer grado": una golpiza severa, pero no mortal. Estos grados deben tomarse dentro del contexto que da la enfermedad misma: si el resfriado del consultante se describe como de "cuarto grado", esto significa que es un resfrío severo; no significa que el consultante morirá a causa de él.

Los métodos dados en los textos, incluyendo el *Astrological Judgement* de Saunders, son confusos y habitualmente defectuosos, más que nada porque los autores confunden el método horario con el método para juzgar una carta de *decumbitura*, sin distinguir uno del otro. Una decumbitura es la carta hecha para el momento en el cual el paciente cae en cama, o cuando una muestra de su orina se entrega al astrólogo / médico. La decumbitura es mucho más engorrosa que la horaria, y se debe usar sólo si eres el médico a cargo del tratamiento, y si visitas al paciente cada tantos días para revisar tu tratamiento.

◆ Insto humildad en estas preguntas. Me horroriza la displicencia con la que algunos "astrólogos médicos" ofrecen una prescripción a pesar de no tener otro conocimiento de medicina más que haber leído dos libros o asistir a un taller de fin de semana. Los médicos-astrólogos del pasado entendían de medicina tan bien como de astrología. La astrología por sí misma no es suficiente. ◆

El punto de partida: ¿Estoy enfermo?

Esto es lo que habitualmente se pregunta: "¿Estos estornudos se convertirán en un resfrío que arruinarán mis vacaciones?" "¿Debería cancelar mi intento de romper la marca mundial?" Más a menudo, la pregunta es redundante: si la persona no estuviese enferma, no habría preguntado nada. De cualquier modo, este es nuestro punto de entrada a una carta horaria médica.

Observa al Regente 1 si el consultante está preguntando por sí mismo, o al regente de la casa que represente a la persona. Lo llamaré Regente 1 a lo largo de esta sección; según lo necesites, adáptalo si el consultante pregunta sobre alguien más. Cuál es su naturaleza: ¿caliente/seca, fría/seca, caliente/húmeda o fría/húmeda? Luego, observa el signo en el que está: ¿cuál es su naturaleza? Si el planeta está en un signo que no encaja en su naturaleza, esta es una indicación de que la persona verdaderamente tiene un malestar. También si tal planeta está debilitado, retrógrado, combusto o afligido de alguna manera. Ten en cuenta que un planeta puede estar en un signo de naturaleza contraria y aun así regir tal signo, por ejemplo, Marte que es caliente/seco en el signo frío/húmedo de Escorpio.

El significador de la enfermedad será cualquier planeta que esté perjudicando al Regente 1. Si el Regente 1 está en un signo que es de una naturaleza distinta a la suya, el planeta que lo perjudica será el regente de ese signo. Del mismo modo si el Regente 1 está en su detrimento o caída. Si el Regente 1 está combusto, toma al Sol, que será el planeta que aflige; vale también la pena observar los regentes de los signos en los que están ambos planetas. Si el Regente 1 está afligido por un aspecto adverso, ten en cuenta al planeta que lo aflige. Observa también a los planetas en aspecto cercano con el Ascendente, en especial si el problema se localiza en la cara o en la cabeza.

El mismo Regente 1 puede representar la enfermedad, habitualmente si está en un signo el cual rige pero que es de su naturaleza contraria, o si está retrógrado. Si está retrógrado, observa al regente del signo en el que está.

Puede haber más de un significador para la enfermedad. A veces, esto muestra diferentes niveles de causalidad ("Sufres de palpitaciones en el corazón, pero éstas se exacerban por tus preocupaciones financieras"); a veces, es porque hay más de un problema. Ten en cuenta que cualquier planeta en cualquier condición puede representar una enfermedad: no son sólo los chicos malos. Cuando Júpiter pasaba por Cáncer, vi muchas cartas en las que éste era el significador y la enfermedad se caracterizaba por un exceso de humedad.

Ahora que tienes el(los) significador(es) de la enfermedad, consulta a Saunders para el diagnóstico. Al estar escrito en el siglo XVII, Saunders no usa los mismos modelos médicos que un doctor moderno, pero no por eso sus diagnósticos son menos exactos.

◆ Verificar si el planeta y el signo son compatibles *sólo* vale para el significador del enfermo. En casi todos los casos, no tratamos de determinar si la persona está enferma ("¡Vuelve a trabajar!"), sino que seguimos la terminología de Lilly para mostrarnos el significador de la enfermedad. No tiene sentido ver si el significador de la enfermedad, el significador de la parte del cuerpo afectada, o que cualquier otra cosa está en un signo compatible. Únicamente revisamos el significador de la persona.

Que el signo en el que está el planeta sea total o parcialmente incompatible no tiene importancia. Si el signo es totalmente incompatible (por ejemplo, un planeta frío/seco en un signo caliente/húmedo), no quiere decir que la enfermedad sea más severa que si fuese parcialmente incompatible (por ejemplo, un planeta frío/seco en un signo frío/húmedo). Esta incompatibilidad no nos dice nada sobre la naturaleza de la enfermedad. Lo único que hace es indicarnos el planeta que representa a tal enfermedad.

En preguntas médicas, no uses a la Luna como cosignificador. ¡Un planeta es suficiente! Usa dos y estarás adjudicándole a todo el mundo muchas más enfermedades que las necesarias.

Al considerar miembros del cuerpo, sólo utiliza los regentes accidentales (es decir, el regente de la casa involucrada), y no los regentes naturales. Por ejemplo, para el corazón de una persona, busca el Regente 5, no el Sol. ◇

¿Qué sucederá?

Si el significador de la enfermedad está en un signo fijo, ésta durará un largo tiempo; en un signo cardinal, será breve; en uno mutable, se irá y volverá, o tendrá mejores y peores días. Determina esto según el signo en el que esté el significador de la persona, de acuerdo al mismo criterio.

◇ La cantidad de dignidad o debilidad esencial que tenga el significador de la enfermedad no es importante. La enfermedad es desagradable por naturaleza. Si la enfermedad estuviese representada por Júpiter en Piscis, no será el mejor momento de tu vida. Tampoco es especialmente fea si es representada por un Saturno debilitado. ◇

Observa lo que está afligiendo al significador de la persona. ¿El significador se está alejando o se está acercando a él? Por ejemplo, si la enfermedad se muestra por el significador en un signo incompatible ¿acaba de entrar en él o está a punto de dejarlo? Si lo deja, ¿su condición mejorará o empeorará? Si la aflicción es por un planeta, ¿el aspecto es aplicativo (empeorando) o separativo (mejorando)?

¿El significador está cambiando de dirección? Un planeta en primera estación (volviéndose retrógrado) se asemeja a un hombre cayendo en su lecho de enfermo: está enfermo y estará peor. Un planeta en su segunda estación se asemeja a un hombre que se levanta de su lecho de enfermo: se siente tembloroso, pero se está recuperando.

◇ Si la pregunta es "¿Cuándo me recuperaré?", recuerda que, en la mayoría de los casos, la recuperación es un proceso gradual, no algo de un momento, como encender la luz. Supongamos que la recuperación se muestra por el significador cambiando de signo dentro de 10 grados. El juicio sería "10 días (semanas, o meses) y un poco más". El paciente volverá más o menos a la normalidad, pero la realidad de la situación es que los síntomas finales se quedan un tiempo más, como huéspedes que agotaron su bienvenida. ◇

Las aflicciones de Marte generalmente son agudas, las de Saturno se extienden por mucho tiempo. Pero ten en cuenta la naturaleza del problema: una pierna rota es una acción rápida, del estilo de Marte, pero su recuperación es lenta.

Estas indicaciones generales sirven para enfermedades comunes y corrientes y no amenazantes. En mi experiencia, es menos probable que personas con este tipo de enfermedades consulten a un astrólogo horario que aquellas con enfermedades que pueden llegar a ser fatales. Con la mayoría de las consultas médicas, debemos comenzar por resolver si el paciente vivirá o morirá. Así que:

PREGUNTAS SOBRE LA MUERTE

Trataré aquí todas las preguntas sobre la muerte, las que involucren una enfermedad y las que no.

Puede que decidas no tratar preguntas sobre la muerte, pero viene bien que sepas cómo se juzgan. Las preguntas no tienen que ser abiertamente sobre la muerte para que ésta esté involucrada: en muchas circunstancias, debemos buscar testimonios de muerte sólo para asegurarnos de que no sucederá (por ejemplo, con un exiliado político que pregunta "¿Estaré fuera de peligro si regreso a casa?"). Aunque la idea de predecir la muerte puede parecer desagradable, hay muchas razones por las que las personas sinceramente desean saber. Las más comunes son cuando el consultante debe hacer una pronóstico financiero para el cuidado de un pariente anciano ("¿Extiendo el sobregiro bancario, o necesito rehipotecar la casa?") y cuando el paciente está bajo tratamiento por una enfermedad potencialmente fatal.

Aunque las técnicas para predecir la muerte a partir de una carta horaria son fiables, recuerda que tú no lo eres. Excepto en casos de enfermedades muy graves, recomiendo firmemente que no predigas la muerte a menos que, si es posible, hayas revisado la carta natal. Esto no es a prueba de errores, pero quiere decir que deberás equivocarte dos veces para obtener un juicio erróneo. "Entonces, ¿por qué molestarme con una horaria si, de cualquier modo, voy a consultar la carta natal?" Porque te puede dar un atajo valioso: en lugar de buscar a lo largo de años de progresiones, te llevará directo a una fecha probable.

Como siempre, sé realista con la precisión de tu juicio. Si la muerte ocurrirá la próxima semana, es razonable que debas dar el día, o al menos si será a principios o finales de la semana. Si la muerte ocurrirá dentro de veinte años, indicar el año es predicción suficiente. Alcanzar una mayor precisión es muy inteligente, pero nuestro propósito no es demostrar qué tan listos somos.

Hay dos consultas principales sobre este tema: la general "¿Cuándo moriré?" y la más particular "¿Moriré?", con respecto a la enfermedad que el consultante tiene ahora.

¿Cuándo moriré?

Lo bueno de esta pregunta es que el evento es seguro, por lo que sabemos que debe haber alguna medida de tiempo en algún lugar de la carta. Eso significa que podemos dejar de lado las reglas habituales. Podemos ignorar las prohibiciones: éstas pueden tomarse como indicadoras de eventos a lo largo del camino. Podemos empujar nuestros significadores tan lejos como lo necesitemos, signo tras signo. Hay sólo dos barreras que nuestros significadores no pueden pasar:

* la conjunción con el Sol
* la estación.

La conjunción con el Sol no se debe pasar. En la estación, la velocidad de un planeta desacelera a nada. Como cuando medimos el tiempo debemos ajustar el tiempo si el planeta es mucho más rápido o lento que lo habitual, un planeta en velocidad cero nos daría un tiempo infinito. Esto podría alegrar al consultante, pero es poco probable que sea preciso.

Las cartas que se comportan bien tienen un aspecto aplicativo entre los Regentes 1 y 8. Como siempre, no importa cuál aplica a cuál. Cualquier aspecto puede matar: no hay diferencia entre trígonos y oposiciones. Cualquier planeta puede matar: aunque el Regente 8 sea un benéfico fuertemente dignificado, la persona aún morirá. Rechazo categóricamente el juzgar una muerte a partir de una antiscia. La muerte no puede tener ese sentido oculto que está implícito en la antiscia: aún si la muerte sea desconocida para otros, es bastante obvia para la persona que muere.

El Regente 1 en la cúspide de la 8.ª *no es* un testimonio para esta pregunta: sólo muestra que el consultante está pensando en la muerte. Lo mismo pasa con el Regente 8 aplicando a una conjunción con el Ascendente: muestra que la idea de la muerte pesa sobre el consultante, no que la muerte esté llamando a su puerta. Sin embargo, pueden tomarse como testimonios de muerte y darnos el momento del hecho, en preguntas en las que se toma a la muerte en un corto período de tiempo como algo seguro ("Me dijeron que tengo unas semanas de vida; ¿cuándo llegará el fin?"). Pero mientras que, en tales circunstancias, el Regente 1 entrando en la 8.ª puede mostrar la muerte, el Regente 1 ya dentro de la 8.ª no significa lo mismo: el consultante aún no está muerto.

◆ Insisto en este punto. El significador aplicando hacia la cúspide de la 8.a nunca es un testimonio en la pregunta sobre "si algo sucederá": "¿La persona morirá?" Puede ser un testimonio de la medida de tiempo en preguntas sobre "cuando". Pero esto *solamente* cuando la muerte es segura. ◆

En aquellas cartas en las que no hay un aspecto aplicativo entre los Regentes 1 y 8 (recuerda, el aspecto debe realizarse), debemos encontrar otro significador para uno o para el otro. Como sólo puede haber dos razones por las cuales hay falta de aspectos, – como se indica arriba – reemplaza uno de los significadores por cualquier planeta que esté junto al Sol o estacionario. Éste es el significador que no está cooperando, así que cámbialo y quédate con el otro. Así que si el Regente 1 se vuelve retrógrado antes de su aspecto con el Regente 8, quédate con el Regente 8 como significador de la muerte y encuentra una alternativa para el Regente 1.

Si la Luna, como es habitual, es cosignificadora del consultante, puede utilizarse en lugar del Regente 1. Si también queda descartada, el Sol es una buena alternativa, en su rol como Regente de la Vida. Si el que debe descartarse es el Regente 8, utiliza a Saturno, regente natural de la muerte, o al dispositor de la Parte de la Muerte.

Hay varias versiones de la Parte de la Muerte. Yo uso Asc + Cúspide de la 8.ª – la Luna, y Cúspide de la 8.ª + Saturno – la Luna. Ninguna de las dos se invierte en cartas nocturnas. Sin embargo, ¡No exageres con estas Partes! Son útiles en caso de emergencia, cuando los planetas no cooperan y sabemos que debe haber una muerte. En cualquier pregunta en la que la muerte no sea algo seguro, no supongas que las Partes la mostrarán: si los planetas no muestran la muerte, es poco probable que la persona muera.

◆ La Parte de la Muerte sólo debe usarse como un último recurso absoluto, cuando la muerte es segura y no hay nada más sobre lo que podamos medir el tiempo. Úsala en otras ocasiones, y estarás matando a tu consultante con demasiada facilidad. ◆

Si estás girando la carta porque el consultante pregunta sobre la muerte de otra persona, debes considerar los regentes de la 8.ª casa radical y la girada. Habitualmente, encontrarás que uno u otro de ellos es importante; a veces, ambos.

Una vez que hayas encontrado el aspecto que muestra la muerte, calcula la medida del tiempo del modo habitual, teniendo en cuenta la edad del consultante. En momentos como estos, el astrólogo cruza los dedos y espera el mejor resultado: predecir una muerte prematura no es agradable. Sin embargo, si no estás preparado para hacerlo, no deberías estar juzgando tales preguntas.

¿Moriré?

Por más extrañas que sean algunas preguntas horarias, aún no me han preguntado "¿Moriré?" como una pregunta general a largo plazo. Aquí me refiero a la muerte por una enfermedad o situación particular ("¿Estaré fuera de peligro si regreso a mi país?"). Trataré esto como si el consultante estuviese preguntando sobre sí mismo, y me referiré al Regente 1; si el consultante pregunta sobre otra persona, usa el regente de la casa correspondiente. Recuerda que **la Luna no se convierte en cosignificador de la persona sobre la que pregunta el consultante.**

◆ Tampoco la uses como cosignificador del consultante, a menos que, como indico en la sección anterior, la muerte sea segura. ◆

Un aspecto aplicativo entre los Regentes 1 y 8 es el principal testimonio de muerte. Calcula la medida del tiempo del modo habitual. Un aspecto separativo debe juzgarse de acuerdo a la situación. Supuestamente, la muerte aún no ha sucedido, o la pregunta no se hubiera formulado, así que generalmente es un testimonio positivo: la persona ha entrado en contacto con la muerte; aún está viva; sobrevivirá. A menos que se avecinen otros testimonios mortales. Sin embargo, si la persona está en coma, este aspecto separativo habitualmente significa que la muerte, en cualquier sentido importante de la palabra, ya ha ocurrido: mira la carta de abajo para un ejemplo.

Presta atención a los traslados o recolecciones de luz.

Recuerda que si el consultante pregunta sobre alguien más, debes considerar los regentes de la 8.ª casa radical y de la carta girada: ambos pueden matar.

Entrar en combustión o estar combusto y aplicando hacia el Sol es un testimonio de muerte.

◆ No tomaría el entrar en combustión como un testimonio de muerte. Ya estar combusto no puede ser un testimonio de muerte, porque no existe una gradación en la muerte: o estás muerto o no lo estás. No puedes estar un poco muerto, así que tampoco puedes estar más muerto de lo que estás. ◆

Estar combusto y separándose del Sol es testimonio de que lo peor ya ha pasado. Con la premisa habitual de "en igualdad de condiciones", esto puede tomarse como un testimonio de supervivencia.

Si la situación es lo suficientemente seria, cualquier deterioro importante en la condición del significador principal puede tomarse como fatal. En una carta, la persona sobre la que se preguntó estaba en coma, y su significador era la Luna en Cáncer. Todo puede parecer estar bien: mucha dignidad esencial y un planeta frío/húmedo en un signo frío/húmedo. Pero los testimonios se deben juzgar según el contexto de la pregunta. La Luna estaba en el grado 30 de Cáncer, a punto de dejar el signo, después del cual iba a entrar en el signo caliente/seco de Leo, y perder su dignidad. La condición de la persona estaba a punto de deteriorar dramáticamente. Estaba en coma: ¿qué tanto puede empeorar? Éste fue un testimonio de muerte.

Muy importante: las recepciones mutuas entre el significador de la persona y el significador de la muerte salvan. Como dice Lilly, "después de la desesperación, habrá una recuperación".[42] Sí, esto funciona, incluso con un claro aspecto entre los Regentes 1 y 8 – aunque funciona sólo con recepciones por dignidades mayores. Sin embargo, observa lo que sucede en la carta: en el ejemplo del último párrafo,

---

[42] *Lilly*, p. 254.

la muerte estaba representada por Júpiter en Cáncer. Siendo el significador la Luna en Cáncer, hay una poderosa recepción mutua entre la persona y la muerte. Pero al cambiar de signo el significador de la persona, y perder la recepción mutua, la muerte era segura.

"Sin duda si la muerte y la persona se aman entre sí (recepción mutua), querrán estar juntos, de modo que la persona morirá." No. La idea aquí es que la muerte y la persona son amigos, así que la muerte deja sus llaves sobre la mesa y se da la vuelta, dejando que la persona escape de entre sus garras.

◆ La recepción mutua entre la persona y la muerte sólo salva si la pregunta es "¿Me moriré o no?" Cuando la muerte es segura ("¿Cuándo moriré?") no lo hace. ◆

La muerte es un evento de cierta importancia: no la mostrará un testimonio menor en algún rincón oscuro de la carta. Si no hay un claro testimonio de muerte, la persona vivirá.

Un aspecto cercano, en especial una conjunción, entre el Regente 1 y Venus o Júpiter en dignidades principales, es un signo positivo – a menos que estos planetas benéficos rijan la 8.ª casa o sean significadores de la enfermedad.

El significador de la persona cercano a la cúspide de la 7.ª es un testimonio de muerte. Aunque el estar angular es fortalecedor, por movimiento primario (el movimiento aparente de los planetas alrededor de la tierra) un planeta en el Descendente está ocultándose, lo cual es una indicación evidente de muerte. Esto es aún más cierto si el significador es el Sol.

La cúspide o el significador de la persona justo sobre Antares, cuyo sentido es el fin de ciclos, es un mal signo.

◆ Los tres últimos puntos son muy menores. Al ser la muerte algo absoluto, necesitamos un veredicto absoluto. Una opinión basada en el balance de testimonios menores no servirá.

Como la muerte es absoluta, y no puede ser calificada, no es relevante la cantidad de dignidad esencial que tenga el Regente 8. O estás muerto o no lo estás. No estarás más muerto si el Regente 8 está en detrimento, ni menos muerto si tiene dignidad.

En varias cartas, el momento de la muerte es claro (y recuerda: si no se te pregunta cuándo ocurrirá, ¡no sientas que es necesario decirlo!). En otras no es específico, sino más bien suficiente para las circunstancias. Por ejemplo, cuando el consultante necesita reservar un boleto de avión para visitar a un pariente que está agonizando, puede que la carta no dé un tiempo exacto, sino algo como "Muy pronto: ¡Ve a verla ahora mismo!" o "No hasta dentro de un tiempo, no hay urgencia". Sin embargo, a veces el momento de la muerte, así como el momento del nacimiento, pueden estar escondidos, incluso en retrospectiva. Nuestro conocimiento es siempre exclusivamente parcial, pero para aquellas cartas que no parecen ofrecer ni un susurro de pista posible, mi mejor explicación es que pareciera haber ciertas cartas que a Dios le gusta mantener escondidas – en particular aquellas sobre la entrada y salida de la vida. No tengo mejor respuesta que ésta. ◆

¿Mi amiga vivirá?

El consultante dijo, "Mi amiga fue llevada al hospital. Está en coma. Los doctores no saben lo que le pasa, pero piensan que puede haber tenido una hemorragia cerebral. ¿Cuál es el problema? ¿Qué le sucederá?"

El consultante no está involucrado en la pregunta, así que vamos directamente a la 11.ª, la casa de los amigos. Su regente, Mercurio, representa a su amiga. Al ver a Mercurio en Géminis, podríamos pensar que la amiga está bien. Pero no: aunque Mercurio está en un signo que rige, en una pregunta medica ésta en muy mala condición. Mercurio es un planeta frío/seco. Está en un signo cálido/húmedo, que es contrario a su naturaleza. Tiene un mal-estar. La amiga no está bien. Esto ya lo sabemos: la mujer está en coma.

¿Qué planeta le está causando problemas a Mercurio? Podemos observar al regente del signo en el que está Mercurio. Esto nos lleva de nuevo a Mercurio. No hay razón por la que el significador de la enfermedad no pueda ser el mismo que el del paciente. Pero aquí tenemos a un culpable más probable, en especial considerando el estado repentino de la enfermedad. Mercurio acaba de separarse de una oposición con Marte. Marte está peregrino y retrógrado, así que es un tipo malo de Marte.

También se puede tener en cuenta el aspecto más reciente de la Luna. Su último aspecto fue con este Marte malo. Esto confirma a Marte como el significador de la enfermedad.

◆ No existe razón para involucrar al aspecto más reciente de la Luna. Esto es algo que Lilly tomó del método para juzgar decumbituras. ◆

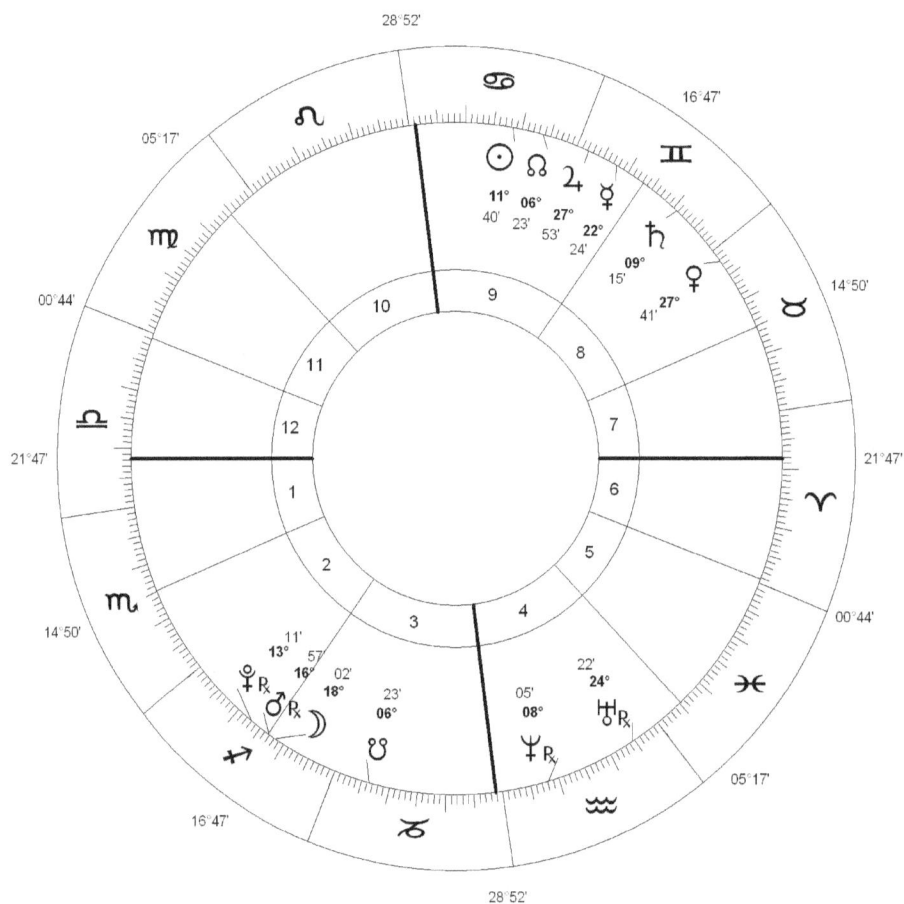

¿Mi amiga vivirá? 3 de julio de 2001, 2:18 p.m. BST, Londres.

Según Saunders[43], Marte en esta parte de Sagitario "es caliente y seco en extremo, lo que consume y seca la humedad del cuerpo, y finalmente extingue la vida del hombre". Hace esto infectando "el cuerpo con mucha cólera roja y gruesa, que es caliente y muy seca". La cólera es el humor del fuego, la parte fogosa en la constitución humana. Los doctores sospechaban una hemorragia cerebral; si este Marte fatal hubiese estado en la 1.ª casa de la amiga (al ser la 1.ª la casa de la cabeza), bien podría haber mostrado esto: un tipo de explosión de fuego en el cerebro. Pero no lo estaba; estaba en su 5.ª (la 5.ª a partir de la 11.ª), que es la casa del corazón. Ella tuvo un ataque al corazón. Esto fue confirmado en la autopsia.

[43] Saunders, op. Cit., p.152.

¿Qué le sucederá? Está en coma, así que nuestra primera pregunta debe ser, "¿Vivirá o morirá?" Al considerar la muerte de alguien más que el consultante, debemos considerar tanto la 8.ª casa de la carta girada como la de la carta radical. Aquí, la 8.ª casa girada (8.ª a partir de la 11.ª: la 6.ª casa radical) está regida por Marte. Mercurio (la amiga) se está separando de una oposición con él. Si la persona enferma está sentada en la cama y charlando, es un signo positivo: ha entrado en contacto con la muerte; aún está viva; va a sobrevivir. En el contexto de alguien en un coma, puede interpretarse que la muerte, en el sentido real, ya tuvo lugar.

La Luna se separa de Marte y aplica hacia Mercurio, trasladando la luz entre ellos y, por lo tanto, rehaciendo el aspecto: la amiga morirá. La cantidad de grados que debe recorrer la Luna para realizar la oposición nos da la medida de tiempo: será declarada muerta al final de esa misma tarde. En la (afortunadamente) poca cantidad de horarias en las que se me preguntó sobre muerte en coma, encontrar que un aspecto separado se rehace por traslado de luz típicamente muestra a los doctores aceptando que se ha perdido toda esperanza.

◆ El traslado de luz de la Luna es válido. Esto no contradice mi agregado de arriba sobre ignorar el último aspecto de la Luna. Observar el último aspecto de la Luna, debido a que se trata de la Luna, fue el consejo de Lilly. Aquí, no observamos a la Luna ya que es la Luna, sino porque es el planeta que traslada la luz de Marte hacia Mercurio. ◆

DOCTORES, MEDICINA Y CIRUGÍA

"¿Es bueno este doctor? "¿Está funcionando el tratamiento?" "¿Debería operarme?" Sé cauteloso al juzgar estas preguntas. Puede que la astrología sea elocuente, pero a menos que tengas un sólido conocimiento de medicina, es poco probable que comprendas totalmente lo que dice. Sí podemos, incluso sin tal conocimiento, sugerir que "Parece que estas pastillas te hacen más mal que bien; quizás haya una alternativa", o "Este doctor no parece saber lo que hace; ¿podrías insistir en ver a un especialista?".

Los doctores en general, vistos como personas educadas, son la 9.ª casa ("¿Era el gato del doctor el que estaba persiguiendo a mi gato por la calle?"), pero el doctor que está tratando con esta enfermedad, o que potencialmente lo hará, es la 7.ª casa. Si el consultante pregunta sobre la enfermedad de alguien más, el doctor será la 7.ª casa de esa persona. Hay quienes preguntan a menudo sobre el tratamiento de su pareja: la pareja es la 7.ª, por lo tanto el doctor de la pareja será la 7.ª a partir de la 7.ª, que es la 1.ª. Esto está bien: no necesitamos al consultante en la carta, así que podemos darle el Regente 1 al doctor.

◊ El doctor es la 7.ª casa, ya que es visto como el socio del consultante para recuperar su salud. El veterinario también es 7.ª casa: el socio del consultante para curar al gato. No es la 7.ª casa del gato. ◊

En este contexto, el Regente 10 será el tratamiento. Esto sucede sólo en este contexto: la 10.ª es el tratamiento que se está haciendo, no el tratamiento que debería hacerse. En algunos casos, se verá a la cirugía como parte del espectro de tratamientos prescritos, por lo que también puede tomársela como 10.ª casa. En sí misma, sin embargo, la cirugía es un asunto de la 6.ª casa. Existe una concepción que la toma como algo de la 8.ª casa, pero esto es erróneo: el objetivo de la cirugía es alejarnos de la 8.ª casa. En la práctica, habitualmente podemos ir directamente hacia Marte, el regente natural de la cirugía. Si necesitas diferenciar entre el doctor y el cirujano ("Mi doctor dice esto pero mi cirujano dice aquello") mantén la 7.ª para el doctor y usa el dispositor del planeta que represente la cirugía (habitualmente Marte) para el cirujano. No hay problema si este planeta se dispone a sí mismo: sigue las mismas indicaciones para el cirujano y la cirugía.

Una vez que identificaste el planeta importante, considera su fuerza y recepciones con el paciente y la enfermedad. La debilidad esencial no es necesariamente un problema, si es descriptiva. Por ejemplo: si Marte es la cirugía, Marte en un signo de Venus puede describir una cirugía ginecológica o estética. Si fuese ese tipo de operación, la debilidad esencial puede ignorarse. Más importante que la dignidad – aunque la fortaleza es, por supuesto, de mucha ayuda – es la recepción. Esperaríamos ver al significador de la enfermedad en dignidades fuertes con el doctor, el tratamiento o la cirugía. Si la enfermedad está dispuesta por el doctor, él tiene poder sobre ella. Encontrar al doctor, el tratamiento o la cirugía en fuertes dignidades de la enfermedad es un testimonio negativo: la enfermedad es quien domina. El doctor, tratamiento o cirugía en dignidades del significador del paciente es de ayuda, aunque menor que un testimonio que muestre poder sobre la enfermedad; lo más importante es que el doctor, el tratamiento o la cirugía no estén en el detrimento o caída del significador del paciente.

Ejemplos: supongamos que el paciente es Júpiter, la enfermedad es Marte y el tratamiento es Saturno. Marte está en Acuario: bien – el tratamiento tiene poder sobre la enfermedad. Saturno está en Sagitario: bien – el tratamiento ama al paciente, así que querrá ayudarlo. Pero Saturno en Capricornio sería una mala noticia: a pesar de su fortaleza esencial, exalta a Marte, lo que muestra que la enfermedad tiene poder sobre el tratamiento, y está en la caída de Júpiter, lo que muestra que el tratamiento perjudica al paciente.

Ciertas estrellas fijas pueden ser importantes en preguntas sobre cirugía de los ojos. Ve a la p. 142.

No esperes que las cartas de preguntas sobre cirugías se vean bonitas. Sin importar qué tan benéfica sea una cirugía, ésta sigue siendo una intervención drástica.

A veces se te pedirá que compares a dos doctores. La 7.ª casa del paciente no puede mostrarlos a ambos. Pedir una breve descripción de los dos te permitirá identificarlos en la carta. Por ejemplo, un consultante pensaba que su hijo necesitaría una operación, y preguntó si la debería realizar un cirujano de un servicio de salud pública o uno privado. Su hijo estaba bajo tratamiento del servicio público, y su 7.ª casa (el doctor que lo trataba) estaba regido por la Luna (la gente). El regente de la 7.ª del consultante (que podríamos interpretar como el doctor que estaba considerando la madre) era Júpiter, regente natural de la gente rica. La Luna, en 29 de Escorpio, estaba a punto de alejarse de las dignidades de Marte: el cirujano del servicio público decidió que el paciente no necesitaba la operación después de todo.

◆ Recuerda la realidad de la situación. Quizás el Regente 7 esté en detrimento: un mal doctor. Pero un mal doctor puede toparse con el tratamiento correcto, mientras que incluso el mejor de los doctores puede ser incapaz de curar algunas enfermedades. ◆

CONTRATANDO PERSONAL

Si estás contratando a alguien en el trabajo, tomando una nueva mucama o llamando a un plomero, el empleado potencial es mostrado por la 6.ª casa. Idealmente, el Regente 6 será esencialmente fuerte (la persona es honesta y tiene las habilidades necesarias), sin aflicciones accidentales (no está impedido de usar tales habilidades) y en dignidades del Regente 1. Este último punto es importante, ya que el sirviente debe aceptar órdenes. Demasiado a menudo, la carta muestra lo contrario: el Regente 1 en dignidades principales del Regente 6, que muestran que el consultante quiere al futuro sirviente. Ésta no es la mejor razón para contratar a alguien. El Regente 6 en el detrimento o caída del Regente 1 sería un No definitivo.

Cuidado con las aflicciones a la 6.ª casa. Por ejemplo, el Nodo Sur en la 6.ª sería un No definitivo. Siempre ten cuidado con Mercurio y los signos que rige: incluso en las mejores condiciones, su concepto de honestidad puede ser flexible. Un consultante llamó por teléfono para preguntar si podía confiar en su señora de la limpieza, quien estaba representada por Júpiter en Géminis. Un planeta debilitado en un signo de Mercurio: ¡claro que no! Unos minutos después, el consultante llamó para contarme que había subido al segundo piso y encontrado a la señora de la limpieza metiendo sus mejores ropas en una valija.

Si se te pregunta "¿Debería emplear a A, B o C?", dale la 6.ª casa al candidato preferido y encuentra otros significadores para los rivales. Quédate con A, B o C: el consultante que no pueda hacer una lista corta no está tratando el tema con seriedad, así que, ¿por qué deberías hacerlo tú? Pide al consultante una breve descripción de cada candidato. Mientras sea breve, la descripción ofrecerá las pistas que necesites para conectar al candidato con un planeta. "Uno de ellos es pelirrojo (Marte) y el otro es muy serio (Saturno)." Puedes confiar en que cada consultante dará la identificación adecuada, ya que la carta es una imagen de la realidad de tal consultante. Una vez que encontraste un planeta para cada candidato, compáralos según el criterio antedicho.

No buscamos aspectos en esta pregunta, ya que supone que el consultante puede contratar a esa persona si decide hacerlo. Pero el consultante y el candidato aplicando hacia una oposición es una severa advertencia de que se arrepentirá de emplear a ese candidato.

¿Cuándo llegará el plomero?

Al hacer tal carta, esperaría ver al Regente 6 aplicando hacia una conjunción con el Ascendente (llegando a la casa del consultante). Si eso falla, un aspecto entre los Regentes 1 y 6 o, si no hay más remedio, el Regente 6 aplicando a la cúspide de la 4.ª servirá. Mide el tiempo del modo habitual. Sin aspecto, no hay llegada.

21

Preguntas de la séptima casa

AMOR Y MATRIMONIO

Al comenzar mi práctica de astrología horaria, suponía que las preguntas sobre relaciones representarían la mayor parte de mi negocio. Luego comprobé que no fue así – nunca podría haberme imaginado el rango de preguntas que se formulan – pero sustancialmente, han habido más preguntas sobre relaciones que sobre cualquier otro tema en particular. Éstas caen, a grandes rasgos, en dos grupos: "¿Comenzará?" y "¿Terminará?" En caso de que te preguntes por qué presto tanta atención a la discordia conyugal, recuerda que las personas que tienen relaciones felices pocas veces sienten la necesidad de consultar a astrólogos acerca de ellas.

◈ Recuerda las palabras de Tolstoi: "Las familias felices son todas parecidas; toda familia infeliz, es infeliz a su manera". Como la gente feliz no es la que hace preguntas, nos quedamos con la amplia variedad de infelicidades. Por supuesto que existen temas recurrentes, pero al desmenuzar la red de sentimientos contenidos en cada carta – ya que estas no son simples preguntas de blanco o negro del tipo "Sí, obtendrás el trabajo" o "No, no lo obtendrás" – esfuérzate enérgicamente en ver la verdad que muestra la carta que estés juzgando. Ésta no será la misma verdad que la de la carta de hace algunos días, tampoco la del drama televisivo que estuviste viendo la noche anterior, ni será como la que pasó en tu propia vida amorosa cuando tenías 25 años. Al juzgar estas preguntas, más que sobre cualquier otro tema, es fácil importar nuestros propios guiones. Ten cuidado de no hacerlo. Para evitarlo, revisa cada paso de tu juicio con la evidencia de la carta, asegurándote de que no contradiga los testimonios que encuentres allí. Si un paso no encaja con la evidencia astrológica, es un paso en falso y debe ser considerado nuevamente. ◈

Los significadores

En preguntas sobre amor y matrimonio, el consultante, como siempre, es representado por el Regente 1 y la Luna (a menos que la Luna sea regente de la casa sobre la que se pregunta, en este caso la 7.ª) y la persona sobre la que se pregunta, por el Regente 7. La persona sobre la que se pregunta es mostrada por el Regente 7 aún si la relación sólo existe como un deseo o posibilidad. Por ejemplo, si la pregunta es "¿Cuándo conoceré al hombre con quien me voy a casar?", observamos la 7.ª aunque no haya ningún candidato en el horizonte en ese momento. Si un consultante está pensando en promover a un amigo a deberes de la 7.ª casa, observaríamos la 7.ª, no la 11.ª: la pregunta en realidad es "¿Tal-y-tal podría ser un compañero adecuado?" El hecho de que tal-y-tal sea un amigo en este momento es irrelevante. Sin embargo, cuando la pregunta es sobre los sentimientos de una persona en particular con respecto al consultante, quizás debamos observar una casa diferente. Por ejemplo, para juzgar "¿Mi vecino está enamorado de mí?" deberíamos ver al Regente 3.

Al hombre, ya sea consultante o lo consultado, se le dará el Sol como cosignificador; a la mujer, Venus. Esto se hace *únicamente* en preguntas sobre relaciones. Si el Sol o Venus rigen la 1.ª o 7.ª casa, no se les puede asignar de este modo: la persona mostrada por esa casa tiene el derecho principal sobre sus servicios. *No uses* a Marte en lugar del Sol, ni siquiera si el Sol ya está siendo utilizado. Si la pregunta es sobre relaciones de hombre/hombre o mujer/mujer, el Sol y Venus no pueden utilizarse de esta manera, ya que no tenemos razones para asignarlos a una persona por sobre la otra.

Entonces:

1. Al consultante se le asigna el Regente 1 y la Luna.
2. A la persona sobre la que se pregunta se le asigna el Regente 7.
3. Ya sea el consultante o la persona sobre la que se pregunta, al hombre se le asigna el Sol y a la mujer Venus – A MENOS que ya estén siendo utilizados según los puntos 1 y 2.

En muchas consultas sobre relaciones, hay más de una persona de la 7.ª casa involucrada: "Estoy casada, pero ¿tengo un futuro con mi amante?" Siempre da el Regente 7 a la persona sobre la que se pregunta específicamente; el amante, en este ejemplo. Si es necesario, podemos encontrar otro planeta que represente a la otra persona. Habitualmente, es seguro tomar a Saturno como significador del cónyuge no deseado. Si hay dudas, las recepciones aclararán la elección del planeta, o confirmarán que hemos elegido correctamente: ver abajo para más detalles sobre esto.

◆ Si no hay una tercera persona involucrada en la situación, la persona por la que pregunta el consultante estará siempre representada por el Regente 7. Si hay una tercera persona, la persona por la que se pregunta *habitualmente* será representada por el Regente 7. Primero revisa esta opción, para ver si encaja con la evidencia en la carta. Sin embargo, a veces la persona por la que se pregunta no es el foco de atención del consultante. Por ejemplo, "¿Tengo un futuro con mi amante?" podría traducirse como "¿Puedo salvar mi matrimonio?" y viceversa.

Saturno podría mostrar al cónyuge no deseado pero, como siempre, compara esto con la evidencia en la carta: el caso de otro planeta puede ser más convincente. Si uno de los planetas del consultante justo entró en un signo de Saturno, y el otro recientemente comenzó a exaltar a Saturno, ¡Saturno no será el significador de la persona de quien el consultante se quiere deshacer!

Los consultantes pueden ser opacos en sus preguntas. Un caso memorable fue "¿Nos vamos a separar?" Cuando le dije a la consultante que la carta no tenía sentido, ella contesto que ya se habían separado hacía 15 días. Así que la pregunta no era "¿Nos vamos a separar?" sino "¿Volveremos a estar juntos?", y la opción por defecto no era que si él no dejaba a la consultante no pasaría nada, sino que si él no dejaba a la otra mujer, no pasaría nada. ◆

Algunas preguntas con más de una persona de la 7.ª casa no involucran cónyuges engañados: "Estuve saliendo con Tom durante un par de semanas, pero ¡Guau! ¡Está este compañero nuevo en el trabajo!" en muchos casos, la pregunta se limita a "¿Cuáles son las posibilidades de una relación con el compañero nuevo?" por lo que, al ser la persona sobre la que se pregunta directamente, se le daría la 7.ª casa. En otras consultas, la situación es más ambivalente. Mantente abierto a lo que te esté mostrando la carta. Por ejemplo, un planeta con un aspecto reciente de uno de los significadores del consultante podría mostrar al compañero nuevo; también podría hacerlo un planeta que recién entra en la 10.ª casa (recién llegado al lugar de trabajo).

Las recepciones nos guiarán al significador correcto en cartas en las que, además del Regente 7, hay alguien más involucrado. Si esta persona es un problema de algún tipo, las recepciones lo confirmarán. Por ejemplo: una mujer pregunta "¿Mi matrimonio sobrevivirá?" Venus es el Regente 1 y Marte es el Regente 7.

La consultante tiene a la Luna como cosignificador, y tendría también a Venus, porque es una mujer, si no lo tuviese ya como Regente 1. Su esposo tiene al Sol como cosignificador, porque es un hombre. Supongamos que Marte y el Sol están en Cáncer mientras que la Luna está en Piscis: uno de los significadores de nuestra consultante y ambos de los de su esposo están en fuertes dignidades de Júpiter. Lo que sea que represente Júpiter, es importante para ambos. El esposo exalta a Júpiter, con todo lo que nos indica esta dignidad de una importancia exagerada, mientras que la Luna está regida por él. Entonces Júpiter bien podría representar a la amante del esposo: él está loco por ella, mientras que ella, en virtud del rol que asumió en su vida, tiene poder sobre la consultante.

Lilly nos dice que tomemos el planeta desde el cual se separa por último la Luna como otro significador del consultante, y el planeta hacia el que ésta aplica inmediatamente después como otro significador de la persona sobre la que se consulta. ¡No lo hagas! Estos significadores extras no hacen más que atestar el cuadro sin ningún propósito.

◇ Ésta es otra idea que sólo existe para facilitar un juicio complaciente. La Luna habitualmente representará al consultante, así que si el planeta hacia el cual la Luna aplica automáticamente representa al príncipe encantador, "¡Ah, mira, tu planeta aplica hacia el de él: tus sueños se harán realidad!" ◇

Otro significador que suele ser de vital importancia es el dispositor de la Parte del Matrimonio. Si nuestros significadores principales comparten un fuerte interés, mostrado por las recepciones, en un planeta que aún no tiene un rol en la carta, cuatro de cinco veces encontrarás que tal planeta es el dispositor de la Parte del Matrimonio. Vuelve a las páginas 150-154 para una discusión sobre ésta y demás Partes relacionadas.

En algunas preguntas es útil la Parte del Divorcio (ver pp. 153-154). El mismo Marte puede ser también un significador del divorcio, si no se está usando como significador de alguna de las personas involucradas. Si, y sólo si está muy cerca de la acción, Urano también puede mostrar divorcio o separación. Por ejemplo, si la pregunta es "¿Esta relación durará?", encontrar a Urano en la cúspide de la 7.ª es un testimonio de que no durará. Encontrarlo en el Ascendente, sin embargo, puede mostrar sólo que la idea de divorcio está pesando sobre el consultante.

Recepciones

Vuelve al capítulo 8, sobre recepciones.

Ahora tenemos hasta tres significadores (Regente 1, Luna y el Sol o Venus) para nuestro consultante y uno o dos (Regente 7 y el Sol o Venus) para la persona sobre la que se consulta. Cada uno de los distintos significadores muestra una faceta diferente de tal persona:

* El Regente 1 y el Regente 7 muestran a la persona como un ser pensante, como personalidad, su "cabeza"
* la Luna muestra al consultante, pero especialmente sus emociones: el corazón
* el Sol y Venus, *utilizados como significadores naturales de hombre y de mujer*, muestran el animal. Esto tiene mucho que ver con la atracción sexual, y pocas veces errarás demasiado usando esto para dar una división simple de la persona en cabeza, corazón y lujuria. Sin embargo, hay algo más en esto. Muestra el imperativo biológico para unirse con alguien del sexo opuesto. Olvida cualquier corrección política al considerar esto: es puro Tarzán y Jane – "Tú, buena mujer. Ven a mi cueva y ten hijos fuertes". Es el hombre en sus asuntos de hombre; la mujer en sus asuntos de mujer. Mi experiencia es que los problemas detrás de varias preguntas sobre relaciones giran alrededor del fracaso en reconocer cuán grande es el rol que este aspecto de la naturaleza juega en la formación de la actitud.

◆ Este último punto es importante y aquí no fue enfatizado lo suficiente. En especial cuando la relación se estableció y las llamas de la pasión arden un poco más calmadas, los temas problemáticos con relación al Sol (cuando es significador del hombre en sus asuntos de hombre) tienen menos que ver con el virtuosismo entre las sábanas y más con la voluntad o capacidad de ganarse la vida. Lo mismo con Venus cuando representa a la mujer en sus asuntos de mujer. Lo que Tarzán y Jane esperan de sí mismos y el uno del otro. ◆

Las recepciones muestran los motivos y valores de las personas involucradas. En muchas preguntas sobre relaciones, un análisis sobre esto es lo único que se necesita: "¿Él realmente me ama?" o "¿Qué está sucediendo en nuestra relación?" Inclusive en aquellas preguntas orientadas hacia algún evento ("¿Ella se casará conmigo?") las recepciones tienen gran importancia: la otra persona no se casará (o saldrá, o continuará una relación) sin un motivo para hacerlo. Este motivo no tiene que ser amor. Por ejemplo: los significadores del consultante no están en ninguna dignidad de la persona sobre la cual se consulta, pero exaltan al Regente

8. "No amas a este hombre; estás detrás de su dinero (8.ª es la 2.ª a partir de la 7.ª: el dinero de la pareja). Desafortunadamente, (Regente 8 en su detrimento) él no tiene nada."

Como sugiere el ejemplo anterior, en estas preguntas habitualmente aclaramos los propios sentimientos del consultante al mismo tiempo que analizamos los de la otra persona. Supongamos que la pregunta es "¿Mi relación con X tiene un futuro?" y los significadores del consultante muestran poco interés en los significadores de X, pero están dispuestos por el regente de la Parte del Matrimonio: "No tienes sentimientos verdaderos por este hombre; sólo quieres una relación y él justo se cruzó en tu camino". Esta no es la respuesta completa a tal pregunta, pero tendrá mucho que ver con ella. Habitualmente, la respuesta a "¿Tengo un futuro con él?" no es Sí o No, sino "¿Estás segura de que quieres un futuro con él?"

Es importante el hecho de que tengamos diferentes significadores para mostrar diferentes partes de la persona. Es raro encontrar una carta en la que todos los significadores del consultante estén de acuerdo entre sí. Probablemente, la gente no hace consultas horarias si sus significadores están totalmente unificados en su opinión de la otra persona, sino cuando sienten una incómoda ambivalencia.

Por ejemplo: el consultante es un hombre y:

El Regente 1 (como la cabeza del consultante) está en la caída del Regente 7;
la Luna (el corazón del consultante) está en Leo;
el Sol (el consultante como Hombre) está en la exaltación del Regente 7.

"Ella te atrae mucho (Sol exalta al Regente 7); esta atracción extrema (exaltación) está dominando tus sentimientos y sin duda te hace pensar que la amas (Luna regida por el Sol, que es el consultante como Hombre, pero en sí misma no tiene interés en el Regente 7); pero no soportas su personalidad (Regente 1 en la caída del Regente 7)."

Notas misceláneas

La recepción por exaltación es muy poderosa, pero no está hecha para durar. Recuerda que la exaltación, como toda recepción, no nos dice nada sobre los sentimientos de la otra persona: debemos observar las recepciones de los significadores de la otra persona para encontrar esta información. No es raro que en preguntas como "¿Nuestra relación tiene un futuro?" se muestre a uno de los significadores del consultante acercándose al fin del signo en el que exalta al

Regente 7. Si otros testimonios concuerdan, esto muestra "No, tu relación está llegando a su fin – porque pronto no desearás continuarla". Como el consultante aún está cautivado por esta exaltación, tal juicio invariablemente será tomado con escepticismo.

El significador de una mujer está combusto en una carta donde el Sol representa al hombre como Hombre: ella está abrumada por su atracción masculina. Esto puede suceder incluso si las recepciones son negativas. La combustión tampoco es duradera.

Los significadores de una consultante están débiles, muestran poco interés en el hombre sobre el que pregunta, y están siendo regidos por Venus, que la representa como Mujer. Ella siente que como Mujer necesita un poco de atención. Lo mismo sucede con un hombre cuyos significadores están débiles y en dignidades mayores del Sol.

¡No seas poco realista con lo que esperes encontrar! La gente se las arregla para tener relaciones satisfactorias sin todos sus significadores fuertes y en poderosas recepciones mutuas.

El Regente 1 en el signo de la cúspide de la 7.ª está automáticamente en su detrimento. Esto muestra que el consultante ama a la persona sobre la que consulta y, a causa de ese amor, es vulnerable. En este caso el detrimento puede pasarse por alto. Si el Regente 1 está en el otro signo regido por el Regente 7, aún estará en su detrimento y, de nuevo, la recepción mostrará que el consultante ama a esa persona. Pero esto muestra una dinámica bastante diferente: el consultante no es feliz, y por eso ama a la otra persona ("Ah, persona maravillosa que hará que deje de estar infeliz"). Con la obvia implicación de que si el consultante deja de ser infeliz, el amor también se acabará. La misma distinción es válida para el Regente 7 en el signo del Ascendente o en el otro signo regido por el Regente 1.

Conjunción: en una pregunta sobre relaciones, si uno de los significadores principales está en conjunción con un planeta que no es uno de los significadores principales, es un indicio seguro de que la persona representada está con alguien más. Recuerda que Lilly y sus contemporáneos usaban "copulación" como un sinónimo de conjunción – y lo es: ése es el significado de conjunción. Una mujer preguntó "¿Cuándo conoceré a un hombre?" y la carta mostraba que sus significadores principales estaban en conjunción con otros dos planetas. "¿A qué te refieres? Estas con dos hombres ahora." "Sí. Pero ellos no cuentan."

◆ Es un poco exagerado asumir que la conjunción con un planeta sin identificar habitualmente muestre que esa persona está con alguien más. Sin embargo, si hay evidencia convincente, podría significar otras cosas. Por ejemplo: una mujer había preguntado si su novio se casaría con ella. Las recepciones mostraban que ella tenía poco interés en él, y uno de sus significadores estaba en conjunción con otro planeta, hacia el cual mostraba gran interés. Una situación desconcertante, explicada porque el planeta con el que estaba en conjunción era el Regente 5: la mujer estaba embarazada. ◇

Marte: si las recepciones muestran que Marte es importante en la situación, pero no es significador de ninguna de las personas ni dispositor de la Parte del Matrimonio, bien puede estar actuando como regente natural tanto de lujuria como de divorcio. O bien, como cualquier planeta sin significaciones, puede representar "alguna otra persona".

No introduzcas personajes adicionales sin una sólida evidencia para hacerlo. ¡No estás escribiendo una novela!

¿Cuándo me casaré?

Identifica los significadores, luego busca un aspecto entre alguno de los del consultante con alguno de los de la persona consultada, midiendo el tiempo del modo habitual. La aplicación a la cúspide de la 7.ª *no* servirá. Tampoco lo hará la aplicación a la Parte del Matrimonio o a su dispositor. Ten en cuenta las recepciones: sin alguna recepción adecuada, el aspecto no producirá el evento. Si la pregunta es "¿Cuándo me casaré?" el tiempo que se muestra es para el momento en que la decisión es tomada: el momento del evento en sí mismo – cuando la iglesia está reservada y el catering disponible – depende de las personas involucradas. No conozco una manera de distinguir entre la boda y el compromiso sin boda, aunque si la relación ya existe, un aspecto aplicativo puede mostrar su formalización en un matrimonio.

La carta habitualmente muestra la próxima relación significativa más que el "alma gemela" sobre la que a veces se consulta.

"¿Qué pasa si no hay aspecto?" Habitualmente, los consultantes ignoran la pregunta preliminar de "¿Me casaré alguna vez?" y saltan directamente al "¿Cuándo?" Si la carta muestra un aspecto, podemos hacer lo mism0; si no lo hace, quizás debamos investigar si alguna vez existirá tal relación: ver abajo. Sin embargo, en estos casos los significadores del consultante habitualmente están débiles, y existe más recepción entre los propios significadores del consultante, que entre ellos y los significadores de la posible pareja. Generalmente encontrarás que los significadores del consultante se dirigen hacia lugares en los que están menos débiles. A menudo el próximo signo en el que entren será su propio. En tales casos no necesitamos ocuparnos del "¿Alguna vez?" pero podemos sugerir que el consultante está infeliz en este momento, demasiado ocupado lamiendo sus heridas pasadas para estar listo para entrar en una relación, pero que después de cierto tiempo (midiendo cuándo ganará fuerza, del modo habitual) estará listo de nuevo – así que echémosle otro vistazo a la situación más adelante. Tales cartas habitualmente muestran el fin de una relación reciente por aspectos separativos, en especial oposiciones.

Si se busca una descripción de la persona sobre la cual se consulta, tómala del Regente 7, no de cualquier cosignificador. Califica las indicaciones del Regente 7 según su dispositor, otras dignidades mayores y aspectos cercanos con él. Juzga la riqueza de la persona consultada según la 8.ª casa (2.ª a partir de la 7.ª) y su trabajo según la 4.ª (10.ª a partir de la 7.ª).

Para decidir dónde se conocerán, necesitamos decidir quién va hacia quién. Esto no se muestra según qué significador aplica hacia cual. ¿Cuál de las dos personas tiene sus significadores con más fuerza accidental? Esa será la persona que irá hacia donde está la otra. PERO: aunque estar en una casa angular da fuerza accidental, si el significador de la persona por la que se consulta está cerca de la cúspide de la 7.ª casa *y también* en el mismo signo que esa cúspide, este es un fuerte testimonio de que esa persona no saldrá a jugar, sin importar los aspectos que existan. Del mismo modo, si los planetas del consultante están en la 1.ª casa, el consultante no se tomará muchas molestias en hacer que las cosas sucedan. Puede parecer extraño que el consultante haya hecho esta pregunta con tal actitud, pero no es poco común en absoluto. Otros testimonios muestran habitualmente que el consultante siente que debe estar en una relación, aunque realmente no quiera una – o no desea una relación que involucre a otra persona.

Habiendo decidido qué persona va hacia cuál – la persona A está yendo hacia la persona B – toma la casa ocupada por el significador aspectado de la persona B para mostrar dónde sucederá el encuentro. Habitualmente será la 10.ª (en el trabajo), 11.ª (mediante amigos) o 9.ª casa. La 9.ª cubre la mayoría del resto de los lugares de encuentros: clases nocturnas, iglesia, vacaciones. Para un consultante de una cultura donde se anticipa que la pareja será concertada o presentada, ésta mostrará la agencia matrimonial, ya que reemplaza el papel que alguna vez tuvo el sabio local (9.ª) al concertar parejas, y por lo tanto es mostrada por la 9.ª casa.

¿Me casaré alguna vez?

Esta es una de las preguntas en las que debemos estar atentos a la opción por defecto. Si el consultante tiene 20 años, debemos juzgar que Sí a menos que la carta grite que No; si el consultante tiene 80, debemos juzgar que No a menos que la carta grite que Sí.

Testimonios de matrimonio:

* Regente 1, Luna o Venus/Sol (dependiendo del sexo del consultante) en un signo fértil
* Regente 1 en la 7.ª, o Regente 7 en la 1.ª
* La Luna observando al Sol o a Venus (sin importar el sexo del consultante). Ve a la página 124 para la definición de "observando".

◇ El regente 1 en la 7.ª muestra que el consultante tiene interés. Por lo tanto, habrá más posibilidad de matrimonio que si el consultante no estuviese interesado; esto no nos muestra nada más que eso. ◇

Si el consultante tiene 80 años, me mostraría renuente a juzgar que Sí sin un aspecto directo entre los significadores principales.

Los principales testimonios negativos serían:

* Saturno debilitado en la cúspide de la 7.ª – a menos que Saturno sea el Regente 1
* Saturno debilitado en el Ascendente – a menos que Saturno sea el Regente 7
* El Regente 7 combusto y aplicando hacia el Sol – a menos que el consultante sea hombre o el Sol sea el Regente 1.

Si la pregunta es, "¿Me casaré alguna vez, y cuándo?", y estos testimonios y la opción por defecto son suficientes para permitir un Sí, puedes ser muy flexible con las reglas habituales al medir el tiempo en el que tendrá lugar el evento. Una vez que te asegures de que el evento sucederá, sabes que la medida de tiempo debe estar en algún lado de la carta – y a veces, esta medida no es tan obvia. Con la limitación habitual de no llevar a un planeta más allá de su estación o de su conjunción con el Sol, puedes ignorar las otras prohibiciones, que pueden interpretarse como eventos a lo largo del camino. Los aspectos prohibitivos no prohíben, y puedes llevar a un planeta hasta su próximo signo. Pero usa tu sentido común: si tienes que hacer avanzar al significador a través de tres signos para encontrar un aspecto, probablemente pasaste por alto otra opción.

Más allá de qué planeta represente a quién, una conjunción aplicativa entre el Sol y la Luna es un excelente indicador de matrimonio.

¿Durará?

Si la pregunta es sobre un matrimonio, o sobre el comienzo de una relación, la naturaleza del aspecto que muestre el evento *no nos dirá* nada sobre cómo seguirá el matrimonio. Que el aspecto sea, por ejemplo, un sextil o una cuadratura, muestra qué tan fácilmente llegará al altar una pareja; no indica nada sobre lo que suceda luego. Un aspecto de cuadratura podría traer el más feliz de los matrimonios, pero mostrará que habrá algunos inconvenientes antes de la boda. Quizás él tenga que proponérselo más de una vez. Quizás la boda deba esperar hasta que la madre de ella pueda asistir. El único aspecto que afecta lo que pasará después es la oposición. Ésta une a las dos partes con arrepentimiento, lo cual, en nuestra sociedad, habitualmente resulta en divorcio.

Para juzgar "¿Seremos felices?" observa las recepciones entre los significadores de ambas personas. No esperes demasiado, y no te desalientes si hay algunas fuertes recepciones negativas entre las positivas: tratamos con la vida real, no con un cuento de hadas. Sé cauteloso con recepciones fuertes a punto de finalizar mediante un cambio de signo. Observa también la Parte del Matrimonio, en especial a su dispositor. Considera su fortaleza esencial (que muestra felicidad) y la naturaleza del signo en el que está. Los fijos muestran permanencia, los cardinales una rápida llama que se quema y muere, y los mutables un ir y venir. Lee esto, como siempre, a la luz de otros testimonios.

◆ Las recepciones muestran actitudes, y dos personas que no saben de la existencia del otro no pueden tener actitudes entre sí. Por lo tanto, en una pregunta como "¿Cuándo conoceré al hombre con quien me casaré?", las recepciones sólo nos indicarán actitudes ahora mismo, y no cómo se llevará la pareja una vez casados. La Parte del Matrimonio, sin embargo, nos dice algo sobre la relación entre el consultante y la persona de la 7.ª casa. Esta relación no existe hasta que se hayan conocido, así que en preguntas como ésta, la Parte del Matrimonio sólo puede hablarnos sobre el futuro, y el asunto sobre felicidad futura debe juzgarse a partir de ella. ◆

A menudo se te preguntará "¿Nuestra relación tiene un futuro?" cuando la pareja casi no se conoce. Algunas cartas muestran un claro No; ocasionalmente, algunas muestran una unión fuerte y duradera; la mayoría muestran lo suficiente como para mantener viva la relación por un tiempo, pero no más allá de eso. A menos que se deba tomar una decisión sobre algún tipo de compromiso – quizás tomar una hipoteca conjunta – o si la otra persona es un asesino en serie, no comprendo el propósito de hacer tal pregunta. Si el consultante fuese a dejar a cada hombre cuando el astrólogo diga que No, nunca obtendría la educación emocional necesaria para embarcarse en aquella relación en la que el astrólogo diría que Sí.

Se te hará la misma pregunta en los momentos de crisis de una relación ya establecida. Siempre es sensato preguntar si hay alguien más involucrado cuando la pregunta se hace por primera vez; si lo haces más tarde, al entregar tu juicio, el consultante podría asumir que lo has visto en la carta, cuando de hecho sólo intentas aclarar el rol de un planeta sobre el cual no estás seguro. El juicio de tales preguntas estará basado mayormente en las recepciones, y como tal puede identificar tensiones y potenciales – lo cual es sin duda más útil que hacer una predicción llana. Incluso con poca recepción positiva entre los cónyuges, recuerda que el estatus quo continuará hasta que alguien decida terminarlo. Aunque se odien entre sí, ¿alguno actuará? Busca oposiciones y planetas que cambien de casa o signo. Estos cambios pueden ser positivos, en especial cuando involucran un incremento en recepción, o bien pueden no mostrar nada significativo; pero, por ejemplo, el Regente 7 dejando la 1.ª casa puede mostrar que "Tu esposa está a punto de dejarte", o el Regente 1 dejando un signo regido por el dispositor de la Parte del Matrimonio puede mostrar que "Parece que estuvieras a punto de irte".

Tales cartas habitualmente sugerirán posibilidades para mejorar la relación, o destacarán comportamientos que exacerban la situación, de modo que el juicio suele ser "Si sigues haciendo xyz, él se irá" o bien "A menos que hagas abc, ella te pedirá el divorcio".

Ejemplos: supongamos que con un consultante hombre, al Regente 1 le gusta el Regente 7, pero el Sol la odia, y el Regente 7 y Venus muestran mucho interés en el Sol: "A menos que le muestres algo de atención física…" o si la Luna ama al Regente 7, pero está en un signo mudo, "A menos que le digas que la amas…"

Sé cauteloso al anunciar infidelidades sobre cualquier otra evidencia que no sea la de conjunción. Y aún en tales casos, sé cauteloso al anunciar infidelidades: puede que puedas verlo; pero esto no quiere decir que el consultante necesite escucharlo. La recepción mutua, sin importar qué tan fuerte sea, puede mostrar un respeto mutuo entre dos personas, pero no es en sí misma evidencia de una infidelidad. Aunque si las recepciones muestran que toda la atención del cónyuge está dirigida hacia alguien más, la situación dista mucho de ser satisfactoria. Pero ten cuidado: ¿estás seguro de que es otra persona? Quizás haya una poderosa recepción mutua entre el Regente 7 y otro planeta – pero quizás tal planeta rige la 10.ª girada, mostrando al esposo muy ocupado en su trabajo. Si tienes una conjunción, no es necesario que haya recepción alguna entre ambos planetas: la gente puede estar conjunta felizmente sin involucrar sus emociones. No subestimes el poder del halago: si el planeta sospechoso está en el signo de exaltación del Regente 7, el Regente 7 puede interesarse sin tener sentimientos recíprocos. En especial si el planeta sospechoso está justo dentro de la 7.ª casa. En forma similar, si una mujer está haciendo una pregunta y un planeta no identificado está combusto (siendo el Sol el esposo como hombre animal): alguien más está coqueteando con él. Pero sin una conjunción estrecha, no hay evidencia sólida de que él esté respondiendo. Cuanta más dignidad esencial tengan los planetas del cónyuge sospechado (que lo/la muestran como alguien honorable) y cuanta más recepción tenga con los planetas del consultante (lo cual muestra su amor por el consultante), es menos probable que él/ella sea infiel.

A veces, hay consultantes que preguntan si su pareja es homosexual. Si la sospecha es por un romance con alguien en particular, trata esto exactamente como las preguntas sobre affaires de arriba. Habitualmente, esta es una consulta en general. Si la pareja es un hombre, observa si sus significadores están en fuertes dignidades del Sol, o en el detrimento o caída de Venus, mostrando un gusto por los hombres o un odio por las mujeres. Sí, el Sol en fuertes dignidades del Sol podría mostrar que está lleno de los habituales sentimientos sexuales, pero suponemos que la consultante no haría la pregunta si los estuviese recibiendo. Recuerda que la consulta formulada determina la realidad de la carta. El Sol en la 12.ª casa girada (la 6.ª radical) despierta sospechas: parece estar ocultando algo sobre su sexualidad, aunque puede que no sea su homosexualidad. El Sol en la 12.ª radical podría mostrar que está tramando algo que preferiría que la consultante no supiese, pero esto puede no estar conectado con ser homosexual. Si el consultante es un hombre que pregunta sobre su mujer, busca los significadores de ella en fuertes dignidades de Venus o en el detrimento o caída del Sol, o Venus en la 12.ª casa girada. Importante: ¡no involucres estos testimonios en preguntas donde no es el tema a tratar! Si encuentras, por ejemplo, al Sol en Escorpio en la carta de cualquier otra pregunta sobre una relación, esto no significa que el hombre sea homosexual.

Me recibirá de vuelta?

Aquí tenemos una aberración. Si una mujer fue echada de la casa de su esposo y pregunta si la perdonará, Lilly da a la mujer la 7.ª casa, aunque ella sea la consultante.[44] Al principio pensé que se trataba de una rareza histórica, pero a partir de la pequeña cantidad de cartas que juzgué sobre este tema, al menos una parece tener más sentido juzgada de esta manera. No veo una razón sólida para alejarse de la práctica habitual aquí, por lo que te sugiero que juzgues tales preguntas del modo habitual, pero ten en cuenta este punto. Si hay una evidencia sólida en la carta que te incite a tomar al Regente 7 como a la consultante (quizás la consultante admita que ha tenido un romance, y el Regente 7 se está separando de una conjunción con un planeta que no es el Regente 1), puedes, con la debida precaución, decidirte por seguir a Lilly.

Al escribir su obra en el siglo XVII, puede que haya pensado que la idea de que una mujer eche a su esposo de la casa fuese ridícula, y por ende no dio instrucciones para ello.

◆ De nuevo, le di demasiada importancia a Lilly. En este caso, tropezó con los prejuicios de su época. En horaria, el consultante obtiene la 1.ª casa. No hay razón para hacer una excepción en preguntas sobre este tema. ◆

Ejemplos de cartas sobre preguntas de relaciones

Ver las cartas en las páginas 100 y 134.

¿DEBERÍA QUEDARME O IRME?

"¿Estoy mejor en Londres, o debería mudarme?" "¿Quizás deba volver a casa?" "¿Debería mudarme a Francia?" "¿Me quedo en el trabajo, o vuelvo a la universidad?" Aunque estas preguntas habitualmente se formulan como "¿Debería hacer X o Y?", pocas veces son acerca de un par de opciones, es decir, cuál de dos caminos elegir. Habitualmente la pregunta es "¿Debería hacer este cambio o dejo las cosas tal cual están?" Lo que nos muestra la carta es la visión hacia adelante, como si el consultante estuviese en la cima de una colina, mirando hacia el camino que se extiende en la distancia, y pensando "Uf, no me gusta como se ve eso", o bien "¡Guau, se ve tentador!"

---

[44] *Lilly*, p. 318.

La 1.ª casa y el Regente 1 muestra cómo están las cosas; la 7.ª casa y el Regente 7 muestra cómo estarían las cosas si se hace el cambio. Por lo tanto:

* 7.ª casa mejor que la 1.ª: vete. Al contrario, quédate.
* El Regente 7 más fuerte que el Regente 1: vete. Al contrario, quédate.
* La Luna o el Regente 1 separándose (por cualquier aspecto) de un benéfico y aplicando hacia un maléfico: quédate.
* La Luna o el Regente 1 separándose de un maléfico y yendo hacia un benéfico: vete.

NOTA: al considerar el planeta desde el cual y hacia el que se mueven la Luna y el Regente 1, recuerda que CUALQUIER planeta con dignidad esencial fuerte es bueno y que CUALQUIER planeta con debilidad esencial es malo.

Ejemplos:

* Un planeta en detrimento en la 7.ª casa, el Regente 1 en su exaltación: quédate.
* Un planeta dignificado en la 1.ª casa, la Luna se separa de un planeta dignificado y aplica a uno que está peregrino: quédate.
* El Nodo Sur en la 1.ª casa, el Nodo Norte en la 7.ª: vete.

"Pero, ¿Qué pasa si hay testimonios conflictivos?" A menudo los habrá: pocas situaciones son tan tajantes. Sopesa la cantidad y fortaleza de los diversos testimonios. En muchas de estas cartas, quedarse e irse es igualmente bueno, o igualmente malo: si eso es lo que muestra la carta, ese es el juicio. No sientas que debes obtener una respuesta inequívoca. La respuesta a menudo es "No hay mucha diferencia".

Tales preguntas son sobre cambios, así que el posible cambio se muestra a menudo en la carta por un inminente cambio de signo. El Regente 1 y/o la Luna estarán al final de un signo, a punto de entrar en otro. ¿Los dejamos hacer este cambio, o dejamos todo tal como está? Quizás ambos ganen dignidad al hacer el cambio: ¡vete! O quizás entren en conjunción con Saturno debilitado, o en combustión en cuanto cambien de signo: ¡quédate! O quizás el cambio no marque una diferencia importante: quédate o vete, como gustes. En tales casos, la carta está diciendo "Éste es tu posible futuro. ¿Deseas aceptar esto, adelantando tus planetas, o deseas quedarte tal como estás?"

Si la pregunta da un lugar específico para "allá", puedes tomar los planetas del consultante y ubicarlos en aquella casa. Así que si el consultante pregunta, "¿Debo obtener un trabajo o ir a la universidad?" imagina que puedes tomar al Regente

1 y ubicarlo justo dentro de la cúspide de la 10.ª casa. ¿Cómo está ahí, por dignidad esencial y accidental? Luego imagínalo justo dentro de la cúspide de la 9.ª. ¿Cómo está ahí? Esto dará una comparación entre el trabajo y la universidad. Si el consultante está especialmente preocupado con su felicidad emocional, haz lo mismo con la Luna junto o en lugar del Regente 1. Nota: si estás "enviando al consultante a trabajar" de este modo no puedes, por supuesto, pensar que "el Regente 1 está en la 10.ª, por lo tanto está fuerte", ya que siempre será así, sin importar el trabajo. Sí puedes pensar que "Si pongo el Regente 1 en la 10.ª está en conjunción con el Nodo Sur y en su propio detrimento. ¡Uf!"

NO PUEDES hacer esto con la pregunta general "¿Me quedo o me voy?" de la 1.ª casa versus la 7.ª casa, ya que ubicar al Regente 1 justo dentro de la cúspide de la 7.ª casa automáticamente lo pondrá en su detrimento.

Ten cuidado con los cambios. Supongamos que la pregunta sea "¿Cómo me irá en la universidad?" y al ubicar al Regente 1 justo dentro de la cúspide de la 9.ª, éste queda en su detrimento. Pero la cúspide de la 9.ª está en 27 grados de su signo, y poner al Regente 1 en el próximo signo le da una fuerte dignidad esencial, o lo une a un Júpiter fuertemente dignificado: "Al comienzo no te irá muy bien, pero una vez que te hayas ubicado te irá maravillosamente".

Puedes hacer esto si el consultante es un inmigrante y está preguntando, "¿Debería volver a X?" La 1.ª casa mostrará donde está ahora, la 4.ª mostrará "el hogar" (incluso si éste es una patria ancestral que el consultante nunca ha visitado) y la 9.ª mostrará un país extranjero. Necesitas preguntar al consultante, "¿Qué entiendes por hogar: el país en donde ahora vives o la tierra de tus raíces?" Esto te mostrará si el destino propuesto es la 4.ª casa (mi patria) o 9.ª (un país extranjero).

En preguntas generales sobre "quedarme o irme", ten cuidado con el Regente 4: a veces muestra la casa actual, a veces la potencial. Es mejor dejar esto fuera del juicio, a menos que puedas diferenciar cuál es cuál. Por ejemplo, si el Regente 1 está aplicando al Regente 4, el Regente 4 debe ser la casa potencial.

◆ Debo aclarar esto. El método para comparar la 1.ª y 7.ª casas se usa *solamente* cuando el consultante está considerando una reubicación física a largo plazo: "¿Me quedo aquí o voy para allá?" No es para usar en cambios a corto plazo, como irse de vacaciones, ni otros cambios como de trabajo o de casa. Puede que el trabajo que estoy pensando en tomar esté al otro lado del mundo, pero si el asunto se trata sobre si quiero el trabajo, no es una pregunta de 1.ª/7.ª. Se convierte en una pregunta de ese tipo sólo si el foco está puesto en la reubicación, y el trabajo es simplemente una manera de que ésta se lleve a cabo. De manera similar con la casa: "¿Me quedo aquí o me mudo a Francia?" no se trata sobre comprar una u otra propiedad, sino sobre el plan general de si estaré mejor en Francia.

Una pregunta como "¿Me quedo en el trabajo o vuelvo a la universidad?" no es un asunto de 1.ª/7.ª. Para juzgarla, compara la 9.ª y 10.ª casas y, dentro de esa comparación, ubica al Regente 1 en cada una de ellas. Lo que nos interesa aquí es lo que está ubicado en estas casas, para bien o para mal; el estado de los regentes de esas casas; sus recepciones con el Regente 1 y la Luna. Ten cuidado con los cambios inminentes. Por ejemplo, supongamos que el Regente 10 es Júpiter en 28 Géminis. El trabajo está en malas condiciones. Pero está a punto de tener un enorme incremento de dignidad: "Quédate con la carrera. No pasará mucho tiempo antes de que la situación se ponga mucho mejor". ◇

DEPORTES Y COMPETENCIAS

◆ Este tema se trata con mucha mayor profundidad de la que permite el espacio de un manual general en mi libro *Sports Astrology* (Astrología deportiva), con varias cartas como ejemplo. ◇

¿Ganaremos?

Aunque esta pregunta la formule un hincha o alguien que participa en el partido, es Nosotros contra Ellos. El equipo que sigue el consultante obtiene la 1.ª casa, como una extensión de sí, del mismo modo que el consultante diría "Ganamos", aunque no haya jugado él mismo. Los rufianes abominables contra los que compite su equipo son los enemigos abiertos: 7.ª casa.

Ten cuidado: si la preocupación principal del consultante es apostar sobre el partido, trata a la pregunta como un tema de ganancia (capítulo 16).

Para que podamos juzgar esta pregunta, el consultante debe interesarse en el resultado del partido para su propio bien. Su aliento por los chicos buenos puede que sólo sea tibio, pero debe preferir a un equipo por sobre el otro. Si su propio equipo no está jugando, puede que tenga un sincero desagrado por uno de los equipos involucrados – quizás es el rival local de su equipo favorito. En ese caso, la verdadera pregunta sería, "¿Mi enemigo será vencido?", por lo cual se le da la 7.ª casa al enemigo y la 1.ª – el enemigo del enemigo – a sus oponentes. Si al consultante le son indiferentes ambos equipos, no tenemos criterio para decidir a quién darle la 1.ª y a quién la 7.ª, por lo que no podemos juzgar la carta. No te tientes con darle la 1.ª casa al equipo local, o al primer equipo que nombra el consultante: sea lo que sea, eso no es astrología horaria. Tampoco podemos darle la 7.ª, como "cualquier persona", porque la indiferencia del consultante hace que ambos equipos sean "cualquier persona".

Este método puede utilizarse para preguntas sobre deportes individuales, teniendo en cuenta que el consultante apoya o le disgusta uno u otro de los jugadores. Sigue siendo Nosotros contra Ellos, como en "¿El británico heroico ganará este partido de tenis?", cuya respuesta es "No".

◆ Es raro hacer este tipo de preguntas sobre deportes individuales, porque es raro que el consultante considere a un deportista como "nosotros", del mismo modo que lo haría con un equipo. Si el tenista favorito gana, el consultante probablemente diga "Él ganó" o "Ella ganó", no "Ganamos". La excepción habitual es cuando se ve al jugador como representante del país. ¡Pensar que el jugador es bien parecido no es suficiente! ◆

Aunque estemos considerando al equipo favorito como una extensión del consultante, la Luna no tiene su papel habitual como su cosignificador. A lo sumo, lo será en momentos de extrema emergencia, cuando no pasa nada más en la carta. Su papel en estas preguntas habitualmente es menor, funcionando en ocasiones como "la manera en que fluyen los eventos".

Tampoco deberías preocuparte por otras casas que no sean la 1.ª y la 7.ª. Demasiadas cartas horarias de deportes desaparecen en una niebla de confusión cuando el astrólogo busca localizar los fanáticos del equipo, sus jugadores y su cuenta bancaria en la carta. ¡No lo compliques! Lo único que nos interesa es quién ganará. Esto lo mostrará la primera y la séptima casa. Mientras que el director técnico de todo equipo perdedor le echa la culpa al árbitro, la carta horaria es mucho más deportiva y no tiene un rol para el Regente 10.

Lilly nos dice que tomemos el planeta del cual se separó por último la Luna como otro significador para el consultante en una horaria sobre competencias, y aquel hacia el cual aplica inmediatamente después como otro significador para su enemigo. ¡No lo hagas! Estos significadores extras sólo traen desorden a la carta.

Comienza evaluando la condición de las casas. Si hay algo en ellas, ¿qué es? Si hay algo, ¿esto fortalece o aflige a la casa? Recuerda que cuanto más cerca esté un planeta a la cúspide de la casa, más efecto tendrá sobre ella. El efecto de un planeta que está en la casa, pero en un signo distinto que el de su cúspide, será mucho menor. No importa qué tan cercano esté el planeta a la cúspide (es decir, una cúspide en 29 de Aries; un planeta en 0 de Tauro: el efecto sigue siendo muy reducido). Por ejemplo: supongamos que el Ascendente está en 15 de Piscis, con Saturno en la 1.ª en 2 de Aries. La presencia de este Saturno debilitado (en su caída) es una aflicción seria a los chicos buenos. Júpiter está en 17 de Piscis, así que la presencia de este Júpiter fuertemente dignificado es muy beneficiosa para los chicos buenos. Al estar mucho más cerca del Ascendente y, lo que es más importante, en el mismo signo que el Ascendente, la influencia benéfica de Júpiter es mucho más fuerte que la influencia maligna de Saturno.

Las casas que nos interesan se oponen entre sí, por lo que ignora los planetas que tengan aspectos con ellas. Si un planeta hace un aspecto con una casa, también hará un aspecto similar con la casa opuesta.

Los Nodos lunares pueden tratarse de un modo muy simple en la carta: Norte bueno, Sur malo. Vienen como un par, así que si uno está en la casa de los chicos buenos, el otro estará en la de los chicos malos. Esto significa que debemos considerar sólo uno de ellos – no importa cuál. Si el Nodo Norte está en la 1.ª, podemos juzgar que esa casa está fortalecida, o podemos juzgar que la 7.ª está debilitada por la presencia del Nodo Sur. No los cuentes como dos testimonios por separado. En todo juicio astrológico, debemos ser cautelosos con cualquier cosa que se dé automáticamente.

Considera ahora a los Regentes 1 y 7. ¿Cuál es más fuerte? En este tipo de preguntas, las dignidades accidentales mayores son mucho más importantes que las dignidades esenciales. La dignidad esencial puede indicarnos quién merece ganar; la dignidad accidental nos dirá quién gana. Pero si todos los demás testimonios son más o menos iguales, una fuerte discrepancia en dignidad esencial puede ser crucial. La excepción a esta reducción de importancia de la dignidad esencial es la exaltación. El equipo cuyo significador está en su propia exaltación llegará al campo de juego creyendo que es un equipo de dioses jugando contra meros mortales. Tal actitud los hace más propensos a ganar. En cartas horarias sobre concursos, la exaltación es más fuerte que la regencia por signo.

Las recepciones entre los Regentes 1 y 7 son importantes. Por supuesto que no para mostrar quién le gusta a quién, sino para ver quién está en poder de quién. De nuevo, la exaltación es más fuerte que la regencia por signo: si el Regente 1 está regido por el Regente 7 y el Regente 7 está en la exaltación del Regente 1, es el Regente 1 el que se beneficia. El enemigo se siente intimidado por nuestro equipo. La recepción mutua con otros planetas no es fortalecedora. La recepción mutua es como la amistad. No importa cuántos buenos amigos tenga el consultante o su equipo, no van a entrar al campo de juego para marcar el gol de la victoria.

La ubicación por casa y la combustión son las dignidades accidentales más importantes en estas cartas. Un planeta en una casa angular tiene una gran ventaja sobre uno en una casa sucedente o cadente. Cuanto más cerca esté de la cúspide, mayor será la ventaja. Un planeta en una casa que no está en el mismo signo de la cúspide está fortalecido, pero en menor medida. Un significador en su propia casa está especialmente fortalecido; un significador en la casa de su oponente habitualmente es un signo decisivo de derrota: está en manos del enemigo. Sin embargo, un significador sobre la cúspide de la casa del enemigo en vez de estar adentro de la casa, está en una posición excepcional de poder. Un planeta dentro de una casa está controlado por la casa; un planeta sobre la cúspide de la casa tiene control sobre ella.

Al ser la combustión la más dañina de las aflicciones, un significador combusto muestra que el equipo perderá. Se necesitaría una peculiar combinación de horrores para sopesar esto.

Un aspecto cercano con un benéfico ayudará a ese planeta; un aspecto cercano con un maléfico lo perjudicará, recordando siempre que cualquier planeta esencialmente fuerte será útil, y cualquier planeta esencialmente debilitado será maligno. Cinco grados de separación es la distancia máxima absoluta con la que necesitamos ocuparnos; cuanto más cerca, más fuerte.

En una carta hecha para encontrar el resultado de un partido, no tengas en cuenta los cambios de signo. Puede que un significador esté a punto de entrar en su propio signo, lo cual incrementaría su dignidad esencial, pero no importa cuán cercano al cambio esté, no será relevante con respecto al resultado del partido. Si la pregunta fuese sobre un asunto a largo plazo, como "¿Le ira mejor a mi equipo que al equipo X esta temporada?", este cambio sería relevante: "Empezarán con el pie izquierdo, pero pronto alcanzarán su máximo desempeño".

Como la Luna muestra la manera en que fluyen los eventos, su aplicación hacia un significador u otro será un testimonio menor a favor de tal equipo. Puede inclinar la balanza, pero no será contrapeso de las indicaciones más fuertes.

He encontrado poco uso de las Partes árabes en estas cartas. Incluso Fortuna y la Parte de la Victoria se niegan a involucrarse.

Si queremos juicios confiables, debemos ser exhaustivos, pero no hay virtud en entrar en nimiedades. En la mayoría de las cartas, el balance de poder será lo suficientemente claro. Si los argumentos para cada equipo son igual de persuasivos, es poco probable que elijamos al ganador por un análisis microscópico de los testimonios. En algunos deportes, este balance equilibrado será el juicio en sí mismo: el partido resultará en un empate. En juegos que deben terminar con un ganador, revisa que no hayas pasado nada por alto – las antiscias, por ejemplo. Luego sigue el consejo de William Lilly, "Cuando los testimonios de fortunas e infortunios son equilibrados, aplaza el juicio; no es posible saber hacia dónde se inclinará la balanza".[45] Tener respeto por las limitaciones del conocimiento, ya sea colectivo o individual, no es un fracaso.

◊ Dependiendo del deporte, la velocidad de un significador puede ser importante o no. Usa tu sentido común. Si la pregunta es sobre una carrera de 100 metros, el atleta representado por un planeta en estación seguramente no ganará. Pero en un partido de fútbol, el equipo que corra más rápido no necesariamente tiene ventaja: sus oponentes estacionarios, que no se esfuerzan por atacar sino por jugar a la defensiva en extremo, bien podrían salir victoriosos. ◊

La excepción a la regla de la 1.ª casa versus 7.ª casa en competencias se da cuando es relevante ser el rey, como en peleas por títulos de boxeo. Aquí la pregunta es "¿El Rey retendrá su corona?" Este enfoque no debe interpretarse para otros deportes: que el equipo A haya ganado el campeonato la temporada pasada no es relevante con respecto al partido de hoy, ya que al principio de cada nueva temporada todos los equipos comienzan en igualdad de condiciones. En una pelea por un título de boxeo, la única razón para la competencia es que el retador tenga la oportunidad de derrotar al campeón.

Dale la 10.ª casa al campeón, la 4.ª al retador (7.ª a partir de la 10.ª). Si no son regentes de alguna de estas dos casas, el Sol puede representar al campeón, como regente natural de reyes, y la Luna – regente natural de la gente común – al retador. El juicio es casi igual al descrito arriba, con tres variaciones:

* Vale la pena tener en cuenta la Parte árabe de Renuncia y Despido (Saturno + Júpiter – Sol).
* Los cambios de dignidad pueden mostrar el resultado por peso propio. Si el significador del campeón está a punto de entrar en el signo de su caída, o si el significador del retador está en su exaltación, tenemos un claro testimonio de victoria para uno o para el otro.
* Una Luna fuera de curso, que puede ignorarse en la mayoría de las cartas sobre competencias, ya que sabemos que algo sucederá – es un fuerte testimonio

---

[45] *Lilly*, p. 123.

de que se mantendrá el estatus quo. No sucederá nada, así que el campeón conservará su corona.

Pronóstico a largo plazo

"¿Cómo le irá a mi equipo esta temporada?", "¿Mi equipo ganará el campeonato?" "¿Será relegado?"

A diferencia de las horarias sobre competencias de uno contra uno, puede preguntarse esto sobre un equipo o jugador individual que resulte indiferente al consultante: "¿Cómo le irá esta temporada al equipo X?" "¿Venus Williams va a ganar este torneo?" Esto es posible porque la pregunta se hace sobre sólo un equipo, así que no tenemos el problema de decidir a qué equipo asignarle qué casa. Si el consultante es indiferente, el equipo o jugador mencionado es "cualquier otra persona", por lo cual obtiene la 7.ª.

El juicio habitualmente es simple, siempre y cuando evitemos la tentación de forzar una respuesta espectacular. El ego nos dice que es mucho mejor predecir lo improbable. No lo es: es mucho mejor predecir lo que sucederá. La mayor parte del tiempo, lo improbable no sucede. "¿Cómo le irá a mi equipo esta temporada?" – en la mayoría de los casos, la respuesta a esto será "De manera indiferente". Pocos equipos ganan cosas; pocos quedan relegados. Mientras que en "¿Mi equipo ganará el campeonato?" "No", sería un intercambio consultante/consultor poco satisfactorio, pero si eso es lo que sucederá, eso es lo que sucederá.

El equipo del consultante será representado por el regente de la 1.ª. No tomes a la Luna como cosignificador. Busca cambios significativos en dignidad esencial y conexiones con las casas correspondientes. En la práctica, cualquier cosa que amerite una respuesta que no sea "De manera indiferente" habitualmente es bastante obvia. Un planeta entrando en su propio término, por ejemplo, no es algo como para entusiasmarse. Un planeta entrando en el signo de su exaltación sí lo es.

Ejemplos: "¿Cómo le irá a mi equipo?" El significador entra a su propio signo o exaltación: ascenderá. El significador entra en su caída: el equipo – bastante literalmente – descenderá. El significador en conjunción con la cúspide de la 10.ª o con el Regente 10: ganará el campeonato. Entra en la 12.ª u 8.ª casa, o está en conjunción con uno de sus regentes: el equipo quedará relegado. "¿Ganaremos el campeonato?" con el planeta del consultante aplicando a una conjunción con el Regente 10: Sí. Si esta conjunción se da en el próximo signo: "Esta temporada no, pero lo hará en la siguiente".

Un consultante preguntó si su equipo ganaría algo esa temporada; la carta mostraba una conjunción con el Regente 10, pero en el próximo signo. La conjunción estaba en un signo bicorporal: su equipo ganó las dos mayores competencias la temporada siguiente.

La 8.ª, la casa de la muerte, puede mostrar la extinción del club; pero debemos ser cautelosos. Es probable que este significado se encuentre dentro de las suposiciones de la pregunta, las cuales habitualmente se relacionan con lo que pasa en el campo de juego. Incluso en un contexto en el que la supervivencia del club no podría asegurarse, tendrían que aparecer problemas muy serios de la 2.ª casa (las finanzas) antes de que podamos emitir un juicio tan extremo.

La combustión y el cazimi son importantes. "¿Venus Williams ganará Wimbledon?" Su planeta está combusto: no tiene chances de ganar. Su planeta está cazimi: nadie más que ella tiene chances de ganar. Los contactos con otros planetas que no sean el Sol o los regentes de las otras casas relevantes, habitualmente son insignificantes. No importa qué tan afortunado sea ese trígono de un benéfico, no ganará el campeonato; no importa que tan difícil sea esa oposición de Saturno, no hará relegar a nadie. Estos testimonios pueden agregar precisión a un juicio. Supongamos que el significador está muy débil, pero es favorecido por un Júpiter fuerte: "Tu equipo se esforzará toda la temporada, pero no descenderá". Sin embargo, esto sólo es decoración.

Responder a la consulta genérica "¿Quién ganará la liga?" sería fácil – si los equipos en tal liga se llamasen Júpiter, Marte y Venus. No encontré método alguno para relacionar los planetas con los diferentes equipos. O, por lo menos, ningún método que funcione. Pero si las cartas muestran una Luna fuera de curso, esta pregunta aún se puede responder. Una Luna fuera de curso: nada cambia. El equipo que ganó el año pasado ganará de nuevo este año.

◆ Cuando se trata de una persona o equipo contra más de un oponente, habitualmente hay un premio en juego. El significador de la persona por la que pregunta el consultante será elegido como es habitual; el Regente 10 mostrará la victoria; cualquier planeta que no sea uno de estos dos mostrará a uno de los oponentes. Por ejemplo, "¿El equipo de mi hija ganará el torneo escolar?" El Regente 5 muestra el equipo de la hija. El Regente 10 se estaba separando de un aspecto con el Regente 5. Todavía no habían ganado, por lo que esta separación en sí misma indicaba un claro No. Eso se confirmó, ya que el Regente 10 aplicaba hacia otro planeta: alguien más ganará. No hay necesidad de intentar identificar quién será ese alguien más.

La victoria la muestra el regente de la 10.ª casa radical, no la 10.ª girada: si la victoria ya le perteneciese a la persona por la que se pregunta, no sería necesario preguntar. La excepción se da cuando pregunto "¿Ganará mi mamá?" El Regente 10 radical ya está ocupado representando a mi madre, así que deberemos girar la carta para encontrar un significador de la victoria. ◊

◊ Preguntas sobre eventos como patinaje sobre hielo o concursos de talento, que se deciden por votos y no por alcanzar un criterio objetivo, deben tratarse como elecciones, no competencias. Ver las pp. 270-274, más abajo. ◊

JUICIOS

Lo que trato aquí son juicios civiles, los cuales son el tema de preguntas mucho más que los casos criminales. Los casos criminales se discuten en el capítulo 25.

La diferencia entre un juicio y una competencia es que el resultado de una competencia se decide según criterios externos: marcas más goles, haces jaque mate, o fuerzas mi brazo hasta que toque la mesa. En un juicio, la decisión la da un juez, basado en lo que él piensa que es lo mejor. Sí, en nuestra sociedad esa decisión habitualmente queda en manos de un jurado, pero encuentro más simple seguir a Lilly, quien se refiere a "el juez" como el que toma las decisiones. Esto aclara la línea de pensamiento al acercarnos a la carta: "¿Buen juez? ¿Mal juez?" ¡No lo compliques! Pero recuerda que cuando nos referimos a "el juez", queremos decir "el proceso legal". No es necesario hacer una distinción entre juez y jurado: nos interesa el resultado, no dar un comentario de corrido sobre los eventos del juicio.

Hay cuatro jugadores clave en una carta acerca de un juicio legal: el consultante (Regente 1); el enemigo (Regente 7); el juez, o el "proceso legal" si deseas ser tediosamente largo (Regente 10); el veredicto que, como "el fin del asunto", es el Regente 4. La Luna, como es habitual, será el cosignificador del consultante, aunque con otras tres casas en juego, generalmente será el regente de una de ellas.

◊ No, no uses a la Luna como cosignificador del consultante en preguntas sobre juicios. Ten esto en cuenta: el testimonio principal de victoria es un aspecto entre una u otra parte y el Regente 4. Dar al consultante dos planetas y al enemigo sólo uno le da al consultante el doble de posibilidades de ganar. Puede que esto sea complaciente, pero es poco probable que refleje la realidad. ◊

La 2.ª casa del consultante y la del enemigo muestra su dinero y/o sus abogados y testigos. Si el abogado es quien hace la consulta, trátala como Nosotros contra Ellos, dándole la 1.ª casa tanto al abogado como a su cliente, y la 7.ª al enemigo y a su abogado. Incluso si el consultante es el abogado, la prioridad siempre estará con la persona involucrada directamente en la acción: es como si el consultante hablase a través de su abogado.

Considera primero el estado de los Regentes 1 y 7. La dignidad esencial tiende a mostrar la justicia del caso y, lamentablemente, tiene poco que ver con quien gane. Sin embargo, la recepción puede ser importante, en especial si los aspectos muestran la posibilidad de un acuerdo fuera de la corte. Supongamos que el Regente 7 está en la exaltación del Regente 1: ¡Buenas noticias! Nuestro consultante está en una buena posición para pedir un acuerdo. Supongamos que el Regente 1 exalta al Regente 7, pero un análisis más profundo muestra que nuestro consultante ganará en la corte: debemos advertirle que resista sus presentimientos de que no ganará, rechace cualquier arreglo propuesto y deje que la justicia siga su curso.

La dignidad accidental dice más sobre quién ganará o perderá que la dignidad esencial. El protagonista accidentalmente más fuerte ganará – *a menos* que un contacto con el juez o el veredicto determinen lo contrario. Los contactos con el juez o el veredicto habitualmente determinan lo contrario.

Considera el estado del Regente 10. Mucha dignidad esencial: buen juez. En detrimento o caída: mal juez. Pero recuerda que el juez podría dormir durante todo el juicio y decidir su veredicto lanzando una moneda, e incluso así llegar a un resultado justo. POR FAVOR no digas "El Regente 10 está accidentalmente fuerte, así que el juez lleva la voz de autoridad en el veredicto". Por supuesto que la lleva: es el juez.

Ten en cuenta las recepciones entre el juez y los Regentes 1 y 7. ¿Al juez le cae mejor una parte y le desagrada la otra? Esto puede ser crucial, en especial con un aspecto aplicativo entre el juez y la parte que le agrada o le desagrada. Tal contacto anula cualquier balance de fuerza entre los Regentes 1 y 7, dándole el veredicto a quien prefiera el juez. De nuevo, no digas "el Regente 7 está regido por el Regente 10: el juez tiene poder sobre él". Por supuesto que tiene poder sobre él: está dentro de una corte.

El Regente 10, entonces, es de suma importancia. Pero es incluso más importante el Regente 4: el veredicto. En la vida, ambas partes obtienen un veredicto: a una le gusta; a la otra, no. En la carta horaria, el Regente 4 es como un premio: quien llegue primero a él, gana. Así que busca un aspecto aplicativo entre los Regentes 1 o 7 y el Regente 4.

◆ Para aclarar: un aspecto con el Regente 10 puede mostrar una victoria o una derrota, según las recepciones del Regente 10. Si le gusto al Regente 10 y tiene un aspecto conmigo, gano; si no le gusto y tiene un aspecto conmigo, pierdo. Un aspecto con el Regente 4 muestra una victoria, sin importar las recepciones del Regente 4. Esto se basa en la realidad de la situación: el veredicto no es algo autónomo. No puede decidir por sí mismo: hace lo que se le dice. Así que un aspecto con el Regente 4 en mi detrimento no significa "no le gusto al veredicto, así que perderé", sino "ganaré, pero el veredicto no me favorecerá mucho". Mira el ejemplo en la carta de abajo. ◆

¿Los Regentes 1 y 7 aplican hacia algún aspecto? Si es hacia una conjunción, las partes llegarán a un acuerdo antes de que el caso llegue a la corte. Hacia cualquier otro aspecto, se pondrán de acuerdo después de que se abra el caso, pero antes de que se llegue a un veredicto. Esta es una ocasión para que el astrólogo ofrezca un consejo útil: ¿El consultante debería aceptar un acuerdo, o será mejor que luche por él? ¿Debería aceptar un acuerdo insignificante, ya que si no lo hace lo perderá todo? Recuerda las cualidades de los signos: si el enemigo está en un signo fijo, no se echará hacia atrás; en uno cardinal, se dará por vencido pronto; en uno mutable, será flexible.

◆ Un signo cardinal muestra que el enemigo no quiere una pelea larga, pero esto no quiere decir que se rendirá. Puede que yo no quiera correr un maratón, pero esto no significa que no me esforzaré al máximo para ganar los 100 metros llanos. Sin embargo, en igualdad de condiciones, el no querer una pelea larga hará más probable que se llegue a un acuerdo.

Un acuerdo puede involucrar una disculpa o una admisión de culpabilidad. El error común está en pensar que tal admisión se hará a partir de un brote de conciencia amistosa, y en buscar un testimonio que así lo demuestre. Es un tribunal, no un confesionario: cualquier admisión será hecha porque se considera que es la opción menos mala.

Una vez más, la realidad de la situación: no necesitamos ver un aspecto entre el vencedor y el dinero de la otra parte. No necesitamos demostrar que el vencedor obtiene algo de dinero, porque eso es lo que sucede en la corte, aunque fuese un despreciable resarcimiento de 1 centavo. No obstante, si existiese tal aspecto, puede que su naturaleza resulte informativa. En una ocasión acompañé a una amiga a la corte. En el acuerdo, le otorgaron £35.000 por daños. Sobre los cuales sus abogados le presentaron una factura por £36.000. Si hubiese habido una carta horaria sobre el asunto, su desenlace se podría haber mostrado por una oposición entre el consultante y el Regente 8: el resultado no habría valido la pena.

Si la carta muestra que ganaré, el Regente 8 no muestra la cantidad de dinero que tiene mi enemigo, sino la cantidad de ese dinero que recibiré. Esto sucede porque la pregunta es sobre el resultado de un juicio legal, no sobre la capacidad financiera de mi enemigo. Si estoy denunciando a MegaCorp, el Regente 8 en detrimento no muestra que ellos no tienen dinero, sino que muy poco de ese dinero vendrá hacia mí. ◊

¿Ganaremos?

Esta pregunta fue hecha por el abogado, así que el Regente 1 nos muestra a Nosotros y el Regente 7 a Ellos.

¿Cómo están los chicos buenos? El Regente 1 está en su propio término, lo que sugiere que tiene la razón en cierta medida; pero está en la 9.ª, así que no está fuerte. "Pero la 9.ª es la casa de las leyes." No: la 9.ª casa son las leyes sólo como un tema abstracto – educación superior. No tiene nada que ver con la ley en acción, como en un caso legal.

¿Cómo están los chicos malos? El Regente 7 está en su caída: ¡¡Bu!! Me resulta útil pensar en esto con pantomimas, ya que mantienen claras las líneas del argumento. Está en su caída: sí, realmente es alguien malo. Pero también está en su triplicidad y término. Y está ubicado poderosamente sobre el MC. Esto concuerda con lo que la consultante dijo de él: era un villano reconocido, con habilidad para torcer la ley a su favor. Si no hubiese otro testimonio relevante, esta ubicación hubiese sido suficiente para darle la victoria.

¿Cómo es el juez? El Regente 10 está en su detrimento: mal juez. Hay una poderosa recepción mutua entre los Regentes 7 y 10. El Regente 7 está regido por la Luna, el juez. Gran cosa: lo sabemos, ya que está en la corte. Pero el juez lo exalta: esto no es bueno.

El Regente 10 se separa de su aspecto con el Regente 7. Esta es una incógnita. ¿Qué significa esto? Sí, podría mostrar algún contacto pasado entre el malhechor y el juez. Lilly da una larga lista de testimonios que muestran que el juez fue sobornado:[46] sigue esta lista y la encontrarás tan extensa que nunca más verás un juicio legítimo. Te sugiero que descartes estas posibilidades a menos que el consultante las involucre en la pregunta, en cuyo caso este contacto pasado, en

---

[46] *Lilly*, pp. 374-5.

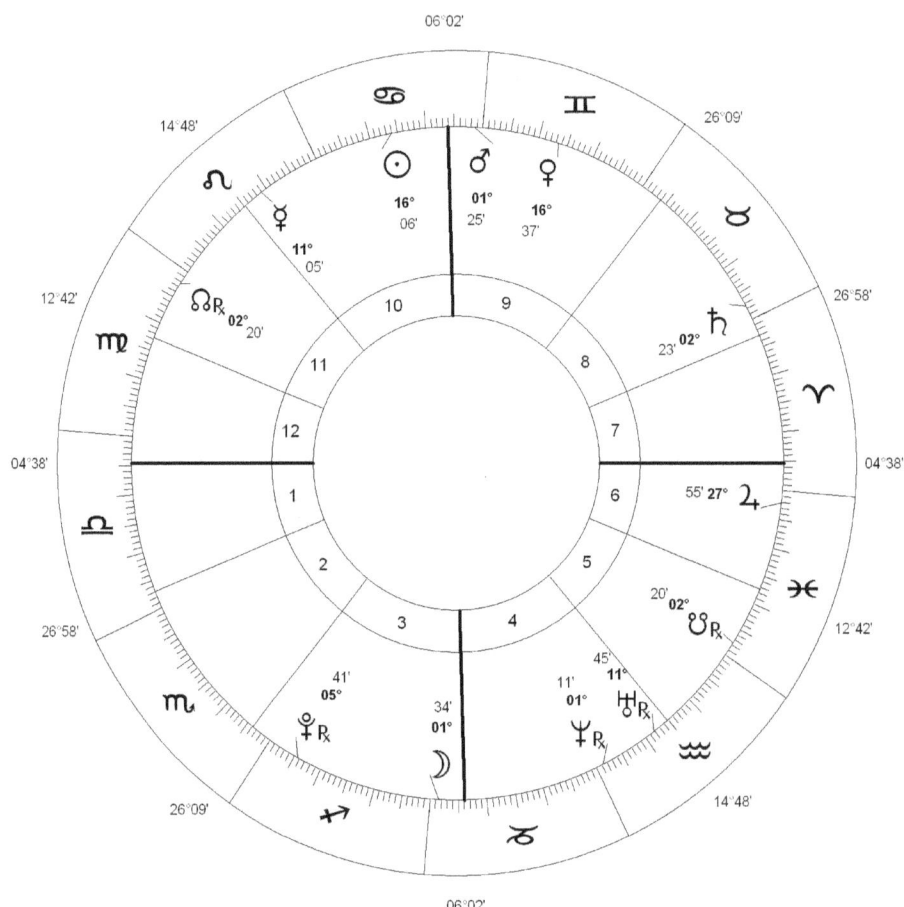

¿Ganaremos? 8 de julio de 1998, 12:22 p.m. BST, Londres.

especial con esa recepción mutua y con el Regente 10 tan debilitado, debería ser evidencia suficiente.

Este aspecto separativo con recepción mutua podría mostrar que el juez ya tomó su decisión. Quizás el caso ya se haya abierto, el veredicto se haya decidido y sólo falta anunciar la decisión. Pero esa no era la situación aquí: el juicio aún no había comenzado. Entonces, ¿Qué significaba este aspecto separativo?

Mira lo que hace el Regente 10.

Se separa de un aspecto con el Regente 7 y aplica hacia un aspecto con Saturno. ¿Qué es Saturno? El Regente 4: el veredicto.

Este es un traslado de luz. La Luna toma la luz del Regente 7 y la traslada hacia el Regente 4, conectando efectivamente al Regente 7 con el Regente 4, llevando al malhechor hacia el veredicto. Como el veredicto se ve como un premio, quien llegue primero se lo lleva: esto significa que el malo gana. El traslado lo muestra perfectamente: el (malvado) juez lleva al (malvado) enemigo hacia el veredicto.

Él gana. Pero veamos más allá. Hay un maléfico débil afligiendo la 8.ª casa (el dinero del enemigo) por su presencia. ¿Qué es este débil maléfico? Es el Regente 4: el veredicto. Si bien gana, el veredicto dañará su bolsillo. Observa las recepciones entre el veredicto y el malhechor. Marte está en el detrimento de Saturno: el malhechor odia al veredicto. Saturno está en el detrimento de Marte: el veredicto odia o perjudica al malhechor.

¿Por qué? Mira al Regente 10. El juez exalta al malhechor. Pero, en este caso, sólo puede hacerlo estando en su detrimento (la Luna, que es Regente 10, puede exaltar a Marte, que es Regente 7, sólo estando en Capricornio, el signo de su detrimento). El juez puede exaltar a este hombre malo sólo si es un mal juez. El Regente 10 también está en la triplicidad y término de Venus, Regente 1. Al juez le agrada nuestro consultante; pero su agrado es más débil que el amor exagerado que es la exaltación. Hemos visto que el enemigo realmente es alguien malo, pero tiene puntos de la ley a su favor.

Entonces, ¿qué tenemos aquí? El juez (= el sistema legal) debe fallar a favor del enemigo según la ley. Pero (el Regente 10 en dignidades importantes del Regente 1) igualmente puede ver las virtudes del caso de nuestro consultante. Así que aunque la ley demande que el juicio esté a favor del malhechor, el veredicto (Regente 4 afligiendo a la 2.ª del malo) está enmarcado de tal modo que igual perjudica a su bolsillo.

◆ En referencia a mis comentarios sobre el "maléfico débil": ver el agregado en la p. 57. El veredicto no es peor porque lo represente Saturno. Saturno es el actor, no es el papel. Hay un planeta peregrino afligiendo la 8.ª casa. Este planeta representa el veredicto. Hay recepción mutua por detrimento entre el veredicto y el malhechor. Esto muestra que el malhechor no estará feliz con el veredicto. ◆

POLÍTICA

Aquí hablo sobre elecciones, pero estos principios te permitirán juzgar cualquier otra pregunta política.

En una carta horaria sobre unas elecciones, la casa que se asigne a cada candidato dependerá de quién haga la pregunta. Al momento de escribir esto, George Bush acaba de ser reelecto, venciendo a John Kerry. Considera las diversas preguntas que podrían haberse hecho antes de las elecciones:

* Bush pregunta "¿Ganaré?" Él es 1.ª; su oponente 7.ª.
* La señora Bush pregunta "¿George ganará?" Técnicamente, esto debería darle a George la 7.ª casa, porque ella está preguntando sobre su esposo. Sin embargo, probablemente podríamos tomar la pregunta como "¿Ganaremos?", dando a Bush la 1.ª casa y a su oponente la 7.ª.
* Un republicano pregunta, "¿Ganaremos?" Nosotros contra Ellos: 1.ª versus 7.ª.
* John Kerry pregunta "¿Ganaré?" Lee esto como "¿Podré vencer al rey?", dando la 1.ª a Kerry y a Bush la 10.ª. Lo mismo si un demócrata pregunta, "¿Ganaremos?"
* Si Bush no estuviese ya en el poder y Kerry preguntase "¿Ganaré?", no habría ningún rey involucrado. Kerry sería la 1.ª; Bush, la 7.ª.
* Un norteamericano imparcial pregunta, "¿Quién ganará?" Dale la 10.ª a Bush, porque él es el rey, y a Kerry la 4.ª, porque él es el enemigo del rey.
* Yo pregunto, "¿Quién ganará?" Bush es el rey de un país extranjero: 10.ª a partir de la 9.ª=6.ª. Su enemigo es la 7.ª a partir de la 6.ª=12.ª.

La situación exacta cambiará según la constitución del país, pero siguiendo estas reglas básicas sobre los significados de las casas, serás capaz de elegir las casas correctas. Ignora el hecho de que en la mayoría de los países, en teoría nadie está en el poder durante las elecciones: la mayoría de las elecciones pueden interpretarse como el rey contra alguien, sea el "rey" un individuo o un partido. En elecciones abiertas, con varios candidatos postulados para un cargo, "¿Cedric ganará?" le dará a Cedric la 1.ª casa (creo que él es maravilloso), la 7.ª (o creo que es horrible o no me podría importar menos) o la 3.ª casa (es mi hermano).

La Luna es de extrema importancia en cartas horarias sobre elecciones. Es regente natural del pueblo, así que representa al electorado. Si la Luna va hacia un aspecto con el significador de uno de los candidatos, ese candidato ganará. Esto es así *a pesar* de sus recepciones. Aunque la Luna esté en la caída del significador de Cedric, si aplica a un aspecto con ese significador, Cedric ganará.

Las recepciones de la Luna se vuelven importantes si ésta no tiene aspectos con ningún significador: observa a qué candidato favorece más la Luna. Sin embargo, las recepciones podrían no ser decisivas. Una Luna fuera de curso es testimonio de que se mantendrá el estatus quo.

Si la Luna no esclarece la intención del electorado, ten en cuenta la condición de los significadores principales. La dignidad esencial no es tan importante: un candidato no dejará de ser electo por ser una mala persona. Sin embargo, los cambios inminentes de dignidad, para bien o para mal, pueden ser cruciales. Mira en especial la ubicación por casa (el significador entrando en la 10.ª es positivo; el significador en la casa del oponente es fuertemente negativo), ubicación por signo (el rey en el medio de un signo fijo seguramente se mantenga en el poder; si deja un signo fijo, puede que su reino llegue a su fin) y las dignidades accidentales principales, en especial la combustión. Pon más atención que lo habitual con el cazimi: el candidato quiere ser el rey, por lo que estar "en el seno del rey" no será suficiente; pero si otros testimonios se quedan cortos, el cazimi aún puede prevalecer.

Sé cauteloso también cuando un significador está entrando en su propia casa, ya sea su casa mundana (=casa) o celeste (=el signo que rige). Si bien esto fortalece al planeta, habitualmente puede tomárselo en forma literal, mostrando al candidato como regresando a su casa. En muchas situaciones, este será un testimonio de derrota.

Si ningún candidato es rey, lo que deja a la 10.ª casa fuera de compromiso, un significador aplicando hacia un aspecto con el Regente 10 será un fuerte testimonio de que tal candidato será rey.

Si un candidato es rey, vale la pena calcular la Parte de Renuncia y Despido. Un contacto (principalmente por conjunción u oposición; otros aspectos serían sólo testimonios menores) con ésta o su dispositor ayudarán a destronarlo.

◆ Las preguntas sobre asuntos no políticos pero que se deciden por votación, como el patinaje sobre hielo y los shows de talento de la televisión, deberían juzgarse por la Luna, como se indica arriba. El primer aspecto de la Luna muestra la victoria, ya sea para la persona por la que se preguntó o para cualquier otra persona. Esto responderá la mayoría de las preguntas. Si la Luna no tiene aspectos, juzga a partir de sus recepciones, que mostrarán las preferencias de los votantes. ◆

¿Cuándo caerá?

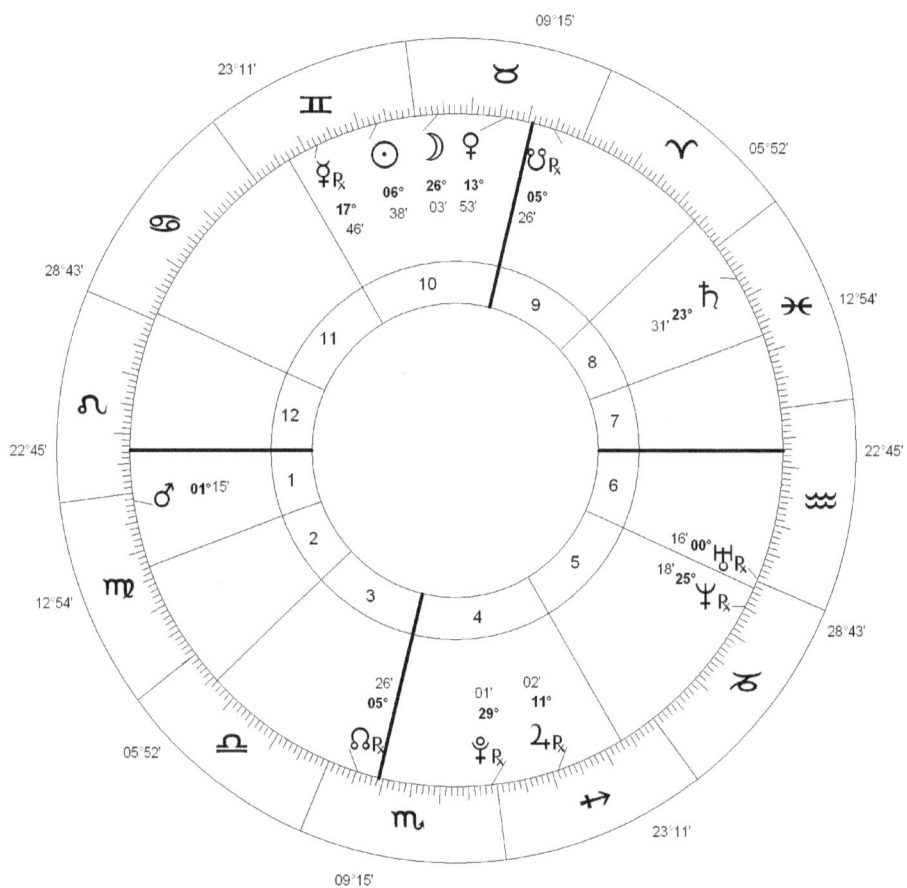

¿Cuándo caerá? 28 de mayo de 1995, 11:06 a.m. BST, Londres.

El consultante, que estaba en una buena posición para saberlo, esperaba que Benazir Bhutto perdiese el poder en cualquier momento. Él preguntó, "¿Cuándo caerá?"

El consultante es paquistaní, por lo que ella es su "rey": 10.ª casa. El Regente 10, Venus, está sentado cómodamente en el medio de su propio signo fijo, justo dentro de la 10.ª casa. Más allá de las expectativas que pueda tener el consultante, la posición de la señora Bhutto es segura.

Sin embargo, la Luna perdiendo la poca luz que tiene es una indicación de que la situación está llegando a un fin. Venus debe viajar 17 grados para dejar su signo. Está fijo y angular, dando una medida de tiempo del tipo larga + larga. Con el evento anticipado por días, y la Luna tan avanzada en su ciclo, confirmando que el evento sucedería, lo más razonable era que la unidad de tiempo más larga fuese meses. Permitiendo unos días de gracia para que la acción sucediese a la astrología, la predicción fue para el Noviembre siguiente.

El consultante me aseguro que esto era imposible, ya que no podría mantenerse en el poder por tanto tiempo. El evento sucedió tal cual fue predicho.

22

Preguntas de la novena casa

CONOCIMIENTO, VIAJES Y SUEÑOS

¿Me beneficiaré a través de mi conocimiento?

Este es el método tanto para esas preguntas frecuentes sobre "¿Podré ganarme la vida como astrólogo/tarotista/psíquico?" como para consultas sobre formas de conocimiento menos arcanas, habitualmente originadas por la necesidad urgente de ganar dinero. El conocimiento en sí mismo lo muestra la 9.ª casa. El beneficio potencial a partir de él se toma como el dinero del conocimiento: 2.ª a partir de la 9.ª, la cual es la 10.ª casa.

Aunque, en teoría, la distinción entre ésta y ciertas preguntas de la 10.ª casa podría parecer confusa, en la práctica siempre es bastante clara.

Aunque mi pregunta "¿Me pagarán bien si voy a trabajar para Astrólogos S.A.?" involucra un conocimiento astrológico, éste no es un asunto de la 9.ª casa: sería 10.ª casa para el puesto de trabajo y 11.ª para el sueldo. Hay una diferencia entre un empleo (10.ª casa), y el uso de mi conocimiento (9.ª casa).

Supongo que es factible que alguien pueda preguntar "¿Me beneficiaré a partir de mi habilidad para leer y escribir?", en cuyo caso el conocimiento, al ser elemental, sería la 3.ª casa, y su beneficio la 4.ª.

Primero, ten en cuenta la condición del conocimiento del consultante. No hay conexión directa – como lo demuestran tan claramente las ganancias de muchos astrólogos – entre la calidad del conocimiento y los beneficios que se podrán obtener de él. Sin embargo, es útil ver si el consultante obtiene algún beneficio o no. Observa el Regente 9 y la 9.ª casa.

Cuanta más dignidad esencial tenga el Regente 9, mejor será el conocimiento. En general, la fortaleza o debilidad accidental fortalecerá o debilitará el conocimiento pero, como siempre, debemos leer los testimonios en su contexto. Por ejemplo, encontrar al Regente 9 en una casa angular fortalecería su conocimiento, en una cadente lo debilitaría. Pero si el conocimiento está conectado con animales grandes, encontrar al Regente 9 en la 12.ª sería apropiado y no podría tomarse como una debilidad. O bien: el estar en una casa angular sería un indicador de que el conocimiento puede expresarse fácilmente, que puede manifestarse en el mundo. Pero si el Regente 9 está en la 1.ª, en especial en un signo fijo, el conocimiento podría estar atascado dentro del consultante, incapaz de expresarse.

Observa otras características accidentales, como la naturaleza del signo en el que está el Regente 9. Un signo mudo, por ejemplo, no es un buen augurio para la expresión de este conocimiento. Quizás el Regente 9 incrementó su dignidad recientemente al entrar a un signo que es fijo: hubo una mejoría en el conocimiento del consultante, pero (los signos fijos se mueven lentamente) no mejorará en mucho tiempo. De nuevo, ten cuidado de lo que puedan significar los puntos que consideras dentro del contexto. Por ejemplo, un Regente 9 retrógrado, que habitualmente es una debilidad, puede tomarse como una descripción adecuada del conocimiento, por lo que no será una debilidad si éste consiste en mirar hacia el pasado.

Considera cualquier aspecto con el Regente 9: ¿estos aspectos ayudan o impiden? Como siempre, debes considerar las recepciones para comprender totalmente el efecto del aspecto. Por ejemplo: el Regente 9 en cuadratura con el Regente 5. Una recepción mutua positiva entre ellos podría indicar que, aunque sus demandas parezcan obstaculizar su conocimiento, quizás los hijos del consultante lo profundizan a través de lo que aprende en su interacción con ellos. Con el Regente 5 recibiendo al Regente 9 en su detrimento, la misma cuadratura podría mostrar que el amor del consultante por las tabernas y bares está perjudicando su conocimiento.

Los planetas ubicados en la 9.ª casa ayudarán u obstaculizarán el conocimiento, de acuerdo a su naturaleza: los planetas esencialmente dignificados ayudarán; los esencialmente debilitados lo obstaculizarán. Cuanto más cerca estén de la cúspide, más poderoso será su efecto.

No necesitamos encontrar un aspecto entre el Regente 9 y el Regente 1, pero si existe, debemos tener en cuenta su naturaleza. Supongamos que el Regente 1 está en conjunción con el Regente 9 y que este último está en su caída: el consultante está afligido por su falta de conocimiento.

El beneficio a partir del conocimiento se juzga al considerar la 10.ª casa y su regente, del mismo modo que tratamos el estado del conocimiento del consultante observando la 9.ª casa y su regente.

Nota: no necesitamos un aspecto entre el Regente 10 y los Regentes 1 (el consultante) o 9 (su conocimiento) para mostrar que el beneficio llegará al consultante.

El hecho de que sea un beneficio a partir del conocimiento supone que está yendo hacia el consultante: sino, no sería un beneficio. Pero si existe un aspecto, debemos tenerlo en cuenta. Ejemplos:

* El Regente 10 en su detrimento, aplicando al Regente 1 por trígono. Hay poco beneficio, pero el que hay, viene fácilmente.
* El Regente 10 en su exaltación, en cuadratura con el Regente 1. Gran beneficio, pero deberás esforzarte para obtenerlo.
* El Regente 10 en oposición al Regente 1. No importa el beneficio que exista, no compensará el esfuerzo que pongas en obtenerlo.

Al ser casas adyacentes, la 9.ª y la 10.ª suelen tener el mismo planeta como regente. Esto no es un problema, ya que no necesitamos un aspecto entre sus regentes. Lo que esto nos dice es que el conocimiento y su recompensa son de la misma calidad (en tanto que nada esté sucediendo con las casas que pueda mostrar otra cosa).

También debemos considerar la 8.ª casa. Al ser la 2.ª a partir de la 7.ª, ésta es "el dinero de los demás", que en este contexto representa a los clientes. Las restricciones en la cantidad de dinero que tienen los clientes limitarán el beneficio potencial.

Considera esto al igual que con la 9.ª y 10.ª casa, con una excepción: el Regente 8 en su propio signo muestra que los clientes tienen mucho dinero; si también está en la 8.ª casa, aunque tengan mucho dinero, se quedará en sus bolsillos. ¡Esto no es bueno para nuestro consultante! Si el Regente 8 está también en un signo fijo, el dinero se quedará aferrado incluso más firmemente a sus bolsillos.

Una vez que hayas juzgado las casas 9.ª, 10.ª y 8.ª, observa al consultante. Si hasta este punto el juicio ha mostrado dificultades, ¿será el consultante capaz de actuar para superarlas? Por otro lado, si el Regente 1 está muy debilitado, el consultante será incapaz de sacar provecho incluso con los pronósticos financieros más brillantes.

◆ En una pregunta como ésta, el dinero del cliente es una consideración secundaria. Si las ganancias son buenas, no necesitamos ver el Regente 8, ya que si el dinero del cliente no estuviese ingresando, las ganancias no serían buenas. Por otro lado, si las ganancias no son buenas, observar el Regente 8 podría mostrar el problema: quizás los clientes no tienen dinero, o no quieren separarse del dinero que tienen. Puede que el consultante pueda hacer algo al respecto, apuntar a diferentes clientes o encontrar una campaña de marketing más persuasiva.

Sé realista. Puede que el Regente 10 muestre una luz al final del túnel financiero, pero si el túnel es demasiado largo y oscuro, es improbable que el consultante llegue a ella. También sé realista en cómo lees las recepciones del Regente 7, los clientes. Por ejemplo, el Regente 7 exaltando al Regente 1 podría indicar que los clientes piensan que el consultante es fantástico. Es más probable que tengan expectativas poco realistas de lo que ofrezca el consultante. Si los clientes esperan que el conocimiento astrológico del consultante convierta la vida en algodón de azúcar, o que el talento como masajista del consultante reviva a un muerto, quedarán desilusionados, y su dinero no estará disponible. Estas expectativas pueden ser poco realistas, sin importar qué tan grande sea el conocimiento del consultante. ◊

Exámenes

"¿Aprobaré el examen?" es una forma específica de preguntar sobre un beneficio a partir del conocimiento. El examen es el beneficio, así que lo muestra la 10.ª casa. Un aspecto entre el consultante y el examen es útil, pero con recepciones suficientes podemos manejarnos sin uno. Una cuadratura dará un aprobado, a menos que las recepciones sean malas; una oposición reprobará, a menos que las recepciones sean especialmente buenas, de modo que muestren que se aprobará con una nota decepcionante.

Recuerda al consultante que no importa qué tan positiva pueda ser tu predicción, aún es necesario que él o ella hagan su parte.

◊ Para aprobar un examen, no sólo necesitamos tener el conocimiento suficiente, sino también demostrar que lo tenemos: hacer visible ese conocimiento. Así que si bien podemos ver al Regente 10 para mostrar el éxito en un examen, yo le daría prioridad al Regente 9. Éste debe estar en buena condición – dependiendo de la exigencia del examen – y visible. El estar ubicado cerca del tope de la carta (es decir, alto en el cielo, donde puede ser visto) es un testimonio muy positivo. Estar escondido en el fondo de la carta es un fuerte testimonio negativo. Un planeta combusto no puede ser visto, así que la combustión es un No, incluso si el planeta está por encima de la Tierra. Recuerda que si el planeta está combusto en su propio signo o exaltación, igual se mantiene el sentido de estar escondido, incluso si no tiene otras aflicciones. La cantidad de testimonios necesarios dependerá de lo exigente que sea el examen. ¿Es como una prueba de manejo, en la que todo aquel que alcanza cierto nivel básico aprueba, o es un examen competitivo en el que sólo los mejores candidatos podrán pasar?

La mayoría de los exámenes involucran el tipo de conocimiento de la 9.ª casa, aunque una prueba de manejo, que se trata de negociar una rutina diaria de la vida, es 3.ª casa. Sucede lo mismo con una prueba sobre alfabetización básica en el idioma nativo de la persona, o con aritmética simple. Cualquier cosa por sobre eso es de la 9.ª casa.

Si el examen está directamente relacionado con obtener un empleo, muchas veces el examen en sí se vuelve irrelevante. El examen forma parte de un proceso de selección mayor, así que habitualmente la pregunta no es "¿Pasaré el examen?" sino "¿Obtendré el trabajo?" (Para averiguar esto, ve al próximo capítulo). Si, por ejemplo, el aspecto entre los Regentes 1 y 10 que mostraría al consultante obteniendo el trabajo, estuviese prohibido por un Regente 9 debilitado, podríamos juzgar que la razón del fracaso fue por un mal examen; si un Regente 9 exaltado traslada la luz entre los Regentes 1 y 10, un examen sobresaliente hará que el consultante consiga el trabajo. ◇

¿Me beneficiará el viaje?

Esto se juzga del mismo modo que las preguntas sobre el conocimiento: la 9.ª casa muestra el viaje y la 10.ª su beneficio. Así que si Saturno está en cuadratura con el Regente 9, habrá retrasos en el viaje; si está en cuadratura con el Regente 10, existirán restricciones en el beneficio. Venus en trígono con el Regente 9 pero en oposición con el Regente 10: el viaje será muy divertido, pero no se pagará a sí mismo.

Esto también cubre preguntas como:

* ¿Este curso me ayudará a ganar más dinero?
* ¿Es una buena idea ir a esta feria comercial?

Asuntos "espirituales"

◆ De vez en cuando se me ha pedido resolver preguntas del tipo "¿Alcanzaré la iluminación espiritual en esta vida?" o bien "¿Xyz en esta vida es el resultado de abc en una vida pasada?" Estoy seguro de que muchos astrólogos intentarían responder gustosamente estas preguntas. Yo no lo hago, porque el concepto de "iluminación" en este sentido, o el de una vida pasada, está fuera de mi comprensión. Por lo tanto, no tendría idea de cómo realizar un juicio así. Esto es bastante distinto a no saber mucho sobre un tema: conozco poco sobre cómo funcionan las bolsas de comercio, pero al menos sé que existen. ◈

Análisis de sueños

Si el sueño es profético y la pregunta es sobre su veracidad, usa el método para determinar si es verdad o mentira, descrito en el capítulo 17. Si la pregunta es "¿Qué quiso decir todo eso?" haz la carta como es habitual para el momento de su pregunta. No trates de calcular la hora en que tuviste el sueño. Encuentra los significadores de los personajes en el sueño a partir de sus casas habituales: el consultante, soñando su sueño, será la 1.ª, incluso si soñó que era Elvis; su granja será la 4.ª; su perro la 6.ª. En esencia, trata al sueño exactamente como si fuese un suceso de la vida diaria. Los aspectos y recepciones entre significadores te permitirán desenredar el significado del sueño.

No necesitas prestar especial atención a la 9.ª casa cuando hagas esto. Toda la carta es sobre el sueño, no sólo la 9.ª. La 9.ª se usaría si el sueño presentase, por ejemplo, un cura, un maestro o un viaje, o si existiese un sueño dentro del sueño. La situación es la misma que en una carta horaria médica: en ella, toda la carta es sobre la enfermedad, así que la enfermedad no queda confinada a la 6.ª casa.

Elegir una escuela

Los padres preguntan sobre las escuelas de sus hijos. La escuela primaria es la 3.ª casa; cualquier cosa por encima de ese nivel es la 9.ª. Si existe una diferencia entre niveles altos y bajos de educación, el más bajo siempre será la 3.ª casa y el más alto la 9.ª ("¿A ella le gustará más la universidad que la secundaria?"). Aunque habitualmente el hijo no es el consultante en estas preguntas, no gires la carta para localizar la escuela: usa la 9.ª o 3.ª casa radical, no la 9.ª o 3.ª a partir de la 5.ª. Aunque hablamos de "mi escuela", la escuela no pertenece al hijo.

La pregunta

"¿Cómo le irá a ella en su nueva escuela?" es directa: observa las recepciones y cualquier aspecto aplicativo entre el Regente 5 (la hija) y el Regente 9 (la escuela). En una pregunta como ésta no necesitamos un aspecto, porque no estamos preguntando si algo va a suceder; consultamos el estado de una situación. Pero si hay un aspecto, debemos tenerlo en cuenta.

Observa la condición del Regente 9 para ver qué tan buena es la escuela. Sin embargo, que una escuela sea buena no necesariamente indica que sea la adecuada para esta niña en particular, por eso las recepciones son importantes. El Regente 9 en la exaltación del Regente 5: la escuela piensa que la niña es maravillosa y la favorecerá. El Regente 9 en la caída del Regente 5: la escuela piensa que ella es terrible y la perjudicará.

Toma mentalmente el significador del niño y deposítalo justo dentro de la 9.ª casa. ¿Cómo está allí? Considera testimonios esenciales y accidentales. El Regente 5 se encuentra en su exaltación: le irá bien. En combustión: le irá mal. Quizás el signo cambie a pocos grados de comenzar la 9.ª casa. Poner al Regente 5 justo dentro de la casa lo debilita, pero en el signo siguiente estará fuerte: la niña comenzará con el pie izquierdo, pero rápidamente se adaptará.

Como siempre, los benéficos o maléficos en la 9.ª afectarán la calidad de esa casa, en referencia directa al contexto de la pregunta – que en este caso es cómo le irá a la niña. Júpiter en Piscis en la 9.ª es de lo más afortunado. Saturno en Aries debe evitarse. Como siempre, es la cantidad de dignidad esencial que tiene un planeta lo que lo hace benéfico. Saturno en su propio signo o exaltación en la 9.ª sería fuertemente afortunado. No es tan divertido como Júpiter o Venus en sus dignidades, pero no obstante sería afortunado.

Si la pregunta es sobre elegir entre una u otra escuela, la opción preferida del consultante será la 9.ª (o la 3.ª) casa. Luego debemos buscar un significador para las alternativas. Haz que el consultante haga algo del trabajo: tienes todo el derecho de pedir que resuma sus opciones en una lista corta. Si se te presenta con media docena de alternativas o más, envía al consultante a que lo piense mejor.

Hay varias teorías sobre cómo encontrar los significadores para las otras escuelas. Una bastante popular sugiere tomar la 3.ª a partir de la 9.ª. ¡No lo hagas! Esta es una falsa extrapolación de la técnica de usar la 3.ª a partir de la 3.ª para mostrar al hermano de mi hermano (es decir, mi hermano pequeño). La escuela alternativa no es la hermana de la primera escuela.

Es un poco más sensata la idea de tomar la 7.ª a partir de la 9.ª (la 3.ª) para mostrar la escuela rival. Pero las escuelas alternativas no son realmente rivales, en el sentido en el que sí lo son los candidatos para un empleo, o los concursantes en un juego. Si bien hay más de una alternativa, aún tenemos el problema de localizar al resto.

Te recomiendo que pidas al consultante que describa las diferentes escuelas. Remarca que tales descripciones deben ser breves: no más que unas pocas palabras.

Si las descripciones son breves, el consultante se concentrará en sus características distintivas. Luego, puedes elegir los significadores por naturaleza planetaria. "Esa escuela es muy artística; la otra es mucho más tradicional": la primera es Venus, la segunda Saturno.

Una vez que hayas elegido los significadores, compara su fuerza y considera sus recepciones con el Regente 5. De nuevo, recuerda que la mejor escuela (mayor dignidad) puede no ser la más indicada para este individuo, así que sopesa las recepciones al momento de hacer el juicio.

23

Preguntas de la décima casa

PREGUNTAS SOBRE EMPLEO

¿Obtendré el empleo?

El consultante es el Regente 1 y la Luna; el empleo es el Regente 10. Si hay un aspecto aplicativo entre ellos y en igualdad de condiciones, el consultante obtendrá el empleo. La naturaleza del aspecto puede juzgarse del modo habitual: si es un trígono, lo obtiene fácilmente; con una oposición, lo obtiene, pero desearía no haberlo hecho, o no lo mantendrá por mucho tiempo. Como siempre, revisa si hay recolecciones y traslados de luz, en especial si hay un intermediario involucrado, como un agente de empleos o un cazatalentos.

Lilly dice que un aspecto con el Sol funcionará en lugar de uno con el Regente 10, pero esto parte de la suposición de que el consultante está buscando una cita con el rey.

Encontrar el significador del consultante en la 10.ª casa sólo es un testimonio de éxito menor. Muestra que el consultante quiere el empleo (o bien, si no está en el mismo signo que la cúspide de la 10.ª, que quiere un empleo), y es más probable que lo obtenga un consultante que lo desee, que uno que no. Pero no muestra mucho más que eso. Si otros testimonios confirman que obtendrá el empleo, la aplicación del significador del consultante hacia la cúspide de la 10.ª puede mostrar en cuánto tiempo lo obtendrá.

Encontrar al Regente 10 en la 1.ª casa es mucho más positivo: el consultante tiene el trabajo en su bolsillo. Cuanto más cerca esté el Regente 10 de la cúspide, más fuerte es el testimonio. Pero si el Regente 10 está sobre la cúspide y no dentro de la casa, por lo general esto sólo muestra que la idea de obtener un trabajo pesa sobre el consultante.

Incluso con un aspecto, presta atención a la fuerza del significador del consultante: ¿emplearías a Saturno retrógrado en su detrimento? Probablemente nadie más lo haga. Cuanta más fuerza tenga el significador del consultante, más probabilidad hay de que éste sea buscado. En ciertos casos, en especial si el consultante está aplicando para obtener un trabajo por especulación más que por una vacante específica, el trabajo (que puede tomarse como un sinónimo de la compañía: Regente 10) puede estar demasiado débil para ofrecer el empleo, incluso si la recepción muestra que le gustaría poder hacerlo.

Si los planetas del consultante están en dignidades del Regente 10, el consultante quiere el trabajo según lo que sugiera esa dignidad: si está en el signo del Regente 10, tiene bastante interés en él; en su decanato, el interés es pequeño; en la exaltación del Regente 10, exagera sus cualidades. La exaltación no nos dice nada sobre el trabajo en sí mismo, pero nos muestra que el consultante lo sobrevalora, así que no importa qué tan bueno sea el empleo, es improbable que esté a la altura de sus expectativas.

Por supuesto que las personas que aplican a un empleo no siempre lo hacen por entusiasmo hacia el trabajo en sí mismo. A menudo encontrarás que los planetas del consultante muestran un fuerte interés en el Regente 2, la cuenta bancaria del consultante. En estos casos, generalmente el Regente 2 está débil: "Estoy quebrado – ¡Necesito un empleo!" A veces, mostrarán un fuerte interés en el Regente 11, la 2.ª a partir de la 10.ª: el dinero del empleo. Revisa la condición del Regente 11 para ver si el pago será bueno. Supongamos que el Regente 11 aplica al consultante por trígono, está fuerte, y está en el signo de la exaltación del consultante: se le pagará bien, sin demoras y (lo exalta) puede esperar bonos extras. Supongamos que el Regente 11 está en su caída y aplica al consultante por cuadratura: el pago es terrible, menos de lo esperado, y deberá luchar por él. Sirve también revisar la relación entre el Regente 11 y el Regente 2: el amor mutuo (recepción mutua) entre la cuenta bancaria del consultante y el sueldo es una señal positiva. Un aspecto entre el consultante y el sueldo *no* es testimonio de que obtendrá el trabajo.

◆ Si bien la 11.ª casa, por ser la 2.ª a partir de la 10.ª, representa el dinero del trabajo, ésta no nos muestra cuánto dinero tiene la compañía en el banco; nos muestra cuánto de ese dinero me dará la compañía. Sólo si el foco de la pregunta es distinto, como "¿Quebrará la compañía para la que trabajo?" la 11.ª mostrará el saldo bancario de la compañía. ◆

Sólo hay un puñado de empleos en los que podemos esperar ver al Regente 10 en alguna dignidad de nuestro consultante. En la mayoría de los empleos, es indiferente si el trabajo lo hace Tomás, Juan o Pedro. Sólo en empleos en los que se requieren habilidades particulares o de un alto perfil, el tipo de trabajo para el que uno podría ser seleccionado, podríamos esperar que el Regente 10 muestre un fuerte interés en el consultante. Así, en la mayoría de las cartas, encontrar al Regente 10 por lo menos en el término o decanato del Regente 1 es un testimonio positivo: al trabajo le gusta el consultante. No obstante, aún necesitamos un aspecto. El Regente 10 en el detrimento o caída del Regente 1 muestra un fuerte desagrado, así que será poco probable que el consultante obtenga el empleo. Si el consultante estuviese particularmente fuerte, el trabajo podría pasar por alto su desagrado, en vista de sus calificaciones.

◈ En ocasiones, la fuerza del Regente 10 es importante. Como está indicado arriba, si el Regente 1 está en mala condición, el cliente no es un candidato idóneo así que, incluso con un aspecto, puede que no obtenga el empleo. Sin embargo, si el Regente 10 también está en mala condición, puede que la compañía esté tan desesperada que empleará a cualquiera. También ten en cuenta la realidad de la situación. Si el consultante aplicó para llenar estantes en un supermercado, trabajo para el cual la compañía tomaría casi a cualquier persona, la debilidad del Regente 1 no será importante. ◈

El Nodo Norte o un planeta fuertemente dignificado en la 10.ª, en especial cerca de su cúspide, muestra fortuna en los asuntos de la 10.ª casa; el Nodo Sur o un planeta debilitado muestra pérdida. Estos no se relacionan directamente con el Sí o No de "¿Obtendré el trabajo?" Por ejemplo, con el Nodo Sur en la 10.ª, otros testimonios podrían mostrar que el consultante obtiene el trabajo, pero es un trabajo horrible.

Como en cualquier pregunta en la que se requiere un cambio, una Luna fuera de curso es un fuerte indicador negativo, lo que sugiere que el tema no llegará a nada. Como siempre, puede pasarse por alto si hay testimonios más convincentes.

El Regente 7 muestra los enemigos abiertos del consultante: los rivales para la vacante. Si el Regente 10 hace un aspecto con el Regente 7 antes de alcanzar al Regente 1, el otro aplicante obtiene el trabajo. Si el Regente 12 estuviese involucrado en la acción, esto mostraría un enemigo secreto: aquel que escribe la carta anónima que menosprecia la aplicación del consultante.

Si el consultante está preguntando sobre alguien más – habitualmente un esposo o hijo – que está aplicando para un trabajo, usa la 10.ª casa radical para el trabajo. El trabajo es algo externo a la persona, así que tomamos la 10.ª radical del mismo modo en que "¿Mi hija entrará a la universidad?" sería mostrado por la 9.ª radical. Usa la 10.ª girada para juzgar preguntas sobre la carrera de tal persona, jefe o un empleo que ya tiene. Si la pregunta es sobre una persona de la 10.ª casa ("¿Mi mamá obtendrá el empleo?") tenemos que usar la 10.ª girada para el empleo.

◈ Para empleos del sector público, debes estar alerta a los aspectos separativos entre los Regentes 10 y 7. Es común que los empleadores estén legalmente obligados a publicar el puesto aunque ya se haya tomado la decisión sobre quién lo ocupará. Este aspecto separativo podría mostrar que el trabajo ya fue ocupado por alguien más.

Como siempre, ten en claro qué es lo que se pregunta. Por ejemplo, una pregunta como "¿Será publicado mi libro?" no es "¿Obtendré el trabajo?" y la 10.ª casa no mostrará a los editores. Ellos serían considerados como empleadores sólo si el consultante estuviese aplicando para un empleo como redactor interino. Los editores serían personas con las que el consultante hace un trato: 7.ª casa. El asunto del trato es la creación del consultante: 5.ª casa. La pregunta es, en realidad, "¿Comprarán a mi bebé?": un aspecto aplicativo entre el Regente 1 o la Luna y el Regente 7, o entre los Regentes 5 y 7, podrían mostrar un Sí. ◈

Gente en el trabajo

En preguntas que tratan directamente sobre el jefe ("¿Me llevaré bien con mi nuevo jefe?"), éste será representado por la 10.ª casa y el Regente 10. Cualquiera de mis superiores, hasta el menor de ellos, será 10.ª si esa persona es el sujeto de la pregunta. Si necesitamos distinguir entre diferentes niveles de autoridad superior a mí, podemos tomar los regentes de las diversas dignidades en las que esté mi significador. Por ejemplo: supongamos que la pregunta es "¿Hacia qué nivel de administración debería elevar mi queja?" y mi significador es Saturno en 12 de Sagitario en una carta diurna. Está dispuesto por Júpiter, en la triplicidad del Sol, el término de Venus y el decanato de la Luna. Júpiter está en Leo, el detrimento de Saturno, así que no obtendré simpatía de parte del gran jefe. El Sol está en Tauro, así que el próximo nivel de administración será indiferente. La Luna, mi regente por decanato, está en Cáncer, así que tampoco le agrado a mi superior inmediato. Pero Venus está en Capricornio: si acudo al siguiente nivel hacia arriba, se me escuchará con comprensión. Si Venus estuviese accidentalmente fuerte, mucho mejor: éste superior puede hacer algo por mi problema.

Si necesitamos identificar al jefe en una pregunta sobre el empleo ("¿Obtendré este empleo y cómo me llevaré con el jefe?"), no podemos dar al jefe la 10.ª porque esa ya está siendo usada para mostrar el empleo. A veces podemos girar la carta, tomando la 10.ª a partir de la 10.ª (7.ª radical) como "el jefe del empleo". Pero en muchas preguntas, la 7.ª ya está ocupada representando a los rivales para el puesto o a los compañeros de trabajo. En ese caso, podemos usar el dispositor del Regente 10, que es literalmente el regente del empleo.

Si la pregunta fuese "¿Me llevaré bien con mi nuevo jefe?" la consideración principal sería las recepciones entre los significadores. No necesitamos encontrar un aspecto, porque estamos analizando una situación, no buscando un evento; pero si hay un aspecto entre los significadores, debemos tomar nota de lo que es. Observa también qué planetas tienen influencia sobre el jefe por disposición. Por ejemplo: supongamos que mi significador es Saturno y el del jefe, Venus. Venus está en Capricornio: hasta aquí, todo bien – a mi jefe le agrado mucho. Pero en Capricornio también exalta a Marte, y cuando veo a Marte lo encuentro en Leo, el signo en el que Saturno (yo) está en detrimento. Esto no es tan bueno: aunque le agrado, el jefe tiene una estima inflada (exaltación) por alguien más (Marte), que me odia (en el signo donde mi planeta está en detrimento).

Mis compañeros de trabajo son la 7.ª casa. Son mis iguales, gente en el mismo nivel que yo. Mis colegas no son la 11.ª casa: son colegas, no amigos. Si me hago amigo de uno de ellos, esa persona se convertiría en 11.ª casa, aunque se mantendría como 7.ª dentro del contexto de la mayoría de las preguntas que podría hacer sobre mi empleo. Es como si fuésemos miembros de un grupo de actores. Que disfrute la compañía de este actor cuando estemos fuera del escenario es irrelevante con respecto a los roles que actuamos en el drama.

Mis subordinados, aquellos por debajo de mi jerarquía, son la 6.ª casa: mis sirvientes.

¿Conservaré el empleo?

Lo primero que hay que buscar es fijeza. Los ángulos, el Regente 1 o el Regente 10 en un signo fijo es un fuerte argumento de que la situación se mantendrá como está, así que el consultante conservará el trabajo. La Luna fuera de curso indica lo mismo.

◆ Como siempre, aquí no es importante la naturaleza del signo en el que caiga un ángulo o una cúspide. Ignora el punto sobre los ángulos en signos fijos. Una Luna fuera de curso no es un testimonio fuerte y puede descartarse fácilmente

– a menos que sea el Regente 1 o el Regente 10, en cuyo caso, el no dirigirse a ningún lado sería un claro Sí. ◊

El Regente 1 o el Regente 10 a punto de dejar un signo es un fuerte argumento de que habrá un cambio, así que no se conservará el trabajo. Esto es así incluso si el signo que está dejando es fijo. Si también pierde dignidad o entra en una debilidad al moverse, éste es un testimonio aún más fuerte. No daría mucha importancia a la Luna, si es el cosignificador del consultante y está dejando su signo: es más probable que muestre la preocupación que ha provocado que se haga la pregunta.

No necesitamos un aspecto para ver si el consultante se queda con su trabajo o lo pierde. Si hay un aspecto, puede que sea importante. Observa cualquier aspecto pasado entre los Regentes 1 y 10: si se unieron por oposición, el consultante no conservará el trabajo. Sin embargo, esto no nos indica que el consultante se esté yendo ya mismo: necesitaríamos buscar otro indicador para mostrarnos cuándo. Por ejemplo: quizás los Regentes 1 y 10 se unieron por oposición con recepción mutua por signo. La oposición dice que el trabajo no durará. El Regente 1 o el Regente 10 cambiando de signo, y por ende quebrando la recepción mutua, sería un probable indicador del tiempo.

Las recepciones entre el trabajo y el consultante pueden ser un testimonio importante: si al trabajo le agrada el consultante, es más probable que lo conserve. Pero esto puede anularse por las consideraciones anteriores. Si se trata de una situación de "él o yo", el otro candidato a ser despedido será el Regente 7, y no importa qué tan mala sea la posición del consultante, si el Regente 7 está peor, será el consultante quien sobreviva. Pero no descartes la posibilidad de que la compañía cambie de opinión y despida a ambos o a ninguno.

Vale la pena calcular la Parte de Renuncia y Despido, para ver si contribuye en algo. El Regente 1 aplicando inmediatamente a una conjunción u oposición con ésta sería un fuerte testimonio de que se perderá trabajo. El Ascendente, la cúspide de la 10.ª casa o los Regentes 1 o 10 sobre Antares, la estrella del fin de los ciclos, sugieren lo mismo.

¡No tomes como verdad lo que la compañía le dijo al consultante! La verdad está en la carta.

¿Recuperaré mi trabajo?

Un testimonio común aquí es el Regente 1 o el Regente 10 retrógrados o moviéndose hacia adelante luego de haber estado retrógrados. En cualquier caso, está viajando en dirección opuesta a como estuvo recientemente, así que si esa dirección reciente lo ha sacado del trabajo, su regreso lo reincorporará. El Regente 1 reingresando en la 10.ª casa, en el signo de la cúspide de la 10.ª o en el otro signo regido por el Regente 10, sería un testimonio conclusivo de que se recuperará el trabajo. Observa que en "¿Obtendré el trabajo?" el Regente 1 entrando en la 10.ª casa no dará un Sí; en "¿Recuperaré mi trabajo?" su reingreso sí lo hará, porque en este caso hay un contexto en concreto por haber estado en la 10.ª: estaba en el trabajo (10.ª casa), lo dejó (se fue de ahí) y ahora volverá a estar ahí (reingreso).

El Regente 10 en la 1.ª es un fuerte testimonio positivo, como también lo es un aspecto aplicativo entre los Regentes 1 y 10.

¿Cómo será el empleo?

"¿Debería tomar el empleo? Y "¿Voy a obtener el empleo?" no son la misma pregunta. La primera supone que el trabajo es al menos potencialmente adquirible. No necesitamos buscar un aspecto, aunque si hay un aspecto entre trabajo y consultante, debemos considerar su naturaleza. Si es una oposición, por ejemplo, el consultante se arrepentirá de haber tomado el trabajo o no lo mantendrá por mucho tiempo.

Observa al Regente 10, teniendo en cuenta su fortaleza tanto esencial como accidental. Un Regente 10 esencialmente fuerte que está accidentalmente afligido, podría mostrar que lo que en esencia es un buen trabajo, no es capaz de ser todo lo bueno que realmente es debido a obstáculos externos. La naturaleza de cualquier aflicción a menudo nos ayuda a identificar cuál es el problema. Quizás el Regente 10 está en 1.ª estación: el negocio está a punto de decaer. Los Regentes 7 y 10 están en detrimento mutuo: hay un conflicto entre la compañía y los supuestos colegas del consultante. Una oposición aplicativa entre el Regente 10 y el Regente 5 (que es la 8.ª a partir de la 10.ª): la compañía está a punto de irse a la quiebra (encontrando su muerte). También considera los efectos de cualquier planeta ubicado en la 10.ª casa, en especial aquellos cercanos a la cúspide: el Nodo Sur o un maléfico son un aviso de problemas; un fuerte Júpiter puede presagiar un beneficio.

Sé realista con lo que esperas encontrar: aún puede ser un buen trabajo sin que la compañía sea líder en el mercado, y "lo bastante bueno" en estas preguntas es más habitual que "maravilloso". Tampoco debes esperar encontrar que el Regente 10 muestre agrado alguno por el consultante a través de sus recepciones (ver arriba). Si lo hace, tanto mejor.

Presta especial atención a la condición del Regente 11, el pago. Trata de identificar cualquier aflicción al Regente 1 de la lista de personal de oficina de arriba, por ejemplo, una oposición con el Regente 7: "No te llevarás bien con tus colegas".

Puedes tomar mentalmente al significador del consultante y ubicarlo justo adentro de la cúspide de la 10.ª, enviándolo de este modo a trabajar. ¿Cómo está allí? En una dignidad esencial fuerte, está feliz; si está debilitado, no lo está. La dignidad o debilidad accidental también puede ser importante. Quizás esté cazimi aquí: "Serás el preferido del jefe" (cazimi: "como un hombre elevado para sentarse junto al rey"). Quizás está en conjunción con un Saturno débil: habrá problemas, los cuales puedes detectar observando lo que representa Saturno en la carta. Como "¿Debería tomar el empleo?" a menudo es una decisión tanto emocional como racional, a veces es más importante ubicar mentalmente a la Luna en la 10.ª, enviando al trabajo las emociones del consultante. Ten cuidado: si haces esto no puedes decir, "está en la 10.ª, así que está fuerte", pues este sería el caso con cualquier trabajo.

◆ Como siempre, cuidado con presuponer. Podríamos imaginar que el sueldo bajo que muestra un Regente 11 debilitado es decepcionante, pero puede que el dinero no sea importante: quizás el consultante está más interesado en pulir su hoja de vida, o le gusta la idea de trabajar en una reserva natural. Pregunta al consultante y revisa la evidencia en la carta. Por ejemplo, si el Regente 1 exalta al Regente 2, el dinero es un tema importante, así que el consultante no estará feliz en un trabajo mal pago. ◆

El próximo empleo

"¿Debería dejar este trabajo e irme a trabajar para tal-y-tal?" Con este tipo de preguntas necesitamos distinguir entre el presente y el futuro trabajo posible. En la mayoría de los casos podemos tomar el signo en la cúspide de la 10.ª y su regente para mostrar el trabajo actual, y el próximo signo según el orden zodiacal (en contra de las manecillas del reloj) y su regente para mostrar el próximo trabajo. Considéralos del mismo modo que "¿Cómo será el trabajo?", explicado más arriba.

¡Sé flexible! Supongamos que el MC está en 2 de Géminis y el consultante mantuvo su trabajo actual por años. El largo período de tiempo en ese trabajo no encaja con los escasos 2 grados de tal signo que pasaron por el MC. En este caso, tendría sentido tomar a Tauro como el trabajo presente y a Géminis como el próximo, como si el consultante ya estuviese mentalmente ahí. Mantente abierto a lo que intenta decirte la carta.

Si el Regente 1 está a punto de cambiar de signo, esto mostrará el cambio de trabajo propuesto, aunque ni su signo actual ni el próximo tengan conexión alguna con la 10.ª casa. La carta está mostrando un cambio; el cambio en discusión es un cambio de trabajo: éste debe ser el cambio que muestra la carta. ¿El planeta es más fuerte en el próximo signo, o más débil? Habitualmente esto se juzgará por dignidad esencial, pero a veces las accidentales entran en juego. Supongamos que en cuanto el significador entra en el nuevo signo, se vuelve combusto: "¡Quédate donde estás!"

¿La compañía para la que trabajo irá a la quiebra?

Esto se traduce como "¿Va a morir la compañía?" y debería ser juzgado como corresponde. Trata a la compañía exactamente como si fuese una persona, siguiendo el método descrito en el capítulo 20.

Preguntas vocacionales

Recomiendo fuertemente que no aceptes este tipo de preguntas sin primero pedir al consultante que piense en algunas opciones. La variedad de trabajos es tan grande que, a menos que hagas esto, cualquier respuesta que obtengas dirá más sobre los límites de tu imaginación que sobre la vocación del consultante. A veces, la pregunta será formulada como "Quiero ser una estrella de cine, pero quizás debería seguir siendo contador"; aunque no fuese así, al tener algunas pistas de parte del consultante podemos ingresarlas a la carta para ver cuál tiene los mejores pronósticos.

Ya teniendo algunas opciones, observa la carta y encuentra los planetas que las representan, trabajando a partir de las regencias de las casas y las regencias naturales de los planetas. Por ejemplo, la carrera de actor la mostraría el Regente 5 y la contaduría, Mercurio. "Pero, ¿qué pasa si Mercurio es el Regente 5?" La carta está adaptada a la pregunta, así que probablemente Mercurio no sea el Regente 5. Si lo es, la carta proveerá otro indicador evidente. Ten confianza; esto funciona.

Una vez que tienes los significadores, compáralos teniendo en cuenta sus propias dignidades (esenciales y accidentales) y sus recepciones con el Regente 1 y la

Luna (tomando a la Luna como cosignificador del consultante, particularmente de sus emociones). Ten cuidado al considerar las dignidades: si un testimonio es descriptivo, trátalo como tal y no lo tomes como una debilidad. Supongamos que el consultante desea ser herrero: Saturno en Aries sería una descripción astrológica ideal de ese trabajo, por lo que podríamos ignorar el hecho de que Saturno esté en su caída. Pero Saturno retrógrado podría ser un problema – a menos que el consultante intente revivir antiguas técnicas de herrería, o tenga algún otro objetivo (quizás resucitar un negocio ancestral) que convierta la retrogradación en algo completamente adecuado.

Pon especial atención a las recepciones entre el significador del trabajo y los del consultante. Si la pregunta es sobre ganar un sueldo, sin importar cuán agradable sea el trabajo, no necesitamos preocuparnos por una compatibilidad entre el consultante y el trabajo. Esta pregunta habitualmente es sobre conveniencia laboral, así que cuanto mayor sea el nivel de recepciones mutuas entre el consultante y el trabajo, mejor.

"¿Dónde está el dinero en esto?" Si eliges un significador para el trabajo porque es el regente de casa apropiado (por ejemplo, Regente 5 para actuación), usa la 2.ª a partir de tal casa para mostrar el sueldo. Si eliges un planeta por sus propios indicadores (Mercurio para contaduría, Saturno para excavación de tumbas) toma el 2.º signo a partir del signo en el que esté el planeta. Así que si una consultante desea ser diseñadora de modas (Venus) y Venus está en Sagitario, debes tomar el 2.º signo a partir de éste (el 1.º a partir de Sagitario es Sagitario; el 2.º es Capricornio) y su regente para mostrar el sueldo.

Para una pregunta general sin sugerencias vocacionales de parte del consultante, considera a Mercurio, Venus y Marte, y toma el más fuerte de ellos para representar la vocación. En general, Mercurio muestra trabajo mental, Marte trabajo físico, Venus trabajo estético o afable. Busca más descripciones a partir del signo, casa y aspectos cercanos. Las debilidades accidentales son más descriptivas que aflictivas. Por ejemplo, un Marte fuerte en la 7.ª (enemigos abiertos): sal y hazte soldado. En la 6.ª (enfermedades): hazte cirujano. En la 12.ª (animales grandes): alístate en la caballería. Marte en oposición con Saturno (edificios): trabaja en demoliciones.

En especial si no tienes una respuesta clara a partir de lo anterior, puede valer la pena calcular la Parte de Vocación. Considera la Parte en sí misma, en especial su dispositor.

Ten en cuenta algo evidente: muchas carreras que están abiertas a los 20 años no lo están a los 50. Considera esto al leer la carta.

Algunas veces se nos pregunta sobre la carrera de otra persona. Esta es habitualmente una pregunta derivada de "¿Cuándo conoceré al hombre con quien me casaré?" En este caso, usa la 10.ª casa girada y su regente.

No podemos usar el significador principal de esa persona para describir el trabajo, porque el significador principal describirá a la persona. Esto implicaría, por ejemplo, que toda persona que tenga la constitución de un soldado se convertirá en un soldado. Tampoco podemos tomar el más fuerte entre Mercurio, Venus y Marte, ya que éste sería el mismo tanto para la otra persona como para el consultante. Observa que no consideramos al Regente 10 al encontrar la vocación del consultante. Esto es porque la 10.ª casa muestra lo que la persona hace, no lo que debería hacer. Con preguntas como "¿Qué hará mi futuro esposo para ganarse la vida?" lo que nos interesa es lo que hace.

Sigue las reglas habituales para relacionar el planeta con el trabajo. Haz que tus juicios sean amplios: hay un lugar en astrología horaria para ser precisos, pero no es este. "Algo artístico" es una mejor respuesta a esta pregunta que "Segunda viola en la Orquesta Sinfónica de Londres".

Si bien no podemos obtener la profesión a partir del significador principal del consultante, éste sí puede desechar posibilidades. Si decidimos, a partir del Regente 7, que el futuro esposo es pequeño y delgado, seguramente no trabajará como herrero. Si su Regente 10 sugiere que lo es, tendremos que pensar en otro trabajo que pueda describirlo.

◆ Cuando el consultante está decidiendo entre ofertas de empleo específicas, a veces puede ser tan simple como lo que se describe arriba: "¿Tomo el trabajo como empleado de banco o como decorador de vitrinas?" nos da la opción de Mercurio o Venus. Más a menudo, el consultante elige entre diferentes compañías que ofrecen trabajos similares. Preguntando al consultante qué distingue un trabajo de otro, encontrarás qué planetas representan a cada una de ellas. Por ejemplo, la opción entre la gran compañía y la compañía tecnológica sería una opción entre Júpiter y Mercurio. Esto es igual que distinguir entre diferentes propiedades (pp. 213-214, arriba). ◆

Asociaciones comerciales

◆ Para la pregunta "¿Debería asociarme con esta persona para mi negocio?" Usa el Regente 1 y la Luna para el consultante, el Regente 7 para el socio potencial, el Regente 10 para el negocio y el Regente 11 para las ganancias del negocio. Lo que se pregunta es si se trata de una buena idea, no si sucederá, así que no necesitamos aspectos. Pero si existe un aspecto entre el consultante y el Regente 7, debe tenerse en cuenta qué tipo de aspecto es. Sin importar lo prometedores que resulten otros testimonios, una oposición no es un buen augurio.

No obstante, aún no encontré una carta sobre este tema en la que otros testimonios muestren la más mínima promesa. Parece casi obligatorio que el consultante exalte al socio, y que el estado del Regente 7 muestre que el socio dista mucho de estar a la altura de tan altas expectativas. En sí misma, esta exaltación no es necesariamente un problema. Puede que el consultante piense que su socio tiene superpoderes, pero si el negocio no requiere de superpoderes, la falta de ellos no será aparente. No obstante, la valoración irrealista de la otra persona, algo perfectamente normal al comienzo de una relación romántica, no es una base sólida para una sociedad laboral.

Pon atención al balance de poder, no sólo según lo que muestren las recepciones entre el consultante y el Regente 7, sino por las recepciones y ubicación del Regente 10. Supongamos que el Regente 10 está ubicado justo dentro de la 7.ª casa, completamente bajo el control del socio. Puede que esto sea aceptable si la intención del consultante fuese dar un paso al costado y dejar que el socio maneje las cosas; de otro modo, no lo es. Luego, revisa las recepciones entre el Regente 7 y los Regentes 10 y 11. Esperaríamos encontrar indicadores de que el socio los favorece: en buenas dignidades de ellos, y con la fuerza suficiente como para poder ayudar. Sin embargo, esto es algo que aún no he visto. ◆

24

Preguntas de la undécima casa

¿OBTENDRÉ LO QUE DESEO?

Nuestros antepasados dedicaron ríos de tinta al problema de lo que deberíamos hacer cuando el consultante se rehúsa a especificar la pregunta e insiste con "¿Obtendré esta cosa sobre la que no voy a decirte nada?". Sugiero firmemente que la respuesta a esto sea "Si no me dices cuál es la pregunta, haré la carta, pero no te diré la respuesta". Siempre recuerda que es más fácil para ti encontrar otro cliente que para el cliente encontrar otro buen astrólogo.

Una vez que hayas acumulado una cierta cantidad de horarias, comenzarás a reconocer cómo se ven las cartas sobre ciertos temas. Aún mejor, comenzarás a detectar una pregunta romántica que se disfraza de otra cosa. No es inusual que en preguntas sobre mudanzas o crecimiento laboral el tema verdadero sea, en términos simples, "¿Él me ama?" Si el consultante no hace la pregunta, mi opinión es que no deberíamos responder; pero podríamos empujar gentilmente al consultante para ver si ella o él desean hablar sobre el tema.

¿CUÁNTO DEBERÉ PAGAR DE IMPUESTOS?

El gobierno es la 10.ª, sus arcas son la 11.ª. Estas cartas habitualmente mostrarán un aspecto aplicativo entre el Regente 2 (el dinero del consultante) y los Regentes 10 u 11. Considera las recepciones, para ver lo que piensan los Regentes 10 y 11 – con un énfasis especial en el que haga el aspecto con el Regente 2, el dinero del consultante. Cuanto más lo ame el recaudador de impuestos, más de él querrá. Si exalta al Regente 2, es un indicio de que sobreestima lo que tiene el consultante o, por lo menos, la cantidad que debe.

Así como son malas noticias descubrir que el gobierno o sus arcas aman al dinero del consultante (en el signo del Regente 2), encontrar que el amor es recíproco es alentador. Una recepción mutua fuerte entre ellos disminuirá la cuenta.

Es como esas películas en las que el héroe la ama, pero galantemente se resigna a que ella se vaya con otra persona: la recepción mutua muestra que aunque el recaudador de impuestos quiere el dinero, reducirá sus demandas.

También ten en cuenta cualquier aflicción futura hacia el Regente 2, y la fortaleza del Regente 2, ya que esto mostrará qué tan capaz es el monedero del consultante de sobrevivir a las depredaciones del recaudador (¡estas preguntas generalmente se hacen *in extremis*!).

VISAS Y PERMISOS

◆ Al ser la 2.ª a partir de la 10.ª, la 11.ª casa muestra las posesiones del rey y, por lo tanto, "el regalo del rey": el tesoro que queremos que se nos otorgue. Así que ésta es la casa para preguntas sobre visas y permisos de residencia.

"¿Qué rey?" Si el consultante ya está dentro del país, el rey es el rey de ese país, por lo tanto es la 10.ª casa. No importa la nacionalidad, ciudadanía o estado del consultante. Si el consultante aún no está dentro de ese país, el rey en cuestión será el de un país extranjero. El país extranjero es la 9.ª casa, así que su rey sería la 6.ª radical (10.ª a partir de la 9.ª=6.ª). En tal caso, el regalo del rey sería la 2.ª a partir de la 6.ª, o sea la 7.ª radical. Si el consultante aplica para entrar a un país limítrofe, alguien podría decir que ese país es la 3.ª casa, como su vecino. Me parece que eso es un poco antojadizo; quédate con la 9.ª.

Lo que esperamos ver es un aspecto entre el Regente 1 o la Luna y el significador del regalo. Un aspecto con el rey es menos convincente, pero habitualmente funcionará, mientras no sea una oposición. La realidad de la situación significa que las recepciones del significador del rey tienen poca importancia. A menos que haya problemas – como que el consultante sea un mafioso de mala reputación o que recientemente haya pateado al gato del rey – él sólo será un nombre desconocido hacia el cual el rey no tendrá actitud alguna. La realidad también nos dirá si la aplicación es una formalidad, con lo cual un rechazo sería una excepción, o es un grial que pocos alcanzan. Si es una formalidad, la ausencia de un negativo (como un aspecto aplicativo pero prohibido entre el consultante y el regalo) sería suficiente para dar un Sí. Si es el grial, no sólo necesitaremos el aspecto sino alguna recepción que muestre por qué nuestro consultante fue elegido por sobre los demás.

Sin embargo, en muchas de estas cartas un aspecto con el regalo mismo no es necesario. Si podemos mostrar que el consultante realiza el viaje (aspecto con el

Regente 9), esto habitualmente implica que la visa le fue otorgada. Si podemos mostrar que el consultante se va a quedar en el país en el que desea residir, habitualmente esto implica que se le otorgará la residencia. "Habitualmente", ya que existen otras opciones. Pero si el consultante está considerando estas opciones, es improbable que se hubiese hecho la pregunta. ◇

25

Preguntas de la duodécima casa

BRUJERÍA Y ENCARCELAMIENTO

¿Estoy embrujado?

Si bien pareciera que sólo podría aparecer en libros antiguos y polvorientos, esta pregunta suele formularse, y no con poca frecuencia. A veces, hacen esta pregunta consultantes de culturas que tienen una perspectiva sobre la brujería diferente a la nuestra: a veces, por aquellos que se han aventurado en asuntos que estaban más allá de sus capacidades; con más frecuencia, y en jerga moderna: "¿Estoy bajo un ataque psíquico?" o "¿Él está controlando mis pensamientos?" lo cual es un encuadre contemporáneo de lo que es, en esencia, la misma pregunta.

Debemos estar siempre abiertos a la visión del mundo del consultante, sin importar qué tan extraña nos parezca. Mientras que será un pobre astrólogo aquel que no reconozca que "hay más cosas en el cielo y la tierra" de las que permiten sus preconceptos, hay una línea divisoria entre aquellos con diferentes puntos de vista y los locos que sólo buscan una persona de la cual aferrarse. Está bien desarrollar un olfato para estas personas, ya que una vez que entran en tu vida laboral, puede tomar una cantidad desproporcionada de tiempo y esfuerzo llevarlos a la salida.

Es la naturaleza del ataque lo que lo convierte en un tema de la 12.ª casa, no si el consultante conoce el nombre del atacante. Si la pregunta es "¿Alberto me está atacando psíquicamente?", es un asunto de la 12.ª casa. Recuerda: en el pasado, cuando los consultantes preguntaban "¿Estoy embrujado?" habitualmente sabían la identidad de la bruja del pueblo, quien supuestamente estaba hechizando su ganado. En circunstancias específicas, si el acusado tiene una relación en particular con el consultante, necesitarás revisar esa casa ("¿Mi ex novio me hizo un hechizo?"). Sin embargo, habitualmente podemos dirigirnos directamente a la 12.ª.

Los testimonios principales de brujería son:

* el mismo planeta rige tanto la 1.ª como la 12.ª casa
* un contacto cercano entre los Regentes 1 y 12.

Observa las recepciones: como siempre, estas tendrán la clave. Si el Regente 12 está regido por el Regente 1, el consultante no está embrujado: el consultante tiene poder sobre la supuesta bruja. Si el Regente 1 está regido por el Regente 12, recuerda que la suposición de brujería puede ser suficiente para dar a tal persona poder sobre el nativo, aunque el sospechoso no haya hecho nada. Un contacto con el Regente 12 es mucho más convincente. Un aspecto aplicativo entre los Regentes 1 y 12 no es evidencia. Un aspecto aplicativo muestra algo en el futuro, y la pregunta no es "¿Seré embrujado?"

◆ Ignora el punto sobre el mismo planeta rigiendo la 1.ª y la 12.ª casa. Encontrar al mismo planeta como regente de dos casas relevantes no tiene importancia en ningún tipo de pregunta; tampoco la tiene aquí. Esta idea fue creada por astrólogos que intentaban reunir algún testimonio en preguntas que, por su propia naturaleza, eran particularmente enigmáticas. El astrólogo que concuerde con el consultante en que la brujería es una explicación razonable para la muerte de una vaca, por supuesto que estará inclinado a buscar testimonios que apoyen tal explicación. ◆

¿Me estoy haciendo daño a mí mismo?

La 12.ª es la casa del daño que nos hacemos a nosotros mismos, por lo que es relevante en preguntas sobre adicciones y otras prácticas dañinas. Por ejemplo, si el consultante pregunta, "¿Me está haciendo daño mi hábito de beber, y cómo?" este es un asunto de la 12.ª casa. Cualquier idea de que pueda ser de la 5.ª casa (placer) se descarta por la naturaleza de la pregunta. Observa al Regente 12: ¿es bueno o desagradable? Recuerda que incluso los planetas benéficos en detrimento o caída son desagradables. ¿Cuál es su relación con el Regente 1? Un planeta débil con poder sobre el Regente 1 (por ejemplo, el Regente 1 en el signo del Regente 12) es un testimonio de que el vicio tiene poder sobre el consultante. Cuanto más fuerte sea la recepción, mayor será el poder (por ejemplo, el Regente 1 en un decanato regido por el Regente 12: el poder es pequeño).

La modalidad del signo mostrará qué tan terco será el problema: un signo fijo muestra que es un asunto a largo plazo; uno mutable, que se irá y volverá; uno cardinal, que puede ser un problema ahora, pero no por mucho tiempo. ¿Hacia dónde se dirige el Regente 1? Si está dejando un signo fijo regido por el Regente 12 por uno mutable que no está regido por él: el consultante está encontrando una solución a su problema. Si está dejando un signo cardinal bajo una regencia menor del Regente 12 (quizás un término o decanato) por un signo fijo donde está en una dignidad mayor del Regente 12: el consultante piensa que el problema está bajo control, pero estará cayendo aún más en sus garras.

◆ Ruego que tengas cuidado con este tipo de preguntas, en especial cuando el consultante está preguntando por otra persona. No presupongas que será un asunto de la 12.ª casa. Ten esto en cuenta: una consultante preguntó "¿Mi esposo es alcohólico?" El modo de expresarse no ayuda, ya que recurrir a una etiqueta en lugar de a una descripción no apunta directo a la 12.ª casa. Si el asunto fuese tan claro, es poco probable que la pregunta se hubiese formulado, al menos tal y como fue expresada aquí.

Supongamos que la consultante pensaba que el esposo estaba comiendo más de lo que le convenía. Es poco probable que hubiese usado una palabra del tipo etiquetador en su pregunta, sino que hubiese preguntado "¿Está comiendo demasiado?" En tal caso, no hubiésemos visto la 12.ª sino la 2.ª (la garganta y lo que entra en ella). Si el esposo asistió a Alcohólicos Anónimos durante los últimos tres años y ahora ella sospecha que ha tenido una recaída, hay un tema conocido, así que sería razonable que exprese la pregunta como lo hizo. Si se estuviese llenando de torta para luego inducirse a vomitar, ella preguntaría "¿Él es bulímico?" Eso sería un asunto de la 12.ª casa. Más a menudo, la pregunta se expresa como "¿Le está haciendo daño lo que pone en su garganta?" que es 2.ª casa (2.ª girada, cuando se pregunta por alguien más). Las recepciones del Regente 2 serán particularmente importantes. El Regente 7 está regido por el Regente 8, que está en detrimento del Regente 7: "Sí, lo que está bebiendo tu marido ciertamente le está haciendo daño".

La pregunta no se trata necesariamente de un exceso, así que no te apresures a asumir que es así. Por ejemplo, si se le aconsejó al consultante que no beba alcohol por razones médicas, puede que se esté preguntando si un vaso de vino durante su almuerzo del domingo realmente le hará tanto daño.

El problema de elegir aquí la casa correcta revela los límites de la metáfora que muestra a una carta como un teatro. En la carta, el Regente 12 siempre estará ahí, aunque no esté involucrado en el drama. Si estamos viendo *Romeo y Julieta*, no veremos a Macbeth deambulando por el fondo del escenario en caso de que tenga la oportunidad de entrar. Aquí, corremos el riesgo de asumir la respuesta en el enfoque que le demos a la pregunta. ◆

Encarcelamiento

Por lo general, las preguntas sobre si alguien será enviado o saldrá de prisión son directas. Recuerda que si el consultante está preguntando por otra persona, debemos considerar la 12.ª casa girada y la radical. Es importante que sepas si la persona ya está en prisión o no.

El encarcelamiento se muestra de un modo simple: el significador de la persona en la cúspide de la 12.ª casa radical o girada. El planeta a punto de entrar en la casa del encarcelamiento es un fuerte testimonio de que la persona será encarcelada. Si el planeta se vuelve retrógrado antes de entrar en la casa, muestra que la persona quedará en libertad, sin importar qué tan seguro parezca el encarcelamiento.

Si la persona está detenida, es habitual encontrar que su significador ya está en la 12.ª: ya está en prisión. Si su condición está a punto de empeorar, quizás por tener un aspecto con un planeta maléfico o por perder dignidad esencial, será encarcelado. La carta está mostrando que la condición de la persona empeora, de un modo adecuado al contexto de la pregunta. Podríamos juzgar lo mismo si el significador, ya en la 12.ª, se estuviese mudando de un signo cardinal a uno fijo.

Un aspecto aplicativo con el Regente 12 o el Regente de la 12.ª girada mostraría lo mismo. Otro indicador común es el significador entrando en el signo de su caída: la persona, literalmente, está cayendo.

Cuanta mayor sea la dignidad esencial del planeta, mayor será la probabilidad de que la persona sea inocente.

Si la pregunta es sobre si alguien será liberado, los testimonios a buscar serían a la inversa de los indicados aquí arriba.

¿Deirdre será encarcelada?

Para pasar el tiempo en las tardes lentas, William Lilly "para divertirse" le pedía a un sirviente que escondiese algo y luego hacía una carta para encontrarlo. Nunca le tomé cariño a preguntas sobre objetos perdidos; mi divertimiento horario preferido es predecir la trama de las telenovelas.

En *Coronation Street*, Deirdre estaba en la corte, enfrentando cargos por fraude después de enamorarse de un estafador encantador, pero sin escrúpulos. Mientras el delegado del jurado se estaba parando para dar el veredicto, comenzaron a pasar los créditos. En lugar de esperar tres días para saber qué pasó, hice esta carta.

No tenía un interés particular en Deirdre, así que ella es "cualquier otra persona": 7.ª casa. Si estuviese muy identificado con ella, quizás por haber pasado por algo similar en mi vida, habría obtenido la 1.ª casa, como si la pregunta fuese

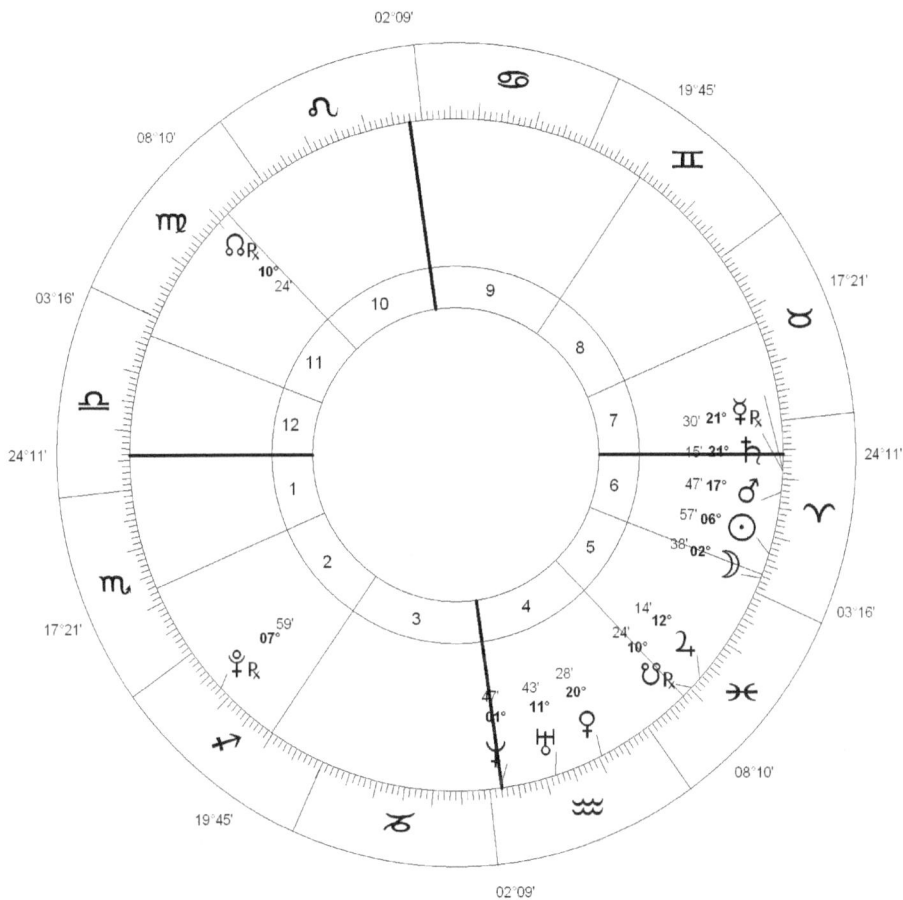

¿Deirdre será encarcelada? 27 de marzo de 1998, 7:58 p.m. GMT, Londres.

"¿Seremos encarcelados?" Si estuviese enamorado de ella, aún sería 7.ª, en este caso como el objeto de mi afecto.

Deirdre ya estaba en prisión, ya que se le había negado la fianza. El Regente 7, Marte, muestra esto: está en la 12.ª casa girada (12 a partir de la 7.ª = la 6.ª radical). Está en su propio signo: mucha dignidad esencial, así que Deirdre es inocente. Pero está a punto de hacer conjunción con Saturno, que está en su caída y, por lo tanto, es muy desagradable. Es, también, el regente natural del encarcelamiento. Algo horrible le va a suceder: será convicta y sentenciada a la cárcel.

Sin embargo, todo esto está pasando en un signo cardinal, lo cual sugiere cosas que terminan rápidamente. Una vez que haya pasado Saturno, a Marte no le queda mucho por recorrer para entrar en la 1.ª casa de Deirdre. Ella está entrando en su propia casa. Esto, como suele pasar en astrología horaria, puede tomarse literalmente: volverá a casa pronto. Antes de llegar a casa, Marte se encuentra con Mercurio, que está retrógrado: lo que se dijo (Mercurio) cambiará (retrógrado). La historia de alguien cambiará, y como resultado Deirdre será liberada.

El Nodo Sur cerca de la cúspide de la 11.ª casa girada (11 a partir de la 7.ª = 5.ª radical) muestra cómo será perjudicada Deirdre: a través de sus amigos. Aunque hay una recepción mutua relativamente fuerte entre Marte y Júpiter, el regente de esta casa (cada uno en la triplicidad del otro), se oponen entre sí por antiscia. El testimonio de un amigo fue crucial para su encarcelamiento. Pero los amigos (Júpiter está en un signo bicorporal, así que hay más de uno) son honestos (fuerte dignidad esencial), así que el falso testimonio debe haberse dado por error. Júpiter, al ser un benéfico fuertemente dignificado, indica que querrán actuar para mejor, y la recepción mutua los muestra ayudando.

Ten en cuenta aquí un ejemplo de un punto importante sobre las recepciones mutuas: sólo pueden trabajar en tanto ambos planetas estén fuertes. Aquí, ambos planetas están fuertes, así que los amigos son capaces de ayudar, y Deirdre es capaz de recibir ayuda.

Para limar asperezas con aquellos horrorizados por haber hecho una pregunta "tan trivial" – ya que la diversión está prohibida en algunas regiones de la astrología horaria contemporánea –, debo agregar que el encarcelamiento de Deirdre llegó a las primeras planas de la prensa nacional y se trató en el parlamento. ¡Quizás no fue tan trivial! La historia se desarrolló tal y como muestra la carta.

26

El clima

Las preguntas sobre el clima están entre las horarias más simples. El juicio se hace usando algunas de las piedras fundamentales de la astrología: caliente, frío, húmedo y seco. Con esto y algo de viento, tenemos todo lo que necesitamos para un pronóstico climático preciso. Así que ¡no lo compliques!

Si es una pregunta general sobre el clima en este área, usa la 1.ª casa: "¿Tendremos un verano caluroso este año?" "¿Cuándo dejará de llover?" Si la pregunta se relaciona con un evento específico, usa la casa que muestre tal evento: "Mañana juego al golf: ¿cómo estará el clima?" (5.ª casa); "Voy a quedarme en la casa de mi amigo; ¿llevo ropa de abrigo?" (11.ª casa: "¿Cómo está el clima en la casa de mi amigo?"). Tales preguntas son comunes cuando se tratan de viajes en barco: si es un largo viaje, observa la 9.ª casa; si es "ir a pasear en botes por ahí", o navegar sin un destino en particular, observa la 5.ª; si es el ferry que tomas para ir al trabajo todos los días, es un viaje de rutina, por lo tanto 3.ª.

◆ Ve a la discusión agregada al final de este capítulo para saber más sobre la elección de casas. ◆

Si bien puedes hacer preguntas sobre el clima del lugar en el que estás, no puedes preguntarlas rutinariamente, esperando obtener una respuesta precisa. No puedes repetir mecánicamente "¿Cómo estará el clima hoy?" cuando te levantes cada mañana.

Una vez que hayas elegido la casa correspondiente, el regente de tal casa muestra el evento en cuestión (la fiesta, el viaje), incluso si es un asunto de la 1.ª casa y el evento sólo es un vago "aquí". El regente de la casa en sí mismo *es* el evento: no es el clima del evento. Si la casa está regida por Saturno, esto no significa que el clima será frío y seco; debemos observar lo que sucede con Saturno.

Los planetas son cosas; los signos las describen. Los planetas son sustantivos; los signos son adjetivos. El signo describirá el planeta dentro del contexto determinado por la pregunta; en una pregunta sobre el clima, el signo describirá el regente de la casa en términos climáticos: será caliente, frío, húmedo o seco.

Si el regente de la casa está en un signo de tierra, que es frío y seco, el clima durante tal evento será frío y seco; si está en un signo de aire (caliente y húmedo), será caliente y húmedo. Sí, es así de simple.

Para más detalles sobre exactamente qué tan frío y seco será el clima que muestra este signo de tierra, observa el regente de tal signo. La carta de ejemplo bajo estas líneas lo aclarará.

Luego, observa cualquier aspecto cercano con el significador. Un aspecto de un planeta húmedo en un signo húmedo traerá lluvia; un sextil podría mostrar una llovizna; una oposición, una tormenta catastrófica. Modifica tu juicio según la estación: "caliente" durante el invierno no será igual que "caliente" durante el verano. La humedad fría en invierno puede que sea nieve, dependiendo de dónde estés.

Júpiter, el gran benéfico, es el regente natural de la lluvia. La astrología comparte más la idea de "buen clima" del granjero que la del veraneante. Mercurio rige el viento, así que los aspectos de Mercurio mostrarán si el viento será útil o un obstáculo para tu viaje. El estado de Mercurio mostrará qué tan fuerte será el viento. En una mayor escala, Mercurio es también el regente natural de los terremotos, que son vistos como viento dentro de la tierra.

◆ Recuerda que no existe tal cosa como un clima bueno o malo. Puede que lo llamemos así, pero se trata sólo de nuestra opinión. El clima simplemente existe. Un huracán, por ejemplo, no es un clima desobediente ni defectuoso en ningún sentido, ni es más climático que una brisa suave: es el clima haciendo lo que hace el clima. Como tal, la dignidad esencial puede ignorarse en estos juicios. La Luna en Cáncer es un planeta frío/húmedo en un signo frío/húmedo. Igual que la Luna en Escorpio. Ambas mostrarán un clima frío/húmedo. Que una esté esencialmente dignificada y otra esencialmente debilitada no significa que una encajará más que la otra en nuestra idea de lo que es agradable. ◆

¿Cómo estará el clima durante mi fiesta? (ver la carta de la página siguiente)

El consultante hacía una barbacoa anual con muchos invitados, así que el clima durante el día seleccionado era bastante importante.

Es una fiesta, así que observa la 5.ª casa. El signo en la cúspide de la 5.ª describe la fiesta: es un tipo de fiesta caliente y seca – una barbacoa. Esto describe la fiesta; no describe el clima. Marte, regente de esta casa, tampoco tiene efecto alguno sobre el clima. Marte *es* la fiesta; estamos buscando algo que afecte a Marte.

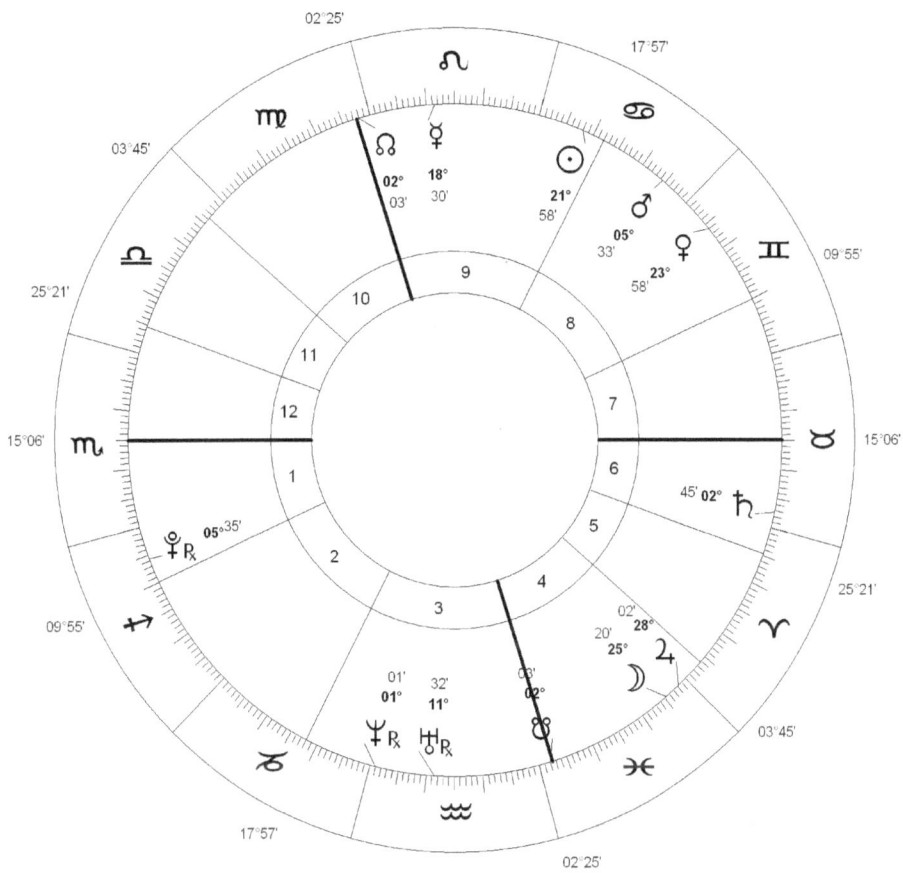

¿Cómo estará el clima? 14 de julio de 1998, 3:49 p.m. BST, Londres.

Marte representa la barbacoa. ¿Qué tipo de barbacoa? Está en un signo frío/húmedo: un tipo húmedo de barbacoa.

¿Qué tipo de humedad? La Luna (regente del signo que nos dijo que será húmeda) representa la humedad. Está en Piscis, otro signo de agua: será un tipo húmedo de humedad. Está en conjunción con Júpiter en Piscis: un tipo de humedad muy húmeda.

Llovió torrencialmente desde la mañana hasta la noche.

◆ Si bien este juicio funcionó, hoy en día no abordaría la carta de esta manera. La fiesta tendría lugar en el jardín del consultante, su "aquí". Como tal, creo que debería haberse juzgado a partir de la 1.ª casa, no a partir de la 5.ª. La fiesta no es relevante: el clima "aquí" hubiese sido el mismo si la consultante hubiese hecho una fiesta o estuviese cavando en el jardín. Mira la carta: el trabajar a partir de la 1.ª da exactamente el mismo juicio. El Regente 1 de nuevo es Marte, que ahora representa "aquí". En un signo de agua, así que es un tipo húmedo de aquí, etc. En forma similar, si fuese a preguntar "¿El clima será lo suficientemente bueno para salir al jardín a trabajar con mi computadora?", ésta no sería una pregunta de la 10.ª casa porque estoy pensando en trabajar. El clima tampoco cambiaría si me sintiese perezoso y decidiera dormitar en una reposera. Sigue siendo el "aquí" básico que es donde vivo: 1.ª casa.

Con otros lugares, usa tu sentido común. Si el amigo que vas a visitar vive en la calle siguiente, el clima será el mismo que tu propio "aquí": 1.ª casa. Si tu amigo viviese en otro país, observa la 11.ª casa. Si el campo de golf en el que jugarás está cerca de tu casa, éste será "aquí"; si está a 100 kilómetros, mira la 5.ª casa. ◈

27

Eligiendo con astrología horaria

La astrología electiva se trata de elegir el momento propicio para actuar. Es una práctica que lleva mucho tiempo por lo que, hecha por un profesional, es costosa. No puede hacerse sin estudiar la carta natal. Para aquellos consultantes que por falta de datos de nacimiento o por razones financieras no pueden obtener una carta electiva, o para aquellos que no necesitan un tiempo preciso en su elección, podemos elegir el momento para actuar con astrología horaria.

Esto no nos dará una medida de tiempo al minuto, como sí lo haría una carta electiva, pero provee la precisión suficiente para diversos propósitos.

Una vez más, es muy simple. ¡No lo compliques! Lo único que necesitas es identificar el planeta relevante, que será el regente de la casa en cuestión. "¿Cuál será el mejor día para hacer mi fiesta?": Regente 5. "¿Cuándo será el mejor día para lanzar este proyecto de trabajo?": Regente 10. En muchos casos, la pregunta se resume a "¿Cuál es el mejor día para mí?": toma el Regente 1.

Habiendo identificado al planeta, observa su movimiento. ¿Qué está por hacer? ¿Qué le va a pasar? No importa qué tan oscura sea su ubicación ahora, tarde o temprano estará en una mejor posición. Pregúntate, "¿Cuál es la mejor situación para este planeta en un futuro cercano?" Una vez que la hayas identificado, calcula la distancia desde donde está el planeta ahora hasta donde estará cuando llegue ahí, y calcula el tiempo del modo habitual.

En muchas preguntas de este tipo, existen límites de tiempo estrictos: "¿Debo cerrar el trato el lunes o el jueves?"

En estos casos, los tránsitos de la carta horaria durante los días específicos pueden ser relevantes. Supongamos, por ejemplo, que la pregunta es "Puedo elegir tener mi entrevista de ingreso en la universidad el 20 o el 30 de junio; ¿cuál es la mejor fecha?" y las efemérides nos muestran que el 20, el Regente 1 (el consultante) está en conjunción con la cúspide de la 9.ª casa de la horaria (la universidad), en donde está exaltado. "Ve el 20: ¡les darás una muy buena impresión!" O quizás entre el 20 y el 30, el regente de la 9.ª (la universidad) cambia de signo y entra en alguna dignidad del Regente 1 (el consultante): "Ve el 30, ya que les gustarás más en esa fecha".

Sin embargo, habitualmente podemos concentrarnos en la tarea de fortalecer a nuestro significador lo más posible. Por ejemplo: supongamos que la pregunta es "¿Cuál es el mejor día para enviar mi obra maestra a un editor?" Tu obra maestra es tu bebé: 5.ª casa. Supongamos que Marte rige la 5.ª y estará en conjunción con el Nodo Norte dentro de 3 grados. Esto lo hará más fuerte, que es lo que deseamos, y los 3 grados nos darán la medida de tiempo: 3 días, semanas o meses, dependiendo del signo y casa en el que esté. Estas preguntas habitualmente tienen sus propios límites de tiempo, lo cual hace que la elección de unidades de tiempo sea más fácil ("¿En qué día de las próximas dos semanas debería hacer esto?"). O supongamos que Marte está en 26 de Sagitario. En 4 grados entrará en Capricornio, donde está exaltado. Así que la respuesta puede ser, "Espera cuatro días, luego hazlo cuando prefieras".

Muy importante: no hagas nada que implique tener que hacer una nueva carta para el momento elegido. Hacer esto es comenzar una carta electiva completa, y esto no puede hacerse sin estudiar la carta natal. Con una horaria, no tienes la información necesaria – así que no intentes hacerlo. Ejemplos de esto serían, "Marte se fortalece en 4 días, y en tal día la Luna está en la 10.ª", o bien "Y en tal día Venus está en trígono con Saturno". Tampoco deberías apuntar a ser preciso con una elección horaria. Es poco común que la respuesta sea más específica que, como mucho, un día en particular. No puedes obtener una hora a partir de una elección como ésta, así que no lo intentes. A menudo la respuesta será "Después de tal fecha" o "Lo más pronto posible".

◆ Ya no veo validez alguna en la astrología electiva tal y como se hace habitualmente. No es más que un medio de facilitar la transferencia de dinero del cliente hacia el astrólogo para satisfacción del pensamiento voluntarioso del cliente. La idea de que tendré éxito en esto o lo otro cuando Marte o Venus esté en cierto lugar del cielo tiene tan pocos fundamentos como la idea de que tendré éxito si uso la loción correcta o si mastico la goma de mascar indicada. Elegir con astrología horaria es algo bastante diferente. No contiene la idea de salir victorioso porque cierto planeta está en cierto lugar. La discusión de ambos enfoques y por qué uno es válido mientras que el otro no es demasiado extensa para incluirla en un manual general. Puede encontrarse en mi sitio web, www.johnfrawley.com. ◆

28

Astrólogo y cliente

Al trabajar durante el siglo XVII, William Lilly hacía ocasionalmente alguna consulta postal, pero la mayoría de sus clientes estaban sentados frente a él mientras juzgaba las cartas de sus preguntas. Muchos estarían en un estado de angustia, ya sea por algún problema médico, por sus perspectivas maritales o por la vaca perdida de la cual dependía su futuro financiero. El astrólogo horario moderno probablemente hará la mayoría de las consultas por teléfono, correo o email. Con semejante distancia entre astrólogo y cliente, es fácil olvidar que estas cartas no son ejercicios mentales abstractos, sino la vida de la gente. Estamos tratando con carne, sangre y corazones delicados, no con un montón de símbolos en una página.

Hay ventajas y desventajas con que el consultante esté presente mientras se juzga la carta. La ventaja principal, además de recordarnos que estamos tratando con un ser humano, es que podemos preguntar fácilmente por información para aquellos puntos de la carta sobre los que no estemos seguros. Sin embargo, en la práctica esto no es necesario tantas veces como se esperaría. Si lo es, podemos contactar al consultante.

La desventaja principal es que la presencia del consultante distrae. Prefiero dedicar mi total atención a la astrología mientras juzgo la carta, y luego dedicar mi total atención al cliente mientras doy el juicio. Habitualmente, los contemporáneos de Lilly se acusaban entre sí de torcer los juicios para obtener el dinero del cliente. Tener en cuenta la transacción financiera es un problema, pero es más serio tener en cuenta el estado emocional del cliente. Hay un deseo natural humano de complacer, incluso en los astrólogos horarios; tener los deseos y miedos del cliente pendiendo sobre ti mientras juzgas puede desviarte. Es más probable que suceda si el cliente está sentado frente a ti en ese momento. Sospecho que esto causó más distorsiones de juicio en tiempos de Lilly que cualquier artimaña financiera deliberada.

Asumiendo que el astrólogo aclaró el arreglo financiero con el cliente, de modo que no hay nada de "Pon una pieza de plata en mi mano y te diré más", el problema del dinero solo surgirá con preguntas como "¿Debería invertir en…?" y "¿Debería emplear a…?" Ahí, el astrólogo estará al tanto de que la respuesta "No" llevará a otra pregunta sobre la próxima inversión o empleados posibles, y por lo tanto a otra tarifa. Y el astrólogo será consciente de que el cliente también lo sabe. Esto puede comenzar un juego de "Pienso que él piensa que yo pienso…" Para esto, no hay más respuesta que esforzarse en dar cada juicio con una consciencia limpia, y hacer notar cualquier error de actitud que pueda sugerir la carta: "Buscas cambiar tus inversiones porque sientes que deberías actuar, pero están bien donde están"; "Intenta elegir un empleado porque sabe lo que hace, no porque te atrae".

Incluso si prefieres tratar con clientes en persona, la realidad moderna habitualmente no lo permitirá. No importa qué tan bueno te vuelvas en astrología horaria, es poco probable que encuentres consultantes haciendo fila en tu puerta. Muchas preguntas horarias tienen respuestas de una sola palabra; esto es suficiente para una llamada telefónica, pero no tanto si el cliente ha viajado un par de horas para encontrarse contigo – no importa lo valiosa que sea esa única palabra.

A menudo, una respuesta de una palabra es todo lo que se necesita. Si eso es todo, es todo; no lo conviertas en una sesión de asesoramiento porque sientes que debes llenar el tiempo. Has hecho tu trabajo.

Resiste la tentación de convertir cada juicio en una elección de blanco o negro. En muchas situaciones, lo único que se ofrece es la mediocridad, así que si lo que muestra la carta es mediocridad, ésa es la respuesta. Muchas veces las preguntas se formulan en espera de lo maravilloso – la pareja perfecta, el trabajo ideal – pero la respuesta para esos juicios a menudo es "Podría ser mucho peor", "Está bien", o "No importa mucho cual elijas". Esta es una respuesta válida.

A veces te sentirás confiado en tu juicio; a veces no. No hay necesidad de pretender que no es así. Es aceptable decir, "Esta carta está muy clara. Puedo fallar, pero estoy muy seguro que pasará xyz", o "Esta carta es un enigma. *Creo* estar leyéndola bien, en tal caso…"

Darás respuestas equivocadas, y seguirás equivocándote sin importar qué tanto conocimiento y experiencia acumules. Algunas preguntas te permiten una segunda oportunidad: si, por ejemplo, el objeto perdido no está donde juzgaste que estaría, puedes volver a la carta y encontrar otra interpretación de los testimonios. Algunas preguntas no permiten una segunda oportunidad, porque el tiempo para ellas ha pasado. Esto es desafortunado, y escuchar "Me dijiste tal-y-tal, pero…" causa casi tanto dolor como placer causa "Te dije que tu predicción sería imposible, pero…" No significa que tengas que ponerte el hábito de penitente. Estudia la carta de modo que puedas aprender de tus errores, pero no te subestimes frente al cliente: el contrato no te pide que seas perfecto.

Te será familiar la frase "¿Y si?" Acabas de responder a la pregunta de tu cliente diciéndole que el objeto de su afecto no la ama. "Pero, ¿y si yo fuese Julia Roberts?" ella pregunta, "Me habrías dado una respuesta diferente".

"Pero no eres Julia Roberts."

"Pero ¿Y si lo fuera?"

Nunca tuve tal conversación con un cliente, pero a menudo tuve la conversación que comienza, "Pero ¿Y si te hubiese preguntado esto en otro momento? Me habrías dado una respuesta diferente."

"Pero no lo hiciste."

"Pero, ¿Y si lo hubiese hecho?"

Quizás la lección más grande de astrología horaria es que no existe tal cosa como "¿Y si?" Lo que es, es; lo que no es, no es. La astrología horaria supone que la pregunta es un producto de esa persona en la realidad de la vida de esa persona. Se pregunta cuando se pregunta porque el consultante es la persona que es. Sólo cuando el consultante pueda convertirse en otra persona, la pregunta podrá ser hecha en un momento diferente.

Al tratar con consultantes, hay muchos pozos en los que los incautos pueden caer. Es mejor estar atento a los más comunes, ya que evitarlos es mucho más fácil que tratar de salir de ellos. Necesitarás determinar una política sobre varios temas con los cuales los consultantes te confrontarán. No te preocupes: esta política no tiene que estar escrita en piedra. Si las situaciones muestran que te equivocaste, la cambiarás, mientras encuentras que hay excepciones a la mayoría de las reglas que puedas llegar a hacer. Puede que, por ejemplo, decidas aceptar una pregunta de un amigo o un cliente de toda la vida que no aceptarías de alguien que hace una consulta por primera vez. Recuerda: una vez que aceptaste la pregunta, pocas veces podrás retroceder. Si lo haces, no importa la explicación que des, el consultante habitualmente asumirá que has revisado la carta y viste algo tan horrible que no puedes soportar decirlo. Así que vale la pena decidir lo que harás en situaciones difíciles antes de que éstas sucedan.

La mayoría de las preguntas involucran a otra persona aparte del consultante, así que ¿dónde pondrás el límite entre una pregunta legítima y una intromisión injustificada?

¿Aceptarás preguntas sobre la muerte? ¿O enfermedades graves? No te preocupes, ¡si tienes un punto sensible, tus consultantes lo encontrarán! Por ejemplo, quizás eres católico, y te preguntan "¿Debería abortar?" Puede que sea tentador esquivar estos temas rechazando preguntas tan importantes. Pero incluso la pregunta más inocua puede tener una carga emocional enorme: evita preguntas importantes y evitarás todas las preguntas.

Sugiero firmemente que la base para cualquier consulta deba ser que somos adultos tratando con adultos. Muchas de las habituales reservas en responder ciertas preguntas son extremadamente condescendientes, teniendo como lógica de fondo "No puedo decir eso para no preocupar al pobrecito del cliente". A menos que pretendas colgar un cartel fuera de tu cabina que diga "Astrólogo horario: sólo respuestas placenteras", debemos jugar con las reglas de los mayores: haces la pregunta, obtienes la respuesta. Pero tienes el derecho a rechazar preguntas, así como tienes el derecho a rechazar clientes.

Para los que jugamos según las reglas de los mayores, hay juicios que no son fáciles de dar. A continuación, mi respuesta a un estudiante que me preguntó cómo manejar tales preguntas, y una carta del mismo William Lilly para el estudiante en astrología.

"No puedo decirlo mejor que Lilly cuando nos advierte que "no aflijamos al consultante con un juicio cruel". Debemos decir la verdad, y si han hecho la pregunta deben obtener la respuesta, sin importar qué tan incómoda sea: el mayor peligro es que la endulcemos tanto que la respuesta se pierda. Pero podemos ser juiciosos en lo que decimos: no necesitamos decir todo lo que vemos, sólo porque podemos verlo – esto nos hace sentirnos hábiles, pero no beneficia al cliente.

"Debemos aclarar que no somos infalibles: esto da lugar para la esperanza, que nunca debe destruirse. En especial al predecir una muerte, es importante recordarle al cliente que todo está en manos de Dios. La oración siempre ayuda. O al decir que no hay un futuro con el príncipe encantador, "ojalá me demuestres que me equivoco, pero realmente no puedo verlo".

"Esfuérzate en encontrar algo positivo – pero sólo si existe. Es algo común "No, no hay futuro con X, pero parece que sólo estás en esta relación porque te encuentras en un mal momento. Para otoño te sentirás con más confianza en ti misma y estarás lista para el tipo de relación que mereces". O cosas que no están listas en ese momento, como si tu capacidad para encontrar una relación amorosa aún no estuviese madura. Esto puede sonar anodino, pero tales cosas suelen mostrarse en la carta.

"Te sorprenderás de cuan fácilmente la gente se toma lo que podrías pensar que son las peores noticias posibles: a menudo viene como un alivio, o como una confirmación de lo que presintieron que sucedería. Sólo di lo que debes rápida, simple y claramente. Hay un dicho árabe que dice que siempre debemos ser amables – pero que a veces ser amables significa cortar una extremidad de un solo golpe. Serrucharlo sólo prolongaría el dolor.

"Y como dijo Polonio: sé fiel a ti mismo. Di las cosas como las dirías: si tratas de adoptar un estilo que no es el tuyo, se notará la falsedad en ello.

Los juicios de los que me arrepiento no son aquellos en los que me equivoqué – lo cual siempre es permitido – sino aquellos en los que el tono en el que entregué el juicio fue inapropiado. ¡Eso no está permitido!

Al estudiante de astrología.[47]

Amigo, quienquiera que seas, que recibes el beneficio de mis arduos estudios, e intentas proceder en el conocimiento divino de las estrellas, donde se manifiestan los grandes trabajos del glorioso e invisible Dios. En primer lugar, admira a tu Creador y sé agradecido con él. Sé humilde, y no permitas que conocimiento natural alguno, sin importar cuán profundo y trascendental sea, seduzca a tu mente al punto de negar la divina Providencia, por cuyo orden y designio omnisciente toda creación celestial y terrenal está en constante movimiento; cuanto más grande sea tu conocimiento, mas valorarás el poder y sabiduría del Dios todopoderoso, y te esforzarás por estar a su favor, con la fe en que cuanto más sagrado sea tu arte y más cercano estés a Dios, más puro será tu Juicio. Cuídate del orgullo y de la vanidad, y recuerda que hace mucho tiempo ninguna criatura irracional osaba ofender al hombre, el microcosmo, sino que lo servían y obedecían fielmente mientras era amo de su propia razón, de sus pasiones, y mantenía su parte irracional sujeta a su voluntad. Pero cuando abundó la iniquidad y el hombre se entregó a sus propios afectos, desertando de la razón, entonces cada animal, criatura y cosa exterior dañina se volvió rebelde e inservible a su orden. Mantente firme a tu Dios, y a tus principios. Ten en cuenta que tu propia nobleza, y que toda la creación presente y futura, existe en tu nombre; en tu nombre Dios se hizo carne. Eres esa criatura que, versado en Cristo, vive y reina sobre los cielos, y se sienta por encima de todo poder y autoridad. ¿Cuántas preeminencias, privilegios y beneficios te otorgó Dios? Alcanzas los cielos mediante la contemplación, concibes los movimientos y magnitudes de las estrellas, hablas con los ángeles y hasta con Dios mismo; tienes a todas las criaturas en tu dominio, y mantienes a raya a los demonios. No desvíes, por vergüenza, tu naturaleza, o te vuelvas indigno de tales dones privándote de ese gran poder, gloria y bendición que te ha dado Dios, para satisfacer unos cuantos placeres imperfectos.

---

[47] *Lilly*, páginas introductorias. Se modernizó la puntuación.

Habiendo considerado a tu Dios y a ti mismo como su sirviente, ahora una instrucción sobre cómo manejarte en tu práctica. Así como estudias y dialogas con los cielos a diario, también aprende y forma tu mente de acuerdo a la imagen de la divinidad. Aprende los ornamentos de la virtud; instrúyete lo suficiente sobre ellos. Sé solidario, cortés, amistoso con todos, accesible. No aflijas al miserable con el terror de un juicio cruel: en tales casos, déjale saber su arduo destino gradualmente; dirígelos a pedir a Dios que desvíe su juicio sobre ellos. Sé modesto, ten relación con letrados, civiles, sobrios; no codicies ni un centavo; da libremente al pobre, tanto dinero como juicio. No dejes que ninguna riqueza mundana compre un juicio erróneo de ti, deshonrando el Arte de esta ciencia sagrada. Ama a los buenos hombres, aprecia a los hombres honestos que cordialmente estudian este Arte; sé cauteloso al dar un juicio contra el país en el que vivas. No des juicio sobre la muerte de tu príncipe; aunque sé por experiencia que *Reges subjacent legibus stellarum*[48]. Cásate con una mujer; diviértete con tus amigos, evita litigios y controversias. En el estudio, sé *totus in illis*[49] para ser *singulus in arte*. No seas extravagante o deseoso de aprender toda ciencia, no seas *aliquid in omnibus.*[50] Sé fiel, tenaz, no traiciones los secretos de nadie; nunca divulgues una confidencia entregada a ti en buena fe, así sea de un amigo o de un enemigo. Aconseja a todos los hombres a vivir bien; sé tú mismo un buen ejemplo; evita las modas; ama a tu patria; no dejes de lado a ningún hombre, ni aún a un enemigo; no te aflijas si se habla mal de ti, *Conscientia mille testes*[51]; Dios no deja pecado sin castigar, ni mentira sin vengar.

William Lilly

---

[48] Los reyes están sujetos a la ley de las estrellas.
[49] Sé dedicado, para así no tener par.
[50] Un aprendiz de todo, maestro de nada.
[51] Una buena conciencia vale por mil testigos.

APÉNDICE 1

Calculando la carta

Para esto necesitas: la fecha y hora de la pregunta; latitud y longitud del lugar. Las efemérides. Una tabla de casas.

Las tablas de casas de Regiomontano, hasta donde sé, no están disponibles, así que usa las casas de Plácido. Aunque recomiendo Regiomontano, si usas con sinceridad otro sistema válido, encontrarás que funcionará; la gente te formulará las preguntas justas en los momentos justos que se ajusten al sistema de casas que estés usando.

Hay una tabla de casas de Plácido en las *Efemérides de Raphael*. Si estás usando efemérides que no tienen tal tabla, compra una de las de *Raphael*. Sólo necesitarás una edición anual, ya que la tabla es la misma año tras año.

Cambia tu hora local a GMT (tiempo medio de Greenwich).
A: Calcula cuántas horas y minutos pasaron desde el mediodía GMT anterior.
B: Suma 4 minutos por grado al este de Greenwich; resta 4 minutos/grado al oeste.
C: Suma 10 segundos por hora de GMT a partir del mediodía anterior.
D: Suma A+B+C.

Observa en las efemérides la Hora Sideral del mediodía anterior.
Suma el resultado al punto D.
Ahora tienes la hora sideral local. (Quizás debas restar 24 horas para obtener un número menor a 24)

Observa la Tabla de casas para tu latitud.
Ubica la hora sideral local que has calculado en esta tabla.
Lee las cúspides de las casas. Se dan seis: las otras seis son sus opuestos.
Ahora ya has localizado los signos en tu carta.

Consulta las efemérides para ubicar los planetas en ese momento del día.

Las efemérides te darán las posiciones de los planetas cada mediodía: necesitarás calcular su posición exacta por proporción. ¡No seas demasiado quisquilloso con esto!

No importa lo que digan otros libros, no necesitas logaritmos. Los logaritmos son un descubrimiento relativamente reciente: durante la mayor parte de la extensa historia de la astrología, los astrólogos se las arreglaron muy bien sin ellos. Tú también puedes hacerlo.

Habitualmente no necesitarás calcular con precisión las posiciones planetarias. Sólo necesitarás ser exacto:
* cuando necesites saber si un aspecto sucede antes de otro aspecto
* cuando necesites saber si un aspecto sucede antes o después de que cambien de signo los planetas.

Si estás usando las efemérides de *Raphael*, encontrarás esta información detrás de las efemérides, así que no necesitarás calcularla por tus propios medios.

Practica esto calculando las cartas dadas en este libro. Recuerda que estás usando un sistema de casas diferente, así que las cúspides pueden ser distintas por unos pocos grados. Mientras estén más o menos de acuerdo, tu cálculo probablemente esté correcto.

APÉNDICE 2

Significados de las casas

El conejo que es la mascota de tu hijo
Tu hijo es la 5.ª; los conejos son animales más pequeños que las cabras, así que es la 6.ª. La 6.ª a partir de la 5.ª es la 10.ª. Cuenta alrededor de la carta para asegurarte que cuando cuentas 6.ª a partir de la 5.ª obtengas la 10.ª y no la 11.ª. Siempre toma la casa por la que comienzas como la 1.ª, de modo que la 1.ª a partir de la 5.ª es la 5.ª, la 2.ª a partir de la 5.ª es la 6.ª, etc.

La casa de tu padre
Tu padre es la 4.ª; las casas son la 4.ª: 4.ª a partir de la 4.ª es la 7.ª casa. PERO: aunque esto en teoría es correcto, en la práctica la casa de otra persona habitualmente es representada por su 1.ª casa. Esta es, literalmente, "su casa". Como la carta del gato en la página 21: el gato está en la 1.ª casa del gato: está en la casa del gato.

Debemos tomar la 4.ª de la persona (en este ejemplo, la 4.ª a partir de la 4.ª) sólo si necesitamos distinguir entre la persona y la propiedad, como en "¿Mi padre venderá su casa este año?"

Tu hermana embarazada
Tu hermana es la 3.ª. Embarazada o no, sigue siendo tu hermana; así que aún es la 3.ª.

Tu automóvil nuevo
Tu posesión movible: 2.ª casa.

Tu viaje al trabajo
Viaje de rutina: 3.ª casa. Aunque hagas este viaje en tu automóvil, éste no es el viaje en sí mismo, así que el automóvil nunca es tu 3.ª casa.

Tu jefe
10.ª casa.

El hombre con el que compartes tu oficina
Un colega: 7.ª casa.

El sueño que tu amigo te está contando
Tu amigo es la 11.ª; los sueños son la 9.ª. Su sueño es la 9.ª a partir de la 11.ª, o sea la 7.ª radical.

Tus hermanos
3.ª casa.

Tu hermano menor, a diferencia de tu hermano mayor.
Cualquiera de tus hermanos está representado por la 3.ª. Si necesitas distinguir entre diferentes hermanos, puedes girar la carta. El mayor será mostrado por la 3.ª; uno menor sería considerado su hermano, por ende 3.ª a partir de la 3.ª, la 5.ª radical.

Si preguntaste específicamente por tu hermano menor, se le daría la 3.ª a él. Si luego necesitas incluir a tu hermano mayor en el juicio, él será representado por la 3.ª a partir de la 3.ª.

El asunto de tomar la 3.ª a partir de la 3.ª para mostrar otro hermano generó varios errores. Puede que tu primera esposa sea 7.ª, pero tu segunda esposa no es la 3.ª a partir de la 7.ª, a menos que pretendas casarte con la hermana de tu primera esposa. Tampoco es tu próximo trabajo la 3.ª casa a partir de la 10.ª (el hermano de tu trabajo). La 3.ª casa a partir de algo no muestra "otra cosa del mismo tipo". Muestra el hermano de tal cosa.

Que la 3.ª a partir de la 3.ª muestre al hermano de mi hermano ha llevado a muchos a encontrar otros representantes de una casa repitiendo el número de tal casa, y afirmando, por ejemplo, que si tu trabajo actual es la 10.ª, tu próximo trabajo será la 10.ª a partir de la 10.ª. La 10.ª a partir de la 10.ª sería el trabajo de tu trabajo, o el jefe de tu trabajo (esta es una manera de ubicar al jefe en una pregunta sobre el trabajo). La 7.ª a partir de la 7.ª sería el cónyuge de tu cónyuge (tú). A menos que te cases contigo mismo, no es tu segunda esposa.

Tus hijos
5.ª casa.

Tu hijo menor, a diferencia de tu hijo mayor
En este caso, es válido tomar la 3.ª casa a partir de la 3.ª: tu hijo menor es visto como el hermano del mayor. 3.ª a partir de la 5.ª = 7.ª. Lo mismo sería verdad si preguntas específicamente sobre tu hijo menor: el mayor sería visto como el hermano del menor. De nuevo, 3.ª a partir de la 5.ª.

No es la 5.ª a partir de la 5.ª. Ese sería el hijo de tu hijo, tu nieto.

Tu ex esposa
Si preguntas sobre esta persona en particular ("¿Mi ex vendrá a la fiesta?"), usa la 7.ª. Si estás preguntando sobre tu pareja actual, la esposa es la 7.ª y puedes encontrar otro significador para la ex. Ve al capítulo 21 para más detalles sobre cómo hacer esto.

El sacerdote local
9.ª. Sigas o no su religión, e incluso si compró su ordenación por internet, aún es 9.ª casa.

El hermano del sacerdote
3.ª a partir de la 9.ª = 11.ª.

La cuñada del sacerdote
El hermano del párroco es la 11.ª. Su esposa es la 7.ª a partir de la 11.ª = 5.ª.

El vecino de la cuñada del sacerdote
La cuñada es 5.ª, así que su vecino será la 3.ª a partir de la 5.ª = 7.ª.

El rey de España
Si vives en España, es tu rey: 10.ª. Si no vives ahí, es el rey de un país extranjero: 10.ª a partir de la 9.ª = 6.ª. Con expatriados, usa tu sentido común para decidir cuál usar, dependiendo del contexto de la pregunta.

El hígado de tu padre
El hígado es la 5.ª casa. 5.ª a partir de la 4.ª = 8.ª.

La bolsa de arroz que compraste esta mañana
Tu posesión movible: 2.ª.

La bolsita de cocaína que compraste esta mañana
Tu posesión movible: 2.ª. No es 12.ª casa: la cocaína no es tu propia perdición; el hecho de que la uses es tu propia perdición. De nuevo, hay una vital diferencia entre la función y el objeto.

El libro que pediste prestado de la biblioteca
2.ª casa. Es tuyo, aunque temporariamente. Del mismo modo, el dinero que prestaste a otra persona no es tu 2.ª casa, sino la de ella.

El libro que escribiste
Tu bebé: 5.ª casa.

La persona que le contó a la policía sobre tu vida secreta como autor intelectual de crímenes.
Un informante: 12.ª casa. Seas o no el autor intelectual de crímenes, igualmente él informó en tu contra, así que igual es 12.ª casa.

Tu mayordomo
6.ª. La relación de Jeeves con Wooster es 2.ª casa: más que un sirviente, es un asesor; pero esto es inusual. Las tareas de mi mayordomo se limitan a supervisar al personal y decantar el embarcadero: es mi sirviente, así que 6.ª casa.

Tu trabajo como mayordomo
10.ª. Como siempre lo es tu trabajo. Si no sirviésemos a alguien de algún modo mientras trabajamos, nunca se nos pagaría.

Minas
4.ª casa. El fondo de la carta.

El hombre que vino a reparar las tuberías
Tu sirviente: 6.ª casa.

El hombre que acaba de susurrarte al oído un consejo sobre la próxima carrera
Tu asesor: 2.ª casa. O bien, si él sabe que estuviste asistiendo a Ludópatas Anónimos y está buscando desviarte del camino, 12.ª casa (tu enemigo secreto).

Tu universidad
9.ª casa.

La universidad de tu hija
9.ª casa. Si bien decimos que es de ella, en realidad no lo es: sólo asiste ahí. A menos que necesitemos distinguir entre "¿Es mi universidad mejor que la de ella?", en tal caso le damos a la de ella la 9.ª a partir de la 5.ª = 1.ª.

La universidad de tu profesor
Ahora debemos hacer una distinción, porque el profesor en sí mismo es 9.ª, así que no podemos tomar la 9.ª para su universidad. 9.ª a partir de la 9.ª = 5.ª.

La astrología
Conocimiento superior: 9.ª casa.

La física de partículas
Conocimiento superior: 9.ª casa.

El gran danés del hermano de tu amante
Tu amante es 7.ª casa. Su hermano es 3.ª a partir de la 7.ª = 9.ª. Puede que un gran danés sea más grande que la mayoría de las cabras, pero los perros son generalmente más pequeños que las cabras, así que él es 6.ª casa. 6.ª a partir de la 9.ª = 2.ª.

El crucero que estás pensando en tomar
Viaje especial: 9.ª casa.

El barco en el que harás el crucero
La nave en la que navegas: 1.ª casa.

La pelota de tu perro
Su posesión: 2.ª a partir de la 6.ª = 7.ª. No es su 5.ª. Puede que el juego que hace con ella sea 5.ª, pero no la pelota en sí misma. De nuevo, función y objeto.

El hijo de la amiga de tu madre
Tu madre es 10.ª, así que sus amigos son 11.ª a partir de la 10.ª = 8.ª. Su hijo es la 5.ª a partir de la 8.ª = 12.ª.

APÉNDICE 3

Cómo detectar un aspecto

Así es, ¡todo el sistema celeste está en movimiento! Lo que vemos en una carta es un cuadro congelado de algo en continuo movimiento, como si hubiésemos pulsado el botón de pausa en un DVD. La carta, así como está, no nos dice como resultará la historia, del mismo modo que no lo hará un cuadro congelado de una película. El villano tiene un arma en su mano; ¿va a dispararla? Marte está en algún lado cercano a Saturno; ¿se encontrarán? No podemos decirlo, si sólo vemos el cuadro congelado.

Necesitas ser capaz de calcular *si* sucederá cierto aspecto y, a menudo, *cuándo* sucederá. Primera regla: los planetas más rápidos alcanzan a los más lentos. Así que necesitas aprender el orden de velocidad habitual. De más rápido a más lento:

Luna   Mercurio   Venus   Sol   Marte   Júpiter   Saturno

Sin embargo, como se discute en el texto principal, los planetas no siempre se mueven a la misma velocidad. Puede que mi Ferrari sea más rápido que su tractor, pero si estoy parando en una gasolinera, en ese momento él estará moviéndose más rápido que yo. La Luna siempre es mucho más rápida. Sacando al Sol, que nunca varía su velocidad significativamente, los demás planetas pueden desacelerar a cero y luego ir marcha atrás.

Encontrar aspectos a partir de las efemérides

Esto es fácil. Abre tus efemérides en cualquier mes. Verás a los planetas marcados en la parte de arriba, con sus posiciones diarias en las columnas que se extienden hacia abajo. El signo en el que está cada planeta se indica al tope de su columna y en aquel lugar de la columna en el que el planeta cambie de signo.

Verás que en la mayoría de las columnas, los números aumentan conforme vas leyendo hacia abajo. Si los números en una columna van disminuyendo, el planeta debe estar retrógrado. Excepto cuando los números saltan del 29 al 0, que es cuando el planeta está cambiando a un nuevo signo.

Toma dos planetas cualesquiera. Deseas saber si harán un aspecto durante este mes. Recorre ambas columnas para ver si los números llegan a una posición en la que coincidan. Por ejemplo: quizás veas que la posición diaria de Saturno es 9.02, 9.07, 9.12, 9.17. La posición de Mercurio en esos mismos días dice 7.13, 8.41, 10.09, 11.35. Los números de Mercurio comenzaron más pequeños que los de Saturno; luego fueron mayores. Debe haber un punto en el que coincidieron – cuando Mercurio estaba en 9 grados y pico.

Este punto de coincidencia puede ser un aspecto. Si no hay punto de coincidencia, no puede haber un aspecto. Pero no todas las coincidencias son aspectos. Depende de los signos en los que estén los planetas. Ahora, revisa sus signos:

Mismo signo:	Conjunción
Signos adyacentes:	Sin aspecto
Próximo al adyacente:	Sextil
Próximo a ése:	Cuadratura
Próximo a ése:	Trígono
Signos opuestos:	Oposición
Adyacente al signo opuesto:	Sin aspecto

NOTA: estos son SIGNOS, no CASAS.

¿Terminaste? Bien. Ahora sabes cómo detectar un aspecto en las efemérides. Pero chequear estas columnas para cada posible par planetario sería tedioso. Necesitas saber cómo hacerlo, pero puedes ahorrarte mucho trabajo buscando aspectos en la misma carta.

Encontrando aspectos a partir de la carta

Aunque no lo creas, después de un tiempo echarás un vistazo a una carta y verás todos los aspectos casi sin pensar en ello. Del mismo modo en que un mecánico escucha a un automóvil por un momento y sabe exactamente qué está mal con él, no por revisar una lista de posibilidades en su cabeza, sino porque puede escucharlo y simplemente lo sabe.

Al juzgar una carta horaria, habitualmente te ocuparás de unos pocos planetas y sus posibles aspectos. Pero veamos esta carta y revisemos sus aspectos, como ejemplo.

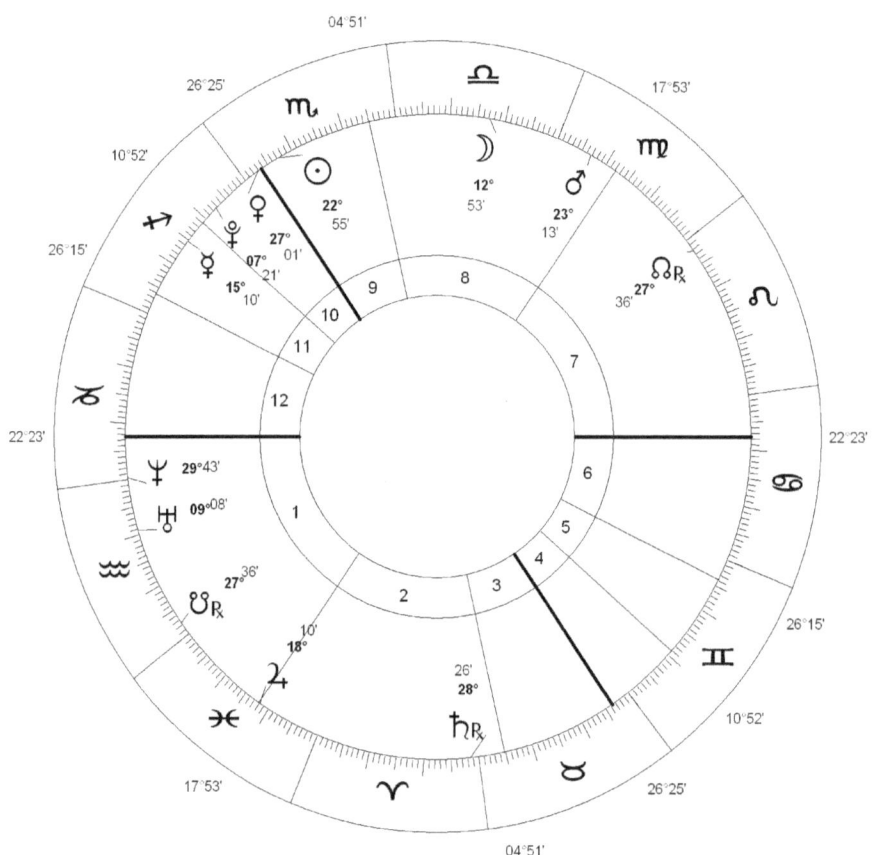

15 de noviembre de 1998, mediodía GMT, Londres.

Comienza con el planeta más rápido, la Luna.
¿En qué grado está ahora? 12.53.
Siempre que se mueva hacia adelante, estará en un número de grados cada vez mayor.
¿Qué planeta está en el menor número de grados que es mayor a 12.53?
Mercurio, en 15.10.
La Luna se mueve tan rápido que pronto alcanzará los 15 grados de su propio signo, mientras que Mercurio casi no se habrá movido.
La Luna entonces alcanzará el mismo número de grados que Mercurio. ¡ALERTA DE ASPECTO! Tenemos una coincidencia de grados. ¿Es un aspecto?
Mercurio no está en un signo adyacente a la Luna, sino en el próximo signo a éste.

Sí, hay un aspecto: un sextil.
   ¿Qué otro aspecto hace la Luna?
El próximo planeta con el menor número de grados es Júpiter, en 18.10.
Esto nos da otra coincidencia. Pero la Luna está en Libra; su signo opuesto es Aries. Júpiter está en Piscis, un signo adyacente a Aries. No puede haber un aspecto.
   ¿Ahora qué?
El Sol, Marte y Venus están en grados a los que llegará la Luna. Pero todos ellos están en signos adyacentes a Libra, que es donde está la Luna. La Luna no puede tener aspectos con ellos.
   ¿Algo más?
Saturno está en 28.27 de su signo. La Luna se mueve tan rápidamente que alcanzará a Saturno antes de que cambie de signo.
¿Saturno está en un signo en el que puede haber aspecto?
Sí: está en Aries, el signo opuesto al de la Luna. Hay una oposición.

Eso es todo para la Luna. Ahora, el próximo planeta más rápido, Mercurio. Mercurio está en 15.10 de su signo.
¿Hacia dónde va?
Mercurio se mueve rápido. Debe alcanzar a Júpiter a los 18 grados.
Bien – hay un aspecto aquí. Pero sólo potencialmente. Al ver a la Luna, sabíamos que no iba a cambiar su curso, sino que avanzaría hacia adelante a lo largo del zodiaco. El Sol también sigue andando hacia adelante. Pero el resto de los planetas pueden cambiar de dirección.
Sí, pareciera que Mercurio tendrá un aspecto con Júpiter, luego con Marte y luego con Saturno. Pero no lo hará. Está a punto de volverse retrógrado. Aunque los 3 grados que debe recorrer para el aspecto con Júpiter no es una gran distancia, no lo alcanza. No hay aspecto aquí.
"¿Cómo sé que Mercurio se volverá retrógrado antes de su aspecto con Júpiter?" No lo sabes. Ahora es el momento de revisar tus efemérides, como se describe más arriba. Ellas te dirán si el aspecto sucederá.
Hay una pista en la carta. Mercurio está a casi un signo de distancia del Sol: deberá volverse retrógrado pronto.

Venus está en 27 grados de su signo, y pronto llegará a los 28 grados, quedando en el mismo grado que Saturno. Pero Saturno está en un signo adyacente al de la oposición de Venus, así que no hay aspecto.

El Sol está en 22 grados. Marte está en 23. El Sol nunca se vuelve retrógrado ni aminora su velocidad en forma relevante, así que pronto alcanzará a Marte. Marte está en el próximo signo después del adyacente al Sol, así que hay un aspecto: un sextil.

Marte está en 23 grados de su signo. Venus está en 27. Pero Venus se mueve más rápido que Marte, así que no habrá un aspecto. Sin embargo, conviene revisar las efemérides para asegurarse de que Venus no se volverá retrógrado o se está moviendo tan lentamente que Marte podría alcanzarlo. Sin embargo, con Venus tan cerca del Sol, esto no sucederá.

Júpiter está en 18 grados, Saturno en 28. Ambos están en signos adyacentes, así que no hay posibilidad de un aspecto.

APÉNDICE 4

Cómo leer la carta cuadrada

Los libros modernos de astrología, incluido éste, acostumbran imprimir cartas en formato circular. Los libros más antiguos habitualmente las imprimían cuadradas. Espero que este libro te motive a estudiar alguno de los textos antiguos, en especial *Astrología cristiana* de Lilly. No es difícil ubicarte en la carta cuadrada.

Este ejemplo es una carta que Lilly hizo para responder su propia pregunta sobre la recuperación de un pescado que había pedido, pero que fue robado del depósito antes de llegar a él.[52]

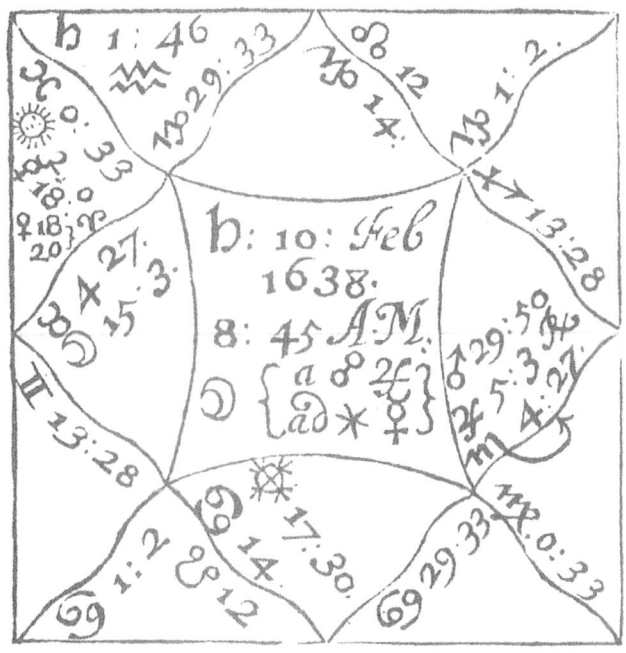

¿Dónde está mi pescado?

Comienza con el cuadrado en el medio de la carta. El símbolo de Saturno en el ángulo superior izquierdo del cuadrado central muestra el día de la semana: sábado. A veces esto se marca como *dies*, "día" en latín. A veces, hay otro símbolo

[52] *Lilly*, p. 397.

que dice hor, diminutivo de *hora* en latín. Estos son los planetas regentes del día y de la hora de aquel día. Omití mencionarlos en este libro, ya que después de años de perder el tiempo, me di cuenta de que no tienen ningún propósito en astrología horaria.

Después viene la fecha en la cual se hizo la carta, en este caso el 10 de febrero de 1638. Si deseas recrear la carta en tu computador, necesitarás ajustar tanto la hora como la fecha.

En la Inglaterra de Lilly, todavía se usaba el calendario juliano; sus fechas se conocen como el estilo antiguo. Para convertirlas al nuevo estilo que usamos hoy en día, debemos agregarles 10 días. La mayoría de los software no hará esto por ti, así que necesitas hacerlo por tus propios medios.

La fecha de Lilly del 10 de febrero se convierte en 20 de febrero del Nuevo Estilo. El ajuste varía de un siglo a otro: 10 días están bien para el siglo XVII. Revisa las posiciones del Sol y la Luna para asegurarte que obtuviste el día correcto.

A veces, se consideraba que el año comenzaba el 1.º de Marzo, así que lo que Lilly llama febrero de 1638 podría ser febrero de 1639 para nosotros (es decir, podría considerar a febrero como el último mes de 1638, no como el segundo mes de 1639). El uso nunca era consistente, así que ten cuidado: para fechas en enero o febrero, revisa las posiciones de los planetas exteriores para asegurarte de que tienes el año correcto. En este caso, el 1638 de Lilly es nuestro 1638.

Se consideraba que el día comenzaba al mediodía, no a la medianoche. Esto daba como resultado que las horas de la mañana se tomasen como "p.m." De nuevo, su uso no era consistente: Lilly usa a veces un estilo, a veces el otro. Observa la posición del Sol, recordando que está sobre el Ascendente al amanecer, cerca al MC al mediodía y sobre el Descendente al anochecer. En esta carta, el Sol acababa de salir y se dirigía al MC: debe ser de mañana. En algún otro día, Lilly podría haber llamado a esto 8.45 p.m.

Él tampoco usaba una zona horaria reconocible por tu computadora. No se obsesionaba en tener una medida de tiempo precisa, y usaba una aproximación a la hora local. Esto no es lo mismo que el Tiempo Medio Local (LMT). Comienza ingresando la hora que él da como LMT. Luego, ajústala hasta que la carta sea lo más parecida a la carta que da Lilly. No esperes que ambas sean exactas.

Debajo de la hora, Lilly anotó el aspecto más reciente de la Luna y su próximo aspecto. Se está separando (*a* significa "desde" en latín) de una oposición con Júpiter y aplicando (*ad* significa "hacia" en latín) a un sextil con Mercurio.

Los cuatro ángulos que comparten uno de sus lados con este cuadrado central son las casas angulares, en su disposición habitual: la 1.ª casa a la izquierda del lector, la 10.ª arriba. El Ascendente es el lado superior de la 1.ª casa, así que el Ascendente aquí está en 4.27 de Tauro. La cúspide de la 2.ª está en 13.28 de Géminis, la 3.ª en 1.02 de Cáncer, la 4.ª 14 de Cáncer, y así sucesivamente.

Generalmente no se muestra el símbolo del signo en el que está un planeta; esto lo indica el modo en que el planeta está ubicado dentro de una casa. La Luna está paralela al Ascendente, así que está en 15.03 de Tauro. Si hubiese estado en los primeros grados de Géminis, se ubicaría paralela a la cúspide de la 2.ª, que está en Géminis. En la 12.ª casa, el Sol y Mercurio están en Piscis, tal como se indica por estar en paralelo a la cúspide ubicada en Piscis.

Los planetas interceptados, como Saturno y Venus en esta carta, se imprimen sin estar paralelos a ninguna cúspide, y usualmente llevan el símbolo de su signo.

Índice

Se enumeran aquí sólo las referencias sustantivas

Abstención, 120-121
Acciones y participaciones, 196-197
Adopción, 226
Alcohol, 301
Alcyone, 137, 139
Aldebarán, 137, 139
Algol, 86, 137-138
Almuten, 40, 64-65
Amor, 243-256
    ¿alguna vez? 252-253
    ¿cuándo? 250-251
    ¿dónde? 251
    ¿durará? 253-255
    relaciones, 244-246, 254-255
    significadores, 244-246
    ¿volverá conmigo? 256
Análisis de los sueños, 281
    ¿verdadero? 205
Angularidad, 221
Antares, 137, 140-141, 236, 289
Antiscias, 128-136, 186, 202, 304
    aspectos con, 131
    cálculo, 128-131
    cúspides, 132
    dignidad, 132
    estrellas fijas, 133-138
    limitaciones, 132
Apariencia, 178-181
Apuestas, 198-199
Ascensión recta, 16
Asediado, 79
    por los rayos, 79

Asociaciones comerciales, 295
Aspectos, 56, 107-127 a lo largo de la Parte 2
    aplicación, 107
    como desencadenadores, 104
    como dignidad accidental, 80
    cuál aplica, 115
    detectar, 324-328
    diestro y siniestro, 115-116
    el próximo signo, 264
    mayor, 107
    menor, 108
    partil, 110
    plático, 110
    ptolemaico, 107
    realización, 109-110
    retrógrado, 125
    separativo, 107, 125-126, 186
    su naturaleza, 111
    y signos, 108, 114-115
Ataque psíquico, 299-300
Aumentando en número, 89-90
Autoperjuicio, 300-301
Azimene, 89

Barco en el que navego, 177-178
Bellatrix, 141
Benéficos, 57
    debilitados, 214
Bhutto, Benazir, 274
Brujería, 299-300

Caballos, 198-199

Cambios, preguntas sobre, 257
Cantidad, 197-198
Caput Algo, véase Algol,
Cardano, Jerónimo, 5
Carrera, la de alguien más, 294
Carta,
  cálculo de, 317-318
  cuadrada, 329-331
  el lugar de, 10
  hora de la, 8-9
  la realidad de, 7
Carta cuadrada, 329-331
Carta diurna, 45, 61
Carta nocturna, 45, 60-61
Carta radical, 32
  queriendo decir "leíble", 175-175
Cartas
  ¿Cómo estará el clima en mi fiesta? 306-308
  ¿Cuándo caerá? 274-275
  ¿Debería comprar plata? 202-203
  ¿Deirdre será encarcelada? 302-304
  ¿Dónde está el gato? 2-3
  ¿Dónde está mi chal? 193-195
  ¿Él realmente me amó? 100-106
  ¿Ganaré si apoyo a X? 201-203
  ¿Ganaremos? 269-271
  ¿Mi amiga vivirá? 237-239
  ¿Por qué no me llama? 133-136
Casas, 17-36
  celestes, 17
  mundanas, 17
Casas de signos enteros, 18
Casas interceptadas, 18
Cazimi, 77-78, 265, 291
Cirugía, 156-157, 239-241
Ciudades, 23
Clientes, 311-316

Clima 305-308
Cobros, 197-198
Coma, 235-239
Combustión, 76-77, 168, 185, 202-203, 219, 235, 249, 262, 265
  con el Sol como significador, 77
  en el propio signo del planeta, 77
  oposición al Sol, 79
Cómo leer la carta cuadrada, 329-331
Concursos, 259-266
Confianza,
  en alguien, 205-206, 216
  en sí mismo, 312
Conjunción, 111
  no es un aspecto, 107
  relaciones, 249, 254-255
Conocimiento, beneficio a partir del, 276-279
Consideraciones antes del juicio, 175-176
Consultante, 8
  7.ª casa, 256
  como vocero, 171-172
  en conversación, 172
  presente durante el juicio, 311-312
Contrantiscia, 131
Contratando personal, 241-242
Control de pensamiento, 299-300
Corona, 263-264
Corregente, 38
Correo, 22, 206-207
Cuadratura, 112
  convertida en trígono, 114
Cursos, 280
Cúspides, como resaltadores, 133
  planetas sobre/dentro de, 19, 208
  últimos grados/sin moverse, 20

Decumbitura, 228

Deficiente, 89
Deportes, 259-266
    ¿ganar la liga? 265
    peleas por el título, 263-264
    pronóstico a largo plazo, 264-266
Desencadenante, 104-105
Deseos, 30, 296
Diestro, 115-116
Dignidad Accidental, 56, 68-90
    a lo largo de la Parte 2
    Ubicación por casa, 69
Dignidad esencial, 56-67, a lo largo de la Parte 2, 302
    accidental, la diferencia con, 261, 267
    caída, 63
    contradicciones, 63, 166-167
    ¿cuánta dignidad? 65-66
    decanato, 62
    detrimento, 63
    domicilio, 59
    exaltación, 59-60, 192, 206, 248, 261
    peregrino, 63-64
    término, 61-62
    triplicidad, 60-61
Dinero, 195-203
    del cónyuge, 200
    del gobierno, 200-201
Direcciones, 190
Dispositor, 59-60
Diurno, 45, 87-88
Divorcio, 153-154
Doctores, 237-241

Eclíptica, 88
Edad, 48
El final del asunto, 23
El jefe, 287

niveles de autoridad, 287
Eligiendo con astrología horaria, 78, 309-310
Embarazo, 218-226
    aborto, 220
    cantidad, 224
    ¿concebiré? 221-224
    ¿ella está embarazada? 220-221
    ¿estoy embarazada? 218-220
    nacimiento, ¿cuándo? 226
    sexo, 224-225
Empleadores en quiebra, 290, 292
Empleos, 284-295
    colegas, 288, 290-291
    el de alguien más, 294
    elegir entre, 294
    ¿lo obtendré? 284-287
    ¿lo conservaré? 288-289
    ¿lo recuperaré? 290
    próximo, 291-292
    rivales para, 286
    subordinados, 288
    salario, 285
    tipo de, 290-291
Encarcelamiento, 302-304
Equivocado, estar, 16-312
Escuela, elegir una, 281-283
Espirituales, asuntos, 280
Estación, 73-74, 124, 231
Estrellas fijas, 86, 137-143
    aspectos con, 138
    ojos, 142, 241
Exaltación, grado de, 60
Exámenes, 279-280
Explicación suficiente, 72

Feria comercial, 280
Fertilidad, tratamiento de, 221-223

Fortuna, véase Partes árabes,
Frustración, 115, 119-120
Fuera de curso, véase Luna

Girar la Carta, 31-36, 221
    por signo, 293
    y la Luna, 234
Grados ahumados, 89
Grados hondos, 89
Grados vacíos, 89
Granja, ¿la alquilo? 215-216

Halb, 88
Hayz, 87-88
Herencias, 27, 201
Hermanos, distinguir entre ellos, 320
Hijos, distinguir entre ellos, 320-321
Hoja de trabajo, 12-15
Homosexualidad, 255
Hora/día planetario, 329-330

Ibn Ezra, Abraham, 63
Impedimentos, 118-123
Impuestos, 296-297
    reembolso, 200
Inquilinos, 214-215

Juicio, guía para, 311-316
Juicios, civiles, 266-271
Júpiter, 45

Latitud, 88-89
Libros, publicaciones, 287
Lilly, William, 4, 6, 17, 85, 192, 256-269, 302, 311, 315-316
    Al estudiante, 315-316
    cartas sobre robo, 150, 192
    juzgando apariencia, 180-181
    las casas del Maestro B, 76
Llamadas telefónicas, 206-207
Lo consultado, 8
Longitud absoluta, 145
Longitud celeste, 18, 145
Loterías, 199
Luna, 41, 48
    cartas giradas, 235
    ciclo, 274-275
    como fluyen los eventos, 262
    feral, 85
    fortaleza de, 83-85, 202-203
    fuera de curso, 84-85, 188, 204, 263, 265, 273, 286, 288
    gente común, 263, 272
    vía combusta, 85

Maléficos, 57
Marte, 45, 244, 246, 250
    y la combustión, 76
Matrimonio, 150-153
¿Me quedo o me voy? 256-259
    Regente 4 en, 258
    ¿Vuelvo a casa? 258
Medicina, 239-241
Medida de tiempo, 2-3, 127, 136, 159-170, 206-207, 239, 274-275, 289
    a través de los signos, 166-167
    ajuste, 164-166
    combustión, 168
    dos testimonios, 164
    estación, 232
    eventos pasados, 160
    fecha mencionada, 168
    límites de tiempo, 169-170
    minutos de arco, 207

objetos perdidos, 186
planetas inmóviles, 164
precisión, necesaria, 165
signo y casa, 160-164
signo sólo, 164
tiempo real, 166-167
unidades de tiempo, 161, 169-170
volición, 162-164
Mensajeros, 24
Mercurio, 47, 205-206, 242
Moitie, 123-124
Movimiento primario, 236
Muerte, 156, 231-239
    ¿Cuándo? 232-234
    ¿Moriré? 234-239

Natividad, 167-168
Negocios inmobiliarios, 208-217
    alquiler, 214-215
    elección entre, 213
    estado, 210-214
    ganancia, 215
    precio, 211-213
Neptuno, 39, 48-49
Nocturno, 87-88
Nodos, 81-83, 261

Objetos perdidos, 182-195
    combustión, 168
    daño, 185
    dentro del hogar, 188-189
    ¿dentro o fuera? 188-190
    fuera del hogar, 190
    recuperación, 184-186
    ¿robado? 186-187
    ubicación, 187-188
Obreros, 241-242

Observando, 124
Occidental, 87
Ocultamiento, 236
Opción por defecto, 175, 223, 252
Oposición, 112-113, 199-200, 208, 214, 289, 290
Orbes, 123-125
Oriental, 87

Partes árabes, 127, 144-158
    aspectos, 148
    cálculo, 145-148
    Cirugía, 156
    Cónyuge (el/la), 153
    dispositor, 151-152
    Divorcio, 153, 246
    Enfermedad, 157
    Fama, 155
    Fortuna, 144, 149, 184
    girar la carta, 149
    Matrimonio, 150-153, 246, 253
    Matrimonio de Hombres, de Mujeres, 153
    Mercadería, 157, 197
    Muerte, 156, 233
    Recepciones de, 153
    Renuncia y Despido, 154, 263, 273, 289
    software, 144
    Vocación, 155

Pensión, 200
Peregrino, 63-64
    y recepciones mutuas, 99
Permisos, 297-298
Plácido, 18-19
Planetas, 37-50
    amigos y enemigos, 49
    masculino y femenino, 88

movimiento diario, 74-75
moviendo, 257-259
regencia accidental, 43-44
regencias naturales, 43-48
superiores e inferiores, 50
sustantivos, 194, 305-306
velocidad, 109
Planetas externos, 39, 48-49
Plomero, ¿cuándo? 242
Plutón, 39, 48-49
Política, 272-275
Predicción, ¿es verdad? 205
Predicciones, improbable, 264-265
Pregunta, 171-176
   adicional, 174
   complementaria, 174
   estándar, 171
   importante, 172-174
   repetida, 173-174
   trivial, 172-174
Preguntas,
   1.ª casa, 177-181
   2.ª casa, 182-203
   3.ª casa, 204-207
   4.ª casa, 208-217
   5.ª casa, 218-226
   6.ª casa, 227-242
   7.ª casa, 243-275
   8.ª casa, 231-239
   9.ª casa, 276-283
   10.ª casa, 284-295
   11.ª casa, 296-298
   12.ª casa, 299-304
   clima, 305-308
   electivas, 309-310
   encubiertas, 296
Preguntas médicas, 227-241
   diagnóstico, 227-228
   precauciones, 231-232, 239-240
   pronóstico, 230-239
   signficadores, 227-230
Préstamos, 198
Privacidad, 313
Prohibición, 118-119, 121-123, 136, 201
   removiendo, 121-122

¿Qué tal si? 313

Rayos del Sol, 78
Realización, 109-111
Recepción, 56, 91-106, 133, a lo largo de la Parte 2, 247-249
   ambivalencia, 87
   caída, 95
   decanato, 94-95
   detrimento, 95
   ejemplo de, 96-97
   exaltación, 93
   mutua, 97-99, 236, 296-297, 304
   poder, dominación, 96
   signo, 93
   término, 94-95
   triplicidad, 94
Recolección de luz, 117-118, 223
Regalo del rey, 200
Regente de día, 329-330
Regente de la casa, 37
Regente horario, 329-330
Regentes de signo, 38-39
Regiomontano, 17-18
Regla de 5 grados, 19
Regocijo, 71
Regulus, 86, 137-138, 139
Retrógrado, 1, 72-73, 120-121, 125, 165,

277, 290, 302
Robo, 186-187, 191-193
Robson, Vivian, 141-143

Saturno, 44-45
   débil cuando es rápido, 75
Saunders, Richard, 227-228, 238
Seguro social, 200
Sextil, 112
Significador, 37
   diversas facetas, 247
Significados de casas, 20-31, 319-323
Signos, 51-55
   adjetivos, 194, 305-306
   día y noche, 59
   elementos, 52
   fértiles y estériles, 53
   humanos y bestiales, 54
   masculinos y femeninos, 52
   modos, 52, 268
   mutilados, 54
   partes del cuerpo, 55
   salvajes, 54
   vocales y mudos, 53-54
Signos bicorporales, 53, 165, 184, 215, 220, 225, 264-265
Signos Cardinales, 52
Signos de agua, 52, 195
Signos de aire, 52, 195
Signos de fuego, 52, 193-195
Signos de tierra, 52
Signos fijos, 52
Signos móviles, 52
Signos mutables, 52
Siniestro, 115-116
Sistemas de casas, 17-18
Sitios Web, 22

Software, 10-11
Sol, 46
   en oposición al, 79
   Regente de la Vida, 233
   rey, 263
Spica, 86, 137, 140
Sub radiis, 78

Testimonios equilibrados, 263
Tránsitos, 167
Traslado de luz, 116-117, 122-123, 201-202, 223, 239, 270-271
   abogados preguntando, 267
   acuerdos en, 268-269
   criminales, 302-304
   juez, jurado, 267-268
   veredicto, el Regente 4 como, 266-269
Trígono, 112-112

Ubicación, 126-127, 262
Urano, 39, 48-49, 246

Vecinos, 213
Velocidad, 74-76
Ventas, preguntas, 216-217
Venus, 46-47
¿Verdadero o falso? 204-206
Vía combusta, 85-86
Viaje, beneficio a partir de, 280
Vindemiatrix, 138-140
Visas, 297-298
Visitantes, 206-207
Vocación, 155, 292-294
   10.ª casa en, 294

OTRAS OBRAS DE JOHN FRAWLEY
publicadas por
APPRENTICE BOOKS

PRÁCTICA HORARIA

El volumen que acompaña al *Manual de astrología horaria*. Ya has aprendido las técnicas, ahora dale a esos músculos astrológicos un entrenamiento riguroso, mientras John te guía paso a paso a través de una larga serie de juicios sobre una gran variedad de preguntas. Esta es tu oportunidad de estar al lado de un astrólogo maestro mientras él trabaja, absorbiendo los procesos de pensamiento que te llevarán al dominio de la astrología horaria.

Práctica Horaria, el volumen que acompaña a este libro, anunciado en el *Manual de astrología horaria* original para publicación en 2005, será publicado eventualmente.

LA VERDADERA ASTROLOGÍA

Ganador del Spica Award al Libro internacional del año, *La verdadera astrología* ofrece una minuciosa y a menudo divertida crítica de la astrología moderna y una introducción detallada a la astrología tradicional. Contiene una exposición clara de la base cosmológica y una guía paso a paso con el método, accesible a todos aquellos que no tienen conocimiento previo del tema, siendo suficientemente completo para servir como un *vademécum* para el estudiante o practicante.

Filosóficamente rico – genuinamente divertido – escrito por un maestro de la materia y colmado con consejos prácticos invaluables. – *The Mountain Astrologer*

Ingenio, filosofía y una notable profundidad de erudición. Siempre estaré agradecido con John Frawley por esta joya de libro. – *AFI Journal*

Lectura obligatoria para todos los astrólogos. – *Prediction*

LA VERDADERA ASTROLOGÍA APLICADA

Esta colección de notas y ensayos trata en mayor profundidad los temas planteados en *La verdadera astrología*. Elucida los asuntos técnicos y los puntos importantes de la filosofía que forman la base del oficio práctico.

Un excelente libro. Debe ser leído y releído por quienes tienen la intención de llamarse a sí mismos astrólogos. – *Considerations*

Muy entretenido – una fuente virtual de conocimiento y técnica que hace que parte del material astrológico más complejo baje como una copa de brandy llena del más suave elixir de ámbar. – *The Mountain Astrologer*

ASTROLOGÍA DEPORTIVA

Hay muchos métodos para predecir resultados deportivos con la astrología. Aquí hay algunos que funcionan.

Haz una travesía con un estudiante mientras hace su viaje hacia el conocimiento, a los pies de un astrólogo maestro. El maestro lo lleva paso a paso a través del análisis de más de 60 cartas, incluyendo 38 horarias. Este compromiso con la práctica del juicio de cartas, intentando responder todas las preguntas que un estudiante podría hacerle a un maestro mas no a un libro, es único en la escritura astrológica. Esto hace que el libro tenga gran valor no sólo para los aficionados del deporte, sino para cualquier persona interesada en la astrología predictiva.

GRABACIONES DE CONFERENCIAS

Las grabaciones de las lecturas de John en la Conferencia de la verdadera astrología de 2010 (8 CDs) y en la Intensiva sobre las estrellas fijas (13 CDs) están disponibles. El contenido y la producción de ambas ha sido elogiosamente recibido. Los detalles completos están en el sitio web: www.johnfrawley.com

EL APRENDIZ DE ASTRÓLOGO

La revista ocasional de John Frawley floreció entre 1996 y 2005. Como su cabecera proclamaba, era "la tradición que aún vive". Su contenido incluye investigaciones astrológicas de temas históricos y culturales; artículos sobre la filosofía en la que se basa todo lo que hacemos; secciones de tutoría – e incluso resultados de partidos de fútbol. Las 22 ediciones están ahora disponibles en formato pdf y pueden ser descargadas de forma gratuita en www.johnfrawley.com

LIBROS, GRABACIONES, CONFERENCIAS

Para mantenerte informado sobre futuras publicaciones, grabaciones y calendario de conferencias de John, por favor escribe a: j@johnfrawley.com